追寻教育的理想

朱卫国 著

江苏凤凰教育出版社
Phoenix Education Publishing, Ltd

自　序

百年大计，教育为本。教育承担着为党育人、为国育才的历史重任。

教育是面向现代化、面向世界、面向未来的事业，关系国家未来、家庭未来、学生未来。

教育需要改革发展，教育改革发展永远在路上，而教育改革发展需要一大批有教育理想的仁人志士不断追寻。

我1984年大学毕业被分配到江苏省教育厅工作，1996年到2005年先后在政策法规处、办公室、发展规划处担任处长。2005年到2009年担任江苏省教育考试院党委书记。2009年到2019年担任江苏省教育厅副厅长，先后分管过高校招生就业、高校学生管理、安全稳定与高校后勤管理、学校体育卫生艺术国防教育、财务与资产管理、学生资助管理、教育督导、基础教育、教育装备与勤工俭学、教育科研等工作。

作为一辈子从事教育工作的人，我从不懂教育到熟悉教育，从熟悉教育到热爱教育，一直在不断追寻教育的理想。20世纪80年代，我的教育理想是加快基本普及九年义务教育、基本扫除青壮年文盲，不断提高劳动者文化素质。90年代的理想是积极推进教育现代化，改善办学条件，让更多学生在良好条件下学习。21世纪初的理想是加快发展高等教育，让更多人接受高等教育。2005年，我到江苏省教育考试院工作后，更多致力于高考改革，追寻理想的高考方案和运行机制。2009年担任江苏省教育厅副厅长后，根据工作分工的变化，追求着发展公平而有质量的教育，坚持立德树人，推进五育并举，改革育人方式，深化教学改革，更好地培养能够担当民族复兴大任的时代新人。所有教育理想归结到一点，就是为党育人、为国育才。

《追寻教育的理想》基本反映了我在不同时期对教育的实践、思考、探索和理想，是我回顾过去、立足当前、面向未来的探索历程和成果集成。

这是一段发展历史。30 多年弹指一挥间，30 多年间，中国教育发生了翻天覆地的变化。江苏教育改革发展始终走在全国的前列，我作为 30 多年江苏教育改革发展的经历者、参与者，有幸参与了科教兴省战略的制定和实施、“九五”“十五”“十一五”教育发展规划的研究制定及以后历次五年教育发展规划的实施、江苏教育现代化方案的制定与实施等重大教育改革发展活动。参与了完成普及九年义务教育任务、实现义务教育基本均衡并向优质均衡发展的过程。参与了普及高中阶段教育、实现高等教育大众化等重要发展过程。因为工作原因，我常常将与工作相关的研究和思考形诸笔墨。这些文章有一说一、不成系统；这些文章具有时代烙印，甚至已经成为历史；这些文章属一家之言，有些观点不一定正确，不一定适应新的时代。但那是一段历史的见证，是自己点点滴滴思考的印记。特别是收在《追梦教育现代化》《探寻教育体制机制》《建设法治教育》等篇的文章，许多是 20 世纪 90 年代末，我在政策法规处工作期间发表的文章。当时，我国社会主义市场经济体制正在探索建立、逐步完善过程中，教育现代化刚刚起步，教育法治的概念刚刚提出，因此，形成于那个时期的文章难免有历史的局限性。好在历史终究是历史，今天的教育是过去教育的延续，又将在未来成为历史。我们既不能用今天的规定去要求历史，又不能用过去的历史来看待今天，不忘过去才能着眼未来。

这是一个探索历程。我工作的 30 多年间，是中国社会、中国教育转型发展时期，时代赋予我们积极探索的责任。我工作的几个岗位恰是教育改革发展的重要职能部门，岗位要求自己积极探索。我也十分自觉地作了一些探索。记得 1992 年苏州、无锡、常州三市完成了“两基”任务，当时我在政策法规处工作，我们在省教育厅领导的带领下研究基本普及九年义务教育以后，基础教育朝什么方向发展、确定什么目标，适时提出了在苏南地区组织实施教育现代化工程的意见，并逐步在全省推进教育现代化。记得 21 世纪初，我在发展规划处工作期间，适逢江苏高等教育大扩招、大建设、大发展时期，与此相关进行了发展规划和学校布局调整的研究探索。我在江苏省教育考试院工作期间，适逢江苏启动新一轮高中课程改革，必须研究制定与高中课程改革相匹配的新高考方案，于是对高考改革进行了研究探索。2014 年起，我分管基础教育工作，江苏基础教育新课程改革正在不断落实中，需要在实践中不断探索，于是又对基础教育教学改革作了一些探索。所有这些富有挑战性的经历都督促自己边工作、边探索。因此，收集的这些文章都与当时工作相关联，主要是基于问题探索和解决问题的思路方法，反映了一个教育工作者的探索路程，同时也能折射一个时期教育改革发展的探索过程。

这是一种责任担当。教育是责任，需要教育工作者主动作为和担当。把教育摆在优先发展的战略地位是党委政府的责任，要做到规划优先、投入优先、资源配置优先。教书育人是学校、教师的责任，要全面贯彻落实党的教育方针，坚持立德树人、五育并举，培养学生的综合素质。送适龄孩子接受义务教育是家长的责任，创造良好的教育生态环境是全社会的责任。作为在教育行政部门工作的教育工作者，我们的责任是推进教育改革发展，促进党委政府、社会家庭、学校教师更好地履行职责，发展公平而有质量的教育，建设优质而有特色的学校，培养全面发展而有个性特长的学生。这种责任落实在工作中就是要经常开展调查研究，总结推广典型经验，及时发现问题，研究制定宣传政策，规范教育行为，营造良好环境，推动改革发展。收集的这些文章，有的是开展调查研究以后形成的思考，有的是总结实践经验以后提炼的观点，有的是针对发现的问题提出的建设性设想，有的是在研究制定政策过程中的所思所想。例如，教育体制改革一直是社会关注的教育问题，我们在调查研究过程中形成了多篇文章。又比如，大学生就业难也是社会关心的热门话题，我们在制定推动就业政策时，结合江苏实践经验，总结提炼发表了一些文章。我以为，把好的教育做出来、推出去，把好的政策定出来、讲出去，这是教育工作者的责任，我们要义不容辞地担当起这个责任。

这是一腔教育情怀。教育是爱的事业，有爱才能成为真正的教育。教育人要有教育理想，有了理想才能影响更多人。我毕业于师范学校，师范专业的学习使我对教育有了初步了解。服从分配到江苏省教育厅工作，对教育从知之不多到知之渐多，从不懂教育到热爱教育，乃至一辈子从事教育工作，对教育产生一腔情怀。教育是国之大计、党之大计；教育是战略重点、人生基石；教育要立德树人、五育并举；教育要因材施教、知行合一……这些烂熟于心的语言、思想如何成为推动教育改革发展的政策、措施、行动，需要有一大批具有教育情怀的人去实践、探索和推进。收集的这些文章也许能够反映自己的一腔教育情怀吧。例如高考改革。有人说，高考是“指挥棒”，指挥着数以亿计学生的学习、生活和对未来的憧憬。我也说过，一个高中校长不关心高考升学率是不行的，但只关心高考升学率是可悲的。教育是一场人生长跑，不能用短跑的理念、标准、方法太功利性地要求孩子，否则有可能使一批孩子伤在起跑线上。

这是一次成果共享。许多人说我是专家型领导，这是对我的高看。我不是什么专家，不过一辈子干一件事总能形成自己的一些想法和观点，把它们写出来予以发表便成了文章，把它们汇编成册便成了专著。收集的这些文章，绝大部分是我结合工作独立完成的，也有的是跟着当年的领导共同完成的，有的是与同事合作写成的，有的是自己带研究生时指导他们进行研究完成的。如果说这是一种教育成果，那么是共同创造的成果；如果说这些成果有一些价值，那么应当成为大家共享的成果。

教育问题，众说纷纭，仁者见仁，智者见智。回想过去，自己一生勤勉，没有碌碌无为、虚度年华，几十年一直在追寻教育的理想，形成了一些对教育的认识和观点。

没有爱就没有教育。孩子最需要的是爱，教育事业是爱的事业。一个孩子在充满爱的环境中就能健康成长，没有爱就没有教育。古今中外的教育家无不都是爱的使者，没有爱就不可能成为教育家。教育的爱，核心是对孩子的爱，不同部门和人员，爱的形式可以不同。政府或者办学者必须提供符合标准的办学条件和足够的教育经费，再穷不能穷教育，再苦不能苦孩子；学校必须坚持以学生为本，公平地对待每一位学生，为学生个性发展创造条件；教师必须爱生如子，尊重学生人格，发挥学生特长，挖掘学生潜能，引导学生成长；家长必须科学地爱孩子，为孩子创造良好的家庭环境，既不“弃爱”，又不溺爱。爱是无私的，爱是科学的，只有无私、科学的爱，才是教育需要的爱！

没有正确的人才观就没有正确的教育观。教育是培养人的活动，但是，培养什么人，怎样培养人，涉及选择什么样的人才观问题。党的教育方针明确指出，教育要培养德智体美劳全面发展的社会主义建设者和接班人，但在实际工作中往往重智育、轻德体美劳，在智育中，往往单看学习成绩，乃至认为学习成绩好的人就是人才。在这种人才观指导下，满堂灌、加班加点、题海战术、歧视差生等也就不足为奇了。正确的人才观应当是人人都可成才的观念，应当是成就不同人才的观念，应当是成才先成人的观念。正确的教育应当是遵循学生成长规律和教育教学规律的教育。

没有教育信息化就没有教育现代化。教育现代化是教育发展水平的一种状态，是教育不断发展的一个过程。教育现代化包括观念、物质、制度等方面，而教育技术手段的现代化是其显著标志。当今世界，信息技术日新月异、突飞猛进，“互联网＋”时代已经到来，将对传统教育教学模式带来革命性变革。因此，谁占领教育信息化的制高点，谁将掌握教育现代化的主动权。我们不能想象在教育现代化过程中不注意运用教育信息化手段；我们不能想象教育现代化的状态是没有教育信息化的状态。

没有教师大计就没有教育大计。百年大计，教育为本；教育大计，教师为本。教育作为培养人的社会活动，说到底有赖于广大教师。教师是人类灵魂的工程师，承担着塑造人的心灵的重任；教师是辛勤的园丁，承担着帮助幼苗长大成树的重任。没有教师大计，哪有教育大计？教师大计，以师德为根本，以爱心为基础，以知识为关键，以技能为标志，不仅要传道、授业、解惑，而且要教学相长、共同成长；教师大计，必须加强教师队伍建设，不仅要重视教师的数量、结构、学历、能力，而且要重视教师的待遇、保障和发展，只有发展好教师，才能培养好学生，办好学校，造就好教育。

没有实践活动就没有创新教育。创新教育是培养学生创新精神、创新能力的教育，创新教育要致力于激发学生的兴趣，鼓励学生质疑，引导学生探究，培养学生坚忍不拔的意志品质。创新教育不在课堂，而在实践。毛主席曾说：“读书是学习，使用也是学习，而且是更重要的学习。”只有丰富多彩的实践活动，才能使学生有兴趣、提质疑、去探究，才能养成良好的意志品质。正如温室中培养不出健壮幼苗一样，书本上实现不了创新教育。没有实践活动就没有创新教育。

没有兴趣就没有学习。兴趣是人力求认识某种事物或者从事某项活动的心理状态，是认识和从事活动的巨大动力，是推动人们去寻求知识和从事活动的心理因素。兴趣是学习的动力，没有兴趣就没有学习。学习兴趣并非与生俱来，而是在成长中形成，从培养中养成的。教育意义上的学习，就是要培养学生的学习兴趣、习惯和方法，所谓“授人以鱼不如授人以渔”。人的潜能是巨大的，挖掘潜能最好的方法是培养兴趣，有了兴趣就会主动学习，就会有探究的动力，就有可能成为人才。

没有学生的主体地位就没有以学生为本。以人为本具体到教育领域就是以学生为本，这是教育的基本理念，也是教育的本质特征。以学生为本应当在整个教育活动中始终把学生放在主体地位。在教育思想上，牢固树立没有学生就没有教育的思想；在教育内容方法上，采用符合学生身心发展和认知规律的内容方法；在师生关系上，建立起教学相长的、平等的、尊重学生人格的师生关系；在课堂教学上，最大限度地激发学生自学、合作、探究的积极性；在学校管理上，让学生自我管理、参与管理，在管理中得到锻炼成长；在办学条件上，保障学生有学习、生活、活动等基本而又安全的条件。以学生为本、确立学生的主体地位不是一句空话或者口号，而应当有具体内容和实在措施，说到底要做到时时处处心中有学生。

没有学生的选择权就没有因材施教。学生选择权是学生选择适合自己兴趣、爱好、特长的教育的权利，通常包括选择课堂、课程、教师以及升学、深造的权利。因材施教则是根据学生的不同兴趣、爱好、特长等，实施更加合适的教育。学生选择是因材施教的前提，因材施教必须尊重学生的选择，没有学生的选择权就没有因材施教。学生选择权包括有权选择、有能力选择和有条件选择，当下，这三者都不够完善。首先是没权选择。在目前千校一面、万人一书的体制机制、教育模式下，学生没有权利选择课堂、课程、教师以及升学、深造的机会。其次是没有能力选择。长期受传统教育影响，绝大部分学生没有选择意识和选择能力，习惯于学校安排什么就学习什么，教师教什么就学什么。再次是没有条件选择。即使有选择能力的学生要求选择，学校也很难为学生提供选择的条件。在这种情况下实施的因材施教并非真正意义上的因材施教，充其量是教师根据自己的认识，对不同学生采用不同的教学方法而已，仅仅是“选材施教”。因材施教既是教育理念，又是教育方法，是学校和教师教育能力的体现。我们要努力培养学生的选择能力，创造条件让学生选择，还选择权于学生，只有这样，才能真正实施因材施教。

没有教学方法的创新就没有人才培养模式的创新。教育的根本目的是培养人才，而人才培养涉及培养目标、培养途径和方法、培养条件、人才选拔、教育评价等，涉及课程、课堂、教师、教学方法、实践环节等诸多方面。现在，大家都在讨论创新人才培养模式问题，我以为，创新人才培养模式要从创新教学方法开始，没有教学方法的创新就没有人才培养模式的创新。一是传统的教学方法影响了人才培养。传统教学方法以教为主、以学为辅，没有确立学生的主体地位；传统教学方法“满堂灌”“题海战术”，扼杀了学生的创新精神。二是教学方法的创新空间比较大。从现实情况看，培养目标、课程设置、教育评价等都不是一师、一校能够左右的，而教学方法可以“八仙过海，各显神通”。三是教学方法的创新已经形成了许多成功经验。许多教师在教学实践中，勇于开拓创新，改革教学方法，形成自己的教学主张、教学风格、教学思想，甚至教学流派。获得国家教学成果奖的许多案例也是教学方法创新的成果。这些成功经验有效地促进了人才培养模式的创新，也生动地说明创新教学方法能够创新人才培养模式。

没有减轻课业负担就没有实施素质教育。学生课业负担过重一直是全社会高度关注的热点问题，也是教育受人指责、挥之不去的“痛”。改革开放几十年，教育改革发展取得了举世公认的成绩，普及程度提高了，教育质量提高了，升学率提高了，办学条件改善了，但是老百姓还是不满意，原因之一是学生课业负担过重。客观地说，学习总是有负担的，没有负担就不可能有正常的学习。我们反对的是过重的课业负担，是影响学生身心发展的课业负担，是像训练运动员一样训练学生“刷题”而增加的课业负担，是完全背离素质教育而形成的课业负担。造成学生课业负担过重的原因十分复杂，我们要从教育思想、教育内容、教育方法、教育评价以及教育政绩观等方面进行反思，真心实意地实施素质教育，扎扎实实地实施素质教育，持之以恒地实施素质教育，下决心减轻学生过重的课业负担。不减轻学生过重的课业负担，就谈不上实施素质教育。

教育改革发展永远在路上，追寻教育理想永远在路上，路漫漫其修远兮，吾将上下而求索！

朱卫国

2022年12月8日

目　录

第三篇　追求高品质教育

第四篇　探索基础教育教学改革

第五篇　探讨高考综合改革

第六篇 一切为了学生

第七篇 建设法治教育

第一篇

追梦教育现代化

什么是教育现代化？教育现代化的目标、内容是什么？怎样实施教育现代化？为了追梦教育现代化，作者在20世纪90年代对江苏教育现代化理论与实践、苏南教育现代化工程、淮北地区教育、经济开发区教育、乡镇社区教育等作了探索研究。

教育现代化绝不是所谓“先化人，后化物”或“先化物，后化人”的过程，而是经济、社会、教育整体互动、相互促进的过程，是物的现代化与人的现代化的整体互动过程，这里最重要的是过程运动本身，是人参与到过程中去，人只有在参与现代化的社会实践中，才能逐步实现人自身的现代化。

观点摘录

★ 教育现代化必须适应社会现代化的整体运动规律，适应其引起的各方面的变化及其对教育变革的全方位呼唤。

★ 教育现代化表达了由传统教育向现代教育的转型过程以及这种转型过程所达到的时代性和先进性相统一的水平要求，当这种水平要求尚处于规划和计划的阶段，它便是一种目标，一种理想境界。而实施规划和计划并达到这一目标，进入这一理想境界，则是一个历史过程。

★ 作为一种教育理想的教育现代化，要能有效地激励人们持续努力地朝它迈进，无疑需要有阶段性的目标进行导向，才能最终实现。

★ 经济和社会发展的现代化必然要求教育实现现代化。在苏南地区实施教育现代化工程，顺应了历史发展的必然趋势，必将大大加快苏南经济和社会发展的现代化进程。

★ 因此在考虑培养什么样的人这一教育根本问题时，不仅应注意人是否适应现代社会的需要，同时还要考虑国情特点和中国人的特质（即几千年传统文化对于中国人性格形成的影响及历史积淀），注重人的民族精神和社会伦理道德的培养。

★ 教育现代化绝不是所谓“先化人，后化物”或“先化物，后化人”的过程，而是经济、社会、教育整体互动、相互促进的过程，是物的现代化与人的现代化的整体互动过程，这里最重要的是过程运动本身，是人要参与到过程中去，人只有在参与现代化的社会实践中，才能逐步实现人自身的现代化。

★ 必须加快经济增长方式转变，培养一大批具有科学决策能力的领导者，懂经营、会管理的企业家，掌握现代科技、具有开发能力的技术群体，具有开拓市场能力的营销人员，具有较高素质的劳动大军。

★ 基本实现教育现代化的显著标志是基本普及高中阶段教育，基本实现高等教育的大众化。

★ 要改变单一学校教育的传统，把教育对象扩大到所有社区成员，把教育时空扩大到学校以外的社会教育，把教育手段扩大到运用多媒体技术，构建完善的教育体系，使社区中每一个成员的学习需求都能在这个体系中得到满足。

★ 要以校园文化为模范，以学生和教师为媒介，以文化服务为形式，参与社区文化、企业文化、邻里文化和家庭文化的建设，促进民风民俗、社会生活方式向现代健康文明的方向发展。

★ 乡镇社区教育的宗旨是创造条件，使群众享受平等教育，满足他们日益增长的教育需求。

江苏教育现代化理论与实践研究[①]

人类已经进入 21 世纪，人们都在研究和实践现代化。中国现代化建设分三步走的目标已经明确，正在完成第二步目标，并向第三步目标迈进。教育作为全局性、先导性、基础性产业，必须为现代化建设提供智力支持和知识贡献，没有教育的现代化，就没有经济社会的现代化。从根本上说，只有加快教育发展，提高教育发展水平，提高劳动者素质，实现人的现代化，才能真正实现经济和社会发展的现代化。正是基于这样的认识，江苏省委领导在 1996 年初代表省委正式提出："江苏要在全国率先推进教育现代化，高高举起这面旗帜，使江苏教育继续走在全国的前列，真正做到用教育的现代化来促进和保证江苏经济建设和社会发展的现代化"。由此，作为经济和社会发展现代化必然要求的教育现代化实施工作，也由苏南及沿江地区的区域性试点工作，成为全省的全局性基本工作。

一、江苏教育现代化的内涵及其目标、内容

现代化是与"现代""现代性"密切相关的概念。广义的现代化，是指人类社会在科学技术的推动下，从传统的农业社会向工业社会转变的历史过程；是指现代工业渗透到经济、政治、文化、思想各个领域并引起社会深刻变革的过程。狭义的现代化是指发展中国家和地区在现代国际体系的影响下，从以农业为基础的人均收入较低的社会，走向注重利用科学技术的工业化和城市化的转变过程；从不发达、欠发达状况迅速赶上先进工业化国家和地区的历史过程。

---

① 原载于《山东教育科研》，2001 年第 5 期。

教育现代化是伴随着经济社会现代化的发展而发展的，是指与自给自足的农业经济和封建专制相适应的古代教育，转变为与社会化大生产和民主政治相适应的现代教育的过程；在这转变过程中，是属性和程度上达到时代性要求和先进性要求相统一的水平；是指发展中国家和地区努力摆脱教育的落后状况，力图达到与当时工业化国家和地区相近或相当水平的目标。教育现代化是一种先进的教育思想，是一项教育发展的长远目标，也是教育不断发展的过程。它具有民主性、平等性、终身性、先进性、民族性等特点。因此，确定教育现代化的目标应当根据其丰富的内涵，体现全面性、阶段性和特色化。

江苏教育现代化的目标内容，是在认真分析比较教育发展水平较高国家和地区相同时期经济和社会以及教育发展状况，分析研究本省经济和社会发展进入新的历史阶段对教育的新要求，以及可能提供给教育发展的物质支撑与教育的现实基础后提出的，既体现了夯实基础、适当超前发展的特点，又反映了用目标激励来推动事业发展的较高的决策水平。

总体目标是：到2010年，全民受教育程度和劳动者素质全面达到小康标准对教育的要求，各级各类教育事业的发展水平居全国前列、部分地区基本实现教育现代化。建立和不断完善主动适应社会主义现代化和市场经济体制建设需要、符合教育发展规律、具有江苏特色的社会主义教育体系的框架，为在2010年全省基本实现教育现代化奠定坚实基础。①

为实现上述目标，江苏在推进教育现代化过程中要重点把握下列内容。

1. 教育思想现代化

这是教育现代化的先导。要牢固树立教育为社会主义现代化服务和为人的全面发展服务的思想，把重点放到培养一批具有民主和科学决策能力，能够组织和领导群众进行现代化建设的干部，具有现代意识的工农业经营者和企业家，能适应市场经济的营销人员，精通业务的各类管理人员，能开发新产品的专业技术人员和对产品结构调整有较强适应能力的智能型第一线生产者，使教育为现代化服务和为实现人的现代化服务得到和谐统一。因此，要树立素质教育、创造教

① 本文写于2001年，文中所述教育现代化发展的总体目标呈现了21世纪初的教育状况与水平。2019年，江苏省委、省政府印发的《江苏教育现代化2035》确定的目标为：在2022年教育事业发展主要指标总体达到国家确定的教育现代化水平基础上，到2035年全面实现教育现代化，教育事业发展主要指标达到世界发达国家和地区平均水平。

育、终身教育和综合教育等现代化教育观念，逐步形成从传统的学校教育向终身教育、企业教育、社会教育并举发展的现代化教育制度。

2. 教育发展水平现代化

这是教育现代化的标志。教育现代化要立足于一个区域的教育发展水平，而不是提高几所学校的水平。因此，要高标准、高质量实施九年义务教育，基本普及学前三年教育；基本普及高中阶段教育，并形成"两类三元"的结构（"两类"即普通高中教育和中等职业教育，"三元"即普通高中、中等职业技术学校和综合高中）。基本实现高等教育大众化。初步形成各类教育结构、层次结构、专业结构合理的、门类齐全的、具有地方特色的教育体系，使本地现代化建设的主要人才都能得到培养，使每个人都能在这个体系中找到成才之路。

3. 教学体系现代化

这是教育现代化的核心。教育现代化的根本目的是培养现代化的人，这些是由包括课程方案、学科标准、教材教法等在内的教学体系来保证的。因此，要改革教学思想、教学内容、教学方法和评价方式，建立科学的课程体系和教材体系。要优化学科课程，强化活动课程，开发环境课程，运用现代化的教育手段和方法，提高教学效果。要全面贯彻教育方针，全面提高教育质量，使受教育者具有适应现代社会、参与市场竞争和对外开放的生理素质、心理素质、文化知识素质和社会活动能力。

4. 办学条件现代化

这是教育现代化的突破口。没有条件装备的现代化，就没有教育的现代化。在条件装备的选择上，应当更加重视装备的现代化建设，配齐常规装备，突出先进装备，体现特色装备。通过引进先进的教学技术装备，改革教学模式，转变教学观念，提高教学效果。

5. 师资队伍现代化

这是教育现代化的关键。要全面实施《中华人民共和国教师法》（以下简称《教师法》），加强师德师风建设，建立配套的教师管理制度。教师的数量、结构、素质、实际教学能力、待遇等都应与现代化要求相一致。中小学教师中拥有一批高学历层次的人员。各类学校教师的职称比例合理，拥有一批学科带头人和中青年骨干教师。要建立与教师队伍现代化相适应的师范教育体系，逐步取消中师，实行"三级师范"向本、专科"两级师范"过渡。同时加强职后培训，提高在职教师素质,使他们承担起培养现代化人的重任。

6. 教育管理现代化

这是教育现代化的保证。教育管理现代化有三层含义:一是要建立适应社会主义市场经济体系的教育体制;二是建立一支素质高、事业心强的教育管理队伍;三是教育决策、管理手段等吸收和运用现代化技术设施和先进的方法。

二、江苏教育现代化实践中要坚持和注意把握好的几个原则

(一) 坚持教育现代化建设的整体性原则

一般意义上的现代化是指以科学和技术为推动力,引起传统的农业向工业社会转变的历史过程,是现代工业渗透到经济、政治、文化、思想各个领域并引起社会深刻变革的历史过程,即现代化是一场政治变革、经济发展、文化融合、社会转型的综合的整体运动。伴随人类社会现代化进程而产生的教育现代化无疑反映了社会现代化的要求,而从教育现代化作为社会现代化重要前提的角度看,又必须反映社会现代化的要求。因此,**教育现代化必须适应社会现代化的整体运动规律,适应其引起的各方面的变化及其对教育变革的全方位呼唤**。在这样的认识基础上推进实施的教育现代化,一开始就从整体上构建教育现代化的框架结构,围绕培养社会现代化需要的具有现代素质的人才和劳动者这一核心,努力实现教育思想、教育发展水平、教学体系、办学条件、师资队伍和教育管理等六个方面的现代化。这些方面相互联系,共成整体,互为因果,相得益彰。

(二) 实现由物质层面的现代化向制度和观念层面现代化的及时转变

在文化和历史学意义上的教育现代化过程有若干不同的层面,主要包括物质层面(指校舍设施、仪器设备、图书资料等)的现代化、制度层面(指教育体制、法律规范、制度等)的现代化、观念层面(指教育价值、教育思想、教育观念等)的现代化。江苏在实施教育现代化试点阶段即充分认识这三个不同层面的教育现代化在整个教育现代化建设中的地位与作用。物质层面的现代化是基础,制度层面现代化是保证,观念层面的现代化是灵魂。为此,试点地区和学校在以条件装备的现代化取得突破且富有成效的情况下,需要把教育现代化建设的关注点及时引导到现代教育制度建立和现代教育观念的转变与确立上来。

（三）强调教育现代化的过程性特点，努力促进教育现代化过程的可持续发展

教育现代化表达了由传统教育向现代教育的转型过程以及这种转型过程所达到的时代性和先进性相统一的水平要求，当这种水平要求尚处于规划和计划的阶段，它便是一种目标，一种理想境界。而实施规划和计划并达到这一目标，进入这一理想境界，则是一个历史过程。而且教育现代化是在社会巨变而教育各方面的适应性转变相对滞后的情况下推进的。实施教育现代化，为江苏教育开辟了一条到达理想境界的道路，而理想境界的实现还要靠长期的不懈的努力。为了实现教育现代化过程的可持续发展，江苏一方面注意宏观教育生态环境的优化，不断深化教育体制改革和教育结构改革，优化配置、高效重组教育资源，注重处理好教育发展速度、结构、质量、效益等重大关系，协调发展各级各类教育。另一方面，在微观教育发展过程中，重视科技进步对教育的巨大作用，突破教育投入边际效应递减的瓶颈制约，促进教育形态性、模式性的根本变化。

三、江苏教育现代化的实施策略和模式

江苏实施教育现代化工程是在做前人从来没有做过的事，因此选择恰当的实施策略和模式，对于顺利推进教育现代化至关重要。在实施过程中，江苏从本省实际出发，认真总结吸收国内外教育现代化建设的好的做法，从省到市，到县（市、区）、乡镇和学校，都形成了一整套行之有效的工作路子和组织方法。

（一）高举旗帜，统一步调

旗帜是动员令，是方向，是指引人们朝一个目标奋进的灯塔。江苏省高举教育现代化旗帜，有效地动员和组织了全省各地和各级各类学校朝着教育现代化目标迈进。而这面旗帜的举起并得到全省广泛而积极的响应，则是由于深入细致的统一步调的工作的结果。在苏南地区大多数市和县（市、区）基本完成了“两基”任务后，省教委及时思考苏南教育进一步发展应确立什么样的目标进行导向的问题。组织人员深入苏锡常地区进行调查研究，与当地的同志共同探求新的发展目标。在省教委党组及时吸收国家哲学社会科学“八五”规划课题——《苏南教育发展战略研究》成果，形成《关于在苏南地区组织实施教育现代化工程试点的意见》，特别是苏锡常三市及其所属县（市、区）在“八五”计划末，就自觉地把

原定的“八五”末、“九五”期间本地教育改革和发展以巩固、提高“两基”成果为主的目标任务，转变到把教育现代化作为本地教育改革和发展在“九五”期间乃至21世纪初的主要目标任务。

（二）培训干部，更新观念

江苏在苏南试点实施教育现代化工程之初就十分注重培训干部，提高他们对这项工程实施的意义的认识，调动他们的工作积极性，激发他们的创造性。1994年上半年省教委召集苏南及沿江地区有教育现代化工程试点乡镇和学校的22个县(市、区)的教育行政部门主要负责人，在常熟市接受了以教育思想现代化为核心内容的理论与实践培训，统一和提高他们的认识，促使他们主动积极地组织实施教育现代化工程。从1994年开始，省教委每年举办一次对所有试点乡镇长的培训，同时每年还组织高校和各县(市、区)的政府领导或教育行政部门负责人或试点乡镇的乡镇长到其他国家和地区进行考察。各省辖市、县(市、区)也每年对教育行政部门负责人、学校和乡镇领导进行多种形式的培训。各级各类各种形式的培训工作，不仅提高了干部的认识，而且提高了各级干部组织实施教育现代化工程的能力和水平。

（三）理论研讨，引导实践

旗帜鲜明地提出实施教育现代化工程，建设现代化教育，并作为一种行政行为，国内外实属罕见。而教育现代化实践必须有科学的理论来指导。江苏省教委的领导们深感必须有充分的理论准备，才能有效地、科学地指导这一伟大实践。为此，省教委专门组织教育科研部门负责收集整理教育现代化理论资料并分发到各地。1995年组织本省范围内的理论和实践工作者在宜兴市召开了江苏教育现代化理论与实践研讨会，寻求理论支撑，总结实践经验。1996年省教委特邀国内教育界数十位知名学者、教授，在南京召开了江苏教育现代化咨询研讨会，专家们对本省教育现代化提出的依据、目标任务和对策措施进行研讨，会议还提出了需要专家进行研究、提供咨询的问题。同时，动员组织本省的教育教学研究部门、高等学校，加强以教育现代化为主题的教育科学理论研究，组织并立项研究高等教育现代化、终身教育体系构建等课题，推动原国家教委与江苏省政府联合设立的现代职业教育实验区的研究和实验工作。

（四）总体规划，分步实施

教育现代化的实施从硬件建设上看是需要有较高的投入的。这就有一个经费筹措的要求，同时，如何用好有限的经费，这就要考虑效益问题。为此，要有科学的规划。江苏在《关于在苏南地区组织实施教育现代化工程试点的意见》中明确提出了到20世纪末、2010年和本世纪中叶的目标任务，从总体上规划了江苏教育现代化建设的进程。同时，还借鉴实施“两基”工作的经验，采取规划到乡、算账到校、责任到人的办法，进行分步实施。省教委经过几上几下的反复调研论证，制订了全省2004个乡镇及乡镇建制单位分年度、到2010年的实施教育现代化工程规划进度表，各市、县(市、区)则对各级各类学校实施教育现代化工程进度进行了规划，以确保省教委提出的到20世纪末苏南、苏中分别有85%、25%的乡镇和学校基本实现教育现代化，到2010年全省教育基本实现现代化的目标的达成。各级各类学校则根据学校的实际制定学校现代化建设的规划，并与乡镇或省、市县(市、区)、市直至省的规划衔接配套，逐步加以实施。

(五) 制定标准，目标激励

作为一种教育理想的教育现代化，要能有效地激励人们持续努力地朝它迈进，无疑需要有阶段性的目标进行导向，才能最终实现。江苏在实施教育现代化的过程中，为了有效地推动工作，在充分调查研究基础上，依据各级各类教育的特点和各级各类学校的现实状况，立足于进一步提高各级各类教育的发展水平和各级各类学校的办学水平，制定了《江苏省乡镇教育、中小学和幼儿园基本实现现代化建设标准》，其他各级各类学校则明确以国家或省已经制定的示范性学校、重点学校等标准为基本实现现代化建设标准，给乡镇、学校实施教育现代化工程提供阶段性的参照目标。①

(六) 条件突破，带动全局

选择突破口是一种策略，因为突破口往往是影响事物生存发展的关键环节，选准了突破口，常常能起到妙棋一着全盘皆活的效用。江苏在实施教育现代化中充分认识到了这一点。江苏提出的由6个方面目标内容组成的教育现代化是一个整体。教育思想现代化是教育现代化的先导，教育发展水平现代化是教育

① 2005年，江苏省委、省政府颁布《关于加快建设教育强省率先基本实现教育现代化的决定》，提出了我省基本教育现代化建设新的战略。2007年，省政府办公厅颁发《江苏省县(市、区)教育现代化建设主要指标》。2013年，省政府办公厅印发《江苏省教育现代化指标体系》从教育普及度、教育公平度、教育质量度、教育开放度、教育保障度、教育统筹度、教育贡献度、教育满意度等8个方面，提出全省更高水平教育现代化建设标准。

现代化的重要标志，教学体系现代化是教育现代化的核心，教师队伍现代化是教育现代化的根本，办学条件现代化是教育现代化的基本要求，教育管理现代化是教育现代化的必然选择。所有这些方面在江苏的实践中都是被同时强调，同步实施，并形成了“硬件(办学、装备条件、教师等)从实、软件(观念、管理等)从硬”“软硬并重”“软硬兼施”等有益经验。而在具体实施过程中，江苏各地则抓住办学条件现代化这一基本要求，加以突破，以起到牵一发而动全身的效用。于是，以办学条件现代化为突破口，特别是抢占现代教育信息技术这一“制高点”，以此来促进教育现代化其他方面的工作，如教育教学手段方法的更新、教师的进一步培养培训、教育教学观念的进步，以及教育管理水平的提高等等。以办学条件现代化为突破口实施教育现代化工程，迅速而又有效地调动了各级政府、全社会新一轮的重视教育、支持教育、发展教育的积极性和热情，使江苏教育又迎来了一个大发展大提高的春天。

(七) 评估检查，规范实践

作为一项崭新的动员全社会参与的教育实践活动，一开始就需要进行科学的合乎规律的规范。江苏省及其部分省辖市在实践中较早地注意到了这一点，并在制定了“建设标准”的基础上，及时研究制定了乡镇教育、中小学和幼儿园、成人学校及其他各级各类学校基本实现现代化的评估意见，用于乡镇、学校的自我对照、自我评价、自我调整、自觉提高，也为上级对下级的评估检查提供了尺度。从 1996 年开始，江苏省及其部分省辖市便开始对乡镇、学校进行评估检查。省教委在 1996 年、1997 年、1998 年连续 3 年在苏南、苏中、苏北评估确认表彰了 14 个实施教育现代化工程示范乡镇；为了鼓励乡镇的工作积极性，1997 年和 1998 年又通过评估确认并表彰了 141 个实施教育现代化工程先进乡镇。到 1999 年，全省通过教育现代化评估验收的乡镇达 418 个，占乡镇总数的 21%。在其他各级各类学校中也都通过评估确认了一大批重点、示范、实验和先进学校。

(八) 树立典型，示范导向

推进教育现代化建设没有现成的经验可以借鉴，也没有既定的模式可以照搬。为此，江苏省在苏南试点实施教育现代化工程之初，就采取了十分审慎的态度，在寻求理论指导的同时，更为强调要边实践边总结，发现典型推广经验，而在这些工作中，又最为注意培植典型，树立典型，总结推广典型经验。省、市、县

(市、区)各级在及时发现总结推广学校这个层次的典型经验的同时,还共同培植区域典型,如乡镇一级的典型。经过省、市、县(市、区)三级的共同努力,已分别评估确认了苏南5个、苏中6个、苏北3个省级实施教育现代化工程示范乡镇。这些乡镇的经济发展水平在当地一般处于中等水平,但党委政府高度重视,动员社会广泛参与,多渠道筹措教育经费,全方位实施教育现代化工程,在2—3年的时间里把本地的教育发展提高到了一个新的水平,积累了很好的、能够为面上乡镇学习借鉴的经验。这14个“示范乡镇”,在创建阶段和评估确认后都起到了很好的示范导向作用。江苏省教委为促使这些乡镇进一步提高教育现代化建设水平,持续起好示范导向作用,逐步实施了一系列促进工作。通过上述各方面的工作,实施教育现代化工程已经成为江苏各级政府的行为,教育投入进一步加大,师资队伍建设进一步得到加强,各级各类学校办学效益和教育质量进一步提高。

江苏积极推进教育现代化建设取得了初步成效,其重要意义被愈来愈多的人所认识。教育现代化是一项涉及全局性的工程,包括观念、物质、制度层面的现代化建设都应着眼全局、面向未来。教育现代化也是一项长期任务,需要有坚持不懈的奋斗精神,经过几代人的努力,才能实现理想的目标。今后一个时期,江苏应在已有目标的基础上,进一步明确下一阶段教育现代化的目标。“十五”时期,全省九年义务教育普及水平得到进一步巩固提高,高中阶段教育入学率达70%以上,高等教育毛入学率达25%以上,全民受教育程度和劳动者素质全面提高,各级各类教育事业发展水平和管理水平居全国一流,素质教育的总体水平达到全国前列,初步建立终身教育体系,初步实现由教育大省向教育强省的转变,有条件的市、县率先基本实现教育现代化。

启动苏南教育现代化工程

为了总结交流苏南教育现代化工程的启动经验，加强教育现代化的理论研究，推动全省教育现代化工程实施，1995 年 4 月，我们对苏南地区启动教育现代化工程情况进行了调研，听取苏州、无锡、常州、镇江、南京五市及先行启动的 22 个县(市、区)教育行政部门的领导和部分试点乡镇、学校、教育科研人员、相关专家的意见、建议。形成如下调研报告。

一、启动教育现代化工程的必要性和可行性

在调研中，大家一致认为，省教委关于在苏南地区组织实施教育现代化工程的决策是十分及时和必要的，它对于落实“科教兴省”战略，促进我省经济的腾飞和社会的全面进步，具有重大的意义。

实施教育现代化工程是实现省委、省政府提出的到 20 世纪末苏南地区实现现代化目标的需要。在省第九次党代会上，省委、省政府提出全省到 2010 年基本实现现代化，苏南地区 20 世纪末初步实现现代化。为了实现这一目标，苏南地区的教育应率先实现现代化。

实施教育现代化工程是苏南地区经济和社会发展提出的必然要求。20 世纪 90 年代，苏南地区的经济和社会发展正经历着从小康向现代化的迅速跨越，主要表现在三个方面。一是经济发展高速化。这一地区的经济每年以 30%—40%的比例高速增长，1994 年人均国内生产总值，无锡市达 1.4 万元，原无锡县达 1.6 万元，按 1990 年不变价格计算，已基本达到世界公认的现代化标准，人均国内生产总值 3000 美元。二是产业结构高移化和外向化。工业及第三产业已成为主导产业，农业仅占很小的比例(如原无锡县第一、二、三产业产值占比分别

为5%、70%和25%)，企业的技术和产品更新换代加快，科技含量加大。企业正以规模化、集约化之态势参与国际竞争。三是农村迅速城市化。人口相对向镇集中，如无锡市，集镇面积已占全市面积的1/8,46%的人口现已居住在镇上。**经济和社会发展的现代化必然要求教育实现现代化。在苏南地区实施教育现代化工程，顺应了历史发展的必然趋势，必将大大加快苏南经济和社会发展的现代化进程。**

启动教育现代化工程是教育自身发展的需要。到1993年底，苏南地区已基本普及九年义务教育和基本扫除了文盲，其他各类教育也有较大的发展，这些都为苏南教育的进一步发展奠定了基础。而教育现代化工程的实施，不仅对苏南教育提出了新的奋斗目标，而且为教育发展提供了新的动力机制，必将推动苏南教育实现继“普九”之后的第二次跨越。

在讨论苏中、苏北地区是否有条件启动教育现代化工程这一问题时，有的同志认为，尽管苏中、苏北现阶段经济、社会发展的水平还不具备全面启动工程的条件，但是实现现代化是一个全省性的共同趋势。因此苏中、苏北的同志在思想认识上应明确教育现代化这个“瞄准点”，实践上应拧紧“普九”与教育现代化的“连接点”，因地制宜地选准“切入点”，抓好“实验点”，以为苏北地区启动工程积累经验，实现区域联动发展。

二、关于教育现代化的内涵和目标

(一) 教育现代化的内涵

多数人认为应从三个方面进行把握:①教育现代化是社会现代化的一个组成部分，是社会现代化的基础和前提条件。没有教育的现代化，没有教育提供的人才和智力支持，社会的现代化是不可想象的。②教育现代化是动态的赶超先进的过程，其目标是要达到或超过工业化发达国家的教育发展水平。③教育现代化是教育为适应社会转型的需要，实现由传统教育向现代教育的“整体转换”过程，是以现代科学技术充实学校教育内容，全面提高人的素质的现代素质教育过程。实现人的现代化是教育现代化的核心任务，是教育现代化的起点和归宿。

有的同志把教育现代化分为四个层面:一是物质层面的现代化，包括办学条件、装备等;二是知识层面的现代化，包括教学内容、课程体系;三是制度层面的现代化，包括教育制度体系、教育法制和教育管理等；四是观念层面的现代化，包括教育思想的现代化等。

有的同志认为，教育现代化的实施不能只见物，不见人。以本质意义上讲，教育现代化是人自身物质、精神现代化的过程。**因此在考虑培养什么样的人这一教育根本问题时，不仅应注意人是否适应现代社会的需要，同时还要考虑国情特点和中国人的特质（即几千年传统文化对于中国人性格形成的影响及历史积淀），注重人的民族精神和社会伦理道德的培养**。教育现代化理论研究的焦点应定位在培养面向21世纪、中国特质的、现代化的、社会主义的新人上，并以此构建起现代化教育体系。

有的同志认为，教育现代化既要瞄准国际先进水平，体现时代性、开放性和国际性，又要适应我国社会主义现代化建设的需要，体现中国特色和民族性；既要坚持教育的对外开放，注意借鉴国外的先进科学文化技术，又要继承和弘扬民族优秀的文化传统，要始终坚持"两个文明"一起抓。这样，才能逐步走出具有中国特色的、社会主义的教育现代化之路。

还有的同志对实现教育现代化提出了异议，认为在现阶段以提教育面向现代化为宜。理论总是在实践过程中逐步总结、概括出来的，教育理论工作者应把实践过程中提出的问题作为自己研究的对象，而不是离开实践做玄而又玄的思辨。**教育现代化绝不是所谓"先化人，后化物"或"先化物，后化人"的过程，而是经济、社会、教育整体互动、相互促进的过程，是物的现代化与人的现代化的整体互动过程，这里最重要的是过程运动本身，是人要参与到过程中去，人只有在参与现代化的社会实践中，才能逐步实现人自身的现代化**。

（二）关于构建教育现代化目标体系问题

大家认为，省教委在《关于在苏南地区组织实施教育现代化工程试点的意见》中提出的总目标和六个方面的内容，是符合苏南经济和社会发展实际的，且具有一定的超前性。在实践中，能够起到正确导向和激励作用。但这些目标还比较笼统，不易操作，因此，有必要进一步开展目标体系的研究。

1. 教育现代化工程的阶段性目标

教育现代化是一个相对概念，是一种动态的发展水平状态，是连续性与阶段性相统一的发展过程。因此大家倾向把教育现代化工程划分为三个阶段：第一阶段，到20世纪末，初步实现教育现代化，达到亚洲新兴工业化国家80年代末、

90 年代初的教育发展水平，其标志是基本普及高中段教育，基本建成一个适应社会主义现代化建设需要的、符合社会主义市场经济规律和教育发展规律的、具有苏南地区特色的、城乡一体的、面向 21 世纪的社会主义教育体系。第二阶段，到 2010 年，基本实现现代化，赶上亚洲新兴工业化国家的教育发展水平，其主要标志是，在高质量普及高中段教育的基础上，把高等教育由“英才型教育”转向大众型教育。第三阶段，再用 10—15 年时间(或更长一段时间)全面实现教育现代化，赶上发达国家的教育发展水平。

2. 教育现代化的目标结构体系

从系统论的角度看，教育现代化的目标体系是一个多层面的立体网络。大家认为，省教委文件提出的教育观念现代化、教育发展水平现代化、教学体系现代化、办学条件现代化、师资队伍现代化、教育管理现代化较为全面地概括了教育现代化的目标内容。多数代表认为，教育现代化的六个方面内容是一个相互联系、相互依赖、相互促进的有机整体。教育观念现代化是整个教育现代化工程实施的前提；教育发展水平现代化，是教育现代化的显著标志；教学体系现代化，是教育现代化的依托；办学条件现代化，是教育现代化的基础；师资队伍现代化，是教育现代化的关健；教育管理现代化，是教育现代化的保证。在认识和实践上忽视或者偏向哪一方面，都可能导致教育现代化整体水平的下降。

三、启动教育现代化工程的初步实践

在调研中，各地教育行政部门的同志还就启动教育现代化工程的基本做法和经验进行了交流。归纳起来，这些经验大致包括以下几个方面。

(一) 强化政府行为

教育现代化工程的启动和实施靠什么机制来保障？这是实施工作遇到的首要问题。苏南地区一些市、县启动工作的经验是：以强有力的政府行为保障工程的运行。如原无锡县县委、县政府联合发出了《关于在全县实施教育现代化工程的决定》，明确把实施教育现代化工程作为县委、县政府直接抓的重点工程。许多乡(镇)还通过人代会决议等立法形式，保证工程的实施。张家港市政府与各镇“一把手”签订责任书，把政府下达的实施工程目标逐项分解，成为各级政府行为。原无锡县、张家港市的经验具有普遍的推广价值。有的代表建议应将实施教育现代化工程列入全省现代化建设总体规划中，成为“科教兴省”的重要组成部分。还有代表认为实施教育现代化工程应是政府领导下的学校、全社会的共同行为，这其中政府行为是主要的。

（二）选择实施策略

大家认为，苏南同志在工作中总结出来的“总体规划、分步实施、重点突破、示范引路”的策略，是值得借鉴和推广的。所谓“总体规划”，就是把实施教育现代化工程放到地方经济建设和社会发展的总体规划中进行综合构思。“分步实施”，就是各地应根据当地经济和社会发展水平和实际需要，因地制宜地分层规划，分阶段推进。“重点突破”，这里包含两层含义：一是从区域范围看，实施工程的关键在县（市、区），重点在乡镇和学校；二是有关部门和学校要善于选择那些“牵一发而动全身”的部位突破，以带动工程的全面展开。“示范引路”，培植典型，树立榜样，往往起到“一花引来百花开”的效果。如张家港市产生的“梁丰效应”就是一个例证。

（三）处理“软”“硬”的关系

在硬件与软件的关系处理上，大家认为在工程启动之初，一些地方先从校舍等硬件建设入手，这是必要的，但在抓硬件的同时不可忽视软件的建设。有同志提出，宁可要中档校舍、高档设备，也不要搞高档校舍、低档设备，这样符合我国的国情和工程实施的客观需要。大家认为，政府及教育行政部门，特别是各级各类学校应重视现代科学技术的引进和教育设备手段的现代化，力求从这方面寻求教育现代化的突破。同时要注重练好“内功”，要根据现代化的要求，全面进行教育教学改革，提高教育质量。

（四）优化学校布局

大家认为，目前苏南地区正对中小学进行大规模的布局调整。这是实施教育现代化工程的重要内容，是与城乡一体化趋势相适应的。苏南地区农村九年义务教育学校布局调整总的趋势是向镇集中，大致有三种模式：一是大集中，一个镇建一所中心小学。二是中集中，除镇上的中心校外，村小合并成若干（约3—4所）双轨制完小。三是小集中，除镇上中心小学外，建成若干单轨制完小，另保留少量初级完小，一个乡镇学校总数在10所左右。大家还就高中段的教育模式进行了研讨，认为在继续进行“二类三元”模式探索的同时，要着力于城乡一体化背景下的城乡教育一体化研究。宜兴市在建立城乡一体的三级职教网络，加强县级对高中段教育的统筹，提高教育综合效益的做法值得学习和借鉴。

（五）关于发展地方高等教育问题

一种意见认为，随着苏南高中段教育的普及和地方经济建设对于高等教育人才需求量的增大，苏南地方高等教育必然要有较大的发展，苏南地方高等教育发展明显滞后于经济和社会的发展，因此希望国家及有关部门能放宽有关政策，以鼓励和加快地方高等教育发展。但另一种意见则认为，苏南地方高等教育发展的时机不够成熟。从国际的经验看，高等教育发展有美国模式和德国模式（高等教育毛入学率仅为30%），两种模式孰优孰劣仍有争议。苏南地方高等教育发展应采用何种模式，还需根据现实的需要及条件作进一步研究。

加快发展淮北地区的教育

淮北地区包括徐州、淮安、盐城、连云港和宿迁等市，耕地面积3520.43万亩，占全省的52.76%，人口2949.94万，占全省的41.49%。1996年，全区GDP约1399.56亿元，占全省的23.11%，财政收入44.71亿元，占全省的10.45%。淮北地区已成为我省的主要农业生产基地，1996年农业产值460.03亿元，占全省的47.18%。淮北地区具有丰富的农副产品、海洋、滩涂和有色金属等资源，是我省沿东陇海线、沿海发展战略的重要区域。几年来，淮北地区各级党委政府和广大干部群众认真贯彻省委、省政府提出的实施“科教兴省”、区域共同发展和经济国际化三大战略，加快教育事业的发展，取得了前所未有的成绩。但是，从总体上看，淮北地区在教育上仍然是全省最薄弱的地区，教育明显滞后于该地区的经济社会发展，影响着奔小康的进程。因此，加快发展淮北地区教育的问题已经现实地摆到我们面前。

一、加快发展淮北地区教育的重要意义

进入20世纪90年代以来，国际竞争集中反映在以科技和教育为基础的综合国力竞争。教育的功能已远远超出单一的传授知识，成为开发人力资源，改善投资环境，加快经济发展，推进社会进步的重要手段。因此，一个地区的教育发展状况，其意义已远远超出教育本身。面对国内外激烈的竞争，如何看待加快发展淮北地区教育的意义，我以为至少应从以下几个方面去认识和把握。

（一）实现“两个转变”必须加快淮北地区教育的发展

实现“两个转变”的实质是进一步改革生产关系，进一步解放生产力，核心在人，基础在教育，关键是真正把经济建设转到依靠科技进步和提高劳动者素质的

轨道上来。淮北地区地处沿海、沿线交汇地带，具有独特的区位优势；地处黄淮海腹地，具有农业资源、矿产资源、旅游资源优势；农业剩余劳动力较多，价格比较低廉，具有相对的成本优势。要把这些优势转化为现实生产力，必须加快体制改革，以更加灵活的机制大力改善农业生产条件，有选择地发展工业，大力推进多种经营，有组织地进行劳务输出。**必须加快经济增长方式转变，培养一大批具有科学决策能力的领导者，懂经营、会管理的企业家，掌握现代科技、具有开发能力的技术群体，具有开拓市场能力的营销人员，具有较高素质的劳动大军**。所有这些转变都有赖于教育，必须把教育放在优先发展的战略地位。

（二）全面实现小康必须加快淮北地区教育的发展

就全省而言，没有淮北的小康，就没有全省的小康。据对淮北地区各市小康的达标情况调查估算，整个淮北地区的得分值约 84.84，其中 90 分以上的有徐州和连云港，在 80 分以上不到 90 分的有盐城，在 70 分以上不到 80 分的有淮安，60 分以上不到 70 分的有宿迁。在整个指标体系中实现程度普遍较低的是农村劳动力文化指数。劳动力文化指数是一个地区教育发展水平的综合反映，对淮北地区来说，农村劳动力文化指数达到 8 年，基本普及九年义务教育、基本扫除青壮年文盲是基础，发展高中阶段教育是影响最大的因素，发展高等教育和开展多种形式的成人教育也是重要因素之一。由此可见，全面实现小康，教育起着不可替代的特殊作用。

（三）积极推进教育现代化必须加快淮北地区教育的发展

早在 1993 年，省教委根据苏南地区已基本普及九年义务教育的实际，不失时机地提出在苏南地区组织实施教育现代化工程试点的意见。1996 年，全省已完成“两基”任务，省委、省政府及时提出全省要高举教育现代化旗帜，积极推进教育现代化，实施教育现代化工程和教育促小康工程。推进教育现代化是我省今后一个时期重点工作和宏伟目标。它要求全省教育从教育思想、教育内容、教育方法、教育手段到教师队伍建设、教育装备条件、教育管理等方面全面推进现代化，要求从学校到区域，从苏南到苏北全面迈向现代化。**基本实现教育现代化的显著标志是基本普及高中阶段教育，基本实现高等教育的大众化**。目前，淮北地区教育不管是发展水平，还是办学条件、教师队伍等，距离现代化要求还有一定差距，推进教育现代化的任务十分艰巨。因此，加快发展淮北地区教育是全省推进教育现代化的突出重点。

二、加快发展淮北地区教育的现实基础

经过十多年的努力，特别是“八五”时期的教育发展，淮北地区教育发生了很大变化，为进一步加快发展打下了基础。

目前，淮北地区有小学13275所，在校生346.96万人，分别占全省的49.05%和53.81%。有中学1998所，占全省的45%。有初、高中在校生127.36万人和17.07万人，分别占全省的47.34%和35.77%。有职业高中156所，在校生7.13万人，分别占全省的35.37%和27.36%。有中专校40所，在校生6.91万人，分别占22.60%和24.76%。有技工学校36所，在校生3.19万人，分别占20.81%和32.39%。有普通高校14所，在校生3.36万人，分别占16.10%，其中部委属高校2所，省属高校7所，市属高校2所。从学校类型来看，有工科院校5所，师范院校3所，医学院1所，职业大学2所。从层次上看，有本科院校6所，其中能招研究生的3所。专科学校5所。从布局上看，徐州4所，连云港3所，盐城、淮安各2所，宿迁无高校。此外，淮北地区还有筹建中的民办高校。有成人高校9所，在校生2.08万人，分别占全省的14.29%和15.67%。

“八五”期间，淮北地区教育与全省一样得到长足发展，为经济建设和社会事业发展培养了大批人才，为提高劳动者素质作出了贡献。基本完成普及九年义务教育和扫除青壮年文盲这一历史任务，农村劳动者文化素质有了显著提高，农村劳动力文化指数达6.9年，比全省平均低0.3年。“八五”期间，淮北普通高校共培养4.3万人，占全省普通高校毕业生24.2万人的17.77%，成人高校培养2.15万人，占全省成人高校毕业12万人的17.92%，普通中专共培养4.61万人，占全省培养数22.3万人的20.67%，职业高中共培养12.3万人，占全省培养数32.72万人的37.59%，成人中专共培养5.72万人，占全省培养数17.3万人的33.06%。

几年来，在发展淮北教育的具体工作中，坚持实行了三个结合。一是实施教育现代化工程和实施教育促小康工程相结合。就全省的要求和淮北的目标而言，要积极推进教育现代化，但根据淮北的实际，近几年的重点仍然是组织实施教育促小康工程，大力提高农村劳动者文化指数。二是实现“两基”和发展其他教育相结合。近年来，把“两基”作为淮北的工作重点，同时，也积极发展其他各

类教育，特别是中等职业教育和高等教育，努力多为淮北地区培养实用型人才。三是实行全省支援和坚持自力更生相结合。一方面，注意在人、财、物等方面向淮北作重点倾斜，同时组织苏南与淮北对口支持；另一方面，提倡自力更生，依靠淮北自身力量发展教育、培养人才。由于思路清楚，工作得力，方法得当，淮北地区教育已实现了历史性跨越，积累了一定的基础。

（一）基本完成“两基”任务

淮北地区基本普及九年义务教育、基本扫除青壮年文盲一直是全省教育工作的重点和难点。近年来，全省特别是淮北地区采取了一系列措施实施九年义务教育。主要包括：制定规划、明确目标；强调政府行为，落实工作责任；制定建设标准；增加投入，扶持淮北地区发展；建立督导评估制度，加强检查验收等。据统计，从1986年到1995年的十年间，全省各级财政共安排普教经费169.18亿元，平均年增长46.5%。共征收城乡教育附加费78.98亿元，是同期国拨经费的46.68%。据不完全统计，从1988年到1995年，全省用于义务教育的社会集资达25.95亿元，占同期国拨经费的15.33%。为了加快淮北地区的“普九”步伐，十年来，省财政在连续每年安排1800万元“一无所有”专项经费的同时，从1993年起，每年又增加安排教育专项经费1000万元，直至20世纪末，主要用于淮北地区的“普九”工作。1995年又从教育地方附加费中安排2000万元用于淮北“普九”，1996年安排1800万元。

淮北地区的扫盲工作坚持“堵扫结合、有盲必扫”的原则，每年确定扫盲目标，市与县、县与乡、乡与村、村与组层层签订了目标管理责任状，确保每年完成扫盲作务。坚持多方协作、齐抓共管的工作方针，在政府统筹下，各个部门通力合作，收到了较好的效果。从1990年到1995年，全省共扫除青壮年文盲177万人，其中相当一部分是淮北的。至1996年，全省青壮年非文盲率已达98%以上。

（二）职业教育初具规模，形成特色

从总体上看，淮北地区正处于从温饱向小康转变的发展阶段。在农业上处于传统农业向现代农业的转变阶段；在工业上处于工业化的前期；在经济运行的增长方式上，主要还是外延扩大再生产；在经济运行的管理上，还处于粗放经营为主的阶段；在经济发展速度和效益的关系上，还处于由低速度、低效益向高速度、高效益的转变阶段。因此，淮北地区更加需要大力发展职业教育，培养经营人才、技术人才和熟练劳动者，培养适应现代农业发展的新型农民。根据这些实际情况，我省重点扶持发展淮北地区的职业教育。一是实施“1122”工程，发展淮北的职教中心。1995年、1996年连续两年分别在阜宁、睢宁召开职教中心建设现场会，树立典型、培植骨干。目前已建成一批质量较高的职业教育骨干学校。二是在政策、经费及业务指导等方面给予支持。省教委在安排职教专项经费、职教中心中专自费生招生计划和贷款等方面始终对淮北地区实行倾斜。如贷款贴息，淮北地区职教中心贷款贴息率为7%，而苏中、苏南均为6.5%。1995年全省职教贷款贴息总额840万元中，淮北五市为445万元，占全省总数的53%。三是改革职业教育培养模式，为淮北农村培养致富带头人。针对淮北地区以农业经济为主的特点，许多学校从专业设置到课程设置都立足农村，服从农业，服务农民。有的开设多种经营专业，有的开设农村专业户专业，直接为农村培养专业户，培养致富带头人。四是实行南北挂钩，把淮北丰富的劳动力经职业培训后输送到苏南及其他地方。如淮安市实施“金桥工程”，劳动力经过职业教育和培训后，有组织地向外输送，收到了很好的效果。

（三）**积极发展淮北高等教育**

淮北地区的高等教育相对薄弱。为了加快这一地区高等教育的发展，早在1985年，省政府就下决心筹建了淮海工学院，十年来，基建投资3420万元，建成校舍65514平方米，现在已初具规模，成为淮北地区重要的高校之一。近年来在发展淮北地区高等教育方面主要采取了以下措施。一是调整学校布局，开展多种形式的联合办学，提高办学的规模效益，努力为地方经济建设培养急需人才。近几年，将徐州师专并入徐州师院，成立徐州师范大学(现为江苏师范大学)。根据淮北地区急需高级专门人才的实际，将盐城工专和盐城职业大学合并，成立盐城工学院，将淮阴师专和淮阴教育学院合并，成立淮阴师范学院。通过联合、合并，在淮安、盐城建立了本科院校，提高了淮北地区培养本科毕业人才的能力。二是改革办学体制，发展民办高校，增强社会参与办学力度。先后批准筹建民办九州大学和民办明达大学两所高校，扩大了淮北地区高等教育培养规模。三是面向淮北经济和社会发展需求，加强紧缺人才专业设置的调整。为适应建设“海上苏东”需要，在淮海工学院新开设海洋化工、水产品加工等为开发海洋经济服务的专业。根据淮北地区加强公路交通等基础设施建设的实际需要，在淮阴工专开设公路与城市道路、高等级公路管理等专业。四是加强示范性专科学校建设。通过在淮北建设示范性专科学校、示范专业，不断提高淮北地区高等教育的质量。

三、加快发展淮北地区教育的突出问题

近年来，淮北地区教育虽然有了较大发展，但在全省教育中仍然是最薄弱的。教育发展还不适应经济社会发展的要求，不适应建立社会主义市场经济体制的要求，不适应实施三大战略的要求，也不适应加快实现“两个根本性转变”的要求。突出表现在下列四个方面。

（一）教育基础薄弱，发展任务繁重

1996 年，我省已全面完成“普九”任务，但是，淮北地区的“普九”工作仍然十分脆弱，巩固、提高还要作出艰苦努力。主要表现为：①淮北地区九年义务教育处在入学高峰期，教育事业规模急剧扩大，现有的校舍、设备、教师难以满足事业规模的扩大。如 1996 年，连云港市小学在校生净增 2.3 万人，到 2000 年初中在校生将由现在的 16 万人左右增加到 30 万人。响水县 1996 年小学增加 150 个班级，初中增加 90 个班级。这对义务教育造成巨大压力。②目前，淮北农村许多地区实行的是“五三”学制，实际只普及八年义务教育，要把八年学制过渡到九年学制，淮北地区在校学生将增加 40 万人左右。这又对义务教育增加了巨大压力。③淮北地区“普九”标准是省定下限标准，即使这样，一些农村小学还不能完全达标。在巩固、提高过程中，没有达标的要继续达标，达标的要进一步提高标准，尚需增加大量投入。④淮北地区教师数量不足、素质不高的矛盾也十分突出。

淮北地区职业教育、高等教育的基础同样非常薄弱。教育事业规模难以满足经济社会发展的需要，难以满足人民群众日益增长的教育需求。据统计，淮北地区每万人口：具有普通高中学生 57.9 人，比全省平均少 12 人；具有职业高中学生 24.2 人，比全省平均少 14 人；具有中专学生 23.4 人，比全省平均少 17 人；具有技工学生 10.8 人，比全省平均少 3 人；具有普通高校学生 11.4 人，比全省平均少 21 人；具有成人高校学生 7.1 人，比全省平均少 12 人。淮北地区学校的办学条件需要进一步改善，鄙视职业教育的传统思想还需要进一步消除和解决。

（二）布局不尽合理，发展很不平衡

由于历史原因，淮北地区普通高校和成人高校较少，宿迁尚无高校。全省平均每百万人口约有1所普通高校和成人高校，而淮北地区每300万人口才有1所普通高校和成人高校。淮北地区高等学校较少，已经严重影响了这一地区高级专门人才的培养，影响了吸引高级人才的能力，在一定程度上也影响了投资环境。在职业教育方面，省政府确定的“1122”工程已实施3年，但淮北地区还有6个县(市)、2个市没有动手建职教中心。现有的职业学校布局也不尽合理，为农村服务的学校缺少。如连云港在区划调整前，三县人口占全市的85%以上，而职业教育招生占全市的49%，在校生仅占32%。

（三）学校规模偏小，办学效益不高

淮北地区职业高中和普通高校平均每校学生分别为457人和3055人，比全省平均分别少135人和218人。在9所普通高校中有5所学校在校生规模低于2500人，有1所学校因师资队伍不达标，有2所高校因校舍面积未达标，被国家教委亮过“黄牌”。因此，增加投入，扩大规模，提高办学效益，也是迫切需要解决的问题。

（四）专门人才下不去、留不住

一方面，淮北地区经济发展需要大批人才，人才又相对缺乏；另一方面，淮北地区存在专门人才不下去、留不住的现象，高校毕业生不愿到淮北就业的现象比较严重，即使到了淮北也不愿到基层的现象普遍存在。仅以师范为例，近年来，淮北地区师范本科毕业生到位率普遍低于全省水平。因此，解决淮北地区教育问题，不仅要像搞公路交通、通信设施建设那样，搞好教育这个更为重要的基础设施工程，而且要切实解决与毕业生就业相关的劳动人事制度。如果不从毕业生就业上解决问题，那么，越是落后的地方，基础教育投资外流的现象越严重，职业教育、高等教育的发展仍然难以解决淮北人才缺乏问题。

四、加快发展淮北地区教育的基本目标

把一个什么样的淮北教育带入21世纪，直接关系到全省实施科教兴省、区域共同发展和经济国际化三大战略，直接关系到全省奔小康、基本实现现代化进程。《江苏省教育事业“九五”计划和2010年发展目标》已经确定了今后全省教

育发展目标，明确提出要积极推进教育现代化，实施教育现代化工程和教育促小康工程。淮北各市、县也已经制定了教育发展规划。在确定整个淮北地区教育发展目标过程中，要坚持以下四条原则。

1. 始终坚持持续发展教育不动摇

要抓住省委、省政府重视淮北发展的机遇，抓住淮北地区处于经济转变时期迫切需要人才的机遇，抓住淮北地区已实现"两基"的机遇，集中力量解决好制约教育发展的、事关全局的重大问题。

2. 始终坚持以改革促发展

要根据把淮北地区建成现代商品农业基地、新兴工业基地、对外开放的前沿阵地、省际边界地区商贸中心等需要和实现两个根本性转变的需要，加快教育的两个根本转变，使淮北教育更好地为当地经济和社会发展服务。

3. 始终坚持分类指导、分步实施

继续给淮北地区更大的倾斜和支持，逐步缩小南北教育差距，实现南北区域教育共同发展。

4. 始终坚持全面贯彻教育方针

坚持教育为社会主义现代化建设服务，与生产劳动相结合。培养学生热爱家乡的思想品质，培养学生的创业意识和创业技能，培养德、智、体、美、劳等方面全面发展的社会主义建设者和接班人。

在总体目标上，"九五"时期，淮北地区全民受教育程度要显著提高，农村劳动力平均受教育年限应达8年，各级各类教育事业发展水平达全国平均偏上水平。到2010年，在高标准完成普及九年义务教育的基础上，基本普及高中阶段教育，基本进入高等教育大众化，基本实现教育现代化。

在教育发展水平上，到2000年，九年义务教育人口覆盖率保持在100%，初中入学率达95%左右，青壮年非文盲率达98%以上。高中阶段入学率达65%左右，高等教育入学率达10%左右。城镇企业和乡镇企业职工年全员培训率分别达50%和30%左右，农副业从业人员年培训率达30%左右，回乡初高中毕业生普遍受到职业教育和实用技术培训，对脱盲人员进行成人初中等职业技术教育。

在效益目标上，建立起比较合理的教育结构体系。学校布局合理，规模效益显著提高。根据工业化、城市化进程，学校和学生向城镇相对聚合。

在质量目标上，广大受教育者具备应有的人文素质，成为有理想、有道德、有文化、有纪律的一代新人；具备较高的科学素养，形成科学的价值观念，掌握完整的科学知识和科学的探索方法；具备较强的创新能力、实践能力、审美能力。全面实施素质教育，形成吸收科学技术最新发展成果的课程教材体系和衡量全面素质的评价制度。

在教育体制改革目标上，形成与社会主义市场经济体制和政治体制相适应的，与科技、文化、劳动、人事等部门管理体制相配套的教育体制和运行机制，包括以政府办学为主体、社会各界共同参与的办学体制，以财政投入为主，辅之以多渠道筹措的投资体制，政府宏观管理和学校面向社会自主办学的管理体制。

五、加快发展淮北地区教育的若干思路

加快发展淮北地区教育的目标无疑是积极推进教育现代化。在实施步骤上，可以先实施教育促小康工程，再实施教育现代化工程；在结构选择上，要以"两基"的巩固提高为重点，大力发展职业教育和成人教育，积极发展高等教育；在区域布局上，构建"两沿辐射，中间开花"的格局；在教育与经济的关系上，实行几类教育统筹、经科教一体，教育与经济的同步协调发展。

（一）继续以"两基"为重中之重

淮北地区虽已完成"两基"任务，但巩固提高的任务十分艰巨。因此，在思想上要像抓完成"两基"那样抓巩固提高，在措施上不能有任何懈怠和松弛。要继续努力，使办学条件达到省定上限标准。要积极创造条件，完成义务教育入学年龄从 7 周岁向 6 周岁过渡，学制从 8 年向 9 年过渡。要严格控制"流生"，大面积提高质量，继续扫除剩余青壮年文盲，对脱盲人员进行成人初中等职业技术教育。通过扎实的工作，夯实"普九"基础，巩固扫盲成果，把一个基础扎实的淮北基础教育带入 21 世纪。

（二）以发展职业教育为突破口

从淮北地区生产力发展水平的实际出发，发展职业教育仍然是教育与经济社会相适应的有效途经。在发展路子的选择上，要注意把握以下几点：①加快职教中心建设，并以此为龙头，根据乡镇布局建设若干所骨干学校，发挥乡镇成人中心校的作用，形成职业教育网络。②坚持区域布局与专业布局相结合的原则，逐步形成不同职业学校的长线专业、优势专业，以专业为纽带，组织职业教育集

团。形成淮北地区职业教育的整体优势。③立足本地经济需要，改革教学模式，重点培养适应多种经营发展，专业户和乡镇企业发展需要的各种人才。④根据农村劳动力富余的实际，大力开展劳动力转移前的职业教育，架构劳动力转移的桥梁，提高劳动力使用价值。

（三）统筹规划布局，积极发展高等教育

淮北地区高等教育相对薄弱，应当把发展高等教育作为重要任务之一。从总体看，淮北地区高等教育发展主要不是走外延铺摊子的发展路子，而必须坚定地走集约发展，提高质量的内涵发展的道路。因此，要突破市域进行布局的局限性，立足整个淮北地区考虑高等教育的发展问题，要突破普通高等教育的局限性，努力推动普通高等教育与成人高等教育的沟通，实行中高等教育的衔接；要突破地方高等教育的局限性，努力发挥部委局高校的作用。在总体格局上，形成以徐州连云港为主线的“爪”字形高校布局，强化沿线辐射。每个市至少建立一所高等职业学校，实现城乡辐射。在学校布局上，形成“点线面”的布局结构。“点”就是通过淮海工学院与连云港水产学校的联合办学，培养开发海洋经济所需的专门人才。“线”就是将徐州师范大学、淮阴师范学院和盐城师专、教育学院视为一线，共同为淮北培养教师，“面”就是以中国矿业大学、盐城工学院、淮阴工学院组成理工科高校的三角面，覆盖整个淮北地区。

（四）大力实施教育促小康工程，加快农村劳动力文化达标

农村劳动力文化指数是一个地区教育综合发展的反映，也是实现小康的必备条件之一。淮北地区各级政府要在领导奔小康工作的同时，组织实施教育促小康工程，在进行小康达标的同时，优先进行农村劳动力文化指数的达标，以此推动各级各类教育的发展。

（五）积极推进经科教一体化

经济、科技、教育相互结合，互为一体是端正农村教育方向，推动农村教育发展的有效形式。淮北地区应当坚持多种形式地推进经科教一体化，在加快发展经济的同时发展教育，通过发展教育促进农村经济的发展。首先要树立经科教一体的思想，坚持经济建设必须依靠科技、教育；科技、教育必须为经济建设服务，形成以教育之渠，引科技之水，灌经济之田的生动局面。其次要发挥教育部门的人才、科技优势，依托教育机构的实验示范基地，建立种养加、贸工商一条龙服务体系，推动农村经济发展。再次要根据产业结构实际，培养骨干人才，培训提高农村劳动力的文化技术素质，形成出一批人才，兴一个产业，富一方农民的良好局面。

（六）继续扶持淮北地区发展教育

省有关部门要继续对淮北地区实行重点倾斜。一是在经费上重点倾斜。原有的“一无两有”经费、义务教育专项经费、职教贷款、地方教育附加等应继续重点扶持淮北地区。二是在师资队伍建设上倾斜。要通过定向招生、定向培养和加强在职教师培训等措施逐步解决淮北地区教师数量不足、素质不高等突出问题。三是在建设薄弱学校上给予倾斜。要把改造淮北地区的薄弱学校作为全省的工作重点之一，使这些学校在教育思想、教育管理、校长教师队伍建设、校舍设备条件等方面有较大改观。淮北地区要发扬自力更生、艰苦创业的精神，创造条件，加快发展教育事业。

在开发经济的同时开发教育

在邓小平南方谈话和党的十四大精神鼓舞下，我国经济建设和改革开放进入了一个新的阶段。各地出现了一批经济技术开发区，通过“筑巢引凤”，改善投资环境，加快经济发展。以江苏为例，全省至1993年已批准建立10个国家级开发区，48个省级开发区，起步面积达152平方公里，已投入基础设施建设资金79.9亿元，累计投产企业3172家，合同外资额53.6亿元，其中实际到账13.5亿元。财政收入3.2亿元，利税21.9亿元。经济技术开发区已经成为对外开放的窗口，经济发展的新生长点，城乡建设的新区域。许多开发区在建设过程中，注意把经济、社会发展规划与教育发展规划同步进行，使经济技术开发的起点立足在一定的教育、科技之上，使区域内经济和社会协调发展，全面进步。但也有一些地方没有在开发经济的同时开发教育。主要表现在：

在思想上重经济开发，轻教育开发。有些开发区囿于就经济开发而开发的小圈子，忽视了在经济开发的同时进行教育开发，更多地考虑引进资金、项目、技术，忽视了引进现代教育思想。即使是解决人才紧缺问题，也更多地立足引进人才，而忽视了培养人才。我们认为，在开发区开发之初，首先考虑资金、项目、技术等是无可非议的，但到开发区形成一定规模，仍然缺乏开发教育的长远考虑，这不能不说是指导思想上的一种偏差。

在规划上重经济规划，轻教育规划。开发区的规划应当是经济、社会的全面规划。但一些地方往往强化经济规划，弱化教育规划，即使对教育进行规划，也只是对中小学布局进行规划，对职业教育特别是对企业教育的规划没有得到落实。

在建设上重硬件建设，轻软件建设。在教育建设方面，偏重校舍、设备等硬件建设，没有把建立与开发区相适应的现代教育制度放到应有位置。对此如不引起重视，开发区的教育可能只是传统教育的移植，难以与开发区相适应。

所以，在开发经济的同时开发教育，不仅是摆在教育工作者面前的新课题，也是摆在各级领导，特别是开发区领导面前的新任务。我认为，当前应着重做好下列开发。

一、开发新的教育思想

教育思想是一定经济、社会发展的客观实际在人们头脑中的反映，具有指导人们进行教育实践的作用。开发区应当根据其外向度高、技术含量高、科学化管理程度高等特点，开发形成与之相应的新的教育思想。开发形成这种新的教育思想，至少要进行“四破四立”。

（一）破除单一知识教育的思想，树立素质教育的思想

开发区教育应当立足于提高全体劳动者的素质，特别是劳动后备力量的整体素质，促进受教育者思想、文化、知识、技能等方面的发展。因此，要改变传统的传授知识的教育。即使传授知识也要通过多种媒体，尽可能地吸收最新知识和技术。

（二）破除单一学校教育思想，树立终身教育思想

现代社会发展日新月异，开发区要始终跟踪最新科技发展，必须率先进入学习化社会，将不断学习、更新知识贯穿于人的一生。为此，**要改变单一学校教育的传统，把教育对象扩大到所有社区成员，把教育时空扩大到学校以外的社会教育，把教育手段扩大到运用多媒体技术，构建完善的教育体系，使社区中每一个成员的学习需求都能在这个体系中得到满足。**

（三）破除单一灌输教育思想，树立创造教育思想

传统教育方法长于灌输，以应知为目标，受教育者处于被动地位。这不利于激发受教育者的学习积极性，提高他们的实际工作和生活能力。开发区作为建立社会主义市场经济的产物和先行区，应当立足于实施创造教育，培养受教育者的创造意识、创造思维和创造能力。

（四）破除就教育论教育的狭隘思想，树立综合教育的思想

为了使开发区教育率先与市场经济体制接轨，应当充分运用市场调节优化配置教育资源，这就要求开发区领导和教育工作者树立综合教育思想，综合协调

各类教育发展，优化各类教育资源，沟通各类教育的联系，提高教育的综合效益。在开发区领导的统筹下，做到教育资源共享、教师互聘、学习成果互认。

二、开发新的教育功能

教育功能既是一个理论问题，又是一个实践问题。按照马克思主义理论，教育是提高人的劳动能力的社会活动，通过教育可以把潜在生产力转化为现实生产力，推动人类社会的进步和发展。在此同时，使人本身得到和谐、协调发展。这是教育的基本功能，开发区教育同样具有，并不能忽视这个功能。但是，现代教育与现代科技、经济的紧密结合，使教育超出了培养人才的单一作用。在经济、科技、教育的结合中，已经或将会使教育生长出新的功能。这正是需要开发区着力开发的。我们认为，开发区可以在下列几方面开发新的教育功能。

（一）在教育与科技的结合中开发教育的科技功能

首先要在项目上结合。开发区企业引进的技术项目，要通过教育这个载体进行传播、推广。具体形式可以一事一训，一岗一训，也可以送出去培训，请进来培训。其次在机构上结合。开发区除积极引进科技项目外，还应进行自我开发。只有这样才能创名牌、创特色。这就需要相应的科研机构。教育机构可以和科研机构结合，形成集科技优势与教育优势于一体的整体优势，使科技成果迅速形成，并及时为劳动者所掌握。再次是与区外教育、科研机构的结合。开发区同时也是开放区。区内教育机构要主动与区外教育、科研机构发展横向联合，在科技的开发、引进、运用中发挥应有的作用。

（二）在教育与经济的结合中开发教育的经济功能

开发区教育应当在直接为经济建设服务方面有所作为，成为表率。首先要把教育结构的起点调整到与经济相适应，特别是中高等职业技术教育的专业结构应基本适应开发区内的产业结构。这一方面可以培养实用性、适应性人才，另一方面可以此建设一支与产业结构相对口的专业教师和科技人员队伍，并依靠这支队伍进行科技咨询、科技服务，解决经济建设中的难题。还可以建立产学研联合体，全方位地促进经济、科技、教育结合，促进经济发展。可以根据区域内各类学校的不同条件，以学校为主体，以经营为手段，以发展校办企业为基础，建立贸工商实体，直接为经济建设服务。

（三）在教育与精神文明建设的结合中开发教育的文化功能

开发区教育应当成为精神文明建设的窗口和阵地，把继承和发扬中华民族优秀传统美德和文化，培养具有现代化文化知识、价值观念、生活方式的群体作为重要任务。**要以校园文化为模范，以学生和教师为媒介，以文化服务为形式，参与社区文化、企业文化、邻里文化和家庭文化的建设，促进民风民俗、社会生活方式向现代健康文明的方向发展**。要为开发区培养文化建设专门人才。总之，教育要为开发区建成文明、健康的社区作出自己的贡献。

三、开发新的教育制度

教育制度是政治制度、经济制度在教育中的反映。开发区要在对外开放和经济建设中形成独具特色的经济制度和政治制度，理应包括相应的教育制度。从这个意义上讲开发区应当成为教育改革和发展的实验区，经过不懈努力，形成新的教育制度，为整个教育改革和发展提供借鉴。从总体上看，开发新的教育制度需要开发五个方面的“潜能”。一是开发企业潜能。根据开发区企业密集，以企业为经济主体的特征，逐步开发形成以企业办学为主，辅之以政府资助和其他形式相结合的办学体制。政府主要办好基础教育学校，其他学校主要依靠企业举办。二是开发管理潜能。根据开发区小政府大社会的特征，在管理上主要由学校自主办学，政府通过规划、检查、评估、督导等宏观调控。三是开发市场潜能。根据开发区以市场运作为主的特征，有计划地把市场机制引入教育，形成由市场和行政手段调节教育资源配置的运行机制。四是开发科技潜能。根据开发区高新技术相对密集、产品科技含量高的特征，把最新科技引入教育内容和教育方法，开发形成与现代科技相适应的教学体系。五是开发师生潜能。根据开发区人才集中、管理灵活的特征，开发形成新的教师聘用、流动制度和学生毕业就业制度，最大限度地调动师生双方的积极性。根据上述总体开发目标，当前要努力建立三种制度。

（一）现代企业教育制度

这是指在建立现代企业制度条件下形成的教育及与教育有关方面的规则和体系。这种制度可以包括下列内容：在办学体制上，由企业出资，职业学校独立办学。学校所有权归出资者，办学权归学校，学校成为独立的办学实体，享有法人财产权，独立承担法律责任。在教育对象上，以在职职工和后备职工为主。为此，应以职工教育和成人教育为主，并使两者相互沟通。在基本教育制度上，采取长短结合。规范化的中高等职业教育按国家规定的修业年限与教学内容实施，短期培训因事因岗而宜。在劳动人事制度上，实行教育证书、岗位证书与就业、上岗挂钩，并将岗位与待遇挂钩，实行人、劳、教结合。总之，现代企业教育制度要体现产权明晰、责权明确、企校分开、管理科学的精神，有利于提高企业职工的整体素质，有利于提高企业的经济效益。

（二）现代社区教育制度

开发区是一个新的社区。它以工业经济为主，第三产业将会迅速发展，人口集聚速度将会加快。因此，建立现代社区教育制度，满足人们日益增长的接受文化教育的需求，不仅是区域人员的根本利益所在，也是区域内经济利益所在。现代社区教育制度的目标是建立学习化社会和社会化学习的环境和制度。要在区域内提倡崇尚学习光荣、终身学习的氛围，建立学习科学文化知识和技能，提高劳动者素质的机制。学习途径不局限于企业教育和学校教育，而要建立社会化学习的体系。如充分发挥广播、电视等传播媒体的作用，发挥图书馆、俱乐部、文娱活动设施的作用，发挥自学的作用等，为大家创造学习的良好条件。

（三）现代学校教育制度

学校教育是现代教育的主要部分。狭义的现代教育制度主要是指学校教育制度。学校教育制度简称学制。反映各级各类学校教育内部的结构及其相互关系，规定各级各类学校的性质、任务、入学条件、修业年限及其衔接、转换等等。在开发区建立现代学校教育制度，在学校性质上，要强调社会主义教育性质，培养社会主义的建设者和接班人。在教育任务上，主要是培养开发区的合格劳动者、经营管理人员和技术开发人才。同时要考虑到满足外籍人员子女接受教育的需求，必要时可独立设置学校或班级。在入学条件和修业年限上，除义务教育外，要更多地实行灵活多样、按需实施的教育。要特别强调各类学校教育的衔接，尤其是中高等职业教育的衔接。在课程设置、教学内容、招生制度等方面，要确保中等职业学校毕业生中部分升入高等职业学校继续深造，满足开发区对高级技艺型人才的需求。

乡镇社区教育探讨

1992年，江苏省总人口6846.7万，其中农业人口5392.84万，占全省总人口的78.8%。近年来乡镇已经成为农村政治、经济、文化的重要区域，聚集在这些地域中的社会群体、社会组织形成一个在生活上互相关联的社会实体。与此相联系，形成了以小城镇为中心，功能齐全、内部联系、对外开放的乡镇社区。

一、社区教育的外部环境

（一）以集体经济为主体，多种经济成分共同发展

江苏乡镇经济形成了以集体经济为主，多种经济成分共同发展的局面。全省工业企业约98%是国有和集体企业，农村集体企业的产值占农村社会总产值的90%以上。农业服务体系绝大多数属于集体性质。同时，私营经济、个体经济的发展也很快。据预测，到1993年底，全省私营企业将达1万个，从业人员达15万；个体经营将达100万个，从业人员达150万。这些都有利于乡镇走共同富裕的道路，有利于协调处理工农业关系、积累和消费的关系、物质生活与精神生活的关系，保证文化、教育、卫生等社会事业的发展。

（二）以乡镇工业为主体，农副工协调发展

江苏乡村工业产值占全省工业产值的50%左右，许多乡镇的乡村工业产值已占总产值的90%以上。同时，农副业也得到长足发展，1991年全省农业总产值与1978年相比年平均增长5.3%，1992年又比1991年增长7.4%，林牧副渔占农业总产值的47%。

（三）以市场经济为主，资源配置主要由市场调节

在全省生产计划中，市场调节部分约占90%；物资供应计划中，煤炭、钢铁、木材等由市场调节部分分别占生产需要量的80%、90%和70%；物价大致也有70%由市场调节。作为乡镇经济主体的乡镇工业，其原材料供应、生产计划、产品销售以及劳动力使用等全部由市场调节。实行粮价放开后，农村经济的资源配置基本实行市场化。

（四）以外向型经济为主要开拓方向，促进国际间经济合作与交流

全省许多乡镇都有自己的开发区，都有“三资”企业，有些乡镇企业还到境外办厂。农业也在向高产、优质、高效、创汇方向发展。据统计，1992年全省新签利用外资协议8276个，协议外资金额77.96亿美元，分别比上年增长5.4倍和5.3倍。其中新批“三资”企业8194家，是前11年累计总和的3.6倍。

（五）以小城镇为中心，形成功能齐全的农村社区

随着农村经济的发展，小城镇建设取得显著成效。星罗棋布的小城镇成为乡镇社区的政治、经济、文化中心，各项配套设施较为齐全。特别是苏南地区的乡镇，交通发达，通信设备先进，第三产业发展迅速，人们文化生活丰富，初步实现了农村城市化。据有关资料统计，苏州市155个乡镇，拥有万册以上图书的图书馆占45%，电影院129座，录像厅167个，综合游艺场11处，舞厅80家，书场120个，还拥有大量的游艺室、桌球室等。这些都构成了江苏乡镇社区教育的外部条件与环境特征。

二、社区教育的基本特点

上述五个特征至少在三个方面影响了乡镇社区教育。一是在较高的生产力发展水平的影响下，形成了较好的教育基础、较大的教育规模、较合理的教育结构。二是具有地方特色的经济体制影响形成了相应的办学体制、管理体制和教育运行机制。三是加快改革开放影响形成了新的价值观、人才观、教育观和质量观。这些影响与乡镇教育长期形成的优良传统、厚实基础以及自身规律相结合，形成了江苏乡镇社区教育的基本特点。

（一）独立性

独立性包含三方面的含义：

1. 政府独立决策

按照分级办学、分级管理的原则，乡镇政府具有教育决策权和统筹权，从本地实际出发，进行教育规划，制定教育发展目标，承担所办教育的责任，形成各自的特色。近年来，江苏已形成了以大丰县南阳镇为代表的经科教结合型乡镇，以江阴市要塞镇为代表的三教统筹型乡镇，以建湖县钟庄乡为代表的学校内部管理型乡镇等一大批富有本地特色的典型乡镇。

2. 管理组织健全

江苏乡镇普遍建立了“一教四中心”。即乡镇建立教育委员会，由分管教育的乡镇长任主任，乡镇有关部门负责同志任成员，下设办公室，配备专职教育助理负责日常工作。四中心包括中心幼儿园、中心小学、中心中学和成人教育中心校。它们除负责本校教育管理外，还承担同类学校的管理工作。

3. 教育自成体系

在注意为当地经济建设和社会发展服务的同时，注重教育成体系性建设。一般乡镇都有较完整的幼儿教育、基础教育、成人教育，职业技术教育发展也很快。经济发达地区的乡镇还十分注意培养高级专门人才。

（二）群众性

群众性包括：

1. 办学的群众性

除政府财政拔款等渠道外，乡镇教育经费中相当一部分来自群众捐资助学和集资办学。苏南乡镇的集资办学绝大部分由乡镇企业承担。有些乡镇企业还建立了人民教育基金会，以此引导群众的办学积极性。

2. 教育管理的群众性

群众管理教育主要通过社区教育委员会和学校董事会两种组织形式。它们吸收社区内领导干部、厂长经理、知名人士参与教育管理，从而使教育管理更加民主化、科学化。

3. 服务对象的群众性

乡镇社区教育的宗旨是创造条件，使群众享受平等教育，满足他们日益增长的教育需求。除义务教育为群众创造基本素质教育的条件外，乡镇成人教育广泛开展干部教育、岗位培训、社会文化生活教育等，为人的全方位发展和终身教育提供了条件。

（三）服务性

江苏乡镇社区教育始终坚持为当地经济、社会发展服务的方向。服务形式随着教育功能的不断扩展呈现出多样化特点。除为提高公民素质服务外，还十分重视直接为经济建设服务。

1. 为农村经济组织服务

这种服务大致包括两种类型：一是为乡镇企业、农村社会化服务体系及农户提供岗前、岗后教育和培训。如发展职业技术教育，培养新的智能型劳动者，开展岗位培训和农民科学技术培训，提高在职人员的知识、技能水平。二是为乡镇企业、农村社会化服务体系和农户提供科技成果、信息、咨询服务等。

2. 组建产前、产中、产后一条龙服务体系，通过经营活动为农民服务

如昆山市周庄镇建立栽桑、养蚕、丝织、服装一条龙服务体系；武进县洛阳镇建立养蚌、产珠、珍珠深度加工一条龙服务体系；宿迁市龙河乡建立饲料、养鸡、禽蛋销售一条龙服务体系。这些以乡镇教育为主组建的服务体系，以经营为主要手段，以服务为宗旨，切实解决了农民一家一户无法解决的问题，促进了农村经济的发展。

（四）共享性

1. 校舍、设备、师资的共享使用

如扫盲教育借助小学的校舍和师资；普通中学的劳动技术教育利用职业中学和成人学校的实验、实习场地和专业教师；职业中学和成人学校的文化课教师由普通中学提供等。

2. 扩大学校的教育功能，使三类教育在一所学校实行沟通

我省许多乡镇普通中学附设职业高中班，乡镇成人学校普遍开办职业高中班。这不仅大大加快了职业技术教育的发展，而且促进了三教沟通，提高了办学效益。

（五）开放性

江苏乡镇教育改革不局限于社区内教育关系的调整，而是在调整内部教育关系的同时，充分利用社区外部条件，加快教育发展和改革。如一些靠近城市的乡镇，直接聘用城市的师资，扩大高中招生规模，发展高中阶段教育。有些乡镇还利用外资兴办学校，或专门培养劳务人员输送国外。这种开放型教育，既发展了本地教育，又促进了本地区经济发展，正越来越显示出它的作用。

三、社区教育的发展完善

（一）提高乡镇社区教育的整体水平

这包含两层意思，即提高所有乡镇教育水平和乡镇社区内所有教育水平。江苏不乏高水平教育的乡镇，即使一般乡镇，在某些方面也有优势或长处。今后要在“整体”上下功夫。根据分类指导的原则，苏南和沿江地区要在实施九年制义务教育的基础上，不失时机地实施教育现代化工程，建设一批国内乃至国际一流的现代化学校和乡镇。黄淮海地区和少部分人均年收入不足400元的贫困乡镇，要把乡镇社区教育与发展高产、优质、高效、创汇农业以及农民脱贫致富结合起来，大力开展“创业教育”，走“发展教育——发展经济——提高教育水平”的路子。

（二）增强社会对教育的参与程度

社会参与是乡镇社区教育赖以存在和发展的必要条件。江苏乡镇社区教育要在下列几方面增强社会的参与程度。

1. 办学主体多元化，切实改变单一由政府办学的局面，调动社会各方面力量办学，鼓励社会团体和个人兴办学校，通过多主体办学，提高社会参与办学程度。

2. 教育管理综合化，切实改变单一由政府依靠行政手段集中管理的方式。在纵向上实行分层管理，扩大学校自主管理的范围和权力，增强学校自主办学的动力和活力。在横向上实行分散管理，吸收社会各界参与教育决策、教育督导和评估，通过这些提高社会参与管理的程度。

3. 教育资源配置市场化，切实改变单一依靠计划调节人、财、物的机制。如运用市场的供求关系调节社团活动、课后服务等资源，运用市场的等价交换规律，对职业技术学校和成人学校的学生培训，对科技成果实行有偿转让，对技术咨询等实行有偿服务等。通过市场机制的作用，提高社会各要素参与教育运行的程度。

（三）形成乡镇社区教育各自的特色

江苏的乡镇大小各异，基础不同，情况千差万别，按照统一要求和模式建设社区教育是不可取的。应当根据各自的条件，建成不同类型的社区，树立一批各具特色的“教育明星乡镇”，从而使全省形成色彩斑斓、群星纷呈的局面。

第二篇

探寻教育体制机制

社会主义市场经济与教育体制有什么关系？教育如何适应社会主义市场经济体制？作者从 20 世纪 90 年代开始对江苏教育综合改革、学校办学体制机制、农村职业教育管理体制、教育治理体系和治理能力现代化等进行了探索研究。

不能简单地提“教育市场化”“教育商品化”“把教育甩给市场”等口号，更不能在搞市场经济的名义下，淡化各级政府对教育的责任，乘机甩包袱。

观点摘录

★ 不能简单地提"教育市场化""教育商品化""把教育甩给市场""把学校推向市场"等口号,更不能在搞市场经济的名义下,淡化各级政府对教育的责任,乘机甩包袱。

★ 教育活动是一种有目的、有计划地培养人的活动,一方面它是人力资源开发的战略性产业,另一方面它又是促进社会全面进步的公益性事业。教育服务有些方面具有商品性,但主要表现为公益性。

★ 等价交换等处理经济关系的准则也会折射或转移到人际关系、伦理关系中来,市场调节、等价交换、竞争机制等市场经济规律的基本要素,将加剧教育价值导向上德性与能力的矛盾、功利与价值的矛盾、自我性与社会性的矛盾。学校教育要注意防止和克服重智育轻德育、重理工轻人文、重应用轻基础等不良倾向。

★ 经济属于快变量,教育属于慢变量,国家基础教育的一个学科课程标准,高等教育的一个专业,没有十几年时间是建设不好的。

★ 教育要适应市场经济体制,必须改革办学体制,改革单纯依靠国家办学的传统,积极发展民办学校;改变单纯依靠计划调节学校的传统,充分发挥市场机制对教育资源配置的调节作用,逐步建立政府宏观调控、社会积极参与、学校自主办学的体制。

★ 教育规律是指教育发展过程中的本质联系和必然趋势,而市场规律是指市场发展过程中的本质联系和必然趋势。教育必须强调办学的方向性、教学内容的系统性、教学方法的科学性、教育条件的必备性,以及因材施教、循序渐进、遵循学生身心发展的规律等，而市场规律讲求供求关系、等价交换、公平竞争等。两者之间有无联系，怎样联系，这是需要我们探索的问题。

★ 应当把积极鼓励与加强管理统一起来，引导和鼓励民办学校积极探索适应市场经济搞活学校的路子，规范和管理民办学校步入正常办学的道路。采取有力措施，建立强有力的宏观调控机制，把市场经济的负面影响降低到最低限度。

★ 民办学校在本质上姓“社”不姓“资”，应属于社会主义教育体系的组成部分。尽管它的所有制性质和运作方式与公办学校有所不同，但同样必须贯彻教育方针，培养社会主义的建设者和接班人。

★ 对民办学校的宏观调控，不能沿用原有的管理模式，应当充分运用市场机制，通过建立教育要素市场，使民办学校在市场竞争中求生存、求发展，也不排除一部分学校遭淘汰。

★ 在积极发展民办学校的同时，必须把重点放在搞活公办学校上，使大量的公办学校适应社会主义市场经济体制的需要。

★ 社会参与是传统意义上的教育管理与教育治理的显著区别，也是教育治理体系和治理能力现代化的重要内容。

社会主义市场经济与教育改革发展

为了贯彻党的十四大精神，深化社会主义市场经济与教育发展改革的研究，使教育更好地适应社会主义市场经济的需要，省教委委托省教科所和省教委政策研究室，对社会主义市场经济与教育发展改革进行调研。我们围绕社会主义市场经济对教育发展的影响和要求，教育如何适应社会主义市场经济的需要加快发展和改革等问题广泛听取专家、学者的意见和建议，形成如下报告。

一、社会主义市场经济理论的提出，标志着对社会主义内在规律的认识飞跃

专家、学者普遍认为，党的十四大提出我国经济体制改革的目标是建立社会主义市场经济体制，这是对马克思主义理论的重大发展，是对十四年改革开放实践经验的深刻总结，表明我们党摆脱了计划经济就是社会主义经济、市场经济就是资本主义经济的思想束缚，产生了对社会主义内在规律的认识飞跃。计划和市场作为两种经济调节手段，与社会制度没有必然联系，社会主义经济可以有市场，资本主义经济也可以有计划。商品经济是市场经济存在和发展的基础和前提，市场经济是商品经济存在和发展的客观要求，是商品经济的特定阶段或高级形态。市场经济和商品经济具有内在的一致性，商品经济是相对于自然经济、产品经济而言的，市场经济是相对于计划经济而言的。社会主义市场经济和资本主义市场经济都有市场经济的一般特征：一是一切经济活动都直接或间接地处于市场关系之中，市场机制是推动生产要素流动和促进资源优化配置的基本运行机制；二是所有企业都具有进行商品生产经营所应拥有的全部权力，从而能自觉地面向市场，自主地开展生产经营活动；三是政府不直接干预企业生产和经营

的具体事务，而通过财政、税收、价格、金融等手段进行宏观调节，规范企业的生产经营活动；四是所有经营活动按照一套法规体系进行，整个经济运行有比较健全的法制基础。社会主义市场经济与资本主义市场经济的区别在于：在所有制结构上，资本主义市场经济是建立在私有制基础上的，社会主义市场经济以公有制经济为主体，个体经济、私营经济、外资经济为补充，多种经济成分共同发展，不同经济成分还可以自愿实行多种形式的联合经营；在分配制度上，社会主义市场经济以按劳分配为主体，其他分配形式为补充，坚持效率与公平的统一，合理拉开收入差距，同时防止两极分化，逐步实现共同富裕；在宏观调控上，在资本主义条件下，生产资料私人占有，国家对市场的调控一般比较软弱，在社会主义条件下，以公有制为主体的所有制关系，使国家对市场的调控具有雄厚的物质基础，对市场的调控能力可以比资本主义国家强得多，从而可以更好地发挥计划与市场两种手段的长处。

大家分析了建立社会主义市场经济体制对我国经济和社会生活的影响，主要表现在以下几个方面：第一，经济运行以市场机制为基础，资源配置将更加合理，许多难以理顺的关系将逐步理顺。第二，社会生产力进一步解放，经济建设以较快的速度向前发展，或者说进入快车道。第三，对科技进步的要求越来越迫切，经济建设将进一步转到依靠科技进步和提高劳动者素质的轨道。第四，经济活动的国际联系不断扩大，外向型经济将有较大发展。第五，国营企业面临的竞争日益激烈，转换内部经营机制的外部压力日益增大，人事、劳动和分配制度的改革将不断深化。第六，政府机构转变职能，宏观调控的方法更加科学和规范。第七，人民生活水平不断提高，对物质和文化的需求不断增长。

大家普遍认为，建立社会主义市场经济体制是一个艰难的、长期的过程，不能一蹴而就。我们搞社会主义市场经济也并非从零开始。十一届三中全会以来的改革实际上是以市场为取向的改革，十几年的改革实践已经积累了许多经验，但面临的任务仍很艰巨。要进一步解放思想，更新观念，主动地了解市场，研究市场，适应市场，完善市场。但也要充分认识到，市场不是万能的，它在某些方面会失灵，建立市场经济体制，绝不是完全排斥计划的调节作用。市场经济是公平竞争的经济，需要健全的法制作保证，从这个意义上说，市场经济必须是法制经济。

二、社会主义市场经济体制的逐步形成，对教育发展和改革提出了新的要求

大家普遍认为，教育体制受经济体制的影响和制约.在经济体制发生变革的时候，教育体制必须进行相应的变革。市场经济是以市场为导向进行资源配置的经济，其中人力资源和技术资源主要是教育提供的。社会主义市场经济对教育的要求由其基本特征或规律引发出来，集中表现在以下几个方面。

市场经济的竞争规律加大了社会对教育的需求，要求加快教育发展步伐。市场经济的一条重要规律是它的竞争性，一条重要法则是优胜劣汰。谁争得人才就争得市场，就争得质量和效益，就争得经济发展的主动权。随着市场经济的发展，地区与地区之间，企业与企业之间，特别是全民企业与集体企业之间，各种形式的人才争夺日趋激烈。这在近几年的大学生分配中也得到明显反映。在苏南的一些地方，教育发展水平如何，劳动者文化素质如何，是否已经普及高中教育，已成为外商投资选点的一条重要依据。为了更好地适应市场经济的需要，要加快实施九年义务教育的步伐，打好提高国民素质的基础工程。已经基本普及九年义务教育的地区，要积极普及高中阶段教育，建立完备的职前、职后教育体系。要积极发展地方高等教育，培养各类专门人才。从总体上看，教育正面临着加快发展的良好机遇。

市场经济的供求规律对人才培养工作提出了动态要求，教育要不断优化和调整结构，特别是专业结构。市场经济的供求规律要求商品生产反映供求关系的变化。在经济活动中，利用市场具有灵活反映供求关系变化的特点，对需求和供给、生产和消费、市场与企业起引导作用。教育结构在本质上是产业结构、产品结构和劳动岗位结构的反映。经济结构的动态变化要求不断调整和优化教育结构，特别是专业结构，培养知识面宽、适应性强的学生。学校教育要及时从人才市场获得需求信息，改变长期形成的学校培养什么人才，社会就安置什么人才的做法。当然，供求关系的多变性与专业设置的相对稳定性之间存在一定的矛盾。妥善处理这一对矛盾，关键在于区分基础学科与应用学科，长线专业与短线专业，要保住一块，放活一片。

市场经济的价值规律对教育运行机制提出了新要求，要进一步改变国家包

办教育的做法。市场经济遵循价值规律，运用价值规律进行商品交换，把这一部门的生产与那一部门的生产，这一企业的生产与那一企业的生产联结起来。如果说计划经济是一种纵向经济，通过自上而下的计划，把不同生产部门和单位联结起来，那么，市场经济则是一种横向经济，通过市场进行横向联系组织经济活动。如果说计划经济排斥价值规律，按全国是一个大车间的模式组织生产，只有国家这一个利益主体，那么在市场经济条件下，每一个具有经营自主权的企业就是一个利益主体，呈现出利益主体多元化的局面。这一变革必然对教育体制产生影响并要求其进行相应的变革。我国现行教育体制的基本框架是在计划经济条件下形成的，是与计划经济体制相适应的国家统包统办的体制。在由计划经济体制向市场经济体制转变的过程中，教育必须在办学体制、管理体制、投资体制、学校内部管理体制等方面进行相应的变革。改革的中心问题是改变国家包办教育的做法。在办学上，要逐步形成国家办学为主体、社会各界共同办学的体制。在管理上，要进一步增强地方政府的统筹权和决策权，扩大学校办学自主权，政府对学校的管理逐步由直接管理转向间接管理。在投资上，要继续拓宽教育经费渠道，并增强学校自我发展能力，国家、企业和社会对教育的投资，可通过一定的契约，明确双方的权利义务关系。在招生和就业上，国家任务招生、委托代培招生和招收自费生的改革措施，将计划调节和市场调节结合起来，教育规律和经济规律结合起来，体现了市场经济条件下的教育运行机理，今后要逐步扩大委托代培生和自费生的招收比例，满足多种所有制单位和社会成员对高等教育的需求。在教育资源配置上，也要适当运用市场机制。我省苏北地区钟庄乡实行的“校长选任负责制、教师定编聘任制、教育岗位责任制”以及苏南一些地方试行的“校长负责制、全员聘任制、岗位责任制、结构工资制”，这些改革措施，体现了市场经济条件下学校内部管理改革的方向，成功地在教育资源配置上运用了市场调节的手段。随着宏观环境的改善，将进一步显示其生机和活力。

三、教育要适当运用市场机制，主动适应市场经济，但不能搞市场化

大家普遍认为，教育必须主动适应市场经济，促进市场经济的发展，并在某些方面适当运用市场机制。但是从总体上看，教育不属于市场调节的范畴，即使在市场经济很发达的西方国家，国防、教育、环保等也不用市场来调节其发展和

运行。因而，**不能简单地提"教育市场化""教育商品化""把教育甩给市场""把学校推向市场"等口号，更不能在搞市场经济的名义下，淡化各级政府对教育的责任，乘机甩包袱**。有同志指出：把教育推向市场，就等于把教育推向死亡，这是不负责任的表现。

大家从分析教育的本质属性入手，分析了教育活动与经济活动的区别和联系，教育规律与经济规律的区别和联系，进而探讨了正确处理这两者关系的要点。**教育活动是一种有目的、有计划地培养人的活动，一方面它是人力资源开发的战略性产业，另一方面它又是促进社会全面进步的公益性事业。教育服务有些方面具有商品性，但主要表现为公益性**。在处理教育规律和经济规律的关系时，要将尊重经济规律和遵循教育规律结合起来。既不能只强调教育规律而一概排斥经济规律，也不能简单地用经济规律来取代教育规律。要充分考虑到教育效益的多样性、间接性、后显性等特点，不能生搬硬套。

大家从分析不同教育类别的不同特点入手，探讨了各类教育如何适应市场经济的问题。大家认为，在教育主动适应市场经济方面，不能搞一刀切，而要区分不同情况提出不同要求。基础教育是提高国民素质的基础工程，与人才市场、劳务市场没有直接联系。其主干部分的义务教育是国家用法律规定的公民必须接受的教育。它既是公民的权利和义务，也是国家和政府的权利和义务。义务教育不能搞市场化。职业技术教育、成人教育和高等教育，可以更多地引进市场机制。在就业、科研成果转让、发展校办产业等方面，可以更多地运用市场调节手段。对于职业技术教育、成人教育和高等教育也不能简单地提"断奶"等口号。在适当运用市场手段调节就业时，要防止由市场调节的自发性、盲目性而产生招生失控、热门专业一哄而上等现象。

四、充分认识市场经济形成过程中可能对教育产生的负面影响，努力将其降到最低限度

如同任何事物都具有两重性一样，市场经济也有其自身的弱点和消极方面。专家和学者们在充分肯定社会主义市场经济对教育的积极作用的同时，也分析了市场经济特别是不规范市场经济对教育的负作用，提请各级政府、教育部门和全社会注意。有同志提出，社会主义市场经济从发育到完善需要一个过程，在这

个过程中，由于种种原因，经济运行很可能是不规范的，在一些地方还可能出现以不规范市场行为对付不规范市场行为的现象，这便进一步加剧市场运行的无序性。这种无序运行的市场经济将对教育产生较大的负面影响，对此要有充分认识。市场经济特别是不规范市场经济对教育的负作用大致有以下几个方面。

（一）对人们价值观念的负面影响

毫无疑问，改革开放的深入和市场经济的发展，将促进青少年一代形成商品与市场观念、开放与竞争观念、效率与效益观念、民主与法制观念等适应社会主义现代化建设需要的新观念、新思想。但也必须看到，**等价交换等处理经济关系的准则也会折射或转移到人际关系、伦理关系中来，市场调节、等价交换、竞争机制等市场经济规律的基本要素，将加剧教育价值导向上德性与能力的矛盾、功利与价值的矛盾、自我性与社会性的矛盾。学校教育要注意防止和克服重智育轻德育、重理工轻人文、重应用轻基础等不良倾向**。

（二）对教育投入的负面影响

为了适应市场经济的需要，必须进一步改革和完善教育投资体制，改革国家包办教育的做法，在逐步增加国家财政性教育经费支出的同时，适当增加城乡居民家庭和有关用人单位的教育支出，进一步拓宽教育经费渠道，促进教育事业发展。在实践中很可能出现对上述要求片面理解或错误执行的情况，把本应属于政府、社会的责任推给市场，把本应属于政府的投入推给社会。基于此，有同志提出，如果处理不当，市场经济带给教育的未必是福音。

（三）对学校中心工作的负面影响

教学工作是学校的中心工作，育人是学校的主要任务。在发展市场经济的新形势下，为了增强学校的自我发展能力，改善教师待遇，稳定教师队伍，学校领导人特别是主要领导人，常常要分出相当的精力来考虑教育经费问题。在一些地方，经商的浪潮已开始冲击宁静的校园，少数教师和学生充当经纪人，一些中小学教师搞第二职业影响本职工作。这方面的许多情况要作具体分析，有些地方市场经济的无序性已对学校正常教学工作和全面提高教育质量产生一定的负面影响。

（四）对师资队伍建设的负面影响

市场经济要求人才流动，要求在人力资源配置方面发挥市场调节的基础性作用。在教师职业社会地位较高、经济收入较高的情况下，将吸引优秀人才从事教师职业，在教师职业社会地位较低、经济收入较低的情况下，将导致优秀人才脱离教师队伍。改革开放以来，财政收入占国民收入的比例显著降低，国家宏观调控能力明显不足，工农业产品价格“剪刀差”的矛盾没有完全解决，又出现了比较明显的脑力劳动与体力劳动收入“剪刀差”的矛盾。教师队伍不稳定，一些优秀教师离开了教育岗位。

机遇与挑战同在。如果说市场经济对教育的正面影响，给教育以加快发展和改革的良好机遇，那么市场经济对教育的负面影响，则使教育面临严峻的挑战。在加快教育发展和改革的过程中，要正视市场经济的对教育的负面影响，并努力将其降到最低限度。

五、不断深化社会主义市场经济与教育发展改革的研究，促进教育事业更快更好地再上新台阶

在计划经济向市场经济转换时期，会不断出现新情况，要不断研究新问题，应抓住教育发展改革中的若干重要问题及时组织研讨，促进教育决策的科学化、民主化。在社会主义市场经济与教育发展改革方面我们还有许多未知的领域，要不断深化这一研究。与会同志就如何深化社会主义市场经济与教育发展改革的研究，提出了许多建设性建议。

要把研究社会主义市场经济与教育发展改革的关系和学习贯彻《中国教育改革和发展纲要》(以下简称《纲要》)结合起来。大家认为，《纲要》的内容体现了在市场经济条件下教育发展运行的基本要求。在教育适应市场经济要求方面，我们不是从零开始，也不是无章可循。要认真学习贯彻《纲要》，按《纲要》的原则指导教育改革实践。各级党委、政府要认真组织好《纲要》的学习、贯彻，并结合本地情况，研究制定贯彻、实施《纲要》的具体意见或方案。

要把教育理论研究与相关政策研究结合起来。一方面要对社会主义市场经济条件下教育发展改革的若干理论问题进行深入研究，不断统一和提高认识，指导教育改革的健康发展；另一方面要进行相关政策的研究，提出一些可操作的改革方案或政策措施，以保证教育改革的健康发展。有同志还列举和分析了当前所面临的矛盾：一是教育结构相对稳定与市场经济对各类人才动态需求的矛盾；二是教育全面服务社会与市场经济条件下重视经济人才需求的矛盾；三是有偿

培养、有偿分配与学生家庭、用人单位承受能力的矛盾；四是学生分配实行双向选择与干部人事制度改革滞后的矛盾；五是教育投入的长周期与投资者注重现实经济利益的矛盾；六是教育资源配置进行宏观调控与多种经济成分并重共同进入市场的矛盾；七是稳定教师队伍与实行人才流动的矛盾。建议有关部门对此作深入研究，制定相应的配套政策。有同志还指出，在处理教育与市场经济的关系时，要正确处理快变量与慢变量的关系。从总体上看，**经济属于快变量，教育属于慢变量，国家基础教育的一个学科课程标准，高等教育的一个专业，没有十几年时间是建设不好的**。但教育中也有一些快变量，如各种短期培训等。教育既要考虑快变量，适应今天的市场，又要考虑慢变量，适应明天的市场。

要把加大教育改革力度与加快教育法治建设结合起来。为了适应社会主义市场经济的需要，教育要加快改革步伐，加大改革力度。在市场经济发育较早的地区，改革力度可以更大一些，步子可以更快一些。为避免不必要的折腾，要加强教育法治建设，用法律手段来调整和规范教育与市场经济的关系。当前要加快制定教育基本法及几类教育的专门法。要加快制定教育投资、招生就业、教师管理等具体法规、政策。

江苏教育综合改革探索①

20世纪80年代以来，社会主义市场经济体制的发育和成长不仅对于江苏全省解放生产力、加快经济发展产生了巨大的作用，而且对于发展中的江苏教育也产生了历史性的影响。

一、社会主义市场经济体制的挑战孕育着江苏教育综合改革

改革开放以来，江苏省经济格局初步形成以下几个特点：一是以工业经济为主。工业产值占工农业总产值的84.5%，第二产业产值占国民生产总值的54.8%。二是以集体经济为主。全民和集体企业占工业企业的98.3%，大中型工业和乡镇工业产值分别占全省工业产值的33.3%和46.4%。三是以市场经济为主。在生产计划中，市场部分占90%，在物资供应上，煤炭、钢铁、木材由市场供应的部分分别占80%、90%和70%；在价格上，大致有70%为市场价格。尤其是江苏经济二分天下有其一的乡镇企业几乎全部运行在市场经济轨道上。四是外向型经济发展较快。外贸商品收购总额由1978年的19.86亿元上升到1991年的270.88亿元，平均年增长44.1%。到1991年底，全省累计批准利用外资项目3762项，合同外贸金额33.91亿美元，实际使用外资17.34亿美元，其中举办"三资"企业2260家。五是经济增长对科技进步的依赖程度明显增强。到1991年为止，工业产值增长中科技进步因素占45%，高新技术产业的产值占工业总产值的比例接近20%。20世纪90年代江苏经济进一步发展的趋势，将基本形成以市场调节为主的经济运行新机制，形成以外向型经济为主的新优势；

① 原载于《江苏教育研究》，1993年第1期。与时任江苏省教委副主任的周稽裘合作发表。

逐步形成以高新技术为主导的经济新格局。

经济发展及其体制变革使全省教育面临的市场环境发生了深刻的变化。其主要表现有两个方面：一是市场需求的多样性和高度化。伴随着人才需求总量的不断增长，对人才素质的要求也发生了结构性变革。第三产业、外向型经济、高新技术产业和优质、高产、高效农业的兴起和发展提出了新的质量规格更高的劳动力要求，在专业知识结构、层次结构、能力结构方面提出了较高的标准。此外，商品经济的繁荣不仅为教育造就了广阔的人才市场，而且也提供了技术、服务产成品等其他重大的生产要素市场，使整个教育部门面临了巨大的功能扩张和潜力释放的冲动，蕴藏了“结构—功能”的新的模式性变革。二是市场主体的多元化。从计划经济体制下单一的国家主体，演变成市场经济体制下的中央、省、市、县、乡各级政府、各企业事业单位、各社会团体以及生产经营者个人等组成的多元化主体。这就意味着为了有效地组织教育部门为各市场主体提供有效的服务，教育管理体制的改革已不能仅仅停留在政府职能部门如何重新划分职责和权力的范围内，而是要转向在市场经济环境下的教育运行的新机制的培育上来。这对江苏教育提出了新的挑战。

20世纪80年代中期，江苏成功地进行了基础教育管理体制改革，尤其是在广大农村普遍实行“政府统筹，县、乡、村三级办学，县、乡两级管理，社会参与”的新体制，极大地调动了人民群众的办学积极性，为加快实施九年制义务教育奠定了基础。但是，这些探索仅仅是初步的，还存在许多与经济体制改革不相适应的突出问题，主要表现为：一是社会主义建设必须依靠教育，教育必须为社会主义建设服务的有效机制尚未建立。尤其是在市场需求的发育以及学校主动参与市场的活力这两大环节上尚存在重大缺陷。二是教育内部的基础教育、职业教育、成人教育和地方高等教育之间缺乏相互沟通、协调发展的机制。以市场机制作为教育资源合理配置的调节形式没有很好建立起来。三是学校内部缺乏面向市场的活力和动力。在人事和分配方面尚未建立起师资队伍的优化机制。

为了解决上述问题，必须突破传统的教育框架，着眼于城乡教育与经济、社会协调发展的综合改革是一种必然的发展趋势。1988年，全省开始启动农村和城市的教育综合改革。

二、江苏教育综合改革的基本思路和主要内容

这里所讲的思路是指教育综合改革中各种改革目标的设定、要素的配置及其相互关系的确定。

就教育外部而言，人口、经济、政治、文化的影响在很大程度上以人才、技术、服务等要素构成的市场体系为中介形式作用于教育结构。在教育内部，教育发展的实质是伴随着结构性变革的数量增长，而促进教育的结构性变革则是教育改革的重要内容，因此，教育结构的改革是整个综合改革的枢纽。

为了有效地进行结构改革和功能模式的构建，必须从两个方面进行配套的改革。首先是以整个教育管理体制及运行机制的改革为突破口，调整各种参与教育运行过程的社会力量之间的关系，不断拓宽筹集教育资源的渠道，优化配置和合理使用这些资源，从而提高教育的整体水平和效益；其次是把教育质量保证体系真正转变到依靠教育科学进步和师资素质提高的轨道上来，大力开展教育教学改革。

通过这些改革的综合实施，将促进江苏全省面向21世纪分步实现教育的初步现代化。

根据上述基本思路，江苏教育综合改革的主要内容可概括为四个方面。

（一）优化教育结构

其目标是建立较为完备的地方教育网络体系，使社会主义建设所需要的多数人才都能在这个体系中找到成才之路，使市场急需的人才能够得到迅速培养。其一，稳步实施九年制义务教育，大力发展职业技术教育，积极发展成人教育和地方高等教育，并使各板块教育相互沟通。其二，在多形式发展高中阶段教育同时，注意到非高中教育的初中后教育；在多形式发展地方高等教育的同时，注意到非高等教育的高中后教育，从而使教育层次结构更适应经济对多层次人才的要求。其三是调整专业结构，重点发展市场急需的专业，及时构建新专业，等等。

在改革传统教育结构、优化育人功能的同时，应凭借学校的智力优势，进一步扩展功能，通过经济、科技、教育的直接结合活动，开拓教育的技术服务、咨询服务、生产经营等功能，从整体上提高教育为经济服务和适应市场的有效程度。

（二）改革教育管理体制

其目标是为教育适应市场环境而进行的各种运行机制的改革提供组织保证。主要内容是在实现政府管理职能向宏观、向间接管理转变的总的原则指导下，对上下各级政府之间以及各级政府内部各部门之间的职责和权力进行调整，增强市、县地方政府的统筹权，并在各地内部探索“政府统筹、分工管理、行业为主、企校合作”的职、成教管理体制。

（三）建立和完善“服务”与“依靠”的运行机制

这是教育体制改革的核心。在政府实行简政放权、宏观调控之后，重点要解决市场发育和搞活学校两个环节。为了使市场需求正确地反映企业的经济活动的本质要求，一方面要改革企业的经营管理制度，使经济真正走上依靠科技进步和提高劳动者素质的轨道，另一方面要通过改革劳动人事制度激励劳动者不断产生求知、求技的愿望，从而促进人才、技术、服务市场健康发育。为了搞活学校，必须给学校以独立法人地位的自主权，解除它对政府的依赖性，促使其全面走向市场；在学校内部应通过考核、聘任、奖惩等环节调动教师积极性，形成促进学校活力的内部机制。

（四）深化教育教学改革

教育综合改革最终要落实到教学活动中去，提高教学质量。其主要任务是全面贯彻党和国家的教育方针，通过教学整体改革提高全体学生的素质，促进学生的全面发展。

为了使教育综合改革顺利进行，要在经费投入、师资队伍建设、政策法规设计和加强领导等方面提供必要的保证。

三、探索职教、成教和部分地方高教的产业属性

职教、成教的培训和部分地方高教科技等的产业属性是市场经济发展的必然产物，也是江苏教育综合改革的重要内容。在计划经济体制下，教育在生产和交换产品（劳动力）过程中得不到应有的价值补偿，回避甚至完全摒弃市场手段，从而丧失了再发展的基本条件。这既不符合经济规律，又不符合教育规律，抑制了教育巨大潜能的释放。在市场经济体制下，教育的产业属性至少包括四种。一是教育事业的产业属性。即把直接服务于生产经营的非基础性教育，从非生

产性的社会事业转变成能独立进入市场、核算成本、创造效益的产业，成为国家第三产业中的高智力行业。二是学校办学的实体属性。即学校从对政府的依附性转成独立经营、自主办学的实体。三是毕业生就业的市场属性。即毕业生分配从国家计划控制转变成完全依靠市场调节。四是内部管理竞争属性。即学校内部管理从单纯行政手段转变成在国家政策法律指导下，运用经济杠杆引进竞争机制，讲求效益。

实行教育产业属性，促使教育适应市场是社会主义市场经济体制赋予教育综合改革的新内容，其实质是要改变教育的运行机制和发展模式。这种变革成败的决定因素在教育内部，但也离不开必要的外部条件：国家在加强宏观调控的同时，给学校放权，各级教育行政部门也要转变职能，改革管理制度，为教育进入市场创造必要条件；此外还要配套进行企业经营制度和劳动人事制度改革，进一步调整技术政策，为教育适应市场创造充分的外部环境。

教育适应市场要分步实施。第一，实行产教融合。在教育综合改革中，要在职业技术教育各种联合办学形式的基础上逐步深化改革，把办学责任交给企业，实行产教融合，使企业成为办学主体，成为培养劳动者的学校。学校则要转变办学模式，根据企业需要确定人才规格、选择教学内容，使教育与生产劳动相结合落到实处。如江苏正在四个城市试行的“双元制”技工教育办学模式就是一种有效尝试。第二，加强行业性管理。随着市场经济的发展，将产生社会的重新分工，教育进入市场也必然会形成新的社会化教育分工与协作。因此，实行产教融合后，要加强行业性管理，建设一批跨企业，甚至跨行业的教育培训中心，通过董事会联系各企业，使教育从满足一个企业的自给自足的需要转向满足全社会、为市场服务，从而实现培训服务的商品化。苏南地区在开展国营大中型企业教育改革的基础上已开展若干行业管理的试点。第三，教育直接进入市场。学校成为独立的、具有法人地位的实体，而不再是行政部门的依附。地方高等教育、中等职业教育和各种成人教育利用技术优势和人才优势进行培训、技术和咨询等多种服务，直接进入市场，参与部分环节，而规模庞大的校办产业则直接向市场提供有效供给，满足社会的商品需求。在一些经济发展相对欠发达地区，如我省部分农村地区，教育综合改革已发展到直接创建当地的市场，促进当地产品销售，繁荣当地的商品经济。许多地区的农村教育在广泛开展农、科、教结合和实施“燎原计划”科技推广活动中运用自身的智力优势，直接参与农业社会化服务体系和乡镇工业服务体系的建设。

四、面向21世纪世界经济，加快基础教育现代化进程

教育的根本目的是要最大限度地满足人民群众日益增长的物质文化需要和精神文化需要。教育服务市场也应当是全方位、大跨度的。既要为物质文明建设服务，又要为面向21世纪的精神文明建设服务；既要服务于近期市场，又要为远期市场服务。因此，进行教育综合改革更应该强调基础教育服务于未来国家建设的功能，着眼于提高国民素质，促进综合国力的提高，使教育发展水平与全省社会向小康型进而向富裕型转变相适应。

所谓基础教育现代化，是指根据21世纪初全省经济和社会发展对公民提出的更高要求，在普及九年制义务教育基础上，把基础教育建设成培养面向世界、面向未来、面向现代化的人才基础。其近期实验目标是从本地实际出发，瞄准世界先进办学标准和水平，建成一批堪称一流的教育卫星乡镇和窗口示范学校，以此推动整个办学水平的提高。实施基础教育现代化工程的内容包括：① 教育思想现代化。要以人才观的转变为先导，把以升学为主的教育转向主要为当地经济建设服务的教育，把面向计划经济的教育转向面向市场经济的教育，立足于培养一批具有市场意识，能够参与国际市场竞争，又善于合作的劳动后备军。② 教育结构现代化。要在巩固提高普及九年制义务教育成果的基础上，加快发展和普及高中阶段教育的步伐，继续探索高中阶段教育多样化和各种形式初中后教育的改革，与职业教育、成人教育和高等教育相互衔接和沟通。③ 办学条件现代化。校舍、设备、软硬件条件不低于世界发达国家的水平。④ 师资队伍建设现代化。教师的文化修养、教学能力、科研能力和待遇水平都有较大提高，符合时代要求，教师学历比国家规定高一个学历层次。⑤ 教育管理现代化。建立起有效的宏观管理与微观管理相结合的运行机制，民主科学的决策机制，公平竞争、讲究实效的劳动、人事、分配制度。⑥ 教育质量现代化。推进课程结构、教材和教学内容的现代化，运用现代化教学手段、教学方法和评价手段，全面实施素质教育。

正确把握市场机制在民办学校办学中的作用[①]

在邓小平南方谈话和党的十四大精神鼓舞下，江苏省各地陆续出现了一批民办学校。据统计，到 1993 年底全省仅私立学校就已有 180 所。民办学校的兴起究竟有什么意义，它们是如何运作的，目前的状况如何，等等，这些都是大家关心的问题。带着这些问题，我们对南京市的民办职业学校和民办中小学作了调查，听取了南京市教育局、第二教育局有关人员的情况介绍，并与部分民办学校的校长、教师进行了座谈。

南京市的民办学校主要是指除政府、国家和集体经济组织、社会基层自治组织以外的社会团体、学术团体以及公民个人举办的学校。在调查中，我们深切地感受到，**教育要适应市场经济体制，必须改革办学体制，改革单纯依靠国家办学的传统，积极发展民办学校；改变单纯依靠计划调节学校的传统，充分发挥市场机制对教育资源配置的调节作用，逐步建立政府宏观调控、社会积极参与、学校自主办学的体制**。在具体发展民办学校，引进市场机制的实践中，要正确把握市场机制在办学中的作用。对此，南京市的民办学校作了许多有益探索。

一、坚持多样化办学与办学模式多样性的统一，把民办学校作为适应市场的主体

南京市是我省民办学校发展最快的城市之一。他们在发展民办学校过程中，坚持多样化办学与办学模式多样化的统一。在办学主体上，社会团体、学术团体和公民个人办学齐头并进；在教育类型上有民办小学、民办中学、民办职业

---

① 原载于《教育研究》，1995 年第 3 期。

学校等;在办学形式上,独立办、资助办、联合办多管齐下。1992 年有 2 所,1993 年又新批 9 所,其中有 1 所小学,1 所初中,1 所普通高中,5 所职业高中,3 所职业中专。由社会团体举办的有 3 所,由个人举办的有 7 所,由公办学校举办的 1 所。1993 年共招生 29 个班级,1100 多人。

南京市发展民办学校没有停留在数量的增加和形式的多样上,而是着眼于教育适应市场经济体制的大背景,把握住市场机制在办学中的作用,从确立学校的法人地位着手,把学校作为教育适应市场经济的主体,因而使民办学校形成了下列特点。

（一）主体意识强烈

南京市的民办学校都是独立的法人实体。学校的法人代表绝大部分是长期从事教育工作的老同志;即使是团体办学也聘请具有丰富经验的老校长担任法人代表。据调查,11 所民办学校的校长,5 人曾担任中学校长,4 人曾在高校从事领导工作,1 人曾在企业从事教育工作。这些同志对计划体制下形成的办学体制弊端有切肤之痛,都希望通过自己的实践,走出教育体制改革新路。他们普遍把自己的工作与学校的前途联系在一起,普遍具有强烈的主体意识。正如有的校长所说,学校是自己办的,又收了学生的学费,只能办好,不能办坏。

（二）主体责任明确

民办学校的办学责任十分明确,责权利有机统一。它作为独立的法人实体,实行自主办学、自负盈亏、自我发展、自我约束。校长作为学校法人代表具有教师聘任权、校内机构设置权、经费使用权、自有资产的拥有权,以及开展教学活动的自主权。教师的工作量、工作责任、工作成绩也直接与报酬挂钩,教师普遍敬业尽职。

（三）组织制度健全

许多民办学校为了主动、有效地适应市场经济,都建立了相应的组织制度,以此规范学校的工作运行。如南京民办育英外语学校建立了校董会,明确校董会是管理学校的最高权力机构,并实行校董会领导下的校长负责制。他们还制定了学校章程,对学校的性质、办学方向、工作职责、工作程序都作了明确规定。其他民办学校也都有相应的组织制度。这些都有效地保证了民办学校正常运行。

二、坚持遵循教育规律同时把市场运行中的某些做法引入民办学校的办学过程

教育规律是指教育发展过程中的本质联系和必然趋势，而市场规律是指市场发展过程中的本质联系和必然趋势。教育必须强调办学的方向性、教学内容的系统性、教学方法的科学性、教育条件的必备性，以及因材施教、循序渐进、遵循学生身心发展的规律等，而市场规律讲求供求关系、等价交换、公平竞争等。两者之间有无联系，怎样联系，这是需要我们探索的问题。南京市在兴办民办学校过程中十分重视按教育规律办事。在国家和省没有制定民办学校设置标准的情况下，市二教局在审批民办学校时，自觉注意把握六个方面的标准。①办学资格。团体办学必须为具有法人资格的团体；个人必须有相应的学历、职称和从事教学工作的经历。②办学条件。要有相对固定的场地和必要的教学设施，有专兼职教师。③要交纳一定的保证金。④专业设置、教学计划按同类公办学校要求和标准。⑤要有学校的发展计划。⑥要通过区教育局审核等一定审批程序。各学校注重在提高教育质量和办出特色上下功夫，普遍具有明确的办学思想。如有的学校重视思想政治教育和职业道德教育；有的学校在重视学生全面发展的同时，注重培养学生的特长。正如有的校长所说，民办学校没有公办学校的声誉和优势，只有以质量和特色取胜。南京市民办学校在遵循教育规律，以按教育规律办事提高质量的同时，也注意运用市场运行中的某些做法使学校办活。

（一）校舍、设备实行租赁制

南京市 11 所民办学校都采用租赁校舍、设备的办法。学校与被租赁单位签订协议，明确双方的权利和义务。学校向被租赁单位提交租金，被租赁单位向学校提供场所和设备。租期和租金由双方商定，随市场变化。这一方面有利于挖掘现有校舍、设备的潜力，提高教育物化资源的利用率；一方面有利于增强民办学校的价值观念、经济观念和效率观念，提高办学效益。

（二）教职员工实行聘任制

民办学校的教师全部由校长聘任。专职教师主要从刚退休的中学高级教师中聘任，兼职教师主要从高校、中专校同类专业教师中聘任。教师的工作量与报酬完全挂钩，一般每课时 10—12 元。这批教师教学责任心强.经验丰富，教学效

果好，学历和职称层次高。据统计南京民办学校教师具有高级职称的达65%以上，有的学校达80%以上。正是这批较高水平的教师才使民办学校有一定的质量保证，有吸引家长和学生的力量。

（三）按市场需求设置专业

民办学校是市场经济发展的产物.只有适应市场才能健康发展。因此，南京市的民办学校把设置适应市场需求的专业看作学校生存的大事，普遍开设人才需求量大的专业，并随人才需求的变化而不断调整。据调查，8所职业学校的专业有文秘、涉外文秘、现代化办公、导游、宾馆服务、微机操作、经贸、涉外会计等。即使是民办中小学也重视职业技术训练，以增强学生今后的就业竞争能力。

（四）学生上学实行交费制

南京民办学校都实行交费上学制度。交费额一般在每生每学期800—1200元之间。最低的民办师萃职业技术学校每生每学期只交350元，它改变了长期以来教育经费完全由国家包揽的体制，有利于改变家长、学生的消费观念，激发学生自觉学习的积极性，形成学校、教师、家长、学生互相激励、互相监督的机制。

三、坚持积极鼓励和加强管理的统一，把市场作用的负面影响降低到最低限度

从总体上看，南京市民办学校适应了市场经济体制的发展需要，改变了单一由政府办学的教育体制，在一定程度上满足了社会发展和人民群众接受更高层次、更多形式的教育需求，也推动了教育事业的发展。特别是民办学校引进市场机制搞活学校的做法，不仅对发展民办学校本身有现实意义，而且对推动整个教育适应市场经济体制具有深远影响。但是，任何事物都有两面性。目前，南京市民办学校还存在一些突出问题亟待解决。

第一，固定资产投入无保证。

据调查，南京市民办学校的固定资产投入基本没有着落。突出地表现在以下三个方面。一是办学者没有作固定资产投入。办学者要有学校资产的拥有权，首先要有自己的投入，而实际上民办学校的法人几乎没有资金投入。这既违背了兴办民办学校的初衷，也不符合民办学校的本质。在调查中有同志分析解放前民办学校的资金来源主要有大老板、教会和具有一定经济实力的开明人士

投入。在社会主义条件下如何保证办学者对学校的投入，建立稳固的学校场所、设备正是我们需要研究的问题。二是指望企业赞助没有完全落实。许多民办学校都建立了校董会，希望企业赞助作固定资产投入，但真正投入到固定资产中去的很少。三是所收学费基本只能满足正常的教育经费支出，不能形成自我积累能力。目前，南京市民办学校按每生每学期800—1200元收费，基本上只能支付教师工资、租金和正常的办公经费，难以进行基本建设。此外，与固定资产投入相联系的校址、土地等也难以落实。我们认为，一所独立的学校应当有独立的校址、校舍和设备。在开办之初可以允许其逐步完善。但如果不从根本上形成民办学校自我积累的机制，民办学校可能难以为继，陷入发展困境。

第二，校舍设备无保障。

民办学校运用市场机制租赁校舍、设备为教育适应市场经济探索了一条路子。但由于目前市场经济发育不完善，特别是没有建立教育资源市场，使一部分学校的校舍、设备没有保障。一种情况叫“捉襟见肘”。现有校舍、设备紧张，难以满足教学需要。一种情况叫“做一天和尚撞一天钟”。解决了本学期的校舍、设备，没有解决下学期的校舍和设备；满足了一个年级的教学设施要求，第二年再招生的教学设施没有落实。由此看来，加快建设教育资源市场，充分发挥现有教育资源作用，是保证民办学校健康发展的当务之急。

第三，教师队伍年龄结构不合理。

民办学校的教师绝大部分是退离休教师。他们既有经验丰富的优势，也有方法陈旧的劣势；既有工作负责的优势，也有精力不济的劣势。一支合理的教师队伍必须有一个合理的年龄结构，使老中青优势互补，整体影响、培养学生，促进学生全面发展。目前，民办学校招聘中青年教师的渠道仍不畅通。一方面，由于缺乏完善的教师市场，学校招聘教师的范围狭窄；另一方面，由于政策不配套，在职中青年教师不愿轻易“弃公从民”。而民办学校依靠自身力量去培养青年教师的能力还相当薄弱。

第四，宏观管理不落实。

对民办学校的管理还没有纳入正常的轨道。南京市把民办学校作为社会力量办学，由二教局审批，但这些学校实际上是普通中学或职业技术学校，应当由教育局管理，批者不管与管者不批形成一对矛盾。另外，对民办学校究竟怎样管理也有待进一步探索。在调查中，一些校长吁请政府及教育行政部门更多地关心、支持民办学校，把它们纳入到同类学校管理体系中去。如招生工作、校长活动、教研活动、文明单位评比、检查督导等都应同等对待。

总之，民办学校既有适应市场而充满活力的一面，又有受不规范市场影响而陷入困境的一面。**应当把积极鼓励与加强管理统一起来，引导和鼓励民办学校积极探索适应市场经济搞活学校的路子，规范和管理民办学校步入正常办学的道路。采取有力措施，建立强有力的宏观调控机制，把市场经济的负面影响降低到最低限度。**

(一) 把民办学校纳入同类学校的管理轨道，使民办学校迅速转入正常运行

我们认为，**民办学校在本质上姓“社”不姓“资”，应属于社会主义教育体系的组成部分。尽管它的所有制性质和运作方式与公办学校有所不同，但同样必须贯彻教育方针，培养社会主义的建设者和接班人。**即使国外的私立学校，政府也并非放任自流，私立学校在招生、转学、考试、评分、颁发文凭等管理上与公办学校是一致的。因此，随着民办学校的发展，加强管理已刻不容缓。大家都要求把民办学校纳入同类学校的管理轨道，以克服办学上的盲目性，运行上的无序性，教学上的随意性。避免因缺乏宏观指导而使民办学校陷入发展困境。当前至少在下列三个方面要加强宏观管理。

1. 在学校设置上，既要坚持标准，又要允许其逐步到位

今后新设置民办学校应当严格按照省教委提出的《关于民办中小学、幼儿园设置暂行办法》和《关于民办中等专业学校设置暂行规定》的标准，避免出现无经费来源、无校舍、无设备的“三无”学校。但在具体的实施步骤上，要允许学校逐步达到标准。为此，民办学校应当有自己的总体目标和分步实施规划，教育行政部门要严格检查和审批。对已办的民办学校也要提出达标期限，并加强督促，使其按期完成达标任务。此外，民办学校的设置与调整教育结构和学校布局的全局相统一，避免一哄而上。从这个意义上说，设置民办学校应当成为调整教育结构的一项举措。

2. 在行政管理上，既要统一归口管理，又要考虑到它们的特殊性

要按照民办学校的教育层次和性质归口到教育行政部门的职能科室统一管理。从规划、计划、招生到参加会议、提供信息、开展活动等都应与同类公办学校同等对待。但在具体管理行为上，要淡化领导性管理行为，强化指导性管理行为，切实从转变政府职能，保证学校自主办学的高度进行管理。从这个意义上

说，管理民办学校应当成为理顺政府与学校关系的一项实验。

3. 在业务指导上，既要有统一的教学要求，又要允许其调整教学内容

有些民办职业学校为了办出自己的特色，要求自定课程计划，自选教材、自己考核学生。我们认为，为了保证民办学校的教育质量，应当有统一的教学要求和课程计划，但教材的选用可由学校自定，如果作为一种改革试点，民办学校需要自定课程计划，则亦应由教育行政部门组织专家论证。

（二）建立教育要素市场，支持民办学校的改革发展

加强**对民办学校的宏观调控，不能沿用原有的管理模式，应当充分运用市场机制，通过建立教育要素市场，使民办学校在市场竞争中求生存、求发展，也不排除一部分学校遭淘汰**，所谓教育要素市场是指由构成教育的基本要素所形成的市场，包括教育资金市场、校舍与设备市场、师资市场、生源市场等。这是套用经济上的生产要素市场而来的，但教育要素市场不同于经济要素市场。它是一种有限的非独立性市场，必须首先保证资源所有单位的使用，难以将教育资源进行买卖，因而不可能完全市场化。在计划经济条件下，调节教育资源的余缺主要通过行政手段，这已经难以适应新的变化要求。建立教育要素市场就是要充分发挥市场对优化配置教育资源的作用。经过调查，我们认为当前可以试行建立下列教育要素市场。

1. 建立校舍与设备市场

我们在调查中看到，许多民办学校为租赁校舍、设备煞费苦心，有的甚至陷入校舍、设备无着落的困境。而另一方面，现有学校特别是职工培训中心还有很大潜力可挖，两者之间缺乏沟通的中介和机制。建立校舍、设备市场，将现有空余校舍、设备通过市场供应给民办学校，运用价值规律调节双方的利益关系，既可提高校舍、设备的使用效益，又可以解决民办学校的燃眉之急，促进其健康发展。

2. 建立教师市场

教师市场是人才市场的一部分。南京市民办学校聘用教师主要通过朋友介绍、自荐应聘等形式。这实际上是教师市场的萌芽，缺乏公开性、竞争性和选择教师的余地。要通过建立教师市场，把那些具备教师资格能胜任教学工作的人员蓄储在市场中，形成“教师—市场—学校”的循环机制。教育行政部门严格把握进入教师市场人员的资格，并以此调控市场的运行。

3. 建立招生市场

民办高中和民办职业学校应当与同层次公办学校在同一招生市场中公平竞争，统一在经考核合格的初中毕业生中择优录取学生。此外，民办学校作为公办学校的补充，要适当扩大其招生市场范围，逐步实行面向所有初中毕业生招生，以加快普及高中教育。

4. 引导和支持民办学校向资金市场要经费

在办学之初，需要有一定的固定资产投入，除收费等渠道外，要引导和支持民办学校向银行借贷，政府给予一定贴息，并通过贴息加以调控。政府还可以通过贷学金、专项补贴、奖学金等方式对民办学校的学生进行资助。

（三）充分利用政策杠杆调控民办学校

1. 要允许民办学校提高收费标准，同时加强经费管理

综合南京市民办学校经费来源主要有：政府资助、企业赞助、自筹和收费。但除收费相对稳定外，其余来源都难以保证。收费成为民办学校经费来源的主渠道。目前绝大多数学校收费标准偏低，难以积累和发展。因此，要允许民办学校按照略高于教育成本的标准收费。通过招生竞争促进学校提高质量，提高效益，降低成本。同时，要加强对经费的管理，规定人员经费、公用经费、设备费、基建费等的支出比例，加强对民办学校经费使用情况的检查、监督和审计。

2. 要鼓励民办学校自主聘任教师，同时支持教师优化组合

要鼓励民办学校根据需要自主聘任教师，走与公办学校教师不同的管理路子。为了解决民办学校教师中退休教师多、高级职称多等不合理结构，要采取措施将一部分现职教师引向民办学校。如到民办学校任教可以留职停薪，现任教师在完成规定教学任务的前提下可以到民办学校兼课等，以此促进民办学校教师队伍的优化组合。

3. 要抓紧制定管理民办学校的法规，使民办学校的运行规范化

当前，要加快制定《民办学校条例》。通过立法，确认民办学校的地位和作用、权利和义务，使民办学校走上依法管理的轨道。

四、坚持发展民办学校与搞活公办学校的统一，把“两权分离”改革试点引向深入

我们感到，民办学校的作用不仅在于它是公办学校的有益补充，更重要的是

它那种适应市场经济的运行机制将对搞活公办学校产生深远影响。在调查中，有的同志认为，如果公办学校按照民办学校的机制运行，则作用和效果将大大超过民办学校。这是很有道理的。因此，**在积极发展民办学校的同时，必须把重点放在搞活公办学校上，使大量的公办学校适应社会主义市场经济体制的需要**。最近，江苏省委、省政府在《关于〈中国教育改革和发展纲要〉的实施意见》中提出要"积极推进'所有权与办学权分离'的改革试点"。我们认为这是深化教育体制改革，搞活公办学校的一项重要举措，有必要把这项改革引向深入。在进行"两权分离"改革试点中应注意以下几个问题。

（一）正确认识实行"两权分离"的意义，增强搞活公办学校的紧迫性。

所谓"两权分离"，是指在保持学校所有制性质不变的前提下，把学校的所有权和办学权分离，赋予公办学校更多办学自主权。学校成为独立的办学实体，实行自主办学、自我发展、自我约束。这项改革的目的是要进一步理顺政府与学校的关系，确保政府办教育，校长办学校，把公办学校搞活。长期以来，由于受计划经济体制的影响，政府对教育实行统包统揽，严重束缚了学校办学的手脚。基础教育实行分级办学、分级管理的体制，极大地调动了地方政府和广大群众的办学积极性，但仅仅初步理顺了上级政府与下级政府的关系。近年来开展的学校内部管理体制改革也只是局限在理顺学校内部的关系上。面对建立社会主义市场经济体制的新形势，进一步理顺政府与学校的关系已经刻不容缓。实行"两权分离"可以有效地使学校摆脱对政府的依附关系，明确政府和学校的办学责任，政府转变职能，宏观调控，学校转换机制，自主办学，调动政府与学校两个积极性，增强学校主动适应社会主义市场的动力和活力。它不仅有利于完善分级办学、分级管理的体制，而且有利于深化学校内部管理体制改革。有同志谈到，在发展民办学校的同时，有计划地进行"两权分离"改革试点，可以争取公办学校适应市场经济的主动权。也有同志认为，这几年我们反复强调扩大学校办学自主权，但实际效果并不尽如人意，其关键原因是仅仅借助于行政推动，仍然沿袭在计划经济体制下形成的学校所有权与办学权合二为一的制度，使校长难以拥有办学自主权。实行"两权分离"将从根本上探索建立新的学校产权与运行制度，是深化教育体制改革的重要步骤，将对整个教育发展和改革产生积极影响。

（二）正确把握实行"两权分离"的内容，坚持搞活公办学校的渐进性。

如何正确把握实行"两权分离"的内容，真正把公办学校搞活，这是我们在调查中反复思考的问题。大家感到实行“两权分离”，涉及政府、社会、学校三者之间的关系，涉及校长、教师、学生之间的关系，还涉及劳动、人事、分配制度的改革，因此，不可能毕其功于一役，而必须采取循序渐进的方式。当前要先搞试点，大胆实践，推动改革，在具体工作中要正确把握好以下内容。

1. 把握好方向

实行“两权分离”改革的学校不是转变办学方向，而是转换办学机制。因此，必须坚持党的基本路线，坚持社会主义方向，坚决贯彻执行党的教育方针和国家的政策法规。必须接受政府和教育行政部门的领导，遵循教育规律，根据社会需要和自身条件，培养经济、社会发展所需要的人才，提高教育质量，办出学校特色。为了保证办学方向，要选择好校长，在实行校长负责制的同时，切实加强党组织的监督保证作用和教职工代表大会的民主监督作用。由团体承办的学校，可实行校董会领导下的校长负责制，充分发挥校董会的决策作用。

2. 把握好范围

从总体上说，义务教育学校不列入范围，幼儿园、普通高中、职业中学、普通中专校都可以创造条件进行改革试点，但在具体实施过程中要坚持积极稳妥、适当控制范围的试点原则，并严格审批手续。

3. 把握好责任

教育行政部门要宏观指导改革，并与试点学校签订目标责任书，通过合同、契约形式明确各自的权利和义务。学校应努力提高教育质量，并使固定资产原值按一定比例增值。政府给予学校政策支持，负责检查、督导、评估学校的办学思想、教育质量等。

（三）正确引导实行“两权分离”的改革，保证搞活公办学校的协调性。

实行“两权分离”，关键要落实一个“权”字，使学校真正有办学自主权，目标是一个“活”字，真正把学校搞活。当前，应根据正确引导、协调发展的原则，积极稳妥地抓好试点，同时为学校创造良好的外部条件，保证改革的顺利进行。

1. 要解放思想，抓住机遇，大胆改革，注重教育改革与其他改革的协调性

当前，我国正在进行财税体制改革、金融体制改革、企业制度改革等一系列改革，这为教育改革提供了新的机遇。只有抓住这些机遇，大胆改革，才能使教育与经济相适应。同时，随着社会主义市场经济体制的逐步建立，资金市场、人才市场、技术市场等正在逐步完善，劳动人事制度改革也在不断深化。实行“两

权分离”要与这些改革相衔接，既不使教育体制改革落后于经济体制改革而陷入“不适应”的境地，又不使教育体制改革脱离经济体制改革的实际而陷入“步履维艰”的境地，推动改革健康发展。

2. 要引导学校苦练内功，同时注重校内改革与校外改革的协调性

实行“两权分离”必须依靠学校用科学的管理，一流的质量与效益，争取教育经费、生源等主动地位。最大限度地调动教师的工作积极性。同时，校内改革与校外改革要相协调，特别在经费、招生师资等方面要为试点学校创造良好的政策环境，有条件的地方可以试行建立教师交流制度，促进教师合理流动，解除试点学校的后顾之忧。在经费上可实行“不断奶”政策等等。

3. 要引导学校依靠政府，同时注重发挥学校与地方政府的两个积极性

实行“两权分离”必须由当地政府统筹规划、整体设计。学校要创造条件争取试点，各级教育行政部门要加强领导，严格审批手续，加强宏观调控。并根据试点中出现的新问题及时进行政策调整。特别是在发展民办学校的同时，要采取切实可行的措施把面广量大的公办学校搞活。只有搞活公办学校，才能牢牢把握公办学校在整个教育体制改革的主动地位。这也是深化教育体制改革的重点所在。

改革农村职业教育管理体制和办学模式

一、改革农村职业教育管理体制面临的选择

长期以来，我们的教育管理体制一直是按产品经济模式确定的中央集权型体制。地方缺乏办学的自主权和决策权。农村职业技术教育由于一直依附在基础教育之中，没有形成自身独立的体系，因而地方对它除缺乏一般教育的自主权和决策权外，还缺乏对其管理的责任感和个性化构思，使得它直接为地方经济和社会发展服务的固有功能没有很好地发挥出来。《中共中央关于教育体制改革的决定》发表以后，我们对基础教育实行“地方负责，分级管理”，极大地调动了县乡两级政府办教育的积极性，取得了显著成效。但是，农村职业技术教育的改革没有比较大的起色。现在，改革农村职业技术教育管理体制已经历史性地摆在我们面前。在这方面可供选择的是：要么继续把职业技术教育依附于基础教育之中，按照基础教育的管理要求进行管理，要么遵循职业技术教育自身的规律，建立农村职业技术教育独立的管理体制。毫无疑问，我们应当选择后者。在这个前提下，我们将面临三个方面的选择。

（一）确定办学主体面临的选择

按粗线条划分，目前农村职业技术教育的办学主要有三种类型：政府办学，部门和企事业单位办学，联合办学。近年来，我们提倡多元化办学，对发展农村职业技术教育起到了一定的推动作用。但是，多元化办学，笼统地由大家承担责任，往往会造成大家都不承担责任这个与我们初衷相反的结局。农村职业技术教育改革之所以没有比较明显的起色，办学主体不明确是其中的原因之一。尽管教育部门试图让所有不能升入高一级普通学校的学生都接受一定的职业技术

教育，以适应社会主义建设的需要，却又没有这个支撑力和吸收力。经济部门和企事业单位一方面需要大量智力型技能型劳动力，一方面又没有真正承担起培养这种新型的劳动者的责任。我认为，农村职业技术教育的办学主体应当是经济部门和企事业单位。这是因为经济部门和企事业单位较之教育部门对生产力的影响更直接，因而也最适合承担有效地提高生产力的主要要素——人的素质的任务。而职业技术教育便是经济部门和企事业单位提高劳动者素质，发展生产力的桥梁。从目前实际情况看，这样做有利于农村职业技术教育与当地经济和社会发展紧密联系，有利于解决职业教育经费和专业课师资，改善办学条件。

（二）确定管理形式面临的选择

多年来，我们的教育管理形式基本上是在“集权——管死——放权——混乱——再集权——再管死”上摇摆，没有真正形成“集而不死，放而不乱”的管理规范。很显然，确定农村职业技术教育的管理形式面临的选择是：实行高度集权；实行地方和部门分权；实行集权和分权的和谐统一。管理的本质之一是权力的合理分配。在管理农村职业技术教育的权力分配上，要注意克服两种倾向：一是唯上论，把权力过多地向上集中，使职业教育走进僵化的死胡同；二是唯下论，把权力过分向下分散，使职业教育畸形发展，形成“乱”“滥”的状况。因此，应当选择实行集权和分权相统一的道路。从宏观上，要给地方更多的办学决策权和自主权。从中观上，要给办学主体更大的管理权。从微观上，要给学校更多的教学机动权。目前，一些县对职业技术教育实行“三统三分”，即统一规划、统一招生和毕业考核、统一教学管理，分口预测人才需求、分口筹措职教经费和解决专业课师资、分口使用毕业生。这也是对达到集权和分权和谐统一的有效探索。

（三）构建运行机制面临的选择

在大一统的管理体制下，发展和改革农村职业技术教育几乎是纯主观性的，严重地忽视了其客观的内在联系。因此，尽管主观上作了很大努力，但实际效果并不尽如人意。当前，在两个层次上可供我们去选择：一是依靠领导重视来保证农村职业技术教育的运行，还是依靠有关法规、政策、制度促使其正常运行。缺少保证和监督领导重视的机制，这是管理上的一大漏洞。改革农村职业技术教育应当着力弥补这一漏洞。二是按照产品经济的形式要求实行计划招生和分配，还是按有计划的商品经济的形式要求实行以市场调节为主的招生和分配。在社会主义初级阶段，农村商品经济正在不断发育和壮大，因此，直接为农村经济服务的农村职业技术教育应当适应这一情况，按实际需要招生，用市场机制来调节毕业生分配。必须指出，影响农村职业学校毕业生分配的因素是复杂的，因此在具体分配时也应根据实际情况，具体问题具体分析。如第一产业专业的学生，由于土地这一生产资料的特殊性和农业生产力水平不高，决定了他们毕业后可以独立生产经营，因此，即使不分配也不影响他们把学到的知识转化为生产成果。第二产业的性质决定了其劳动者无法人人具备经营的全部生产资料，不能独立形成劳动成品。因此，这些专业的学生必须有计划地招收，尽量有计划地分配，以避免出现毕业生自身无法解决的学成无用等问题。

二、改革农村职业技术教育办学模式面临的选择

在农村职业技术教育的办学模式上，我们同样将面临三个方面的选择。

（一）城市学校和农村学校模式的选择

现代教育是从城市传到农村的。职业技术教育同样是城市先于农村。农村职业技术教育的这种滞后性，常常会导致它对城市职业技术教育的模仿性。如农村职业中学第一产业专业很少，所办的二、三类产业专业也基本按照城市学校模式开办，专业结构与农村产业结构的要求不一致，知识结构与农村生产力水平的要求不一致，使农村职业技术教育严重脱离农村实际。

在农村职业学校模式选择上，必须考虑到三个方面的问题：一是在农村经济仍以第一产业为主的地区，在专业设置上要把第一产业专业放在重要位置；二是考虑到农村生产力水平不高的现实，坚持以实用实效为主；三是根据农村仍以家庭经营为主这一实际情况，培养能够独立完成生产全过程的学生，以适应目前农村劳动社会化程度低的要求。

（二）普通学校与职业学校模式的选择

职业技术教育理应按职业学校模式去办学，然而目前农村大量的职业中学基本上是按照普通中学的模式在办学。表现为教育内容普通化，专业教师文化化，专业实习实验化，甚至纸上谈兵。究其原因，在主观上一些学校办学指导思想不够端正，自觉不自觉地受到“片面追求升学率”的影响，此外，也缺乏办职业学校的经验。在客观上大多数学校没有独立的职教教材，没有稳定的专业教师来源，没有实习基地和起码的设备条件。确立农村职业技术教育不同于普通教

育的办学模式，要充分考虑到两个方面的问题：一是充分考虑到在主观与客观这对矛盾上，目前矛盾的主要方面是主观上办学指导思想不够端正，没有真正认识到职业教育不同于普通教育的本质特征。只有解决了矛盾的主要方面的主观认识，才有可能解决矛盾的另一方面的客观实际。二是充分考虑到职业教育的特殊性，着重于动手能力的培养。当前要创建其独立的教学大纲，搞好教材、师资、实习基地三项基本建设。

（三）正规化与非正规化办学模式的选择

职业技术教育是生产力发展到一定水平的产物。职业技术教育采用何种模式实施，同样受到一定生产力条件的制约。一般说来，在生产力水平不很高的时候，职业技术教育主要采用非正规化形式，如短期培训等。随着生产力水平的提高，其逐步向正规化教育模式发展，如正规学历教育。目前，我国农村的生产力水平还很低，客观条件还没有大面积发展正规化职业教育模式的可能性和必要性。但是，目前我们不管是在认识上还是在实践上，都存在着片面追求正规化教育模式，忽视采用非正规化教育模式的倾向，致使农村职业技术教育缺乏针对性和灵活性，陷于盲目性。

确立农村职业技术教育采用正规化或非正规化教育模式，要充分考虑到两个问题。第一个问题，充分考虑到当地客观需要，不能超越客观要求，片面强调正规性。应该多形式、多层次办学，长则几年，短则几天，按需而定。第二个问题，充分考虑到农村职业技术教育是由非正规性形式向正规性形式逐步发展的客观规律，不能超越这一规律。因此，当前要充分发挥乡镇成人中心校的职教功能。即使是正规的职业学校也可以进行“不正规”的短期培训，努力做到一校多能，沟通职前职后教育，提高农村职业技术教育的整体效益。

推进教育治理体系和治理能力现代化

党的十九大报告从统筹推进“五位一体”总体布局和协调推进“四个全面”战略布局的高度，对推进国家治理体系和治理能力现代化提出了新思想、新要求。教育作为重要的社会事业和民生事业，扎实推进教育治理体系和治理能力现代化是贯彻落实党的十九大精神的重要任务，是深化教育综合改革的重要目标。

一、把推进教育治理体系和治理能力现代化作为教育现代化的重要内容

国家治理体系和治理能力是一个国家制度和制度执行能力的集中体现。党的十九大报告明确提出要加快教育现代化。江苏在全国较早提出并组织实施教育现代化，在提高教育发展水平、改善办学条件、推进教学改革、提高教育质量、促进人的现代化的同时，十分重视制度层面的现代化建设，经过20多年的努力，已经初步建立起与江苏教育相适应的教育体制机制，教育治理体系不断完善，教育治理能力不断提高。

（一）强化政府发展教育责任

优先发展教育事业，各级政府必须把教育事业放在优先位置。江苏在推进教育现代化过程中，不断强化各级政府责任，加强省级政府统筹，构建政事分开、权责明确、统筹协调、规范有序的教育管理体制。学前教育实行省市统筹、以县为主、县乡共建的体制；义务教育实行以县为主的体制，同时发挥乡镇参与建设的作用；普通高中教育实行市县统筹规划建设、学校自主发展的体制；职业教育实行市县为主、政府统筹、行业参与、社会支持的体制；进一步完善部属、省属、市县属和民办高校的管理体制。

（二）完善学校内部治理结构

推进教育治理体系和治理能力现代化必须落实到学校，架构科学的学校内部治理结构。我们坚持和完善高校党委领导下的校长负责制，完善党委领导、校长负责、教授治学、民主管理、依法治校、社会参与的现代大学治理结构。规范和加强高校学术委员会建设，发挥其在教学、科研等学术事务中的重要作用。加强中小学校党建工作，完善中小学和中等职业学校党组织领导的校长负责制。完善校内权力运行机制，健全议事规则和决策程序。建立健全教职工代表大会等制度，发挥群众团体在学校治理中的作用。

（三）推动社会参与教育治理

社会参与是传统意义上的教育管理与教育治理的显著区别，也是教育治理体系和治理能力现代化的重要内容。我们积极探索建立高校理事会或者董事会，健全社会支持和监督学校发展的长效机制。探索高校与行业、企业合作共建的模式，组建职业教育集团，提高教育服务经济社会发展的能力。支持相关行业协会、专业学会、基金会等社会组织在教育各个治理中发挥作用。建立中小学家长委员会制度，促进家校合作，促进教育健康发展。

二、把推进教育治理体系和治理能力现代化作为解决教育突出问题的重要手段

党的十九大报告把优先发展教育事业作为提高保障和改善民生水平的首要任务，指出建设教育强国是中华民族伟大复兴的基础工程，要求必须把教育事业放在优先位置，加快教育现代化，办人民满意的教育。这几年，江苏教育改革发展虽然取得了很大成绩，但也仍然存在一些突出问题，需要通过推进治理体系和治理能力现代化加以解决。

（一）教育发展还不平衡充分

党的十九大对新时代我国社会主要矛盾作出了新的判断，明确新时代我国社会主要矛盾是人民日益增长的美好生活需要和不平衡不充分的发展之间的矛盾。这一判断符合国情，也符合教育实际。教育的主要矛盾是人民日益增长的对优质教育的需要和发展不平衡不充分之间的矛盾。需求矛盾突出。当前人民群众对教育的需要有“四个前所未有”：人民群众对优质教育的期盼前所未有的

强烈;人民群众公平地享有教育的愿望前所未有的强烈;人民群众对个性化、多样化、适合性的教育的需求前所未有的迫切;人民群众对减轻中小学学生课业负担前所未有的关注。发展不够平衡。区域之间、城乡之间、各类教育之间、校际之间在办学条件、师资配置、管理水平、校园文化、质量内涵等方面发展不平衡。发展不充分。表现在:对教育的重视不充分;对教育规律的认识不充分;推进教育公平不充分;教育内涵发展不充分;教师积极性发挥不充分;教育保障能力不充分;社会参与教育不充分;教育信息技术应用不充分;教育国家交流与合作不充分;依法治教、依法治校不充分;等等。

(二) 教育结构还不合理科学

江苏教育结构的主要现状为:在区域布局上,存在南北之间、城乡之间、校际之间发展不平衡;在教育类别上,存在幼儿教育、义务教育、高中教育、特殊教育发展等不平衡;在资源配置上,存在校舍条件、仪器设备、师资力量发展不平衡;在发展态势上,存在因城镇化进程、人口出生变化、户籍制度等政策变化所造成的教育资源短缺与过剩并存的现象;在教育环境上,存在教育理想、教育规律、教育价值与现实之间的冲突;等等。

(三) 教育热点问题尚未解决

基础教育突出存在“择校热”“学业负担重”“大班额”的问题。反映在教育理念上,不同程度地存在“几重几轻”现象:重视应试教育,轻视素质教育;重视智育,轻视德、体、美、劳的教育;重视考试科目,轻视其他科目;重视考试分数,轻视能力、人格培养;重视“尖子”学生,轻视一般学生;重视教师教,轻视学生学;重视学校教育,轻视社会教育、家庭教育;等等。

(四) 教育法治有待加强

在制度保障上,促进教育持续、有效发展的体制机制还没有形成,依法治教、依法治校的体系还没有形成,推进治理体系现代化和现代学校制度建设的任务还十分繁重。在条件保障上,政府依法保障水平有待进一步提高。一些地区和学校教育资源不足,仍然存在大规模学校、大班额现象;一些地区和学校教学仪器设备、图书资料不足、陈旧,不能满足实验课程、动手体验和阅读的需要;一些地区和学校教育信息化手段落后,不能适应时代发展的需要;等等。在投入保障上,生均公用经费、政府公共财政保障水平有待进一步提高,一些地区对义务教育投入还没有持续做到“两个只增不减”,等等。在师资保障上,教师的合法权益需要得到有效保障，骨干教师、农村教师、音体美教师呈结构性缺乏，教师的师德水平、业务能力还有待进一步提高。

三、把推进教育治理体系和治理能力现代化作为深化教育综合改革的总体目标

党的十八届三中全会提出："全面深化改革的总目标是完善和发展中国特色社会主义制度，推进国家治理体系和治理能力现代化。"这为深化教育综合改革指明了方向，也为推进教育治理体系和治理能力现代化找到了路径。推进教育治理体系和治理能力现代化要更加突出依法治教，更加强调多元主体管理、民主参与式管理、互动式管理。今后，我们要不断深化教育综合改革，逐步实现教育治理体系和治理能力现代化的目标。

（一）坚持"法理情"导向

深化教育综合改革要合法、合理、合情，合法是前提，合理、合情是基础，"法理情"的顺序不能颠倒。依法治教、依法治校是教育治理体系和治理能力现代化的核心要义。今后，我们要加强教育法规和标准建设，不断完善教育立法，认真实施教育法律法规，依据标准实施规范化管理，依法加强省级政府对市级政府履行教育责任的督导评估。要强化依法决策机制，规范决策程序，落实"三重一大"决策制度，落实公共参与、专家论证、风险评估、合法性审查、集体讨论决定等法定程序，推进依法科学民主决策。要依法处理教育矛盾纠纷，探索建立在法治框架下的多元化矛盾解决机制，切实维护师生合法权益。

（二）深化"放管服"改革

深化教育综合改革，实现教育治理体系和治理能力现代化是政府行政权力的再调整、再分配，政府处于主动和主导地位，该放的必须放，该管的必须管，认真做好服务，打造法治型政府、服务型政府。要全面清理教育行政权力事项，列出负面清单，坚持放权与监管同步，构建行政监管、信用管理、行业自律、社会监督相结合的监督体系。要优化公共服务，特别要加快推进"互联网＋政务服务"，完善网上办事和实体联动的政务服务平台，通过多种形式形成线上线下服务、虚拟与现实服务的新型政府教育服务模式。

（三）理顺“政校社”关系

构建政府、学校、社会三者新型关系，是推进教育治理体系和治理能力现代化的关键。政府要改革教育治理方式，着重做好顶层设计、依法行政、简政放权、调配资源等宏观管理工作。学校要依法依规办学，坚持正确的办学方向，完善内部治理结构，不断提升办学质量，促进学生全面而有个性发展。社会要在政府的领导下，发挥优势提供优质、多样、适合的教育资源和教育服务，积极参与教育治理，形成正确的教育导向，营造良好的教育生态。

（四）推进“管办评”分离

推进“管办评”分离是深化教育综合改革的重要内容，也是实现教育治理体系和治理能力现代化的目标任务。要通过改革，逐步形成政府管教育，校长办学校，第三方评教育、评学校的局面。今后要特别重视加强教育评估机构建设，重视委托社会组织开展教育评估。教育重大问题决策前要有第三方评估意见，解决教育难点、热点问题和了解人民群众对教育的满意度等都应当有第三方参与，形成管办评相互分离、各司其职，共同推进教育治理体系和治理能力现代化的良好局面。

第三篇

追求高品质教育

江苏基础教育发展到今天，应当追求高品质的教育，发展公平而有质量的教育，办好优质而有特色的学校，培养全面发展而有特长的学生。加快高水平普及 15 年基础教育，办好高品质高中，扶持薄弱初中，建设小学特色文化，发展普及普惠的学前教育、全面优质的特殊教育。

教育的基本普及与高水平普及的区别不仅在于量,而更在于质。教育的基本普及阶段主要追求普及率,实现人人有学上;而高水平普及主要追求教育公平、教育质量和人人上好学。

观点摘录

★ 教育的基本普及与高水平普及的区别不仅在于量，而更在于质。教育的基本普及阶段主要追求普及率，实现人人有学上；而高水平普及主要追求教育公平、教育质量和人人上好学。

★ 基础教育不仅是终身教育体系的重要组成部分，而且是终身教育体系的重要基础。要深刻认识办人民满意的教育很大程度上是办人民满意的基础教育；深刻认识办人民满意的基础教育根本上是要办对学生负责的教育；深刻认识办对学生负责的教育，必须摈弃应试教育的弊端，努力办好让学生终身受益的基础教育。

★ 我们要认真处理学习成绩与综合素质的关系，更加注重综合素质的培养；认真处理全面发展与个性发展的关系，更加注重学生的个性发展；认真处理合格毕业生与拔尖人才的关系，更加注重拔尖人才的培养，充分发挥基础教育对人的成长的作用。

★ 我们今天深刻认识基础教育对经济社会发展的基础作用，必须协调处理好理想教育与公众认同之间的差异、教育规律与功利倾向的差异、合理负担与过重负担的差异、教育评价与社会评价的差异，真正把培养社会主义事业的建设者和接班人作为基础教育的根本任务。

★ 一所高品质高中不能满足于给学生统一的课程，而应不断满足学生多样性、个性化的要求。

★ 教育很难简单地用“好”与“不好”来评判，适合学生的教育就是好的教育。

★ 衡量一所高中有没有在促进学生个性发展方面有所作为，要看学校和教师有没有了解学生的个性，有没有满足学生需求的课程和条件，有没有实施适合学生个性发展的教学，有没有鼓励、指导个性发展，有没有创造和形成学生个性发展的机会和氛围，等等。

★ 高品质高中应当把为升学服务和为学生终身发展服务有效地统一起来，真正关注每一位学生"长大后"的表现，真正为他们"长大后"发展奠定基础。

★ 要积极探索科学的评价方法，既要关注"榜上有名"的学生，也要关注"名落孙山"的学生。

★ 高品质高中不是靠漂亮校舍赢得声誉，而是靠丰富的内涵彰显魅力；不是靠大楼，而是靠大师；不是看眼前，而是看长远。

★ 对一所高品质高中来说，要经得起历史和实践的检验，金杯银杯不如老百姓口碑，这牌那牌不如老百姓树牌，只有老百姓真正满意的高中，才能称得上高品质高中。

高水平普及 15 年基础教育[①]

我国贯彻义务教育法的氛围非常浓烈。9 年义务教育不仅已经普及，而且得到不断巩固和发展。然而，普及高中和学前教育少有研究，更是缺乏这方面的实践探索。江苏省是经济发达地区，基础教育不仅历来都有较好的基础，而且更需要超越经济先行发展。为此，《江苏省中长期教育改革和发展规划纲要(2010—2020 年)》提出了“高水平普及 15 年基础教育”的目标，要求提高基础教育的整体水平，实现义务教育优质均衡发展，学前教育和高中教育全面普及，基础教育公平程度显著提高，城乡、区域、学校之间的教育资源配置、教育质量和办学水平等差距明显缩小，使每个儿童少年都能接受适合自身发展的良好教育。目前，江苏省的学前三年毛入园率已达 97.5%，义务教育巩固率达到 100%，高中阶段教育毛入学率达到 99%。从数量指标看，全省已经普及了 15 年基础教育。今后的任务是高水平普及 15 年基础教育，即在高目标上下功夫，突出教育现代化目标；在高公平程度上下功夫，促进更高起点、更大范围的教育公平；在高质量上下功夫，促进学生的全面发展与个性发展。

一、高水平普及 15 年基础教育的基本条件

普及教育是指国家对全体学龄儿童、少年实施某种程度的普通教育。各国一般都把实施初等教育作为第一步目标，随着政治、经济的发展再进一步提高要求。普及教育和以法律规定强制实施的义务教育有所不同，但是，许多国家为有效地实行普及教育，通常也以法律形式规定其义务性质，称为普及义务教育。世

---

① 原载于《中国教育学刊》，2015 年第 10 期。

界上最早提出普及6年初等教育思想的是17世纪捷克教育家夸美纽斯。19世纪70年代以后，英、美、法等国家相继开始实施普及教育。江苏省于1996年完成基本普及9年义务教育任务，并不失时机地向两头延伸，基本普及15年基础教育，为高水平普及15年基础教育创造了条件。

（一）学前教育公益普惠发展

江苏在全国率先颁布《学前教育条例》，将学前教育纳入国民教育体系，从2011年开始实施学前教育5年行动计划。全省建立起"县级统筹、县乡共建"的学前教育管理体制，建立"市县为主、省级奖补"的公共财政投入体制和生均公用经费财政拨款制度，新建、改扩建2000多所幼儿园，平均每1.1万常住人口配建一所幼儿园，基本实现适龄幼儿就近入园，在省、市优质园就读的幼儿比例达70.6%。出台公办幼儿园机构编制标准，实行保教人员持证上岗、幼儿教师职称评审制度。开展男幼师生免费教育，实施幼儿教师全员轮训，提高幼儿教师素质，提高幼儿教育保教水平。规范幼儿园管理，建立幼儿园信息管理系统，清理无证幼儿园，禁止幼儿园"小学化"。

（二）义务教育优质均衡发展

江苏省先后出台县域义务教育优质均衡发展主要指标、义务教育学校现代化办学标准等一系列文件。实施义务教育学校现代化建设工程、薄弱初中质量提升工程、校舍安全工程、农村中小学运动场地塑胶化建设工程，极大地改善了学校的办学条件。深化义务教育课程改革，义务教育质量稳步提高。目前，全省100个县(市、区)全部通过县域义务教育基本均衡发展国家督导认定，成为全国省区中第一个均衡发展全覆盖的省。落实热点高中70%以上招生指标均衡分配到辖区内每一所初中的规定。大力推进教育公平，支持特殊教育发展，健全家庭经济困难学生资助体系，保障外来务工就业人员随迁子女平等接受义务教育权利，使他们在公办学校就读比例达87%。

（三）高中教育多样特色发展

江苏省着力推进普通高中发展规范、提高质量、创生特色，省三星级以上普通高中占比达78.8%。大力推进普通高中课程改革，全省建立起200多个普通高中课程基地，省级财政下达近2亿元专项经费，引发地方财政投入，促进普通高中转型发展。支持部分普通高中与高校协作，开展创新人才早期培养试点。以改革考试评价模式为重点，引导普通高中多样特色发展。

（四）深入实施素质教育

江苏省坚持立德树人，拓展德育工作思路与渠道，增强德育工作实效。加强未成年人综合实践基地建设，支持建设72个乡村少年宫。围绕实施教育部《3—6岁儿童学习与发展指南》和新的义务教育课程标准，广泛开展培训、实践与研修，以多元化课程体系建设为突破口，深入推进素质教育。开展义务教育阶段学生学业质量测试。推进基础教育百校数字化学习试点，提升学生信息化条件下的学习能力。在全国较早实行基础教育学籍网络化管理，规范学校日常办学行为。在全国首届教学成果奖评选中，江苏获得特等奖1项，占全国的二分之一；一等奖12项，占全国的四分之一；二等奖44项，约占全国的八分之一；总获奖数为57项，居全国第一。

二、高水平普及15年基础教育面临的矛盾

教育的基本普及与高水平普及的区别不仅在于量，而更在于质。教育的基本普及阶段主要追求普及率，实现人人有学上；而高水平普及主要追求教育公平、教育质量和人人上好学。当前，人民群众对优质基础教育的强烈期盼前所未有，对公平享有基础教育的强烈愿望前所未有，对基础教育个性化、多样化发展的强烈需求前所未有，对减轻学生课业负担的极大关注前所未有。这些都是高水平普及15年基础教育面临的突出问题。

（一）生源快速增长与教育资源相对短缺的矛盾

普及教育是一个随生源而变的动态发展过程，江苏省的生源变化不仅受到人口自然增长的影响，而且受到经济发展、生育政策、招生政策、户籍制度改革等多方面的影响。国家实行“单独二孩”政策，未来5年，按照一般水平估计，全省预计新增幼儿95万人左右。外来务工人员子女在江苏省基础教育学校就读学生已经超过130万人，加上高考、中考政策放开等因素，基础教育学段又将进入一轮学龄人口高峰期。随着城镇化步伐不断加快和户籍制度改革，生源分布呈现出向城区集聚、向县镇集聚的趋势，部分地区已经出现小学60—70人的超大班额。因此，基础教育面临着生源快速增长与资源相对短缺的矛盾，面临着巩固基本普及成果与实现高水平普及目标的双重压力。

（二）师资队伍水平与实施素质教育的矛盾

高水平普及15年基础教育，归根到底要建设一支数量足够、结构合理、素质

较高、相对稳定的教师队伍。现实面临的矛盾是：在学前教育阶段，部分幼儿园师资配备尚未达到教育部规定的标准，有的地方缺口还很大，师资队伍整体质量亟待提高，一些幼儿园教师和保育员的工资待遇偏低。在义务教育阶段，师资队伍结构性矛盾突出，音、体、美、信息技术、英语等学科教师相对缺乏，女性教师比例较高，男性教师比例过低，农村地区存在着师资队伍老化、新生力量补充不足问题，特级教师、高级教师等高水平师资分布不均衡，流动换岗未成常态。在普通高中阶段，师资来源单一，教师的新课程实施能力和水平亟待提高。

（三）经费保障机制与教育持续发展之间的矛盾

高水平普及15年基础教育必须有高保障的教育投入作支撑。然而，目前保证义务教育投入做到“三个增长”的监督机制和责任追究机制还不健全。在学前教育阶段，有些地方还没有达到财政性学前教育经费占财政性教育经费总数5%的要求，一些县(市、区)的生均公用经费财政拨款没有足额到位。公办幼儿园保障水平低，普惠性民办幼儿园资助机制尚未完全建立，幼儿园以简单托管取代教育的现象时有发生。在普通高中阶段，以财政投入为主、其他渠道筹措经费为辅的机制尚未完全建立，普通高中债务范围广、负担重，特别是随着高中招收“三限生”政策逐步取消，高中教育的经费保障机制亟待健全。

（四）教育管理机制与学校办学活力不足的矛盾

高水平普及15年基础教育必须有体制机制作保障。当前，顺应时代发展要求的教育管理制度尚不健全，政府、学校、社会之间的关系还没有完全理顺。政府既是办学主体，也是管理主体，还是评价主体。教育评价机制单一，专业性不强，公信力亟待提高。教育管理往往陷于“一管就死、一放就乱”的怪圈，公办学校办学活力不足，特色创新受限；民办学校办学质量不高，营利倾向明显。如何释放公办学校的办学创造力，如何培育真正意义上的公益性民办学校，如何让教育规律而非行政力量左右基础教育发展，都是亟待解决的问题。

三、高水平普及15年基础教育的发展格局

（一）走在基本实现基础教育现代化的最前列

教育现代化是一个国家或地区教育适应现代化社会发展要求所达到的一种高水平状态，是传统教育在现代社会的现实转化，是包括教育思想、教育制度、教

育条件、教育内容、教育方法在内的教育整体运动。教育现代化是基础教育改革发展的时代主题。“基础教育现代化，指的就是以更高的水平来普及教育，以更加惠及全面教育公平为重点、以更加丰富的优质教育为核心、以更加健全的教育体系为保障、以更加灵活的教育机制为动力的教育基本现代化实现过程。”江苏要坚持更新教育观念，始终以人的现代化为根本；保障办学条件，大面积提高教育装备水平；完善教育制度，建立起与现代化相适应的学校教育制度、管理体制机制。在实现现代化总体布局和全面推进教育现代化进程中，江苏省率先基本实现基础教育现代化。

（二）消解基本保障教育公平的社会困境

基本保障教育公平，让教育发展成果更多更公平惠及全体人民，是高水平普及15年基础教育的基本任务。一方面，义务教育优质均衡发展要通过学校标准化建设、校长教师交流、集团化办学、财政拨款向薄弱学校倾斜等措施狠抓落实，推进义务教育优质均衡发展。比如校长教师定期流动、普遍推行支教办法、集团内大范围交流、紧缺学科师资走教等；另一方面，困难群体平等接受教育，重点保障外来务工人员随迁子女、农村留守少年儿童、残疾学生和家庭经济困难学生等群体接受公平的教育。江苏省苏南地区始终坚持“两为主”原则，积极采取针对性措施，不断提高随迁子女在公办学校就读比例。通过政府购买服务、公办学校帮扶等方式，支持民办民工子弟学校的建设发展，逐步减少民工子弟学校数量，使为城市建设作出贡献的外来务工人员的随迁子女享有同等教育权利。苏北地区进一步改善留守少年儿童食宿条件，建立健全住宿费取消后的相关补贴机制，充分调动学校接受留守少年儿童寄宿的积极性，让留守少年儿童住得好、吃得香。创新关爱服务模式，开展心理辅导与疏导，引导留守少年儿童健康成长。对残疾学生给予更多的关心，实施特殊教育发展工程，注重融合教育，使残疾学生有尊严地学习、生活和工作。对家庭经济困难学生健全资助体系，在保证资助覆盖面的同时逐步提高资助标准，决不让一名学生因贫困失学。

（三）形成全面提高教育质量的办学格局

提高教育质量始终是高水平普及15年基础教育的基本任务，质量不高的普及教育不能称为高水平的普及教育。始终坚持贯彻党的教育方针，培养德、智、体、美、劳全面发展的学生，不以办人民满意教育为名、行片面追求升学率之实，不简单以分数论英雄，不把成绩作为评价教师和学生的唯一标准。把立德树人放在学校教育的首位，把社会主义核心价值观融入国民教育全过程，形成育人为本、德育为先、能力为重、全面发展的良好素质教育实施环境。正确认识提高教育质量和减轻学生过重课业负担的关系，遵循教育教学规律和人才成长规律，开齐开足课程，提高课堂教学效率，建立健全政府、社会、家长、学生全面参与减负的立体监督体系。严格执行国家课程标准，加强课程基地建设，加强地方课程建设，加快学生学习方式的变革，充分挖掘传统文化、地方文化、学校文化中的精华，将其纳入课程教学内容。提高课程的实施质量，提高教育教学的规范化、均衡化水平，提高教育教学质量的均衡度，缩小地区之间、校际之间教育质量差距。

（四）推进义务教育学校标准化建设的全面落实

义务教育是教育发展的重中之重，同样是基础教育发展的重要之基。高水平普及15年基础教育的基础和重点是义务教育的高水平。推进义务教育学校标准化建设是教育现代化的基础，是义务教育均衡发展的标志，也是发达国家的普遍做法。江苏省政府制定义务教育学校建设标准，涵盖学校设置、校园建设、教育装备、教师队伍、教育教学、学校管理、质量评价、经费保障等内容。坚持将苏北经济薄弱地区、集中连片地区、革命老区和广大农村作为工作重点，兼顾其他地区和城市；坚持聚焦薄弱学校，从最薄弱的学校做起，拉长"短板"；坚持按照义务教育学校办学标准查漏补缺，找出学校薄弱环节，"一校一策"，因校达标；坚持强化县级统筹，落实县级政府主体责任，整体规划，分步实施，全面推进义务教育学校标准化建设。

四、高水平普及15年基础教育的推行策略

（一）动态调整学校布局，推进城乡教育一体化发展

随着计划生育政策调整，新型城镇化、城乡发展一体化的推进，户籍制度、高考政策的放开，江苏省基础教育在校生将不断增加，学校布局需要随之进行动态调整。据预测，未来5年全省将增加人口近100万。因此，必须超前谋划调整学校布局，新建、改扩建一批学校，防止出现超大规模学校和大班额现象，防止再次出现"上学难"问题。规划学校布局要顺应城镇化发展规律，衔接城市功能定位和空间布局，在追求效益与方便就近入学之间找准平衡点。下大力气继续办好农村中小学，特别要办好地处偏远、交通不便地区的村小和教学点。对现有农村

学校必须深入调研、科学论证、充分尊重群众意愿，而不能简单撤并。城市新区开发和旧城改造应按规划配建中小学、幼儿园，并与首期开发项目同步交付使用；建成后的中小学、幼儿园应按土地出让合同约定无偿移交教育部门管理；对其他零星开发建设的住宅类项目，开发商应提前与当地政府就配建学校及学区划分进行协商；等等。

（二）加强师资队伍建设，激发教师队伍活力

教师是教育发展的第一资源，是教育基石的奠基者。造就一支师德高尚、业务精湛、结构合理、充满活力的高素质专业化教师队伍，是教育改革发展的“关键一招”。本着满足基础教育需求的原则，合理确定师范生培养规模和结构，扩大面向在职教师的研究生教育规模，鼓励高水平综合性大学举办研究生层次的教师教育，逐步形成以本科和研究生教育为主的教师教育格局。推行教师培养模式和课程改革，强化教师教育质量评价和监控，提高教师教育水平。推进落实卓越教师培养计划，建立高校与地方政府、中小学联合培养教师的新机制。改革师范生招生办法，采取提前批次招生、免费定向、大类录取、二次选拔等方式，吸引优秀高中毕业生选择师范专业。采取切实措施解决教师队伍学科结构、城乡结构和性别结构矛盾。例如，对音体美等紧缺学科师资实行订单式培养，从初中分流一批音体美教师调任到小学，引导音体美专业师范生到农村小学支教，加大城乡教师交流力度，强化农村教师学习培训；采取特殊政策加快培养男教师；等等。落实 5 年一周期教师全员培训制度，改革教师培训内容和方式，注重培训的针对性和实效性，促进教师终身学习、专业成长。完善绩效工资制度，加大绩效考核和奖励力度，健全教师转岗和退出机制，探索荣誉教师激励机制。建立学生和家长参与教师评价的有效机制，将师德表现作为对教师评价的首要内容，倒逼教师增强服务意识、提高服务水平。在保证财政供养人员只减不增的前提下，盘活存量，用好增量，优化结构，有计划分步骤地落实公办幼儿园机构编制标准。把好入口关，择优遴选现有编外聘用人员进编，同时广泛吸纳其他优秀人才充实到幼儿教师队伍中来。不断缩小编内编外幼儿教师的待遇差距，依法为编外聘用人员缴纳社会保险，建立编外聘用人员工资正常增长机制，逐步实现同工同酬。各地在这方面的做法不一，有的地区设立聘用幼儿教师补助资金，有的地区要求聘用幼儿教师工资须达到当地城镇职工平均工资水平，等等。

（三）改革考试招生制度，健全科学多元评价体系

考试招生改革牵一发而动全身。严格实行义务教育免试就近入学制度，推行学区制，科学划设、动态调整学区，坚持公办学校按学区招生，组织初中与小学9年一贯对口升学。严禁通过考试方式选拔学生，严禁公办学校以各类竞赛证书或考级证明作为招生入学依据，着力控制义务教育学校择校问题。加快中考改革步伐，坚持热点高中的指标生比例不低于70%，推行中考和初中综合素质评价相结合的招生录取模式，改变单纯以学科成绩简单相加作为高中录取唯一依据的做法，探索部分学科多次考试和等级呈现办法，引导学生全面而有个性地发展。加快高考改革步伐，推行基于高考和高中学业水平考试成绩的综合评价多元录取机制，推进职业院校分类招考和注册入学，扩大自主招生改革试点。加强命题研究，突出基础性、综合性与应用性，使考试内容更加逼近素质教育要求，更好导向基础教育的健康发展。致力于建立符合基础教育规律的质量评价体系，围绕学生品德发展、学业发展、身心发展、兴趣特长养成、学业负担状况等内容构建评价标准，积极开展由政府、学校、家长及社会各方参与的评价活动。树立质量多元意识，探索促进学生发展的多种评价方式，强调每个学生都是独立个体，有自己的个性特点和擅长之处，激励学生乐观向上、自主自立、努力成才。无论对学生个体还是对学校，都要重视发展性评价、过程性评价，改变单纯强调结果而不关注发展变化的做法，引导学校和师生不断发展。

（四）建立教育经费保障机制，不断增加教育的财政投入

拓宽财政性教育经费来源渠道，征收内外资企业教育费附加、开征地方教育附加、土地出让收益计提教育资金，做到全部足额征收、全部用于教育，并充分体现在年初预算安排和预算执行的超收收入分配上。义务教育阶段突出经济薄弱地区和农村学校的办学条件的改善，在核定的公用经费总量内，继续加大向农村学校、教学点、寄宿生较多学校、学生数较少学校的倾斜力度，着力推进教育基本公共服务均等化。逐步提高学前教育生均公用经费财政拨款标准，确保财政性学前教育经费占比不低于5%。建立普通高中教育经费保障机制，提高生均教育经费、生均公用教育经费标准，根据取消普通高中“三限”政策的新情况，提高学费收取标准，积极推进高中化债工作。

江苏基础教育改革发展研究

一、基础教育的特殊地位和作用

教育是民族振兴和社会进步的基石，基础教育则是基石的基石，其基础性决定了它的重要地位和作用。深刻认识基础教育的地位作用，要在贯彻落实党的十八大、十八届三中四中全会精神的全局中去认识；要在贯彻落实教育规划纲要提出的目标任务中去认识；要从教育综合改革的系统性、整体性和协同性中去认识；要在建立起符合江苏实际的基础教育体制机制、基础教育结构布局、基础教育内容方法和基础教育保障体系中去认识。

（一）深刻认识基础教育是终身教育体系的基础

基础教育不仅是终身教育体系的重要组成部分，而且是终身教育体系的重要基础。要深刻认识办人民满意的教育很大程度上是办人民满意的基础教育；深刻认识办人民满意的基础教育根本上是要办对学生负责的教育；深刻认识办对学生负责的教育，必须摈弃应试教育的弊端，努力办好让学生终身受益的基础教育。

（二）深刻认识基础教育是人的全面发展的基础

基础教育阶段是学生身心发展和世界观、人生观、价值观形成的关键时期，对人的成长成才至关重要，对人的未来发展影响深远。基础教育作为每个人接受教育的起始阶段，无论是在知识、技能准备方面，还是在性格、气质塑造等方面，都会给人烙上独特的文化印记，潜移默化地影响人的一生。**我们要认真处理学习成绩与综合素质的关系，更加注重综合素质的培养；认真处理全面发展与个性发展的关系，更加注重学生的个性发展；认真处理合格毕业生与拔尖人才的关**

系，**更加注重拔尖人才的培养，充分发挥基础教育对人的成长的作用**。

（三）深刻认识基础教育是经济社会发展的基础

基础教育作为人才培养的“第一站”，作为提升广大劳动者基本素质的重要途径，对经济社会发展的基础性作用不可替代。这种基础作用的周期往往长于经济社会发展的周期，因此，**我们今天深刻认识基础教育对经济社会发展的基础作用，必须协调处理好理想教育与公众认同之间的差异、教育规律与功利倾向的差异、合理负担与过重负担的差异、教育评价与社会评价的差异，真正把培养社会主义事业的建设者和接班人作为基础教育的根本任务**，精心谋划，全力推进，不断促进基础教育改革发展迈上新台阶。

二、切实应对基础教育存在的问题

江苏省基础教育还面临一些问题和不足。推进教育现代化建设，高水平普及基础教育是一项长期任务，也是一项重点任务。它不仅代表江苏基础教育改革发展方向，也代表着中国基础教育改革发展方向。为做好这项工作，我们要坚持四个导向。

（一）坚持示范导向

要始终坚持教育现代化的引领作用，以教育现代化统领基础教育改革发展，切实加强教育现代化示范区建设，认真做好全省教育现代化监测工作，努力实现义务教育办学标准化，巩固教育现代化达标县评估成果。要努力做到“六个要”，即：观念现代化要不断更新；制度现代化要有中国特色；水平现代化要瞄准世界先进；条件现代化要达到标准；信息现代化要跟踪发展前沿；人的现代化要作为重点。通过扎扎实实、一步一个脚印的工作，把江苏教育现代化建设引向深入。

（二）坚持问题导向

要始终坚持直面问题，分析问题，解决问题。未来一段时间，我省基础教育“四大矛盾”将更加突出。一是生源快速增长与教育资源相对短缺的矛盾。国家从 2014 年起实行“单独两孩”政策，再加上外省学生在苏参加高考中考、外来务工就业人员持续增长等因素，我省基础教育资源总体面临着较大的供给压力。二是师资队伍水平与实施素质教育的矛盾。学前教育阶段突出存在教师数量不足、工资待遇偏低问题。义务教育阶段师资队伍结构性矛盾突出，音、体、美、信息技术、英语等学科教师相对缺乏。普通高中阶段，师资来源单一，教师的新课程实施能力和水平亟待提高。三是经费保障机制与教育持续发展之间的矛盾。公办幼儿园保障水平低，普惠性民办幼儿园资助机制尚未完全建立，幼儿园以简单托管取代教育的现象时有发生。普通高中阶段，以财政投入为主、其他渠道筹措经费为辅的机制尚未完全建立。四是教育管理机制与学校办学活力不足的矛盾。教育管理往往陷于“一管就死、一放就乱”的怪圈，公办学校办学活力不足、特色创新受限，民办学校办学质量不高、营利倾向明显。如何释放公办学校的办学创造力，如何培育真正意义上的公益性民办学校，如何让教育规律而非行政力量左右教育发展，都是亟待解决的问题。

（三）坚持需求导向

当前人民群众对基础教育有“四大期盼”。一是期盼优质的基础教育；二是期盼公平地享有基础教育；三是期盼个性化、多样化的基础教育；四是期盼减轻学生课业负担。

（四）坚持差异导向

我省基础教育发展不平衡，差异性大，矛盾众多，问题不少。一是教育投入的地区差距十分明显。发达国家 2009 年小学生、中学生生均公共教育经费指数分别为 19.4 和 23.9，而我省 2012 年相应指数分别为 14.0 和 17.5。二是优质学校分布差距十分明显。2012 年的数据显示，三星级以上的普通高中占比，苏南为 84.87%，苏中为 88.37%，苏北为 66.95%。省优质幼儿园占比，苏南为 59.05%，苏中为 66.65%，苏北为 56.89%。三是优质教师分布差距十分明显。全省中小学特级教师中，苏南占 46.1%，苏中占 25.4%，苏北占 28.5%。具有正高职称教师中，苏南占 44.9%，苏中占 20.7%，苏北占 34.4%。四是城乡、校际差距十分明显。城市学校中超大规模、超大班额的现象屡见不鲜，农村学校的管理水平、文化内涵、教育质量等有待提高。我们要认真分析这些矛盾、问题和差距，进一步增强危机意识、责任意识，扬长补短，采取更加切实有效的措施，推动我省基础教育改革发展再上新水平。

三、努力促进教育公平

教育公平不是削峰，而是填谷。促进教育公平，首先要针对薄弱地区、薄弱学校以及学校办学的薄弱环节,加大经费投入,改善办学条件,提升教育质量。

经国务院同意,教育部、国家发展和改革委、财政部决定从2014年起,在全国全面推进改善义务教育薄弱学校基本办学条件工作。这是党中央、国务院聚焦贫困地区义务教育发展,保障教育公平而做出的重大决策,也是中华人民共和国成立以来教育系统单项资金量最大的项目之一。根据国家要求和我省实际,我省全面推进“改薄”工作的要求是“补短板、破难题、标准化、上水平”。要实现这一要求,必须坚持四个实施原则。

(一)锁定薄弱地区

推进义务教育学校“改薄”工作,要把我省苏北经济薄弱地区、集中连片地区、革命老区和广大农村作为工作重点,兼顾其他地区和城市。要强化政府责任、采取多种措施,切实加大财政投入,加大扶持力度,努力解决这些地方的薄弱学校改造问题,把“网底”兜住。中央和省“改薄”专项经费重点扶持经济薄弱地区和农村地区,适当兼顾苏中、苏南地区。

(二)聚焦薄弱学校

要根据省定义务教育学校办学标准,准确识别薄弱学校。要充分体现“雪中送炭”,从必须保留的最薄弱的学校做起,拉长“短板”。将教学、生活设施条件等不能满足基本需求的农村义务教育薄弱学校,特别是寄宿制学校纳入实施范围。凡纳入项目的学校,必须是布局规划中长期保留的学校。不得搞“锦上添花”,不得将“改薄”经费向少数优质学校集中,打造豪华校、重点校。城市学校“改薄”所需经费由地方安排,不得安排中央和省专项经费。城市进城务工子弟学校要在相关经费中统筹安排“改薄”经费。

(三)突出薄弱环节

各地和各学校要按照我省义务教育学校办学标准,查漏补缺,找出学校薄弱环节。在这次“改薄”过程中,无论是城市学校还是乡村学校,无论是经济发达地区的学校还是欠发达地区的学校,无论是条件较好的学校还是条件一般的学校,都有“改薄”的责任、“改薄”的任务和“改薄”的项目。各校首先要逐一寻找自身的不足甚至是问题,提出针对性建议和要求。地方政府和教育行政部门要根据轻重缓急,逐校排查,确定“一校一策”的“改薄”任务,实现既促进均衡,又整体提升的目标。要通过这次为期五年的“改薄”,使义务教育和不少学校一些老大难的、影响和阻碍发展的瓶颈问题逐步得到解决。

（四）强化县级统筹

根据义务教育管理体制，“改薄”工作由国家统一部署，省级政府统筹安排，县级政府具体实施。因此，各市、县（市、区）政府是“改薄”工作的第一责任人，要切实加强对“改薄”工作的领导，切实增加“改薄”经费投入；要统筹使用中央、省和本级财政改善义务教育办学条件的专项经费，根据本地“改薄”任务、学校和项目情况，合理确定年度“改薄”工作目标任务和分年实施计划，确保按期完成任务。

全面推进义务教育学校“改薄”工作，涉及学校多，项目内容多，建设任务重，总的目标是力争通过五年的努力，使所有学校的办学条件得到改善。

四、深入推进课程改革

（一）把深化课程改革的具体目标任务作为“十三五”规划的重点

下一个五年是课程改革走向深化的关键，也是全面实现国家、省中长期教育改革发展规划纲要制定的各项战略目标的收官阶段。省、市、县各级教育行政部门、相关事业部门和机构以及广大学校，要把课程改革的深化作为新的五年规划的重点。要在组织教育工作者广泛讨论的前提下，制定课程改革五年专项规划，进一步明确课程改革需要深化什么，形成相关的具体工作目标和工作步骤。在进行总体规划时，要坚定不移地突出改革精神，加快创新发展的步伐。

（二）在全省范围加快推进学习方式变革

从普通高中到初中、小学和幼儿园，我省的课程基地建设已经完成实验阶段的布点设置，在若干重大目标上取得了初步的实践经验，并且已经在国内产生重要影响。课程基地建设是我省加快学生学习方式变革的重要动力，是课程改革在深化阶段做出的十分重要的选择。我们的任务是实现基地建设实验价值的最大化，把实验做实，把亮点做亮。

（三）进一步发挥地方课程的补充、调节作用

以地方课程建设为手段，提高课程对于不同地区儿童的适应性，这是新课程在管理体制上的重大变化。我省地方课程建设的特点是课程建设规范、资源保障有力，但还存在不全面、不深入的问题。义务教育阶段信息技术教育、劳动与技术教育、综合实践活动课程已经形成了全省的课程纲要，并经过了不断的修订，但是地方文化课程的纲要还没有形成；技术课程、地方文化课程的课程资源得到了政府的支持，但活动类课程的基本资源还没有完全纳入进来。另外，在课

程改革的深化阶段，如何以课程形式保障基地建设经验的推广、保障学生学习方式的变革，这是我省地方课程发展应当考虑的一个新型命题。

（四）以质量提升为中心在全省展开重大问题研究

目前，全省学校开展的群众性教育教学研究数量多、覆盖面广，但是还要解决一个上位的层次问题。前阶段，省基础教育质量监测中心已经结合全省学生发展质量的数据分析，对需要研究的若干重大问题进行了初步的梳理，计划以专项的形式争取财政的支持，并在全省范围内向有兴趣、有条件的地方和学校进行委托。回避重大问题的改革不是真正的改革。我们的目标是围绕质量提升，在若干重大问题上，边探索、边实践，从解决现实问题出发，走向改革的理想目标。

（五）扎实做好江苏实践经验的总结和推广

近几年来，江苏基础教育在课程改革方向的选择、行动的创新方面，做出了多方面的探索。这些探索已经在基层的学校开花结果，成为江苏基础教育新型内涵的有机组成部分。省教育厅对地方、学校和老师们取得的成果十分重视，正在组织力量对这些经验和典型进行总结梳理，从面到点，全面展示和介绍全省在教育教学改革方面的成就。我们的目的不仅是有几处艳丽的“盆景”，而且要有满园春色的“花园”；我们的目的不是要塑造什么形象，而是要放大改革的效应、挖掘草根的力量。江苏的基础教育应当用丰富的、来自实践一线的成果，形成具有江苏特点的基础教育发展基本理论，并反过来影响和促进更大范围的实践。同样，各地各校也应当高度重视身边的故事、身边的经验、身边的力量。改革的对象总是独特的，问题总是具体的，在课程改革的深化阶段，总结推广身边已有的经验和做法才能发挥最大的作用。

（六）以课程实施为重点加强教育教学的督导检查

江苏的课程教学改革还存在着地区之间、学校之间、学科之间的不均衡问题。课程教学改革与教育事业的基本建设不同，更加具体、更加细致，为此，改革方式的创新必须适应改革对象、改革内容的变化。以督导检查为手段，提高课程的实施质量，提高教育教学的规范化、均衡化水平，这是一种行之有效的做法。今后，全省范围的督导检查要进一步进入到教育教学的过程当中，实现主题化、系列化、常规化。要把督导检查的过程变成一个指导服务、共同研究的过程，省、市、县、校各负其责，分类实施，分步推进。

办高品质的高中[①]

普通高中教育是在九年义务教育基础上进一步提高国民素质、面向大众的基础教育。普通高中教育要为学生的终身发展奠定基础。党的教育方针明确了培养学生的目标要求，普通高中的任务就是要使这些目标成为现实，把理念转化为实践，把口号转化为行动。实现这样的目标，需要建设一批高品质的普通高中起引领、示范作用。

江苏已经有一批较高品质的高中，它们是较好的办学质量、内涵、文化、特色等的结合体，是江苏高中的优秀代表。新时期的任务是建设更多高品质的高中。

一、充分认识办高品质的高中的必然趋势

（一）社会转型要求办高品质的高中

社会转型就是指社会经济结构、文化形态、价值观念等发生深刻变化。社会转型是改革开放以来中国社会的显著特点。30 多年来，我们国家对外开放，对内改革，实质上就是一个社会转型的过程。

在社会转型的大背景下，高中教育只有加快转型，才能跟上时代发展的步伐，才能更好地回归到教育的本质上来。这个转型就是要转到办高品质的高中上来。在发展理念上，要突破单纯追求外延式发展的理念，更加注重教育的内涵发展；在教育价值上，要突破对功利价值的过度追求，更加关注人本身的价值；在教育质量观上，要突破以考试成绩为主的单一质量追求，更加关注人的全面而多样发展；在培养模式上，要突破高度统一的标准化培养模式，更加注重人的个性

---

① 原载于《江苏教育》，2016 年第 1 期。

化、多样化的培养;在教师专业成长上,要突破单纯强调掌握学科知识和教学技能,更加注重教育境界和专业能力的提升;在教育管理方式上,要突破以单一行政手段推动教育发展的方式,更加注重政策引导和思想引领;在质量评价上,要突破单一的依靠考试、分数进行评价的方式,更加重视依靠科学的评价体系进行评价。

(二) 人民群众需求的转变希望办高品质的高中

过去,人民群众把需求放在"有学上"上,今天,人民群众更加希望"上好学"。当前人民群众对高中教育有"四大期盼":一是期盼上优质高中;二是期盼公平地享有优质高中教育资源;三是期盼个性化、多样化的高中教育;四是期盼减轻课业负担,接受较高品质的高中教育。

对高中办学来说,需求就是导向。联合国教科文组织在《教育——财富蕴藏其中》一书中指出:"基础教育是以满足全体居民的共同需要为目的,而中等教育则应是各种才能的显露和充分发展的时期。"多样化发展意味着高中教育是国民基础教育转入专门人才培养的关节点和枢纽站。高中教育是人生旅程的一次重要际遇,应当是师与生、教与学、心灵与心灵、生命与生命的相互交融,相互激励与期待,相互欣赏与感动。高中教育意味着人生发展目标的多元、选择的自由与空间的拓展。

(三) 教学方式的转换要求必须办高品质的高中

人类传统的教学方式经历了家庭式教学、私塾制教学、班级授课制教学。最早把受教育规定为公民权利大概是在18世纪末的法国大革命时期,平等受教育的机会第一次写进了当时的法国宪法。班级授课制又称课堂教学,最早由夸美纽斯提出,后来赫尔巴特进一步发展了这一理论,苏联教育家凯洛夫最终完善了这一理论。班级授课制有助于扩大教育规模、提高教育效率,为实现教育普及找到了一种重要的教学形式和组织架构。但是,班级授课制的严重缺陷是忽视人的差异性,影响人的个性发展。美国未来学家阿尔文·托夫勒在30多年前曾预言,多样性是未来社会的一个重要特点,并将在教育领域激起剧烈的冲突。历史的发展证实了这一预言,对高中教育提出了前所未有的挑战。高品质的高中要研究在班级授课制条件下,如何转变教学方式,更加尊重人性,促进学生个性化发展。

二、正确把握办高品质高中的重点内容

学校品质是质量、内涵、文化、特色、信誉的集合体。说江苏高中教育基础好,究竟好在哪里？大致的看法是:有一批在全国有影响的学校;有一批全国有名的校长、教师;有一批在全国有影响的教学科研成果;江苏学生高考分数较高,进入高校后发展后劲足;等等。这些都是客观事实。但我们再往深处考虑:江苏有多少所高中堪称一流、堪称高品质？有多少高中教师为全国认可的教育家？有几项教学科研成果在全国得到推广应用？……这些都值得深思。

美国学者布兰克斯坦认为,优质学校必须拒绝失败和确保所有学生都能够取得成功,只有让所有学生都获得成功的学校才是真正的优质学校。为此,布兰克斯坦提出了创建优质学校需要坚守的 6 个基本原则:在校园文化上要形成共同的宗旨、愿景、价值观和目标;建立预防和干预系统,以确保所有学生都学有所成;建立以教与学为中心的合作团队文化;利用数据指导决策和促进可持续发展;赢得家庭和社区的积极参与;发展可持续的领导力。北京十一学校校长李希贵在《人民教育》上列举了高品质学校的 27 个习惯。从布兰克斯坦的“6 个原则”到李希贵的“27 个习惯”,归结到一点,就是坚持以人为本,围绕尊重人、培养人、发展人,形成高品质学校特色。

(一) 高品质思想

所谓高品质思想,是指学校在贯彻党的教育方针、坚持立德树人、培养德智体美劳全面发展的学生过程中形成的高品质的办学思想和教育理念。高品质高中应当有自己独特的教育理念和价值,不为社会某些功利价值观影响而动摇;高品质高中应当有自己独特的校风校训,并且成为渗透到师生血液中的精神力量;高品质高中应当有自己的特色特长,并且成为学校立足、生存、发展的“名片”。高品质思想必须传承积淀、长期坚持、细雨润物、落地生根,而非假大空的“口号”、装门面的“标签”。

(二) 高品质队伍

所谓高品质队伍,是指一支热爱教育、热爱学生,懂得教育教学规律,教学业务精良,努力奉献的教师团队。这支队伍的师德足以让学生敬仰,学识足以让学生崇拜,人格足以让学生仿效,魅力足以让学生倾倒。2014 年 9 月 9 日,习近平

总书记与北京师范大学师生代表座谈时曾说:“一个人遇到好老师是人生的幸运,一个学校拥有好老师是学校的光荣,一个民族源源不断涌现出一批又一批好老师则是民族的希望。”习近平总书记指出,做好老师,要有理想信念、道德情操、扎实学识、仁爱之心。“好老师应该把自己的温暖和情感倾注到每一个学生身上,用欣赏增强学生的信心,用信任树立学生的自尊……”我想,高品质高中应当有这样一支队伍。

(三) 高品质课程

高品质课程包括培养目标、课程结构、课程内容、课程实施和课程评价,其中培养目标是灵魂,课程结构是躯干,课程内容是核心,课程实施是关键,课程评价是保证。高中课程内容的选择应遵循时代性、基础性、选择性等基本原则。

时代性——课程内容的选择应体现当代社会进步和科技发展,反映各学科的发展趋势,关注学生的经验,增强课程内容与社会生活的联系。同时,根据时代发展需要及时调整、更新。

基础性——强调掌握必需的经典知识及灵活运用的能力;注重培养学生浓厚的学习兴趣、旺盛的求知欲、积极的探索精神、坚持真理的态度;注重培养搜集和处理信息的能力、获取新知识的能力、分析和解决问题的能力、交流与合作的能力。高中课程内容既进一步提升所有学生的共同基础,同时更为每一个学生的发展奠定不同基础。

选择性——为适应社会对多样化人才的需求,满足不同学生的发展需要,在保证每个学生达到共同基础的前提下,各学科分类别、分层次设计多样的、可供不同发展潜能学生选择的课程内容,以满足学生对课程的不同需求。高品质高中应当在执行课标的严肃性、课程内容的丰富性、课程开发的前瞻性、社团活动课程化等方面成为榜样、典范。

(四) 高品质生活

所谓学校生活品质,指的是学校提供的教育服务品质以及人们对这一教育服务的主观感受,是一个集环境、经济、社会、文化、精神以及各类教育活动、心理感受于一身的综合体。生活品质是一种学校生活的客观存在,更是学校办学过程中的一种价值追求,是学校中的人(尤其是学生)对于学校生活的主观体验。苏霍姆林斯基说:“学校的任务,不仅在于传授学生必备的知识,而且也在于个人精神生活的幸福。”办学条件再差的学校，也可以尽其所能，为学生提供“好”的教育。高品质的学校生活，应当是一种高质量、多样化、可选择的教育，不仅能够满足学生的多元化需求，而且还能够让学生在多元化、可选择的学习过程中产生愉悦感、成就感和自由感。

（五）高品质文化

学校文化是社会文化的有机组成部分，它以学校群体成员为主体，是他们在教育教学和管理实践中逐渐共同创造生成的体现时代特征和社会进步的价值观念、思维方式、行为规范及其活动结果。高品质学校文化表现在学校特色、学校制度和物质形态以及学校群体成员的活动方式、精神面貌与文化素养等方面。高品质文化是物质与精神的高度统一、内容与形式的和谐统一、历史与现实的相对统一。高品质文化要传承校本文化，具有独立性；要吸收外来文化，具有开放性；要创新特色文化，具有前瞻性。

（六）高品质管理

管理是一门科学，高品质管理，一定要民主化、人性化、制度化。高品质管理是制度管理而非人为管理；是从管理走向治理；是与行政管理相区别的学科管理；是民主管理与自我管理相结合的管理。高品质管理要求管理者具备发现美的眼睛，不断发现学校、教师和学生之美。

三、努力建设高品质的高中

（一）强化校长队伍建设

一位好校长可以成就一所好学校，一所高品质高中一定要有一位有政治头脑、有教育理想、有管理才能、有创新精神的校长。一位好校长的成长靠个人努力、组织培养、教师支持。个人努力是前提，组织培养是关键，教师支持是基础，三者缺一不可。我们要积极创造条件，加强校长队伍建设，让一批校长脱颖而出，成为好校长、名校长，为建设高品质高中奠定基础。

好校长要有教育理想。高品质的高中需要有一批校长坚守教育理想。校长不能被不懂教育规律的人所绑架而放弃教育理想。校长的最好本领是“来料加工”，人人成才，而不是“选料加工”，让少数人“成才”。只有一大批校长坚守教育理想，教育才能回归或者更接近教育的本质。

好校长要懂得教育规律。现在,大家都在讨论“不能让孩子输在起跑线上”,但很少有人讨论“不能让孩子伤在起跑线上”。“输在起跑线上”容易被人看到,“伤在起跑线上”不容易被人发现。不懂教育规律、没有教育理想的人为了“不能让孩子输在起跑线上”而伤害孩子,或许尚能理解,但所谓懂得教育规律、具有教育理想的人为了“不能让孩子输在起跑线上”而伤害孩子,自己都不能原谅自己。我们应当反思:在按教育规律办事的喊声中,有多少违背教育规律的事;在“不能让孩子输在起跑线上”的喊声中,有多少“让孩子伤在起跑线上”的事。

好校长要敢担责任。现在,一讲到学生负担重,大家都责怪高考制度,似乎与我们没有关系,似乎由此可以证明我们没有责任。但我们难以否认,学生的负担许多来自教师,教师的负担许多来自校长,校长的负担主要来自社会和家长。多年的运转已经形成了一个“怪圈”,而圈中人大多见怪不怪。在这个“怪圈”中,最大的受害者是学生。破除这个“怪圈”,教育者不是一点不能有所作为的。假如要等到完善的高考制度出现才能破除这个“怪圈”,那么,我们或许会伤害几代人。

好校长要带好队伍。校长要致力于建设教师团队,不仅要提高教师的师德水平、学历层次、教学能力,而且要提高教师指导学生个性发展、特长成长的能力。韩愈《师说》:“师者,所以传道、授业、解惑也。”他把“传道”放在第一位,把“授业”放在第二位,把“解惑”放在最后一位。美国诗人惠特曼曾经这样写道:“有一个孩子每天向前走去,他见到最初的东西,他就变成那东西,那东西也变成了他的一部分。”高品质高中的校长和教师要更加注重“传道、授业”,多提供学生“见到最初的东西”的机会。

(二) 强化课程体系建设

目前,《普通高中课程方案》修订稿正在征求意见,新方案在培养目标上强调核心素养的养成,在课程结构上进行了重大调整,在课程实施的保障措施上有更加具体明确的要求。特别是在课程结构上,必修由116个学分减少到88个学分,选修由28个学分增加到56个学分,大幅降低了公共基础的要求,增强了课程的选择性。当前,我们要深入总结课程改革的成绩与经验,找准深化改革的突破口,为新方案的实施做好准备。

1. 完善课程体系——这是基础

不断完善国家课程、地方课程、校本课程三级课程体系,落实课程方案,突破课程实施的薄弱环节，开齐开足并上好所有课程，尤其是要花大力气推进综合实践活动、校本课程、通用技术等课程的落实。

2. 提升课程实施水平——这是标志

一所高品质高中不能满足于给学生统一的课程，而应不断满足学生多样性、个性化的要求。今后，看一所高中有没有品质，不仅要看既有的课程实施水平，更要看为学生提供了多少高品质课程。要根据学生需要和学校特点，创造性地执行国家课程，开发校本课程，形成独具特色的学校课程体系。不断提高教师的课程开发能力，充分发挥教师在课程开发和实施中的主体性、创造性作用。逐步完善选课制度和学分管理办法，改革教学管理制度，探索行政班与教学班并行的管理机制，为学生选课走班奠定基础。

3. 要加强课程基地建设——这是创新

要加强研究，科学推进，在大力实践的同时，协同各方力量开展基地建设的理论研究，进一步提高基地建设的科学性。要完善方案，加快实施，各相关学校要在主管部门领导下，进一步对照建设要求，完善建设方案，明确建设目标，按照时序进度扎实推进，确保课程基地如期建成，发挥效益。要加强项目管理，确保专款专用，提高资金使用效益。要定期视导，注重绩效，达不到预期建设目标的项目要抓紧整改，成绩突出的项目给予适当的奖励。

（三）强化素质教育实施

爱因斯坦曾说，如果人们忘掉了他们在学校里所学到的每一样东西，那么留下来的就是教育。这种留下来的教育也许是素质教育。高品质高中应当是实施素质教育的榜样，引领素质教育之风气，做到“四个更好”：

1. 更好地带头执行办学规定

不得以任何形式向班级、教师下达高考升学指标，不得以高考升学率或考试成绩为标准进行排名和奖惩，不得炒作“高考状元”。坚决治理中小学及教师有偿补课、有偿家教，切实做到令行禁止。严格执行国家课程计划。严格规范招生管理。

2. 更好地培养学生综合素质

坚持立德树人根本任务，推进“五育并举”，培养德、智、体、美、劳全面发展的学生，必须提高学生的综合素质。高中生应当具有创新精神、实践能力和社会责任。这是学生综合素质的重要内容，加强对学生综合素质的培养应是一所高品质高中的重要任务。要坚持面向人人，全面发展，为学生终身发展奠定坚实基础，这也许是高品质高中与一般学校的区别所在。

3. 更好地重视培养创新人才

培养创新人才是建设人力资源强国和创新型国家的迫切需要，创新人才的培养是多方共同努力、连续协同培养的过程。在建设高品质高中过程中，要进一步做好试点工作，创新人才培养模式，立足于未来出一批拔尖创新人才。首先必须认识到创新是对所有人的要求，人人都可以是创新者，各行各业都需要创新。同时，创新人才的培养并非只是培养学生某方面的能力，也不只是简单地开设几门课程，更不是只有规避高考才能培养，而是要着眼知识、技能、品质、精神、人格的综合培养，要注重多种因素的有机统一。要加强统筹，结合国家教育体制改革试点项目，进一步完善创新人才培养的方式方法，完善配套措施，为改革试点提供保障。要调动高校参与创新人才培养试点的积极性，建立普通高中和高等院校的合作机制，高校的资源应向试点学校开放，高水平学者、教授要参与创新人才联合培养。要积极探索高校考试招生的相关政策，引导高校介入普通高中创新人才的早期培养。

4. 更好地借鉴国际有益经验

2014 年，有一部反映中英教育差异的纪录片在朋友圈迅速刷屏，引发了网友对中西方教育的大讨论。理性看待这个问题，在许多方面值得我们思考。我认为，**教育很难简单地用“好”与“不好”来评判，适合学生的教育就是好的教育**。不同的教育方法所产生的教育效果是不相同的，而不同的教育方法背后反映了不同的教育理念。现在，人类已经进入互联网时代，教育的交流合作将日益频繁与便捷。办高品质的高中应当更好地学习借鉴国际有益经验，引进教育理念、教师、课程、评价方法等，甚至吸引外国学生来学习，提高学校的国际化程度。

（四）强化评价体系建设

普通高中学生综合素质评价是对学生全面发展状况的观察、记录、分析，是发现和培育学生良好个性的重要手段，是深入推进素质教育的一项重要制度。全面实施综合素质评价，有利于促进学生认识自我、规划人生，全面而有个性地发展；有利于学校规范开设课程，遵循学生的成长规律，切实转变人才培养模式；有利于促进评价方式的改革，转变以考试成绩为唯一标准评价学生的做法，改革高校招生录取方式，满足社会对多样化人才的需求。配合高中新课程标准和高考改革方案，我们正在研究制定新的普通高中学生综合素质评价实施意见，主要有目标定位、评价内容、评价方法、评价结果呈现形式等四个方面的变化。

（五）强化教育教学改革

为了深入推进教学改革，江苏省教育厅专门制定了《江苏省基础教育教学改革行动计划》，目的是通过实施“教学改革行动计划”，凝聚人心，激发活力，引领全省基础教育工作者聚精会神、积极热情地参与课程教学改革，探究课程教学领域内的重大问题、前瞻性问题，建立新的教学规范，使改革创新成为江苏基础教育的新常态。培育一批有影响的教学改革新项目，培养一批教育教学领军人才，推广基础教育教学改革成果，切实解决教学中存在的实际问题。希望各地各校在实施“教学改革行动计划”的过程中，要坚持问题导向，认真组织广大教师结合教学实际问题，学习课程教学的新理念、新方法、新技术，不断提高广大中小学教师的教学理论水平和实践创新水平。特别要帮助中青年教学改革骨干，进一步总结提炼教学改革实践经验，形成自己的教学风格、教学特色和教育话语，力求理论有建树、思想创新高。

高品质高中应当成为教学改革的引领者，充分发挥示范带头作用。要加强组织领导，营造改革氛围，制定激励措施，通过组织名师报告会、建立名师工作室、评选教学能手和学科带头人等方式，有计划地培养教学改革新人，推进教学改革深入开展。要继续加强课程基地建设、数字化学习试点和青年教师基本功大赛等工作，锤炼人才，充分发挥好他们在转变教学方式和学习方式方面的重要作用。

苏霍姆林斯基有句名言：“只有能够激发学生去进行自我教育的教育，才是真正的教育。”希望全省普通高中不断深化教育教学改革，努力提高办学品质，进一步“激发学生去进行自我教育”，办出“真正的教育”，办出高品质的学校。

四、凝练办学之魂

一所高品质高中一定要有自己的办学灵魂，这种灵魂就是办学理念，通俗地说就是办学的出发点，具有一定的价值观。建设高品质高中必须凝练学校的办学之魂，使之真正成为一所学校的品牌，可以考虑从四个角度去凝练。

（一）把坚持立德树人作为根本任务，从思想的角度凝练学校的办学之魂

高中生正处于世界观、人生观、价值观形成时期，要大力开展理想信念教育，开展社会主义核心价值观教育，弘扬爱国主义精神和创新精神，加强社会责任感教育，加强道德教育，强化道德修养，培养良好品质。加强公民道德、文明礼貌教育，加强劳动实践教育，开展志愿服务和公益活动。发挥各学科教育的德育功能，营造良好的育人氛围。我查看了全国200多所重点高中的校训，发现绝大多数都从培养学生良好思想品德的角度凝练而成。这些都是各所学校文化传承、历史经验的积累。建设高品质高中应当根据新形势赋予普通高中的新任务，继承和发扬这些优良传统，使之成为新的办学之魂。

（二）把遵循教育规律作为职业道德，从道德的角度凝练学校的办学之魂

教育有其自身的规律，做教育必须遵循教育规律，教育工作者要把遵循教育规律作为职业道德。当前，普通高中仍然不同程度地存在着不按课表开课、“满堂灌”、机械性训练、课业负担过重等违背教育规律的现象。究其原因，主要是应试教育的导向没有根本改变，教育规律没有得到真正遵循。我一直以为，何为教育规律，只有教育工作者相对清楚；依靠谁去遵循教育规律，也只有教育工作者才能承担这个责任。希望在建设高品质高中过程中，能够真正出现一批高中自觉遵循教育规律，将其视为一种职业道德加以自律。希望大家积极探索、不断总结提炼，逐步形成一种办学之魂。

（三）把执行课程标准作为神圣天职，从教学的角度凝练学校的办学之魂

教学工作是学校的中心工作，也是衡量一所学校办学品质的重要标志。这几年，我们不断推进教学改革，形成了观念统一、名师辈出、实践多样的教学改革成就，为高中教育教学进一步走向内涵发展奠定了十分重要的基础。但是，我们也必须看到，高中教育的教学形态总体上仍然没有摆脱传统教学的束缚。新的课程教学观念仍然没有完全转化成教学管理和课堂教学的实践；以教师为中心、以知识为中心的状况仍然没有得到根本性的改观；学生课业负担过重的现象、教学方式简单化的现象仍然较为普遍，学生自主、合作、探究式的学习仍然需要进一步加强；课程教学管理规范化仍然存在一些突出问题；以教学工作为中心的支持、服务和保障体系仍需进一步完善。希望在建设高品质高中过程中，有一批学校自觉、带头严格执行课程标准，并把它作为每一位校长、教师的神圣天职。这一点同样可以凝练、提升为一所学校的办学之魂。

（四）把鲜明办学特色作为传承品牌，从管理的角度凝练学校的办学之魂

我们一直提倡和推动普通高中优质多样特色发展。所谓特色是区别于其他而独有的特质。一所学校的办学特色是学校的品牌，对内能够凝聚力量、指引方向，对外能够引领示范、扩大影响。一所学校形成特色，成为可传承的品牌，是长期积累的结果，也是加强学校内部管理的结果。有办学特色必然有深厚的文化底蕴，要培植高品质的物质文化、精神文化、教学文化、制度文化等，厚植文化之根。在建设高品质高中过程中，各学校不断进行学校内部管理改革，在已经形成办学特色的基础上，凝练、提升学校的办学之魂。

五、培养高素质之人

高品质高中应当培养高素质的人才。所谓高素质之人应当是具有理想信念和社会责任之人，具有科学文化素养和终身学习能力之人，具有自主发展能力和沟通能力之人，具有健全人格、健康身心和较好审美能力之人。建设高品质高中要围绕培养高素质之人，努力实现四个统一。

（一）实现全面发展与个性发展相统一

促进学生全面发展一直是普通高中所追求的价值取向。全面发展不等于平均发展，不等于所有学生“一条线、齐步走”，应当立足于让每个学生达到课程标准规定的基本要求。教育的任务不仅要让每个学生达到课程标准规定的基本要求，实现全面发展的目标，而且要因材施教促进学生个性发展，实现全面发展与个性发展相统一。这是一个普遍性的难题，是一个“永远在路上”的题目，高品质高中应当努力破解这样的难题。**衡量一所高中有没有在促进学生个性发展方面有所作为，要看学校和教师有没有了解学生的个性，有没有满足学生需求的课程和条件，有没有实施适合学生个性发展的教学，有没有鼓励、指导个性发展，有没有创造和形成学生个性发展的机会和氛围，等等**。

（二）实现注重“双基”与核心素养相统一

长期以来，我们对普通高中的教学要求一直强调基础知识、基本技能。随着基础教育改革发展的深入，人们越来越认识到除“双基”外，培养学生的思维方式、情感、价值观、人文素养同样值得重视。这次新的高中课程改革方案进一步提出了“促进学生核心素养的形成和发展”的要求，并且成为这次课程改革的亮

点。从注重“双基”到注重核心素养，是我们对普通高中培养目标认识的一大进步，昭示着普通高中人才培养目标和模式将进入新阶段。学生核心素养主要是指学生应具备的，能够适应终身发展和社会发展需要的价值观念、必备品格和关键能力。在建设高品质高中过程中，我们要深入研究学生发展核心素养的实现形式，深化教学改革，创新人才培养模式，在注重“双基”的基础上，切实把培养目标和培养模式转到注重核心素养的轨道上来。

（三）实现为升学服务与为终身发展服务相统一

这次新的普通高中课程改革方案明确普通高中的任务是为学生适应社会生活、升学准备、终身发展奠定基础。这对普通高中改革发展具有很强的针对性和指导性。长期以来，普通高中的升学教育功能有过之而无不及，为学生终身发展服务还做得不够。普通高中不仅要给予学生必备的知识技能、文化修养，帮助他们上一所理想的大学，更应当着力培养学生终身学习的能力，办为学生终身负责的教育。特别要着力培养学生学习的兴趣，让他们终身受益。我们希望的**高品质高中应当把为升学服务和为学生终身发展服务有效地统一起来，真正关注每一位学生“长大后”的表现，真正为他们“长大后”发展奠定基础**。

（四）实现关注“榜上有名”与“名落孙山”相统一

评价一所高中的教育质量、办学水平和学校品质，最终要看所培养学生的综合素质。为适应对接高中新课程标准和高考改革方案，省教育厅已研究制定了新的普通高中学生综合素质评价实施意见。评价的主要目的不是为了高考，而是坚持正确的教育改革方向，关注学生成长过程，全面实施素质教育，促进学生全面发展，引导学校改革管理模式和育人方式。综合素质评价要真实准确地记录学生的发展情况，反映学生全面发展情况和个性特长，注重考查学生社会责任感、创新精神和实践能力。在建设高品质高中过程中，我们**要积极探索科学的评价方法，既要关注“榜上有名”的学生，也要关注“名落孙山”的学生**。要评价学生三年的进步情况，评价学生的均衡发展情况，通过更加科学的评价来评判一所学校的品质。

六、做强立校之本

一所学校特别是高品质学校靠什么立校，这是大家可以思考和研究的问题。

我以为，就总体而言，在解决基本办学条件之后，重点要在课程、技术、队伍、科研、管理五个方面做强立校之本，提升学校品质。

（一）做强学科课程

目前，普通高中课程方案、课程标准的修订稿即将颁布，新方案在培养目标上强调核心素养的养成，在课程结构上进行了重大调整，在课程实施的保障措施上有更加具体明确的要求。当前，我们要深入总结课程改革的成绩与经验，加强研究，找准深化改革的突破口，为新方案的实施做好准备。一是加强校本化课程体系建设，二是开发课程基地功能，三是以前瞻性项目研究引领高品质高中建设。

（二）做强信息技术

现代信息技术发展到今天，我们应当在做强教育信息技术方面有所作为、有所创新。对于高中教育改革发展来说，有许多问题值得我们思考。比如，我们要思考如何树立“互联网＋”意识，主动适应信息化时代，在信息化平台上进行教育教学改革；我们要思考如何调整培养目标，使培养的学生更好地适应信息化时代，具有信息化能力和素质；我们要思考如何改革教育内容方法，充分利用“互联网＋”这个载体改革传统的教学形式，提高教学效果；我们要思考如何改革评价制度，利用信息技术改进评价方法，进行科学的教学评价；等等。我以为，建设高品质高中，要在教育信息化建设上领先一步、高人一筹，谁率先占领教育信息化的制高点，谁就能掌握未来学校发展的主动权，谁也将距离高品质高中更近。

（三）做强教师队伍

建设一支高品质教师队伍，是高品质高中建设的基础工程。各学校一定要精心设计并组织好校本研修与培训计划，不断提升学校教师的整体素养。要创造条件培养各学科的特级教师、骨干教师，使特级教师成为一面旗帜、带出一个团队、打造一种品牌。一所高品质高中一定要有一位有品质的校长。各地教育行政部门要积极创造条件，加强校长队伍建设，让一批校长脱颖而出，成为好校长、名校长。

（四）做强教育科研

建设高品质高中要坚定不移地加强教育科研工作，坚定不移地坚持科研立校、科研兴校、科研强校。做强教育科研要基于传统、基于现实、基于本土；要激发兴趣、激发动力、激发自信；要重在实践、重在持续、重在效果。建设高品质高中必须有一批教师进行教育科学研究，必须有省级以上的科研项目。要学习借鉴国内外著名学校的经验，努力建设一批一流的学科课程，努力建设一批研究型普通高中，探索解决教学领域中存在的突出问题，形成一批教育教学改革成果。

（五）做强学校管理

加强管理是办好一所学校的基础，是建设高品质高中的重要内容。要始终坚持依法管理、民主管理、科学管理、规范管理，积极推进从管理走向治理，推进普通高中治理体系和治理能力现代化建设。建设高品质高中，必须坚决摈弃不规范的办学行为。建设高品质高中过程中，各学校要不断探索，强化管理，逐步建立起自我管理、自我约束的体制机制，同时，不断完善督导、监管机制。

七、创新建设之路

建设高品质高中不能走墨守成规的老路，也不走另起炉灶的新路，要在全面推进普通高中优质多样发展的基础上，建设一批更高质量、更具特色的高中；要在巩固四星级高中办学成果的基础上，建设一批更高层次、更具内涵的高中；要在政府、社会广泛参与的基础上，建设一批更高品质、更有影响的高中。创新建设高品质高中之路，要认真把握好“三个关系”。

（一）把握标准化与多样化的关系，更加突出多样化

推进普通高中优质多样发展，优质是前提，多样是方向，发展是目的。社会需求和人才培养的多样性，决定了建设高品质高中在价值导向上要坚持多样性。当然，这种多样性是建立在一定标准条件上的。可以考虑在四星级高中标准条件基础上，研究提出若干优质发展方向，供各地各校在建设中参考。但不管如何多样发展，高品质高中要瞄准培养优秀人才、创新人才，要立足于未来 20 年、30 年出各类精英人才，要致力于建设未来高中的理想范式。

（二）把握硬件建设与软件建设的关系，更加突出软件建设

建设高品质高中要更加突出软件建设，包括教育理念、课程改革、校园文化、教师队伍、教育管理等方面的建设。**高品质高中不是靠漂亮校舍赢得声誉，而是靠丰富的内涵彰显魅力；不是靠大楼，而是靠大师；不是看眼前，而是看长远。**

（三）把握政府认定与社会认可的关系，更加突出社会认可

建设高品质高中重在建设、重在过程；数量上不宜过多、过滥；方法上不仅要由政府培植、认定，更得到社会认同、认可。**对一所高品质高中来说，要经得起历史和实践的检验，金杯银杯不如老百姓口碑，这牌那牌不如老百姓树牌，只有老百姓真正满意的高中，才能称得上高品质高中。**

新时代江苏初中教育改革发展的实践研究

初中教育是基础教育中承上启下的一个重要阶段，初中的办学水平和教育质量，关系基础教育的优质发展，关系广大学子的健康成长。新时代江苏初中教育改革发展要坚持传统优势，推进初中质量提升工程；坚持改革创新，加强学科课程文化建设；坚持协同发展，强化区域联动结对帮扶。

一、凝聚共识、狠抓落实，坚定不移推进初中质量提升工程

从2012年起，江苏省启动薄弱初中教育质量提升工程，到目前已立项338个省级初中课程基地项目，通过项目引领，开展课程基地建设，有效促进了初中优质均衡发展。2018年起，江苏省提出“初中学科示范课程基地建设”的要求，旨在回应“高质量发展”的要求，意在加强学科课程文化建设，从而拓展初中质量提升工程，全面提升教育质量。

（一）立足校情，奋发进取，制定好“质量提升行动计划”

各学校坚持系统化思维，以改变全校师生的精神状态为突破口，校长带头、刻苦钻研、不断反思，积极营造善于思考、勇于探索、敢于创新的良好氛围；以“提高教育质量”为学校全部管理工作的出发点和落脚点，积极探索“研、训、教”一体化的质量发展模式，有效破解“师资弱、资源薄、效益低”等主要问题；突出项目化管理，认真研究、科学制定《学校质量提升行动方案》，形成可操作、可督查的年度实施计划；优化学科教学环境，切实加强薄弱学科课程实施载体建设，使之成为教师专业成长、学生学习能力提升、学校质量提升的平台。

同时，对行动方案进行充分论证，明确质量管理目标，细化质量管理措施，完善质量管理制度，落实质量管理责任，加强质量管理考核。

(二) 城乡结对,共同发展,落实好“教师发展行动方案”

教师队伍建设是教育事业发展的基础工作,是提高教育质量的根本依靠。要高度重视薄弱初中教师队伍建设,通过项目建设平台促进一批中青年教师在教育教学改革中脱颖而出;高质、有效推进城乡学校结对挂钩,建立以“优质学校”牵头的学校发展共同体,通过校际合作、师徒结对、名师讲座、网上交流等方法,加大优质资源共享力度,以共享促均衡。学校根据事业规模和队伍现状,指导每位教师制订以专业能力为重点的个人专业成长规划和年度实施计划,努力成为学习型教师。

(三) 依法治校,强化管理,规划好“教学改革顶层设计”

江苏省要求学校从依法治校的高度,认真贯彻并严格执行国家课程计划,加强学校的课程管理,保证开齐、开足全部课程,全面提高教学质量;高度重视学科课程的建设与实施研究,努力构建具有学校特色、适应素质教育发展要求的课程体系和评价方法;深化课程改革,围绕学科教学难点重点,组织集中攻关和集体攻关,努力实现国家课程的校本化推进;加强校本科研,鼓励教师参加各级各类科研课题研究,突出教育教学方法研究,向科研要质量,向科研要效益,从而摒弃简单灌输和机械训练等做法,积极探索符合学生个性和成长规律的减负增效、富有创新的教学思想、教学技能、教学方法和教学手段;将学校信息化作为提升薄弱学校质量的重要突破口和切入点,开拓数字化学习新路径,认真研究,整体规划,聚焦建设,强化质量观念转变,鼓励各校以优化教学环境、改变教学方式、提高教学效率为目标,进一步加强硬件和软件建设,普遍提高教师现代技术应用能力,了解、收集、完善基于网络的教学平台和教学资源,通过网络听课、互动评课、远程协作等教学活动,有效推进薄弱初中信息技术的同步发展和高效使用。

二、改革创新、整合发展,坚定不渝加强学科课程文化建设

2012 年以来,初中课程基地建设主要围绕学科课程开发、知识呈现、学习方法等展开,其中小部分也可以确定为提升学生核心素养的综合性项目。具体建设内容包括以下八个方面:①学科情境和学科文化的建设;②学科重点教学内容的感知和验证平台;③学科学习难点内容的模型建构;④深化学生学科思维和解

题能力的方法演示;⑤学科教学资源和学习内容的拓展和链接;⑥学科教具、学具和设备的添置;⑦互动式自主学习平台的建设;⑧提升学生科技素质的仪器和设施。总体来看,围绕以上内容,六年来,初中薄弱学校课程基地建设实践改变了教育样态,聚焦立德树人根本任务的发展路径正在形成,并有效促进了学校质量发展、课程发展和文化发展。

(一)课程基地建设的切入:改变教育样态

江苏的课程基地在全国是首创,取得的成绩有目共睹。2018年获得第五届全国教育改革创新奖特等奖,也获得国家基础教育教学成果一等奖;在江苏省获得的58个国家级奖项中,有20多个是课程基地项目,有70%以上和课程基地相关。可见,课程基地建设已经在改变也正在改变着教育的样态,并且取得了丰硕的成果。而对于如何改变教育样态,至少体现在以下三个方面:

1. 改变教学方式

课程基地建设强调模型建构,强调教学重点与难点以直观模型的方式呈现,使复杂的问题直观化、繁复的问题简单化;突出动手实践、重视内在建构、强化主动感知,进而改变了教与学的方式,实现了真正意义上的教学变革。

2. 改变课程样式

当今世界教育,"整合与融合"已成为学校课程发展的趋势,着力培育学生的协同创新与综合学习能力,从而增长知识见识、丰富学识。课程基地建设,以其丰富的课程资源及课程的"系统性、科学性、多样性",为学生提供了自主选择、自由整合的发展可能。同时,课程发展平台提供主题学习的材料、在线交流的方式、整合学习的指导等,极大地激发了学生主动学习的积极性,有效实现了课程的统整。

3. 改变内涵发展方向

教育的内涵发展最终是文化的发展。学校文化建设是学校发展的核心,也是引领学校未来发展的动力。学校文化最终的落脚点是课程。许多学校以课程基地建设为契机,大力推进学校文化创新发展,取得了显著的成效。因此,项目学校需借力课程基地建设,积极寻求文化发展与创新的切入点,有效实现学校内涵提升。

(二)课程文化建设的路径:聚焦立德树人

法国社会学家皮埃尔·布尔迪厄在《再生产——一种教育系统理论的要

点》一书中指出，学校教育是维持形式上教育平等的意识形态，而课程作为教育的内容，作为合法的文化，作为一种文化资本，在文化再生产过程中举足轻重。他结合马克思资本论的相关理论，从社会取向的结构主义视角提出：学校的课程文化具备传承主流文化意识并作用于社会发展，体现出必要的社会性与阶级性。

国内学者裴娣娜教授认为，课程文化是按照一定的社会发展对于下一代获得社会生存能力的要求，对人类文化的选择、整理和提炼而形成的一种课程观念和课程活动形态。郑金洲教授提出，课程文化有两方面的含义：一是课程体现一定社会群体文化；二是课程本身的文化特征。前者主要是就课程是文化的载体而言的，后者主要是就课程就是一种文化型式而言的。姜新生教授更是鲜明地提出，课程文化不仅表现为课程意识、课程思想、课程价值等内隐的意识形态，而且表现为人类在漫长的发展过程中所创造的课程设施、课程制度、课程政策以及课程行为等外显的文化形态，是课程主体在运行过程中所蕴涵并呈现出来的文化特质。纵观以上几位教育学者的论述，我们可以清晰地发现，“课程文化”具备群体属性、民族属性、阶级属性并包括意识形态属性。

我国是中国共产党领导下的社会主义国家，这就决定了我们的教育必须把培养合格的社会主义建设者和接班人作为根本任务，培养一代又一代拥护中国共产党领导和社会主义制度、立志为中国特色社会主义奋斗终身的有用人才。无论是从在全球产生广泛影响的结构主义教育思潮来讲，还是从习近平新时代中国特色社会主义思想的时代要求来看，立德树人，培养有大爱大德大情怀的时代新人，都应成为江苏基础教育学校文化创新的根本任务与教育现代化的方向目标。2018 年 9 月 10 日，习近平总书记在全国教育大会上强调：“要在坚定理想信念上下功夫，要在厚植爱国主义情怀上下功夫，要在加强品德修养上下功夫，要在增长知识见识上下功夫，要在培养奋斗精神上下功夫，要在增强综合素质上下功夫。”这既是培养时代新人的重要方法论，也是江苏素质教育发展与学校文化创新的重要路径。

江苏省对标全国教育大会精神，以高度的政治自觉与文化自觉，进行“新时代学校文化创新”的积极实践：以先进的“课程文化”引领课程基地建设，以中国的“课程文化”推进基础教育发展，以走向人类命运共同体的“课程文化”为培养“立志肩负起民族复兴重任”的时代新人作出全方位贡献。通过课程文化建设，我们提倡变革学校文化，积极推进“中华民族优秀传统文化进校园、革命文化进校园、社会主义先进文化进校园”;优化素质教育发展环境,努力实现“学科课程文化创新”,体现“课程实施方式之新”,挖掘“学科文化特色之新”,展示“校园美好境像之新”;紧紧扣住育人目标,夯实“学科课程建设目标”,使“课程基地建设创新学校文化”,落实在课程的建设与实施上,落实在学校内涵发展上,落实在“全面发展、聚焦学生成长”上。

如今,劳动教育重新纳入教育方针,再现“五育并举”新格局。学校要深刻理解习近平总书记2018年9月10日在全国教育大会上提出的“努力构建德智体美劳全面培养的教育体系”的改革发展任务,围绕如何构建,明确提出“学科体系、教学体系、教材体系、管理体系要围绕这个目标来设计,教师要围绕这个目标来教,学生要围绕这个目标来学”的战略意图,优化教育实践,办好让人民满意的初中教育。

江苏省借助初中学科示范课程基地来强化初中学科课程建设,从学科教材教学及管理视角,全面为学科教学的质量提升发挥示范引领作用,特别是通过充分发挥优质初中的学科文化影响与渗透,采用“名师驻点、课程共建、教师结对、两校共进”等方式,影响与改变薄弱初中的办学思想、办学行为;通过“初中学科示范课程基地”项目,围绕学科核心素养培养的落地、生根,确定项目重点建设内容,切实呈现实践性、体验性、互动性、生成性有机融合的在场学习;不能离开教育、离开学生、离开教师去思考课程基地建设与学校文化创新的方向;紧密围绕国家课程与学科教学,探索课程基地建设路径并形成先进的教学文化。江苏初中教育新一轮发展中,将进一步厘清“课程文化创新”与“课程基地建设”的辩证关系:通过强化学科课程建设,凝练卓越的课程文化,以促进学校教育质量全面提升;通过优秀的课程文化,以发展凝聚人心,实现学校事业全面、协调、可持续发展。这是相辅相成、辩证统一、和谐共生的一个整体。

在基础教育阶段,初中薄弱已经成为共识。如何让“细腰”粗壮起来,以满足人民群众对教育事业发展的美好向往,重点必定是“学科示范课程基地建设”,并以此带动“学科课程文化创新”。因为“学科课程建设”是“课程文化创新”的根,必须细细培育好、维护好、建设好。

1. 必须着眼于学科整体建设

目前,在一些地方、一些初中学校,还存在把教学的关注点集中在所谓的主科(语数外三科)上,小科音体美基本上处于边缘地位。这样的学科定位,完全不能适应新时代人才培养要求，亦无法完成立德树人根本任务。需要引导广大教师与教育管理工作者，转变教育观念，认识到“加强初中课程基地建设，促进课程文化发展"，是基础教育“补短板”的政策引导与机制创新，是真正的素质教育。

2. 必须着眼于学科教学建模

2018 年 3 月，江苏省教育厅下发《江苏省初中教育内涵发展与全面提升计划》的通知，对初中聚焦学科建设、推进课程文化创新做出整体性安排，提出要实现学科建模，为每一门学科的教学建立模型；要把“学科文化建设”落实在国家课程校本化拓展与延伸上，体现在学科资源建设与学生的操作与体验的实践中，并以此来培养学生的探究精神与创造精神。

3. 必须着眼于教师专业发展

以提高教师教育教学能力、课程建设能力为载体，在学科课程的系统化、结构化上做文章，在细化各年段学科课程目标基础上实现学科目标规范，并以此推动教师专业发展及课程建设能力。教师的专业成长离不开课程建设与教学变革，只有在课程开发、课堂教学研究中，教师的专业才能获得真正的成长。

（三）课程文化建设的旨归：提升教育质量

“以课程基地建设促进学校文化创新的江苏实践”是江苏省前瞻性教学改革重大实验项目，是一个“以教育质量全面提升为旨归，生态化、系统化、长效化”的系统设计，是适应新时代人才培养方式与学校文化创新相结合、科学推动学校教育体系治理现代化、有效提升学校内涵发展的江苏省域重大改革与创新实践，也是江苏基础教育战线深入落实全国教育大会精神的战略举措。推进这样一个宏大的系统工程，要在以下三方面下功夫。

1. 在转变教育观念上下功夫

教育现代化，首先是教育观念、育人思想的现代化；教育强国，强在人才，强在教育能培养出“拥有坚定理想信念、强烈爱国情怀、顽强奋斗精神、创新创造活力”的德智体美劳全面发展的社会主义建设者与接班人。江苏教育已进入新时代发展阶段，但仍有一些校长还在用 20 世纪的脑袋领导新时期的教育，抢占学生时间，低效死揪分数，严重增加师生负担。这背后是教育质量观与发展观的问题，与“增加学生综合素养”的培养目标是背道而驰的。因此，课程基地建设一定要严防应试倾向，注重素质教育，在优质与均衡上下功夫，丰富与发展学科课程文化内涵。

2. 聚焦教育实践，提高办学品质

江苏每一所初中学校都要基于自身特点，找到适合的学校发展之路，提炼文化主张，发展课程文化，凝练学校文化，不能邯郸学步，鹦鹉学舌，更不能无动于衷，甚至麻木不仁；在“创新教学文化，推动质量提升”的实践中，既要注重“夯实基础、滚动提高”，又要坚持“立足学情，分类指导”，实现每一个发展主体的“均衡发展、全面提升”；既要统筹兼顾，又要充分调动每一个教师的创新、创造活力，形成凝聚力、激发战斗力，从而真正释放学校文化创新的巨大潜力。

3. 制订科学并适应新时代要求的发展规划

在改革与发展中，需要精心编制学校发展规划，江苏每一所初中学校应至少要有三年教育改革发展规划，聚焦实践问题，结合时代趋势，着力打造学校教育新样态。这需要有改革意识、规划意识、课程意识、精品意识，需要从文化的高度重新审视学校建设与未来发展。

三、多频共振、均衡发展，坚持不懈加强区域联动结对帮扶

将薄弱初中质量提升工程改变为初中课程基地工程，完善为初中挂钩结对帮扶工程，鼓励以优质初中为龙头组建多种样态的教育集团，鼓励名校长到薄弱学校任职。可以破格选拔有事业心、责任感，素质好、能力强，方法多、有实效的年轻骨干教师到薄弱学校任职，开拓发展新局面，逐步缩小区域间、城乡教育差距，促进均衡同步发展。

加大城乡初中结对帮扶。县镇所在的优质初中都必须与1—3所农村初中结对挂钩，区市的优质学校与薄弱初中特别是农村薄弱初中结成兄弟学校或发展共同体，促进城乡初中交流与教育均衡。

加强南北区域结对帮扶。苏南与苏北对口帮扶地区要加大教育帮扶力度，列出具体帮扶学校的结对名单，实行“校对校”结对帮扶，传授先进管理经验、教育教学方法。

更多关注、扶持好初中学科示范课程基地的建设与推进。组织建立与开展好初中课程基地学科联盟、区域联盟活动，创新初中课程基地项目建设推进模式，加强过程性指导，发挥过程性评价作用，加强对建设过程中存在问题的督促

整改，努力提高项目学校建设水平，发挥课程基地在深入推进初中教育教学改革、培育核心素养、优化教学生态、提高教学质量上的独特优势。

相信通过以上建设，江苏基础教育一定能从外延均衡走向内涵提升，从课程基地建设走向学校文化发展，使薄弱的初中教育质量获得全面提升。

推进小学特色文化建设

教育的作用在于通过培养人传承和发扬优秀的文化，而培养人的过程又离不开文化的熏陶作用。推进小学特色文化建设有利于创设良好的学校文化，对于推动教育改革发展，促进学生全面发展都具有十分重要的意义，必须大力推进小学特色文化建设。

一、全面总结小学特色文化建设的成功经验

2013 年 10 月，江苏省教育厅、省财政厅联合发出《关于推进小学特色文化建设工程的意见》，提出了小学特色文化建设工程的总体要求、主要任务、管理措施等。这个工程实施两年多来，各地结合实际，认真落实，取得了可喜的成绩。各地坚持行政推动与专业指导相结合，出台相关政策，对已经通过省、市小学特色文化建设项目答辩的学校和共建学校给予政策倾斜，加强领导，专项拨款，过程监测，成果辐射。各学校在这种舆论和学术研讨过程中，真切感受到小学特色文化建设项目推进对学校文化重建、课程改革、质量提升的强大力量，主动融入这场小学教育界的"静悄悄的革命"中。主要体现在以下三个方面。

（一）进行顶层设计，确立学校文化的灵魂

许多学校借小学特色文化建设这一东风，对办学历史和传统进行了系统梳理和反思，把它作为学校文化寻根和核心价值确立的过程。通过梳理和反思，进一步明晰学校在办学过程中有哪些是必须坚持不变的，有哪些是需要发扬光大的，又有哪些是亟须改进甚至抛弃的。许多学校结合地域的地理特征、人文气象、文化遗产、风土人情等，寻找学校教育的生长点，让学校文化更接地气，更具活力，更有影响。有些学校在理性分析教育改革发展趋势的基础上，进行教育哲

学、文化主张、发展愿景、人才培养标准、校本课程、特色项目等一系列的顶层设计，找到学校特色文化的灵魂。这既是一种核心价值的确立与建设项目的确定，也是学校作为文化集聚地的向心力的凝聚。学校找到生长点的同时，全校师生也找到个性发展的方向。

（二）变革教与学的方式，促进学生自主发展

我省小学特色文化建设，是以项目建设为突破口和抓手的，旨在通过改变学习环境，来改变教与学的方式。许多学校在顶层设计的基础上，进行项目细化，在统一领导下，分组块、分条线，有计划、有步骤地实施。小学特色文化建设的最大魅力在于课程生活化、活动课程化、学习趣味化。在各种物型文化和专用教室里，课程得以充分展开。而活化的课程，自然让学习变得触手可及，并形成主题化、序列化、探究性，这就使得学习能够真正发生，并时时发生、处处发生。在教学方式变革中，许多学校因地制宜，充分调动资源，发挥智慧。有的利用地方文化资源，把学习放在博物馆、古河边、乡野上，依托专业技术人员或民间艺人，给孩子耳目一新的教育；有的利用“互联网＋教育”的思维，开拓线上课堂的空间，翻转课堂，微课教学；有的利用物联网思维，构建校园云数据平台，有效整合教学资源，实现“微平台，大教育”；有的利用办学联合体、名校联盟等资源，借力借智，高位走强。这种“条条大路通罗马”的做法，有效地解放了孩子的手脚，促进了自主成长，较好地让教育适应孩子已经变化的接收信息、学习新知、生长智慧的方式。

（三）改变评价方式，引导学生幸福成长

评价不是为了排名，而是为了促进发展。小学特色文化建设是一个系统而协同的过程，如果我们还是延续传统的、单一的评价方式，那我们只能做做表面文章，建几个场馆，修几条长廊，挂几幅字画而已。许多学校能够站在文化立校、立德树人的高度，重新调整教育评价方式。有的利用电子档案的形式，全面地、实时地、多维度地记录孩子成长的足迹；有的以差异化发展的眼光，让学生扬长避短，发展特长，走向自信；有的以志愿者、研究会会员、活动小组成员等形式，让学生在团队生活中，在主题研究中，在户外活动中，发现自我，发展自我，完善自我。文化的生长方式与教育的发展方式在内涵上是相同的，那就是“各美其美，美人之美，美美与共，走向大同”。小学特色文化建设，就是要让学生体验生活之美、学习之美、学科之美、成长之美，过幸福而完整的学校生活。

我们在看到小学特色文化建设取得成绩的同时，也应清醒地看到存在的问

题。有些地区还存在地方经费配套不到位，省里经费挪作他用的现象；有些学校还存在申报时轰轰烈烈，通过后冷冷清清，简单敷衍，做表面文章，甚至做不实材料的现象；有的校长还存在文化建设就是物态建设的狭隘理解。这些现象，不仅违背了我们的初衷，也极大地阻碍了学校特色文化的发展，希望引起各地各校的重视。

二、深刻把握小学特色文化建设的基本原则

小学特色文化建设涉及的内容非常多，关键要抓住“特色”和“文化”这两个关键词。有特色就是要与众不同，具有独到之处。有文化就是既有物质又有精神，既有显性又有隐性，既能传承又能创新的育人因素总和。从各地实践经验看，小学特色文化建设需要把握好以下几个原则。

（一）坚持因地制宜

全省有 4000 多所小学，有的有百年以上历史，有的是新建学校；有的在城市，有的在乡村。它们的办学历史、人文环境、办学特色、现实基础各不相同，因此，推进小学特色文化建设要坚持因地制宜、因校制宜，切勿生搬硬套，埋没个性。要结合本地经济、社会、文化、科技、环境等资源进行特色文化建设；结合本校的历史传统、办学特色、学科特长、现实基础条件等进行特色文化建设。在建设过程中，不求外表豪华，而求内涵丰富；不求标新立异，而求文脉相传；不求假大空，而求真善美。城市和农村有不同的文化特色，立足实际，能起育人作用的学校文化就是好的特色文化。

（二）体现以人为本

我国最早明确提出“以人为本”的是春秋时期齐国名相管仲。他说：“夫霸王之所始也，以人为本。本理则国固，本乱则国危。”意思是霸王的事业之所以有良好的开端，是以人民为根本的；这个本理顺了国家才能巩固，这个本搞乱了国家势必危亡。我国历史上的人本思想是人贵于物，“天地万物，唯人为本”。我们经常讲百年大计，教育为本；教育大计，学生为本。这既是一种文化传统，也是一种教育思想。小学特色文化建设一定要眼中有人，建设的一切都是为了孩子。脱离孩子实际需要的文化，最多只能是没有小学特色的文化。

（三）努力贴近生活

文化源于生活，文化的生命力在于深厚的生活基础。陶行知先生的生活教

育理论告诉我们:“生活教育是给生活以教育,用生活来教育,为生活的向前向上的需要而教育。”他的生活即教育、社会即学校、教学做合一等理念至今仍有现实意义。推进小学特色文化建设要联系实际、贴近生活,营造生活场景,介绍生活习俗,体验实际生活,使特色文化更接地气。

(四) 注重人文素养

2015 年 11 月 4 日,联合国教科文组织发布一份研究报告《反思教育:向“全球共同利益”的理念转变?》。这是联合国教科文组织成立 70 年来,继 1972 年发布的《学会生存:教育世界的今天和明天》(简称富尔报告)和 1996 年发布的《教育——财富蕴藏其中》(简称德洛尔报告)之后第三份重要的报告。《反思教育》报告说:教育应该以人文主义为基础,以尊重生命和人类尊严、权利平等、社会正义、文化多样性、国际团结和可持续的未来承担共同责任。在教育和学习方面,要超越狭隘的功利主义和经济主义,将人类生存的多方面融合起来,采取开放的灵活的全方位的学习方法,为所有人提供发挥自身潜能的机会,以实现可持续的未来,过上有尊严的生活。所谓“人文素养”,是指人文科学的研究能力、知识水平和人文科学体现出来的以人为对象、以人为中心的内在品质。培养学生的人文素养是世界各国普遍的价值追求,人文素养关系到人的一生的发展和幸福,人文素养的培养需要教育传承、环境熏陶,日积月累、潜移默化才能养成。推进小学特色文化建设,要摒弃教育功利主义倾向,重新认识教育的本质属性,重视提高学生的人文素养,设计人文素养的内容,创造培养人文素养的环境,让学生在潜移默化中得到成长。

三、全面理解小学特色文化建设的重点内容

文化内涵的丰富性决定了小学特色文化建设的多样性。每所学校的特色文化建设不可能也不需要涵盖所有的文化领域,必须体现特色、突出重点、形成亮点。根据省里的指导意见,要突出四个方面的内容。

(一) 有特色的物质文化

物质文化是学校的有形文化,是育人的重要环境。物质文化不同于物质,只有当物质具有一定标识、内涵、故事,并且具有教育意义和审美价值、传承作用时,才能发挥文化作用。有特色的物质文化应当赋予校舍、场地、景观、教室、场

馆、走廊、过道等有特色的文化内容，使得一栋房子一面墙、一片绿地一盆花、一个景观一棵树、一个教室一条道都有艺术美感、人格寓意和人文故事，都能起到审美作用和教育意义。有特色的物质文化应当体现本地特点和反映本校特色，城市有城市文化，农村有农村文化；历史长的学校有文化，历史短的学校同样可以建设文化，关键要设计、挖掘和创造。总之，校园要有校园的样子，校园既不是公园，也不是田园，应当对物质赋予更多的人文内容。

（二）有特色的精神文化

精神文化是隐性文化，具有非物质属性，影响着师生的价值取向和行为方式。物质文化可以转化为精神文化，博物馆、科技馆、校史馆等都是物质文化转化为精神文化的载体。一所学校的校风、校训、教风、学风是精神文化的典型表现形式。学校的优良传统，教师的理想信念、道德情操、扎实学识、仁爱之心以及仪表言行等都是有特色的精神文化的组成部分。我们要坚持立德树人，坚持以人为本，凝练和创造有特色的学校精神文化，对学生起到润物细无声的作用，努力内化于心，外化于行。

（三）有特色的课程文化

课程文化是学校特色文化建设的重点内容。有特色的课程文化建设要在提高课程文化品位、丰富课程资源、开发校本课程、提高课程实施水平等方面下功夫。要结合地方和学校特色开发课程资源，探索有特色的课程文化，改革教学方法，倡导学生自学、合作、探究式学习，提升课程实施水平。要改变传统的课程教学文化，加强学生对课程教学内容的形象观察、体验感悟，在实际动手中注重发现、努力探究，提高学生勤于动手、善于思考、敢于创新的能力。

（四）有特色的制度文化

制度文明是社会文明的重要标志，学校制度文化是学校文化建设具有根本性的部分。建设有特色的学校制度文化要全面实行依法治教、依法治校，建立健全现代学校制度，推进学校治理现代化。要根据不同学校特点健全各项规章制度，坚持以人为本推进民主管理。要提高学校管理团队整体素质，将办学特色寓于管理之中。校长是学校制度文化建设的设计者、创造者和践行者。一位好校长能够带出一所好学校。校长对特色文化理解的深度决定着学校特色文化建设的高度。要重视校长队伍建设，提高校长管理能力，培养校长文化情怀，创造更多有特色的学校制度文化。

四、大力推进小学特色文化建设的方法步骤

推进小学特色文化建设是贯彻落实我省基础教育教学改革行动计划的重要内容，是深化课程教学改革的一项重要工作，各地各校要充分认识其重要意义，结合义务教育学校现代化建设工程，采取有效措施，把建设工作落到实处。

（一）以统筹规划为先导

小学特色文化建设必须统筹规划，富有文化内涵，追求教育价值。要把特色文化建设纳入当地经济社会发展规划，注重与当地经济社会、历史文化的有机结合，使文化建设更有根基。要以县为主统筹布局，县级教育行政部门要在统筹学校布局的基础上，统筹小学特色文化建设项目，使不同项目合理布点，防止重大项目重复雷同，同时也可资源共享，提高利用率。要加强校园文化整体规划，使校园环境有特色、有美感、有品位，突出主题文化，营造文化氛围。要发挥社会参与建设的作用。民间蕴藏着丰富的文化资源，有特色的文化资源往往根植于民间，要充分利用这些资源为教育服务，调动社会参与小学特色文化建设的积极性，提高建设水平。

（二）以特色建设为追求

小学特色文化建设有没有成效，关键要看有没有特色。而特色文化建设又有赖于学校办学特色，没有办学特色就很难有特色文化。已经形成鲜明办学特色的学校要重点建设与办学特色相适应的特色文化；没有形成办学特色的学校要总结凝练办学特色，通过特色文化建设，促进办学特色的形成。我省有一批有特色的学校，走进校园就有一种浓厚的文化气息。这几年，我省也新建了一批学校，有的文化气息还不浓。尤其是一些农村学校的文化建设仍然比较薄弱。希望各地各校以特色建设为追求，逐步建设和积累，创造有特色的学校文化。

（三）以项目实施为抓手

小学特色文化建设，重点围绕小学课程基地的建设展开，围绕一门课程或一个项目，通过创设文化的课程环境，建设动态性学习载体，呈现趣味化教学资源，实施合作式做中学习，以边动手、边认知、边体验、边探究，激发学生学习兴趣、潜能特长，不断提高学生的实践能力和综合素质。小学课程基地建设项目，可以是单科的，也可以是综合性的；可以是课程专用教室的建设，也可以是特色场馆的建设；可以是课程资源等软件建设，也可以是设备设施等硬件建设；可以是教室

的课程环境建设，也可以是校园课程物态文化建设等，提倡围绕国标课程和校本课程来实施。课程基地建设要创设鲜明的教学环境，开发有趣的课程资源，搭建互动的学习平台，运用新的理念、技术、方法和手段，让学生在课程活动中实际体验、动手操作、研究探索，促进学生自主、快乐地学习。

（四）以社团活动为形式

现代教育的基本形式是班级授课制。班级授课制有助于扩大教育规模、提高教育效率，为实现教育普及找到了一种重要的教学形式和组织架构。但是，班级授课制的严重缺陷是忽视了人的差异性，影响了人的个性发展。学生社团是在班级授课制基础上的新的教学组织形式，是在培养合格学生基础上培养有特长学生的有效载体，是发挥教师特长、调动社会资源为培养学生服务的新颖平台。学生社团要以兴趣为基础，以活动为载体，以活动内容课程化为方向，以促进学生个性发展为目标。在推进小学特色文化建设过程中，要建设丰富的学生社团，开展经常性活动，培养学生的兴趣爱好，为不同潜质、不同个性学生的发展提供多样化的选择和帮助。

（五）以培养学生为根本

小学特色文化建设要紧紧围绕培养学生这个根本任务，任何脱离学生实际的文化建设都是不可取的。培养学生要执行教育方针，执行课程标准。在特色文化建设过程中要十分重视人文素养和科学精神的培养，重视思辨能力和科学方法的训练。学生可以学到科学方法的具体步骤：第一步是提出问题和假设；第二步是根据提出的问题去找数据；第三步是做分析，检验假设的真伪；第四步是根据分析检验的结果做出解释；第五步是写报告或者文章。这样的学习方法就是自主、合作、探究的学习方法，是一种科学精神的培养，是一种真正体现以培养学生为根本的教育，也是我们需要着力创造的学习文化。

小学特色文化建设是一项长期任务，我们要深刻认识小学特色文化建设的内涵，改变“短平快”的功利化现象；要将理念的思考转化为现实的行动，改变说的和做的“两层皮”的现象；要重点关注师生润泽的文化生活方式，改变过去粗糙的、单调的校园生活。要把大力推进小学特色文化建设作为“十三五”时期的重要任务，认真贯彻落实省里的战略决策和部署，乘势而上，积极有为，努力打造一大批有特色、有文化的学校，为深化我省基础教育综合改革，培育和践行社会主义核心价值观，促进学生全面而有个性的发展作出积极的贡献。

发展普及普惠的学前教育[①]

学前教育是国民教育体系的重要组成部分，是人生的起始教育。加强学前教育关系到人的一生的健康发展，关系到千家万户的切身利益。我们要把加强学前教育作为自己的重要责任，大力发展公益普惠性学前教育，不断提高学前教育的发展水平。

一、发展公益普惠学前教育面临的重点和难点

目前学前教育仍是教育体系中的薄弱环节，公办和普惠性民办学前教育资源仍然很短缺，特别是师资队伍素质总体偏低，区域、城乡和园际差异较大，保障机制尚待健全和加强，保教质量亟需提高。

（一）学前教育资源规划建设需要加快

《江苏省"十三五"时期基层基本公共服务功能配置标准（试行）》要求，到2020年实现平均每1万常住人口设置1所幼儿园，在目前生源情况下，全省还有43个县区尚未达到该项要求。随着入园需求急速上升，据测算，"十三五"期间我省还将新增学龄人口30万人左右，全省需增加1000所幼儿园，这就意味着平均每个县区每年约要新增3所以上幼儿园。然而从检查情况看，全省只有44个县区制定了较为规范的学前教育布局专项规划，规划编制率仅为45.8%。一些地方小区配套幼儿园建设四同步还没有落实，据实地调查，苏北某地有16个连片小区（其中不乏高层住宅）仅仅规划建设了1所幼儿园，小区尚未满员入住，就有半数以上的适龄幼儿无园可入，当地无证幼儿园趁机涨价，收费标准3倍于

① 本文根据2017年在全省学前教育工作现场推进会上的讲话改编而成。

省优质幼儿园，招生季节酿成群体性事件。据公安部门在大走访中的调查，全省目前有无证幼儿园3566家，适龄幼儿无园可入的状况不在少数。现有合格幼儿园中，约三分之一班级存在大班额现象，有的幼儿园一个班多达60名幼儿，隐患很大。

（二）幼儿教师配备和待遇需要解决

1. 师资紧缺

《江苏省学前教育条例》规定"幼儿园平均每班应当配备二名以上幼儿教师、一名以上保育员"，全省有30％的班级没有达到该项基本要求。全省幼儿教师缺口达3.8万名，现有幼儿教师中24.05％无教师资质，平均每4名教师中就有1名达不到行业准入要求。

2. 同工不同酬

同为江苏幼儿教师，其收入差异巨大，同一地区非编教师的收入达不到在编教师的二分之一，苏北在编教师达不到苏南非编教师的二分之一，有些地区农村幼儿教师的月收入仅为1000元左右，有的甚至还没有缴纳社保，严重影响到幼儿教师的工作积极性和队伍的稳定性，成为影响教育质量和安全管理的重要隐患。

3. 教师结构性失衡

幼儿园教师队伍中男性教师比例过低，有职称的教师比例以及中级以上职称教师比例不高，幼儿教师专业晋升机会相对匮乏。

（三）学前教育经费保障机制需要建立

经济合作与发展组织成员国的财政性学前教育投入通常占财政性教育投入的8％—9％，我省规定的5％只是最低线，然而有些地方把这个作为最高限，不管是否需要，达到5％就不再投入了，有些地区投入占比甚至低于3％。大量幼儿园名义上是公办，实质上没有多少财政投入，基本依靠幼儿园自身收费在维持。与此同时，公办幼儿园收费标准偏低，不少地区已经超过10年没有调整收费价格。现行收费标准已经成为制约幼儿园发展的瓶颈因素。可以说，不少地方的学前教育体系是以较低质量的教育水平和牺牲教师合法权益的方式在维持。

（四）学前教育管理和服务需要改进

全省有近半数县(市、区)没有学前教育管理部门，仅有的1名幼教专干整日忙于大量事务性工作,很多需要反复协调其他部门去落实的政策,很多需要反复研究去解决的问题,都难以推进。全省半数公办幼儿园尚未获得独立法人资质,一方面园长管理不力,另一方面法人擅自挪用保教费,违规违纪。部分地区的幼儿园服务区制度进展缓慢,一些热点幼儿园不能为附近居民提供服务,招生不规范问题成为家长、社会、媒体诟病的焦点。幼儿园课程游戏化实施以来,对于管理人员、教研人员的需求显著增加,适合的教育需要专业的指导和研究,因专业水平不够而造成的教师急躁、命令式管教不时引发师幼矛盾、家园矛盾。

二、新时代发展普及普惠学前教育的需求

党的十九大的召开,标志着中国特色社会主义建设进入新时代,明确新时代我国社会主要矛盾是人民日益增长的美好生活需要和不平衡不充分的发展之间的矛盾。这一判断符合国情,也符合学前教育实际。我省学前教育存在这样那样的问题,说到底是人民日益增长的对优质教育的需要和发展不平衡不充分之间的矛盾。这种需要是人民群众美好生活需要在教育的反映,这些不平衡、不充分是我们解决学前教育主要矛盾的立足点。

(一)新时代呼唤持续解决"入园难"

《国家中长期教育改革和发展规划纲要(2010—2020年)》提出学前教育实行"政府主导、社会参与、公办民办并举"的管理体制,首次明确了政府在学前教育发展中的重要地位,我省进一步将"政府主导"具体化为"县级统筹、县乡(镇、街道)共建",全省各地普遍兴起大规模园舍建设热潮,幼儿园旧貌换新颜。随着发展速度不断加快,体制机制性问题逐渐暴露:幼儿园现行的用地性质和权属政策成为制约发展的体制性障碍,幼儿教师的人事管理和工资待遇政策成为体制性障碍,公办幼儿园的市场化成本运营与计划性价格管控政策成为体制性障碍,扶持和规范民办幼儿园的体制性障碍…… 这些问题都触及宏观层面的社会治理,需要进行更深层次的体制机制改革。中共中央办公厅、国务院办公厅《关于深化教育体制机制改革的意见》中明确提出,学前教育实行"国务院领导、省市统筹、以县为主"的管理体制。这一变化表明国家对学前教育发展困境的准确判断,也是对解决体制性障碍做出的积极应对,更是对省、市、县级政府的又一次动员令。实践证明,只有解决好体制机制保障,才能持续解决"入园难"问题。要充

分认识发展学前教育的责任，勇于担当、勤于探索、善于创新，切实办好学前教育。

（二）新时代呼唤切实解决“入园贵”

长期以来，我省坚持发展公办和普惠性民办幼儿园的方针，这是由我省的历史传统、体制特点、群众习惯等因素决定的，这是由学前教育作为国民教育的公益性质决定的，这是从根本上解决“入园贵”问题的优先选择。实践证明，这个方针符合江苏实际，新时代我们仍然要坚持发展公益普惠的学前教育。要大力发展公办园。这是抓公益普惠最重要的路径。要通过大力发展公办园，在整个学前教育体系中承担主导公益普惠、平抑幼儿园收费、引领保教质量等方面的作用。要积极引导和扶持更多的民办园提供普惠性服务。要完善制定认定标准，完善扶持办法，加大扶持力度。要制定民办园分类管理的具体实施办法，特别要关注目前民办园连锁、加盟、并购等融资形式对扶持普惠性民办园及构建学前教育公共服务体系带来的新问题新挑战，加强对民办园普惠实效的动态监管，形成促进普惠性民办园持续健康发展的良性机制。要确保城镇小区配套幼儿园提供普惠性服务。小区配套幼儿园是城镇学前教育资源的主渠道，规范城镇小区配套幼儿园建设、使用和管理既关系到城镇学前教育公共服务体系建设，也关系到城镇入园难、入园贵的问题能否真正有效解决。

（三）新时代呼唤努力解决“上好园”

党的十九大报告对学前教育提出了“幼有所育”的要求，我理解其中至少包含三层含义，即人人有幼儿园上、人人上得起幼儿园、人人上有质量有内涵的幼儿园。这是对学前教育的新要求。随着新型城镇化的快速推进，一大批年轻人步入城市，步入快节奏的生活，育儿成为一种职业从家庭中分离出来，成为年轻父母的刚性需求。现在父母所希望的，不再是过去那种只负责看、管、带的单位托儿所，而是有爱心、会照料、懂教育的幼儿园，国家则更需要有质量的学前教育为民族未来奠基。中共中央办公厅、国务院办公厅《关于深化教育体制机制改革的意见》中明确提出，教育要注重培养支撑终身发展、适应时代要求的关键能力：认知能力、合作能力、创新能力和职业能力。美国心理学家布鲁姆经过20年对1000多人的跟踪研究发现：假设一个人在17岁时智力为100%的话，那么4岁前获得50%，4—8岁获得30%，8—17岁只得到其余的20%。3—6岁学前教育正处在发展人生关键能力的关键时期。业界公认学前教育质量由两方面因素构成，一是园舍与装备、教师数量与素质、运行经费状况等结构性因素，二是课程生活化游戏化、活动材料多样性丰富性、幼儿学习主动性参与性等非结构性因素。这恰好就对应了管理部门和幼儿园各自的工作职责。因此。我们在扩大学前教育资源、推进公益普惠发展的同时，要十分重视质量内涵的提升，如果不关注质量，不解决"上好园"问题，就不能办好人民满意的学前教育。

三、发展普及普惠学前教育的重点任务

要全面落实"省市统筹、以县为主、县乡（镇、街道）共建"的管理体制，努力协调政府各有关部门，积极改革创新，切实履职尽责，推进学前教育发展从注重扩大资源转向扩大资源与内涵建设并举的战略转型。

（一）全面布局抓紧规划建设

学前教育资源不足问题主要原因在于学前教育历史欠账太多、人口生育高峰与新出生二孩叠加、城镇化带来人口结构变化、规划编制与落地困难、规划与土地政策滞后导致移交使用困难等，这是全局性问题。要优化布局，加快建设，按照每 1 万常住人口至少设置一所幼儿园的标准，加快配套建设学前教育资源，大力推进幼儿园服务区制度，解决"入园难"问题；要坚持公益性原则，重点清理整顿小区配套幼儿园未能建成、举办成公办或普惠性幼儿园的状况，解决部分地区高收费幼儿园过多"入园贵"问题；要重点加强农村幼儿园和城市集体园的建设，基本解决发展不均衡问题。

（二）加快发展公益性幼儿园

1. 大力发展公办幼儿园

目前大多数无证幼儿园处在苏北农村地区，因此特别要加大省、市两级政府对农村幼儿园发展的支持力度，全面落实县乡两级政府建设和发展农村公办幼儿园的责任。建立完善幼儿园校舍安全保障长效机制，鉴定并消除幼儿园危房，确保每一所农村幼儿园都达到办园标准。要对政府和事业单位举办的幼儿园进行事业单位登记管理，全面落实幼儿园法人登记制度，确保幼儿园有独立的财权、人事权。从 2018 年起，凡是没有登记为独立法人的公办幼儿园一律不得参加省优质幼儿园评估，此前已经获评的，在省优复评中一律不予通过。

2. 积极扶持非营利性民办幼儿园

要会同相关部门研究非营利性民办幼儿园的资产管理和财务管理办法，研究小区配套幼儿园的权属关系及其高额租金问题，从制度上保证非营利性幼儿园的公益属性。加大财政对非营利性民办幼儿园的扶持力度，鼓励民办资本投入发展学前教育。

（三）建立合理的成本分担机制

要研究幼儿园生均培养成本，把幼儿园教职工工资福利、园舍建设维修经费等核心办园成本纳入核算。探索建立幼儿园生均财政拨款制度，在农村地区，建立以公共财政投入为主的学前教育成本分担机制；在城市，建立家庭合理承担基础上的财政分担机制，重点解决集体所有制幼儿园和部门办学的成本分担机制问题，小区配套非营利性幼儿园如仍有场地租金的实行政府限价或租金减免。重点研究城市家庭合理分担教育成本的能力，不同地区财政分担教育成本的能力，把幼儿园用人成本的保障机制作为成本分担的重中之重来突破，从根本上解决学前教育弱在师资、师资队伍弱在工资的问题。要提高公办幼儿园生均公用经费财政拨款标准，提高财政性学前教育经费在总体教育经费中的占比。

（四）加强幼儿园教师队伍建设

要建立乡村教师补充机制，将幼儿园教师作为重点补充对象，现有编制主要用于配备管理人员和骨干教师。对非在编教师试行“备案制”，实行统一公开招录聘用，统一由政府保障基本工资待遇和购买社会保险，使其逐步达到当地城镇职工平均工资水平，逐步实现同工同酬。鼓励优秀初高中毕业生报考学前教育专业，着力提高学前教育专业教师比例。研究非编教师的管理机制，做到规范准入退出、规范专业发展、规范待遇保障，要走出去、请进来，研究其他行业的人事管理模式，拓展人事管理思路，把学前教育改革发展的难点变为创新发展的亮点。全面加强在职教师专业发展，要执行相关规定，将非在编教师全部纳入幼儿教师职称评审和教师培训范畴，整体提升幼儿教师专业素养和能力。要大力加强师德师风建设。不能容忍极个别教师的违法违规行为，同时也不能否定绝大多数教师的爱岗敬业。

（五）实施适合幼儿的教育

学前教育是一项创造性的工作，幼儿园没有中小学那样系统的学科结构、完备的标准和教材，课程形态基本都是综合课程、活动课程、探究性课程，这需要教师具备高度专业化的课程驾驭能力。要在前期试点课程游戏化的基础上，在所有幼儿园全面推行课程改革，并研究如何在宏观层面的制度中支持适合的教育。要让教研人员、园长、教师参与到园舍的设计建设过程中，让幼儿园的地形地貌、沙水植被、空间设施更加适合幼儿的多样性学习，避免小学化的大片操场和景观式的绿化。要全面贯彻落实《3—6 岁儿童学习与发展指南》，用课程建设的视角去规划幼儿的生活活动、游戏活动和集体活动，避免简单机械的标准化管理。要让教研员沉浸到幼儿园的日常保育教育活动中，与老师们共同研究生活化游戏化课程，避免碎片化教研、表演性教研和以赛代研、以评代研。要开展学前教育质量监测，发布教育质量评估报告，构建科学的幼儿园保教质量评价体系。

（六）实施课程游戏化

提高学前教育质量涉及的方面很多，实施课程游戏化是重要途径。实施幼儿园课程游戏化的基本原则是：儿童在前、教师在后，教师在前、管理者在后。据一位园长统计，在课程游戏化实施之前，每位幼儿在一天之中要排 22 次队，完成 22 次以上的集中行动（包括集中饮水、集中如厕、集中出入、集中取放、集中上课、集中规则游戏等），幼儿大量等待、老师大量催促，师幼关系在各种拉锯中紧张不安。课程游戏化所要做的第一件事，就是创设多样化、可选择、材料丰富的环境，放手让儿童自主游戏，这与数十年来以教师为中心、以符号化学习为中心、以集体教学为中心的课程实施方式截然不同。实施课程游戏化之初，老师们对放手的要求非常惶恐，担心放手之后场面会失控，担心游戏之后幼儿学不到东西。但在专家持续指导下，随着儿童行为观察与分析能力逐步提高，老师们看到了儿童丰富多样的学习行为，理解了教育就是在复杂的学习行为中提供适合的支持，进入教学相长的良性循环。要改变看做游戏、假做游戏的现象，让幼儿真做游戏，通过课程游戏化改变儿童、改变教师，改变教学方式，改变教育生态。

优质全面发展江苏特殊教育[①]

多年来，在江苏省委、省政府的正确领导下，在省有关部门的积极配合和社会各界的关心支持下，省教育厅认真贯彻《中华人民共和国残疾人保障法》《江苏省实施〈中华人民共和国残疾人保障法〉办法》以及国务院办公厅《关于进一步加快特殊教育事业发展的意见》，把发展特殊教育作为推动全省教育事业科学发展、促进教育公平的重要内容，扎实有效地推进特殊教育工作，全省特殊教育事业得到了持续健康发展。

一、江苏优质全面发展特殊教育的基础和条件

2016 年，江苏有特殊教育学校 106 所，其中独立设置的盲人学校 1 所、聋人学校 21 所、培智学校 32 所、其他学校 52 所。特殊教育学校在校学生 12652 人；接受学前教育的残疾儿童 579 人；随班就读小学 1582 所，在校学生 7987 人，随班就读初中 551 所，在校学生 2440 人；三类残疾儿童在校生 23123 人。全省义务教育阶段残疾儿童少年入学率达 96%以上。30 万人口以上的县(市、区)均建有一所达省合格学校标准的特殊教育学校。20 多所特殊教育学校设置了残疾人高中班，金陵科技学院、南京特殊教育师范学院分别举办聋人信息技术本科班、工艺美术大专班，南京中医药大学举办康复治疗技术专业盲人大专班，接受高等教育的残疾学生达 600 余人。江苏特殊教育事业发展多项指标多年来一直位居全国前列，先后有 40 个县(市、区)被评为全国特殊教育先进县(市、区)，已基本形成了从残疾儿童学前教育、义务教育、残疾人高级中等教育到高等教育的

① 原载于《现代特殊教育》，2016 年第 10 期。

特殊教育体系，建成并正在逐步完善高等特殊教育师资培养培训机构，构建了省、市、县特殊教育科研网络，初步形成了“以随班就读和特教班为主体、以特殊教育学校为骨干、以示范学校为龙头”的特殊教育发展格局，这些都为优质全面发展特殊教育奠定了良好的基础和条件。

（一）确立特殊教育应有地位

江苏积极贯彻国家发展特殊教育的方针、政策，结合我省实际，先后制定了一系列政策文件，并通过召开会议、开展专项检查等措施加以贯彻落实。同时，把特殊教育发展水平纳入全省创建教育现代化先进县（市、区）和义务教育均衡发展先进县（市、区）的指标体系，在评估验收时作为必查项目，实行“一票否决”。

（二）改善特殊教育学校办学条件

江苏各地坚持以政府投入为主渠道，积极改善特殊教育学校的办学条件。一是将特殊教育学校建设纳入义务教育学校建设全局。各地结合省教育厅实施的义务教育阶段系列办学条件改善工程，以及义务教育发展基本均衡县（市、区）创建工作，使全省特殊教育学校的硬件条件得到了一定程度的改善。二是全面实施“特殊教育合格学校建设工程”。自 2007 年起，在全省组织实施“特殊教育合格学校建设工程”，省财政设立专项资金，全省实现了 30 万人口以上的县（市、区）均建有特殊教育学校。三是推进特殊教育学校现代化建设。激励、支持各地创建特殊教育现代化示范学校，促进各级政府加大对特殊教育的投入，通过以评促建，全省三分之二的特殊教育学校建设成为现代化示范学校，极大地改善了一批特殊教育学校的办学条件。四是实施特殊教育发展工程。从 2013 年起，省教育厅联合财政厅每年下达 2500 万专项经费用于：通过送教上门实现义务教育全覆盖、改善特殊教育学校现有办学条件、将特殊教育向学前和高中阶段两头延伸、探索医教结合的保障体系。实施特殊教育发展工程以来，全省共实施省级建设项目 253 个，省、市、县三级财政共投入 5 亿多元，新建、改扩建校舍面积 21 万平方米，新增学前教育和高中教育学额 1600 余个，惠及适龄残疾学生 1.68 万人。

（三）保障残疾儿童少年受教育权利

在努力改善特殊教育学校办学条件的同时，江苏积极推进残疾学生免费入学工作，保障每位适龄残疾儿童少年不因经济困难而失学。江苏出台了特殊教育学校生均公用经费按照普通中小学生均公用经费 8 倍以上标准拨款政策，全面保障特殊教育学校正常运转。一是免除在特殊教育学校和特教班就读的义务教育阶段学生的杂费、课本费和作业本费。自2004年起，江苏从省级财政设立的特殊教育专项补助费中划出专款支付，使全省特殊教育学校的12000多名残疾学生享受了免费义务教育。二是自2009年秋季学期起实施的中等职业学校家庭经济困难学生免收学费政策，优先将残疾学生纳入享受范围。从2010年秋季学期起，全省对接受高中阶段全日制教育的残疾学生免收学费。三是实施随班就读的残疾学生和残疾人子女优先享受"两免一补"等资助政策。江苏在制定普通中小学实施"两免一补"等助学政策时，提出了优先安排残疾学生和残疾人家庭子女，各地都能严格执行。各地还积极实施"助残帮困"工程，通过设立特殊教育基金等形式，帮助家庭经济困难的残疾学生就学。

（四）加强特殊教育师资队伍建设

特殊教育师资队伍建设是加强特殊教育学校建设和管理的一项十分重要的工作。江苏依托南京特殊教育师范学院建立了江苏省特殊教育师资培训中心，承担全省特殊教育学校师资的培养和培训任务。

1. 组织特殊教育干部和教研人员培训

举办了全省特殊教育干部和教研员培训班，使他们了解特殊教育工作、爱做特殊教育工作、会做特殊教育工作，更好地指导当地特殊教育工作。

2. 加强特殊教育学校校长队伍建设

通过选送参加国家级特殊教育学校校长培训班和举办全省特殊教育学校校长培训班，以及组织特殊教育学校校长到欧美国家和港澳台地区观摩学习、参加学术交流等方式，提高校长特殊教育业务和管理水平。

3. 重视特殊教育教师专业化建设

根据《全省特殊教育学校非特殊教育专业毕业在职教师系统培训方案》，结合新课程实施，对45周岁以下的非特殊教育专业毕业在职教师进行了系统培训工作，帮助教师专业化成长。

4. 抓好特殊教育学校中青年骨干教师培养工作

举办了10多期全省特殊教育学校骨干教师培训班，培训教师500余人；自1996年起每三年举办一届全省特殊教育学校青年教师教学基本功比赛，已成功举办7届，参赛教师500多人；江苏还举办了全省特殊教育学科带头人评比等活动。这些举措促使各地一批中青年教师脱颖而出，成为当地特殊教育学校的中坚力量。另外，南京特殊教育师范学院每年为全省培养一批特殊教育学校的合格教师。2016 年，全省特殊教育学校 3242 位专任教师中，大专以上学历达 100%，特殊教育专业毕业的教师占 65.9%，经过特殊教育专业系统培训的教师占 90%。

（五）提高特殊教育教学质量

教学质量的提高离不开教科研的引导，重视教科研工作是特殊教育发展的有力支撑。

1. 构建了全省特殊教育教科研体系

省教科院设立了学前与特殊教育研究所，省和各市（县）教研室均配备了专兼职特殊教育教研员；省和各设区市普遍成立了特殊教育专业委员会，各特殊教育学校大都设立了教科室。

2. 积极倡导特殊教育学校开展课题研究

全省特殊教育学校申报的科研课题中，有 8 个被列为国家特殊教育重点课题，有 30 多个被列为省级课题，其中国家级课题中有 4 个被评为优秀课题。课题研究水平高、范围广、领域新，已经在省内外产生了一定的影响。江苏还承担了教育部交办的《全国聋教育课程改革方案》和《聋校义务教育课程标准》研制任务，在全省聋校中组织了数十次新课程方案及标准研讨活动，有力促进了全省聋校教师科研水平的提高。

3. 加强特殊教育教科研活动

近十年来，省特殊教育专业委员会每年均组织全省盲、聋、弱智学校开展专题研讨和教研活动，已形成制度。各地各校还积极开展了特殊教育学校校际教学业务交流活动。

4. 加强国际交流与合作

与挪威聋人福利基金会开展了“双语聋教育”合作项目，与德国防盲协会开展盲童早期干预合作项目，组织人员到欧美国家和港澳台地区观摩学习、参加学术交流。

（六）开展随班就读实验

多年来，江苏始终把残疾儿童少年随班就读工作放在重要位置，在盲、聋、弱智三类残疾儿童少年随班就读工作方面进行了积极探索。

1. 扩大实验面

将这项实验工作扩大到全省所有设区市，在每个设区市都设立了一个实验县，使每个地区都有建立随班就读支持保障体系的示范点，为面上建立随班就读支持保障体系作好准备。

2. 安排随班就读实验专项经费

省教育厅为每个省级实验县安排了一定的实验经费，鼓励各地开展实验工作。

3. 举办全省随班就读工作培训班

举办了面向各设区市和实验县教育行政部门特殊教育干部、教研员和部分随班就读点管理人员的培训班，每年举办一期盲童随班就读教师培训班。

4. 注重随班就读教育教学研究

委托省特殊教育专业委员会组织了随班就读教育教学论文评比，省教研室组织全省特殊教育教研员开展了随班就读教育教学研讨活动，全省各地初步建立了随班就读教育教学工作交流平台，对提高随班就读教学质量起到了一定的促进作用。

5. 对实验工作开展检查

组织人员对全省所有实验县的实验工作进行了检查，督促各地认真开展实验工作。

6. 建立了省特殊教育资源中心

分别在南京市盲人学校、南京市聋人学校和常州市光华学校建立了江苏省盲教育、聋教育和智障教育资源中心，为全省残疾儿童随班就读工作开展师资培训、巡回辅导、咨询提供服务。

二、江苏优质全面发展特殊教育面临的形势与任务

今后，江苏要在现有基础上，优质全面地发展特殊教育。所谓优质，就是要进一步改善办学条件，进一步强化人文关怀，提供更多优质的教育资源、优质的管理服务；所谓全面，就是要进一步提高特殊教育普及程度，进一步拓展服务内容和形式，实现应接受教育的残疾儿童全覆盖、不同需求残疾儿童教育服务全覆盖。

（一）建设"强富美高"新江苏必须保障残疾儿童受教育权益

2014年12月，习近平总书记在江苏调研时指出，希望江苏的同志努力建设经济强、百姓富、环境美、社会文明程度高的新江苏。建设"强富美高"新江苏归根结底系于人才强、知识富、心灵美、公民素质高，系于教育的基础作用。特殊教育是教育事业的重要组成部分，保障残疾儿童受教育权益是法律赋予的责任，是一个社会文明程度的重要标志。《残疾人教育条例》明确规定"国家保障残疾人享有平等接受教育的权利，禁止任何基于残疾的教育歧视"。因此，在建设"强富美高"新江苏的进程中，要更加重视依法保障残疾儿童受教育权益，更深层次促进教育公平、社会公正，提高文明程度。2006年第61届联合国大会通过的《残疾人权利公约》提出：充分开发人的潜力，培养自尊自重精神，加强对人权、基本自由和人的多样性的尊重；最充分地发展残疾人的个性、才华和创造力以及智能和体能。这应当成为"强富美高"新江苏在特殊教育方面的目标追求。

（二）实现教育现代化必须优先实现特殊教育现代化

江苏在全国较早提出并组织实施教育现代化建设，20多年来从学校到乡镇、县（区）、全省逐步推进。进入新世纪以来，省委、省政府召开的三次全省教育工作会议都把实现教育现代化作为主要目标。据全省教育现代化建设监测结果显示，到2015年江苏省46项指标综合得分达78.73分，有望到2020年实现"一达到、两提高"的目标。实现教育现代化应当包括并且应当优先实现特殊教育现代化。这是因为特殊教育对象相对弱势需要优先保障，特殊教育事业相对薄弱需要优先发展，特殊教育地位十分特殊需要优先提升。要积极推进特殊教育现代化建设，认真执行国家《特殊教育学校建设标准》和省政府办公厅印发的《江苏省义务教育学校办学标准》，确保到2020年所有特殊教育学校达到现代化学校建设标准。

（三）优质全面发展特殊教育必须切实解决存在的问题

对照国家颁发的《特殊教育提升计划》和残疾人接受更高层次教育的需求，江苏特殊教育事业发展主要存在以下问题：发展不够平衡。特殊教育学校之间、区域之间特殊教育发展存在差距。尽管全省已基本实现所有特殊教育学校达到省合格学校建设标准，但由于经济发展和地方重视程度等原因，还有部分特殊教育学校未达到国家颁布的《特殊教育学校建设标准》。体系不够完善。学前和高中阶段特殊教育发展严重滞后于残疾儿童少年接受学前和高中教育的需求。一是残疾儿童学前教育入园率低。普通幼儿园主观上不愿意或客观上没有能力接受残疾儿童入园，而特殊教育学校学前班办班规模普遍较小。二是残疾人接受高中阶段教育入学率低。残疾人接受高中阶段教育入学率仅为20%左右。全省学前和高中阶段特殊教育资源严重不足，体系还不够完善。保障不够充分。稳定的特殊教育经费投入保障机制尚未建立。部分县（市、区）特殊教育学校公用经费财政拨款政策尚未完全落实，学校运行经费靠企业捐赠或开展献爱心活动筹措解决；随班就读学校的经费和人员保障不足，8倍于普通中小学的生均公用经费标准还没有完全落实到位，缺乏资源，如教室和教师等；各地普遍存在特殊教育教师编制不足、待遇相对不高等现象，教师编制数与实施新课程方案不匹配，实施义务教育绩效工资后，特殊教育教师的特殊教育津贴相对下降，很难吸引优秀老师终身从事特殊教育工作，教师流动性加大。质量亟需提高。特殊教育学校缺乏质量意识，管理和教育教学水平还有待提高。相当多的地区基本没有专门特殊教育师资培训活动，教育行政部门和教科研机构对特殊教育学校教育教学和管理工作缺乏有效的指导，一些县（区）多年没有研究特殊教育工作。尤其是各地对残疾儿童随班就读工作总体上重视不够，保障不力，随班混读现象较为普遍。这种状况已远不能满足残疾儿童少年接受良好教育的需要，成为制约特殊教育学校新课程改革和全面实施素质教育的薄弱环节，与全省高水平高质量实现教育现代化、推进教育公平的目标要求不相适应，必须下大力气加以解决。

（四）特殊教育工作者必须明确今后发展的目标任务

“十三五”期间，江苏特殊教育优质全面发展的主要目标任务有：完善特殊教育体系，基本普及残疾儿童15年教育。巩固提高残疾儿童少年义务教育普及水平，有效开展“医教结合”实验和“送教上门”服务。积极发展残疾儿童学前教育，特殊教育学校创造条件举办残疾儿童学前班。依托当地职业学校大力开展以职业教育为主的残疾人高中阶段教育，设区市特殊教育学校适当设置适合残疾学生的专业，基本满足辖区内残疾学生接受高中阶段教育的需求。切实加强特殊教育基础能力建设，所有特殊教育学校达到现代化学校建设标准。建设区域特殊教育指导中心，全面加强特殊教育学校和随班就读师资队伍建设，配齐配足特殊教育学校教职员工，加强特殊教育师资培养培训，提升特殊教育师资专业化水平。落实基础教育阶段特殊教育学校生均公用经费，按当地普通同级学校生均公用经费的8倍以上拨付。完善残疾学生资助体系，实现残疾儿童少年15年免费教育。

三、江苏优质全面发展特殊教育的思路与措施

（一）提高普及水平

提高普及水平是优质全面发展特殊教育的基础性工作。虽然江苏义务教育阶段残疾儿童入学率达96%以上，但学前教育、高中阶段教育残疾儿童入学率还比较低。据统计，江苏学前教育残疾儿童入学率和高中阶段教育残疾儿童入学率只有20%多。而义务教育阶段残疾儿童96%的入学率，也主要指盲、聋、弱智三类儿童的入学率。因此，今后的工作思路是："延伸两头、拓展领域"，提高普及水平。"延伸两头"，就是要将特殊教育事业的建设重点从义务教育向学前教育和高中教育两端延伸，抓住生理发展的最佳时机对学龄前残疾儿童实施抢救性教育与康复；为适龄少年提供适宜的升学和职业教育，为他们就业自立、融入社会奠定基础。"拓展领域"，就是要将特殊教育的对象从三类残疾儿童少年扩大到所有残疾种类，从可以进入机构接受教育的孩子扩大到所有重度残疾、多重残疾甚至无法行动的各类残疾儿童，做到"全覆盖、零拒绝"。要坚持以县为主，实施学前教育第二期五年行动计划，把残疾儿童学前教育纳入国民教育体系。特殊教育学校均要举办3年学前教育班，普通幼儿园应当接受具备就读能力的残疾幼儿入园，鼓励儿童福利机构增设附属幼儿园或者学前教育部，支持社会力量举办学前特殊教育机构，争取到2020年基本普及三类残疾儿童学前3年教育。巩固提高残疾儿童少年义务教育普及水平，入学率保持在96%以上。大力发展以职业教育为主的残疾人高中阶段教育，到2020年基本普及残疾人高中阶段教育。

（二）推进三方协作

残疾人教育往往伴随着对他们的康复、医疗而开展，主要涉及教育、康复、医疗三个部门和机构。因此，有必要推进三方协作，进一步整合资源，提高服务水平和效果。残疾人教育形式主要包括：普通学校的随班就读、特殊教育学校的专门教育、康复机构的辅助教育、送教上门以及医疗机构的辅助教育等。今后，要进一步扩大随班就读面，能够随班就读的尽量进行随班就读。对随班就读的残

疾儿童，康复机构、医疗机构根据需要提供相应服务。要进一步推进康教结合、医教结合，有条件的特殊教育学校要设立康复机构，引进康复、医疗人才，提供教育、康复、常规医疗相结合的服务。促进有条件的康复机构开办学前教育、职业班等，开展边康复、边教育服务。在一定区域范围内，统筹教育、康复、医疗资源，实行跨机构承包服务，明确分工，各负其责。要进一步推进送教上门与送康复上门、送医疗上门的结合，对确实适合居家治疗的残疾儿童，由教育部门给予入学注册、制订个别化教学计划、提供必要的指导和辅导，提供送教上门服务。同时协调康复机构、医疗机构制订康复、医疗计划，提供送康复上门、送医疗上门服务。

（三）深化融合教育

融合教育的基本含义是不要把残疾儿童孤立于隔离的、封闭的教室、学校、交通设施和居住环境之内，让有特殊需要的儿童能真正地和正常发展的同伴一起参加学习教育，最大限度地发挥有特殊需要儿童的潜能。融合教育是人类对特殊儿童特点、权利、需要和发展及其教育价值、观念发生深刻变化的产物，是当今世界特殊教育的主要形式，体现了教育的平等性、全纳性和适切性。有学者认为，自 20 世纪 80 年代以来，我国特殊教育安置形式的发展大致经历了三个阶段：一是 1986—1992 年，以隔离为主要形式，八至九成残疾儿童少年在特殊教育学校就读；二是 1993—2001 年，以逐步融合为发展趋势，五至七成残疾儿童少年在普通学校就读，以随班就读为主体、特殊教育学校为骨干的格局基本形成；三是 2002 年至今，融合趋势总体稳定。江苏推进特殊教育优质全面发展应当坚定不移地深化融合教育，逐步实现观念、内容、形式等方面的融合，为残疾儿童成长创造良好的教育环境。要坚定不移地推进随班就读，做到应纳全纳，对符合随班就读的残疾儿童任何学校都要“零拒绝”。要创造条件让在特殊教育学校、康复机构就读的残疾儿童和正常发展的同伴一起参加学习、生活、游戏，接受教育，相融相生，共同成长。要对不同需求的残疾儿童实施个别化教育，努力提高教育质量，挖掘他们的潜能。

（四）发挥骨干作用

特殊教育有其自身的发展规律和教育教学规律，需要有一批特殊教育学校发挥骨干作用，指导、引领、辐射、示范整个特殊教育改革发展。江苏有 106 所特殊教育学校，几乎覆盖每一个县（市、区），这批学校是优质全面发展特殊教育的骨干。要积极实施特殊教育发展工程，推进特殊教育学校现代化建设，到2020年所有特殊教育学校达到现代化建设标准。要加强特殊教育学校能力和功能建设，把它们建设成为所在地区的融合教育指导中心、示范实验教学中心、教育诊断评估中心、师资培训中心、发展研究中心，同时扩大、强化康复功能，为残疾儿童提供更加优质全面的教育服务。省教育厅已经批准建立省特殊教育指导中心，各地要依托特殊教育学校建立相应指导中心，形成全省指导服务体系，促进特殊教育健康发展。

（五）加强队伍建设

各地要贯彻落实《江苏省政府办公厅转发省教育厅等部门关于进一步加快特殊教育事业发展意见的通知》精神，切实加强教师队伍建设。

1. 配齐配足特殊教育学校教职工

在核定的事业编制总量内，调剂一定数量的编制用于特殊教育学校教职工配备，可以采取购买服务等方式配齐生活管理员。特殊教育指导中心要配备一定的巡回指导教师。随班就读学生较多的普通学校要配备特殊教育资源教师。探索建立专业化的支持保障机制，以随班就读、融合教育以及康教结合、医教结合为重点，通过实施个别化教育，用专业团队的力量支持每一位残疾儿童少年的发展。

2. 加强特殊教育教师培养培训

将特殊教育或者融合教育课程纳入师范生培养必修课程。加强在职教师培训，确保特殊教育学校教师和普通中小学、幼儿园资源教师每5年至少接受1次省级培训。

3. 改善特殊教育教师待遇

在特殊教育津贴、绩效工资、职称评定、评选表彰、荣誉称号等方面予以倾斜。

4. 加强特殊教育教师师德建设

广大特殊教育教师要努力成为有理想信念、有道德情操、有扎实知识、有仁爱之心的好教师。用爱心树立残疾儿童的信心、实现残疾儿童家庭的希望、赢得全社会的尊敬。

（六）强化保障措施

要加大特殊教育经费保障力度，严格执行义务教育、高中教育阶段特殊教育学校生均公用经费按当地普通同级学校生均公用经费的 8 倍以上拨付的政策，随班就读学校学生按同级特殊教育学校生均公用经费标准执行。各级政府要设立特殊教育专项经费，并不断提高补助标准。要完善残疾学生资助体系，实现残疾学生 15 年基础教育全免费，同时，对农村残疾学生和家庭经济困难的城镇残疾学生分别给予生活补贴和免收住宿费等。要加强特殊教育资源教室建设，有随班就读学生的普通学校都要设置资源教室，添置和开发适合残疾学生教育教学的资源，省、市、县都要给予一定补助。

第四篇

探索基础教育教学改革

教学是教育行业的本职工作、主体工作，实施新课程、改革育人方式、深化课堂教学改革、减轻中小学课业负担等都必须坚持将教学改革引向深入。

教育人有责任更好地培养学生的综合素质，而不是单一看他们的考试成绩；有责任促进所有学生的健康发展，而不是单一看考上几个名牌高校；有责任立足于学生的终身发展，而不是单一看他们的当下表现。

观点摘录

★ 教育人有责任更好地培养学生的综合素质,而不是单一看他们的考试成绩;有责任促进所有学生的健康发展,而不是单一看考上几个名牌高校;有责任立足于学生的终身发展,而不是单一看他们的当下表现。

★ 教师这个职业与医生、工程技术人员一样,它的"专业性"具有很强的"实践性"。教师专业化的发展主要应当在教师个人的实际教学过程当中完成,在教学当中发现问题、研究问题、解决问题。

★ 教学研究越是贴近实际,教学改革就越能形成有价值的成果,教师的专业发展就越有基础。

★ 教师不仅要研究教法、技艺等问题,更要研究每一个学生实际发展状况,在对学生充分了解的基础上,展开相应的教学过程。

★ 教师应该运用自己的智慧和创造力,挖掘蕴涵其中的无限生机和活力,把课堂营造成生动活泼的学习乐园,给学生提供课内实践的机会,让学生在特定的情境中进行实践体验,使他们在活动中感悟道理,体验情感,反思自我,规范行为。

★ 在教育实践中,常常可以看到不考虑学生的兴趣、习惯、学习方式,本来不需要教的东西却硬要去教,以教师自己的思考代替学生的思考,把教师自己的思考强加给学生,结果造成对学生学习本能的毁坏。

★ 课程改革把目标规格作为新课程设计的逻辑起点,就是要明确地宣示,课程教学的目的是"人",是"学生"。学生才是课程教学的目的,才是课程教学的中心。“为学生而教”，这是新课程最根本的精神实质。

★ 课业负担过重给我国许多家长造成了巨大的焦虑，且这种焦虑甚至跨越了阶层差异。不少家长也深知课业负担对子女的不利作用，但却无法放弃对短期考试成绩的功利追求，这使得他们处于严重的矛盾和张力之中，导致自身被巨大的焦虑感包围。

★“教学”被压缩为“知识的教学”，“知识的教学”被压缩为“书本知识的教学”，“书本知识的教学”被进一步压缩为“书本上可考试的知识的教学”，层层压缩的结果，就是教学的内涵严重缩水，学生的发展走向片面。

★ 保护儿童发展多样化的可能性，就是要在基础教育中，摒弃单一、机械、线性化的教学方式，使学生的学习活动成为一个更加饱满、立体的过程，其基本的途径就是在对教学方式进行设计时，充分拓展学生学习的深度和宽度。

★ 拓展学生学习的宽度不是要增加书本知识的内容，不是要超出标准组织教学，而是要对学生的学习过程进行丰富的、多样化的设计，让学生有更多的机会探索自然，理解社会，发展自我。

将教学改革引向深入

2018年9月，全国教育大会在北京召开。大会强调，改革是教育事业发展的根本动力。要深化教育改革，推进素质教育，创新教学方法，提高人才培养质量，努力形成有利于创新人才成长的育人环境。新中国成立以来，中小学课程教学大致经历了8次大的改革。每次改革都提出减轻负担、降低难度，但是，学生过重的课业负担仍然存在。因此，教学改革将随着经济社会的发展不断推进，教学改革只有阶段性目标，没有终极目标，教学改革在教育系统是一个永恒的主题。教学改革是一项系统工程，涉及课程目标、课程标准、课程内容、课程结构、课程实施、课程评价等多个方面；涉及政府、社会、学校、教师、学生等多个主体，必须统筹实施、配套改革。比如，缺乏政府的有效组织，学校、教师就难以实施教学改革；缺乏考试评价的配套，教学改革就难以深入。我们经常讲要遵循教育教学规律，而真正懂得和掌握教育教学规律的人应当是教育工作者。因此，教育人应当义不容辞地承担起推进教学改革的任务，这是所有教育人应尽的职责。

一、江苏省基础教育教学改革取得的成绩

为贯彻落实教育部《关于全面深化课程改革落实立德树人根本任务的意见》，深入推进江苏省基础教育课程教学改革，根据《省政府关于深化教育领域综合改革的实施意见》相关要求，2015年江苏省教育厅制定了“江苏省基础教育教学改革行动计划”，目的是进一步激发教学改革与创新的活力，动员与组织全省基础教育工作者，围绕课程教材、课堂教学、考试评价等关键环节，积极探索、大胆实验、勇于改革、努力创新，深化基础教育课程教学改革，全面提升基础教育质量，全面推进基础教育内涵发展。这个行动计划提出了江苏省基础教育教学改

革的7项具体任务，包括建立全省基础教育教学新常态，培育一批有影响的教学改革新项目，培养一批教育教学领军人才，推广基础教育教学改革成果，切实解决教学中存在的实际问题，加强实践性直观教学改革，建设江苏基础教育思想高地等。这是江苏省基础教育教学改革的总体谋划布局，具有明确的任务，鲜明的导向，跟进的措施。江苏基础教育的优势就是重视教学改革，营造改革氛围，长期以来，涌现出了一批国内外有影响的学校、校长、教师和教学改革成果。放大这些成果，能让更多的学生享受到优质、均衡的教育。在这个计划实施过程中，江苏省教育厅加强统筹规划，加强顶层设计，加大推进力度，逐步形成了“5＋2”教学改革项目，取得了显著成效。主要表现在以下几个方面：

（一）教学改革创新成果卓著

近年来，江苏省教育厅组织实施了普通高中课程基地建设、薄弱初中内涵质量提升建设、小学特色文化建设、学前教育课程游戏化建设、特殊教育发展工程建设和基础教育前瞻性教学改革实验项目、中小学生品格提升工程等多个项目。到2018年，全省已建成955个省级教学改革项目，其中高中370项，初中337项，小学248项目，另有前瞻性项目共207项和一批学前教育项目。江苏省在2014年全国基础教育教学成果奖评选中，取得了1个特等奖、12个一等奖、44个二等奖的杰出成绩。在2018年的全国基础教育教学成果奖评选中，又获得一等奖12项，占全国的24％，二等奖46项，占全国的11.5％，获奖成果不少来自“5＋2”项目。全国基础教育教学成果奖是江苏省教学领域改革创新成果的一次全面展示，集中反映了全省课程教学领域的理论思考与实践创新。取得这样的佳绩，表明全省已经呈现出新的教学生态，呈现出教育内涵发展的新态势。

（二）新型课程体系初步形成

这几年，江苏在推进教学改革中，努力构建新型课程体系，在创造性地落实好国家课程的同时，开发地方课程，发展学校课程，初步形成了江苏课程体系特征。一是确立了更加体现时代要求的人才培养目标，把培养学生的社会责任感、创新精神和实践能力作为人才培养目标的核心。二是充分重视活动类课程，推进综合实践活动课程的实施。全省各地建立了一大批中小学生社会实践基地和校外活动场所，强化了德育的实践环节，为学生走出校门，参与社会实践搭建了桥梁。在体育与健康、艺术等课程的课时设置上，均达到了国家最高的标准要求。三是坚持德育为先，将德育有机融入了各学科教育之中，充分发挥各学科全面育人的功能。四是省一级地方课程得到了规范化开发和实施。五是学校的课程开发能力得到充分激发。全省学校开发的校本课程已基本实现各领域、各主题的全面覆盖，课程资源的建设取得了十分丰富的成果。

（三）教学方式变革亮点纷呈

“5+2”教学改革项目，以转变学生学习方式、教师教学方式为根本目标，使课程内容获得新的呈现形态，使学生学习能够在经验化、可操作、实践性的环境当中进行。这些基本覆盖基础教育所有学段，成为江苏深化教学改革、转变育人模式的重要引领项目和独特的建设特点，引起了广泛关注。目前，全省已建成了较为完备的“e学习”平台和丰富的“e学习”资源，在此基础上构建新的教学模式，进行科学、技术、工程和数学（简称STEM）教学改革实验，在全新意义上变革教育教学过程，改变教与学的内涵。更为可喜的是，教师的教学观念发生了重大改变，比如更加强调“以学为主”。不论是教师个人，还是学校、地方，在推进教学改革的时候，首先考虑的是如何把学生作为主体，把学生的学习放在第一位，调动学生的积极性。“先学后教”“以学定教”“学进去讲出来”等改革行动，都反映了这种普遍的观念变化。教师的教学主张层出不穷。一大批特级教师、教育名家形成教学主张和教学思想，成为教学方式整体性变革的亮点，集中展示了多样化改革实践的成果。

（四）学生发展质量得到提升

教学改革的目的在于提升育人质量。教学过程的变革、指导和服务体系的完善、评价导向的引领，有效促进了全省中小学生成长和发展质量的提升。江苏参加全国义务教育质量监测，优秀率高于全国平均水平20多个百分点。可以说，江苏的基础教育质量走在了全国的前列。江苏连续3次参加联合国经合组织举办的国际学生评价项目测试，不管是总分还是单科成绩都在参赛国和地区的前列。可以说，江苏的基础教育质量在国际上比较也不落后。这些成绩的取得，源于江苏长期积累的厚实的基础，源于全省基础教育战线同志的共同努力。

二、江苏基础教育教学改革面临的挑战

教学改革是一个不断进步的过程，而不是一项具体的目标。当前，江苏教育要立足于江苏基础教育现代化建设取得的成绩，立足于课程教学的现实状态，深

入分析基础教育教学改革面临的挑战，锐意创新，推进教学改革不断走向深化。我们面临的挑战突出表现在这样几个方面。

（一）面临落实立德树人根本任务的挑战

2018年9月10日，习近平总书记在全国教育大会上强调："培养什么人，是教育的首要问题。我国是中国共产党领导的社会主义国家，这就决定了我们的教育必须把培养社会主义建设者和接班人作为根本任务，培养一代又一代拥护中国共产党领导和我国社会主义制度、立志为中国特色社会主义奋斗终身的有用人才。这是教育工作的根本任务，也是教育现代化的方向目标。"

习近平总书记指出："要努力构建德智体美劳全面培养的教育体系，形成更高水平的人才培养体系。要把立德树人融入思想道德教育、文化知识教育、社会实践教育各环节，贯穿基础教育、职业教育、高等教育各领域，学科体系、教学体系、教材体系、管理体系要围绕这个目标来设计，教师要围绕这个目标来教，学生要围绕这个目标来学。凡是不利于实现这个目标的做法都要坚决改过来。"

面对新形势、新要求，如何把中央的要求落实到教育过程、课堂教学等环节，我们在教育理念、体制机制、课程计划、教师能力、管理水平、评价体系等方面，与立德树人的要求还有很大差距。因此，以立德树人为根本，深化课程教学改革，应当成为未来我省基础教育创新、发展的核心和关键。

（二）面临传统教学关系难以根本变化的挑战

近几年，江苏广大学校和教师在育人方式、教学模式方面进行了大量卓有成效的改革探索，取得了丰富的成果，但是用历史的和整体的眼光看，师生关系、教学关系仍然没有产生根本变化。有学者认为，中国拥有世界上最好的教育系统，"因为它能产生最高的分数"；但对于"成绩""分数"的极端追求是以孩子们的创造力、发散思维和个人发展的丧失为代价的。这样的见解是历史的、整体的，也是十分尖锐的。因此，深化教学改革，改变传统教学关系，构建新型教学体系的挑战依然十分严峻。改变教学关系最大的挑战是改变教育人自身。教育人必须敢于担当、肩负重任，通过坚持不懈的努力，改变教育的传统和实质。如何以课程改革为渠道，应对教育发展的历史使命，这是将教学改革引向深入的根本命题。

（三）面临均衡化提升教学质量的挑战

虽然江苏省所有县（市、区）已经通过了教育部义务教育发展基本均衡的督导认定，但是，这些评估验收主要在一般事业发展层面进行，还没有完全深入到内涵质量层面，深入到课程教学的实际过程层面。从课程教学质量看，均衡化提升教学质量的任务依然十分艰巨。这种不均衡主要表现在两个方面：一是课程内部的不均衡。前几年江苏省义务教育质量监测的问卷结果显示，全省仍然有部分学校不能正常开设综合实践活动等必修课程。校本课程开发也存在较大的差异，有相当一部分学校不能向学生提供任何一门校本课程。另外，艺术、体育类专业师资的缺口在小学、初中、高中三个学段当中多有存在，部分开课学校也不能保证基本的教学质量。二是区域和校际之间的不均衡。全省监测结果显示，区域之间优秀率差异十分明显，城乡之间的差异也十分显著，农村学校的教学质量明显偏低。全省学生学业水平学校之间的均衡差异和学生学业成绩差异都很大，均衡问题仍然相当突出。

（四）面临教师专业能力不足的挑战

教育是国家发展的基石，教师就是基石的奠基者。只有一流的教师才有一流的教育。从总体上说，江苏基础教育教师队伍的基本素质较好。江苏省教育厅、各地教育行政部门和学校为促进教师发展，在投入上持续加大力度，在方式方法和渠道途径上不断改革。但教师专业能力还有待进一步提高，一些教师教书育人能力、课程实施能力，包括课程标准的解读能力、学情分析能力、课堂教学创新能力、教学评价能力等仍然显得不足。另外，薄弱学科、新型学科教师的基本能力问题也在很大程度上影响了课程教学质量的提高。

三、全面推进江苏基础教育教学改革

2019 年起，江苏省基础教育改革发展总的任务是：全面贯彻落实全国教育大会精神，加快推进教育现代化进程，推进基础教育高质量发展，促进基础教育更高水平、更加公平、更高质量地发展。完成这些任务，深层次的问题是推进教学改革，加强内涵建设。近几年江苏各地在推进教学改革方面都有一些好经验，需要总结借鉴。推进教学改革，涉及的方面比较多，尤其要解决好以下几个突出问题。

（一）在聚焦学生上下功夫

将教学改革引向深入要时刻牢记教育的根本目的是培养学生。习近平总书记在全国教育大会上强调，在党的坚强领导下，全面贯彻党的教育方针，坚持马克思主义指导地位，坚持中国特色社会主义教育发展道路，坚持社会主义办学方向，立足基本国情，遵循教育规律，坚持改革创新，以凝聚人心、完善人格、开发人力、培育人才、造福人民为工作目标，培养德智体美劳全面发展的社会主义建设者和接班人。

1. 更好地落实立德树人根本任务

培养什么人、为谁培养人、怎样培养人始终是教育的根本问题，要牢固树立为党育人、为国育才的思想，加强党对教育工作的全面领导。要将德育工作融入教育教学全过程，强化德育课程和课程德育，积极探索德育的有效实现形式。进一步落实中小学生品格提升工程各项任务。抓好德育骨干教师队伍建设，组织中小学班主任基本功竞赛，修订完善相关操作规程。实施好示范性未成年人综合实践基地以及校外活动能力提升、活动补助、教师培训等项目，提升校外教育活动品质，加强校外教育场所规范化管理，完成各类专题教育社会实践基地创建工作。提升校园文化内涵，推进中小学图书馆和“书香校园”建设。落实《教育部关于加强家庭教育工作的指导意见》，加强学校家庭教育工作指导，促进学生健康成长和全面发展。

2. 更好地培养学生综合素质

具有创新精神、实践能力和社会责任是学生综合素质的主要内容，也是每一所学校必须加强培养的重要任务。当下现实中确实存在一些不尽人意的地方，比如，传统教育让许多学生失去了创新机会，一些家庭让学生失去了实践机会，社会环境让一些学生失去了承担社会责任的机会。学校不仅要为这些学生补上这一课，而且要努力培养高素质的学生。古罗马思想家西塞罗曾讲，生活的高尚在于对责任的重视，生活的耻辱在于对责任的疏忽。教育人应当对这种责任予以重视，否则，将是“生活的耻辱”。**教育人有责任更好地培养学生的综合素质，而不是单一看他们的考试成绩；有责任促进所有学生的健康发展，而不是单一看考上几个名牌高校；有责任立足于学生的终身发展，而不是单一看他们的当下表现**。这也许是教育人与其他人境界的区别所在。

3. 更好地培养核心素养

联合国教科文组织 2013 年发布报告《走向终身学习——每位儿童应该学什么》，指出在基础教育阶段尤其重视身体健康、社会情绪、文化艺术、文字沟通、学习方法与知识、数字与数学、科学与技术等 7 个维度的核心素养。欧盟提出核心素养包括母语、外语、数学与科学技术素养、信息素养、学习能力、公民与社会素养、创业精神以及艺术素养等 8 个领域。中国学生发展核心素养以培养“全面发展的人”为核心，分为文化基础、自主发展、社会参与 3 个方面，综合表现为人文底蕴、科学精神、学会学习、健康生活、责任担当、实践创新等 6 大素养，具体细化为国家认同的 18 个基本要点。这次新修订的高中课程方案和标准，又提出了学科核心素养的观念和要求。这些都要求我们在具体实施和教学过程中，牢固树立全面的质量观，创新教学方法，注重培育学生核心素养，培养学生正确的价值观、必备品格和关键能力，促进学生全面发展。

（二）在聚焦教师上下功夫

将教学改革引向深入，最终的决定力量来自教师，关键的最后一公里要靠广大教师去走。江苏基础教育能够居于全国前列，根本的原因在于队伍建设，在于教师队伍整体的专业化水平提升。国内外关于教师职业专业化研究的结果表明，**教师这个职业与医生、工程技术人员一样，它的“专业性”具有很强的“实践性”。教师专业化的发展主要应当在教师个人的实际教学过程当中完成，在教学当中发现问题、研究问题、解决问题**。可以说，教师专业发展的过程，就是一个具体的、情境化的教学过程。而这种教学过程不是日复一日、年复一年的简单重复，而是教学与研究相结合的过程。通过教学与研究，教师不断增进自己的实践智慧，提升自己的专业品质。

1. 引导教师研究实际问题

教师的教学研究主要的目的不在于形成理论突破，而在于解决实际问题。**教学研究越是贴近实际，教学改革就越能形成有价值的成果，教师的专业发展就越有基础**。据统计，在连续两次评选的全国和省级教学成果奖获奖成果中，75%以上都是教学研究系列课题的研究成果，一个重要的原因，就是教学研究系列的课题，更加贴近教师的教学实际。教师进行课堂教学改革，开展教育教学研究，不同程度地存在着功利化的倾向。功利化的结果使得一部分教师的研究流于空洞，流于形式主义，为研究而研究。这样的倾向浪费了教师的时间精力，还助长了不良的风气，干扰了教师对教育教学的理解，不利于教师的专业发展。

2. 引导教师关注学生发展

教师的专业性既表现在学科理论基础方面，更表现为他们对于学生的充分了解。一个大学毕业生，即使有过硬的学科理论基础，也不一定能成为一个优秀的教师。关注学生的核心素养、关键能力，就是要把课程教学的专业重心转移到对学生的理解和认识上。实践告诉我们，**教师不仅要研究教法、技艺等问题，更要研究每一个学生实际发展状况，在对学生充分了解的基础上，展开相应的教学过程**。只有这样，教师才能较好地实现专业成长。

3. 引导教师人人参与改革

江苏不同地区的实践表明，在群众性教育教学改革与研究做得好的地方，教育教学的质量就相对较高，改革的成果也相对较多。从全省情况看，近 80 万中小学教师中，“少数人研究、多数人观望”的现象仍然存在。这种现状不利于全面提升教学质量、实现全省基础教育的质量均衡。为此，引导教师专业发展，要以人人参与改革为基础，要通过组织创新、机制创新，多层次地激发广大教师参与教学改革与研究的热情，形成人人参与教学改革与研究的良好局面。

（三）在聚焦课堂教学上下功夫

将教学改革引向深入必须改变课堂教学。课堂教学是实施素质教育的主阵地，是推进教学改革的主战场，是实现教育创新的主渠道。**教师应该运用自己的智慧和创造力，挖掘蕴涵其中的无限生机和活力，把课堂营造成生动活泼的学习乐园，给学生提供课内实践的机会，让学生在特定的情境中进行实践体验，使他们在活动中感悟道理，体验情感，反思自我，规范行为**。现在，课堂教学普遍存在的问题是教得过多、学得过少，“满堂灌”限制了学生学习的能动性，学生普遍存在依赖性。教师必须下功夫改变这种状况。推进课堂教学改革说到底是如何处理好教与学的关系。比如，哪些该教，哪些不需教，如何让教师跟着学生的需求走而不是按设计好的教案走，启发学生的思维而不是束缚学生的思维。比如，课堂教学中的知识量与结构问题，要研究知识量的传授如何更多地依靠新技术，课堂教学如何更多地注重知识结构的设计。比如，课堂教学时间与空间问题，讲多少时间、学多少时间，如何安排时间，教室空间如何布局等，都值得研究和探索。再比如，课堂教学工具与手段问题，如何借助“互联网＋”平台，充分利用新技术改造课堂，提高效果，等等。

1. 重新理解“教”

教是传统的。传统教学主要从教出发，讲解为什么教、教什么、怎么教等问题。教是指教育过程中教育者直接告诉、告知、给予、授予、教给、教授与讲授知识的行为，在这个过程中，教育者是积极有为的，受教育者是被动接受的。教是有限的。教的有限性就是知识不能由他人给予。叶圣陶曾表示，教师有什么可以授予儿童的呢？除却物质的东西可以授予，属于精神方面的知识是谁也不能授予谁的。教育不是送货，学习不是装货。教有时还是有害的。**在教育实践中，常常可以看到不考虑学生的兴趣、习惯、学习方式，本来不需要教的东西却硬要去教，以教师自己的思考代替学生的思考，把教师自己的思考强加给学生，结果造成对学生学习本能的毁坏**。直接地给予弱化了学生自行获取的能力，过度地教使学生养成对教的依赖。依赖的结果，就是导致学习本能的萎缩，扼杀了学生的想象力。

2. 重新理解不教

不教思想源远流长。不教是教育过程中教育者不直接告诉、告知、教给与授予受教育者知识，而是让受教育者自己去探索和思考，自行获取知识，是不以直接的教育方式而进行的教育。在这个过程中，受教育者是积极有为的，教育者是无为而为、无为而治的。教育家蔡元培主张，“最好使学生自己去研究，教员不讲也可以的，等到学生实在不能用自己的力量了解功课时才去帮助他。”不教思想精彩纷呈。苏霍姆林斯基提出教师在讲课时，“就像是把无边无际的知识世界之窗打开一点，留些东西不完全讲透。”伊利奇在《去学校化社会》一书中认为，我们常常是将教与学混淆在了一起，误认为有教就有学，误以为教师教某些知识，学生就可以学到那些知识。其实，因教而引发的学是有限的，技能方面的培养或许会因教而学，学生可能因为技能课程的教育而有效获得某些技能，但在很多方面的教并不能引发学，比如文化性的、感知性的、思考性的、探索性的、批判性的知识，有教无学反而是常态。“我们所知道的大部分东西都是在学校之外学会的，学生的大部分学习都是自己进行的，即使教师经常在场时也是如此。”

3. 不教也是一种教

不教而教重在激发兴趣。兴趣是学生学习的动力，教师的重点是激发学生的学习兴趣。强迫性的教不是真正意义的教，教那些学生不感兴趣、不需要的东西，还不如不教。不教而教重在创造条件。教是为了不教，不教而教乃是教的最高境界。学习本质上是一种学习者个人的事情，所有的学习实际上都只能是个人学习，教师的教并非学习的必要条件。事实上，学校教育中试图教给学生的很多能力都不是在学校被教会的，而是学生在学校及学校以外的场景中学会的。

人在学习时，不是因为他被人施教，而是因为他自己在学习。学习既不可能是他人操纵的产物，也不可能是他人事先筹划的结果。苏霍姆林斯基建议教师在教育中隐藏真正的教育意图，“学生不必在每个具体情况下知道教师是在教育他”，“假如一个人处处感到和知道别人是在教育他，他的自我认识和自我完善的能力就会迟钝起来，他就会产生这样一种想法：我应该成为怎样的人，应该做什么事，成年人是会替我考虑的，我只要等待建议和指示就行了”。因此，有时不教而教效果更好。

（四）在聚焦项目上下功夫

以项目建设推动教学改革是江苏成功的经验。江苏省实施“5+2”改革项目已经取得了较好的成效，教学改革的浓厚氛围正在形成，一批学校的教学状况正在发生变化，一批教学改革成果获得好评，一批教师正在成长。江苏要坚定不移地推进基础教育教学改革，坚定不移地发展素质教育。深入推进项目的实施，要特别注重以下三个问题。

1. 认真分析项目实施中的问题，促进项目实施水平不断提高

现在，各种各样的省级项目已经超过1000项，从实际情况看，项目实施工作具有较大的不平衡性，项目实施中还存在一些问题，主要有：①有的项目负责人没有尽职。没有认真进行项目实施顶层设计，目标任务不清、路径不明。有的项目组年度工作计划空泛，没有具体活动安排；项目立项后项目负责人基本不参与项目实施活动。②有的项目组实际开展的项目活动较少，个别项目视导汇报与申报时内容差不多，有的项目实施汇报内容、现场观摩内容、研究过程资料多而杂，实际是学校教育教学工作介绍，与自己的项目实施目标相关度较小。③有的项目组对项目内涵理解与把握不准。有的项目实施中未能讲清项目内涵；有的项目在实施过程中偏离了原定项目目标；个别项目实施还未能摆脱应试教育思想的束缚。④有的项目实施仅是少数项目成员在做，未能组建好实施团队，师生参与相关活动人数较少。⑤有的项目联盟校没有落实，有的项目联盟学校活动质量较差。联盟校实际参与项目实施行动较少，项目带动辐射作用不大。⑥有的项目成果缺乏提炼。有的项目成果还缺少论证，有的项目成果的信度不高。项目组要认真理清项目内涵，围绕项目要解决的主要问题开展活动。项目负责人要加强顶层设计，加强对项目组成员活动的指导，提高活动针对性，开展与项目目标关联度高的活动，要细化项目实施安排，增强计划的操作性，定期研究项

目实施中的问题，提出实施对策。

2. 进一步加强项目实施过程的管理与指导

首先要加强项目实施与管理研究。所有项目在实施过程中要能从整体上进行深入的研究，更深刻地认识项目的内涵与价值；能跳出日常经验和惯性思维，站在更高处，转换新视角，用理性的目光来审视和分析项目实施过程中存在的问题，分析影响项目实施效果的因素和机制，总结和提炼项目推进的策略；能更客观地评价项目成果和更大程度上发挥项目的影响力。使江苏省项目实施由自发的行为真正转变为自觉的行动，让项目的推进更加科学化、专业化，在进一步深化基础教育教学改革基础上形成江苏经验、树立江苏样本，为最终实现江苏和中国基础教育的美好明天作出贡献。其次要加强项目管理与指导。加强项目立项评审工作。项目评审中要坚持标准，严格把关。凡是不符合教育改革潮流的、不符合教育改革方向的、项目题目不具有确定性的都不得立项。要进一步调动更多学校参与项目申报与实施的积极性。项目评审时将注意不使项目过度集中到少数学校中，更不能让学校同一教学改革内容在省前瞻性项目、课程基地项目、品质提升工程等项目中多次申报立项。2019 年要确定初中学科课程基地建设项目，切实加强初中学科建设，争取每个市都建有覆盖初中所有学科、水平较高、具有辐射作用的学科课程基地。加强项目实施过程管理与指导。继续组织项目负责人培训活动。项目负责人要主动与专家、同行对话，认真参加项目实施方案研讨活动，根据专家意见认真修订项目实施方案，进一步理清项目实施的工作思路，扎实推进项目实施方案。继续组织项目实施工作视导。继续加强项目结项质量考核。项目立项后必须认真实施，原则上 3 年内必须提交结项材料，申请结项。原则上未能按期结项的项目单位不能再申报新的项目。

3. 加强项目成果的宣传、推广

“5＋2”项目已经取得了丰硕成果，有的项目获得了国家奖。项目成果不能束之高阁，也不能孤芳自赏，要加强对项目成果的宣传、推广，使之发挥更大效益。2017 年，江苏省教育厅办公室下发了《关于做好首批基础教育前瞻性教学改革实验项目视导与成果宣传工作的通知》（苏教办基函〔2017〕18 号）。江苏教育报刊总社、《江苏教育研究》、江苏电视台教育频道集中宣传一批项目成果，其他项目也要进行广泛宣传。希望各地各校要认真总结项目实施工作，注意成果提炼和概括。宣传教学改革项目成果，是为了实实在在地推进教学改革，适时形成一些显性的成果,有利于激励大家抓好研究工作,也有利于成果的应用和推广。此外,各地各校还要注重对外开放项目活动,举办成果发布会、观摩会,通过一系列的活动提高项目研究与实施水平,也让更多的学校分享项目研究的经验与成果,共同促进基础教育教学质量的提高。

(五) 在聚焦区域上下功夫

将教学改革引向深入,必须大力推进区域性教学改革,从教师个体研究推向教师群体研究,从单个项目研究推向项目群研究,从学校研究推向区域研究,在更大范围、更深领域推进教学改革。

1. 加强区域教学改革实验

江苏省区域教学改革实验已经出现良好的发展势头,江苏省教育科学研究院、江苏省教育学会以及一批教育专家领衔与一些县(市、区)合作开展教学改革实验,取得了一定成果。这是将教学改革引向深入的新领域,是大面积促进教育内涵发展、促进教育公平而有质量发展的新举措。可以总结经验,持续推进,完善机制,取得更多、更大成效。师范院校和其他科研单位以及教育专家也可以多参与这样的改革实验,推动区域教育整体水平的提高。

2. 加强区域教学规范建设

教育行政部门特别是教学研究部门要组织多方面的力量,对现有的课堂教学规范进行深入研究,在历史比较、国际比较的基础上,切实解决现有的规范体系中存在的空洞、抽象问题,让教师明确知道应当怎样、不应当怎样。要加强新的教学规范的宣传,让所有的教师、学生、家长和其他社会成员都了解教学行为准则,对每一种教学行为进行监督,使课堂教学更加健康,更经得起社会的评价。在对教师的教学进行评价的时候,要把教学规范化水平作为主要的评价内容,而不是只看他所教班级学生的成绩。在学生的学习评价方面,要加强过程性评价;对教师的评价,也同样应当是一种过程性评价。只有关注过程,才能优化过程。

3. 加强教科研队伍能力建设

要在研究实际问题中引导教师提升能力,在关注对学生的研究中引导教师提升能力,在人人参与改革中引导教师提升能力。要发挥特级教师、教学名师、学科带头人、骨干教师的示范作用和传帮带作用,大面积提高教师的专业能力。要进一步提升教师教学研究、课程育人的能力。教科研的真正主体是教师,重点要提升教师的课程实施能力。具体说有五种能力尤其重要。①教师对国家课程标准的解读能力。要认真组织教师研读教育部提出的各学段学生发展核心素养体系，明确学生应具备的适应终身发展和社会发展需要的必备品格和关键能力；研读教育部制定的各学科学业质量标准，理解学生发展核心素养在不同学段、不同年级、不同学科学习内容后应该达到的程度要求，确立合适的育人目标和任务，准确把握教学的深度和广度，把关键能力和学业质量要求落实到各学科教学中。②教师的学情分析能力。要引导教师认真研究学生，努力使学科教学内容符合学生不同发展阶段的年龄特征，紧密联系学生生活经验，做到教学容量适当，难易适度，避免内容偏多、偏深。③教师课堂教学的创造能力。要组织开展教师育人思想和方法研讨活动，将教育教学的行为统一到育人目标上来。要引导教师创新教学方式，形成自主开发、利用校内外教育资源的能力，使教学活动生动、新颖、活泼，增强对学生的吸引力。④教师参与综合育人的合作能力。教师要在发挥德育、语文、历史、艺术等人文学科独特育人功能的基础上，进一步提升其他课程的育人价值。开展跨学科主题教育教学活动，将相关学科的教育内容有机整合，提高学科综合育人实效。⑤教师的课程实施评价能力。各学校要将课程评价权还给教师，努力提升教师依照课程标准对自身教学实践以及教学效果进行客观评判的能力和自我反思能力。当前特别要重视提升教师对学生学业成绩的评价能力，引导教师从自身的教学要求出发，选择适当的评价方法，了解学生真实学习状况，判断学生是否达到教学目标。根据分析教学反馈信息，发现教学中的问题，及时调整教学策略，改进教学方法。

4. 提高区域教学改革的组织程度

各地要加强统筹力度，提高组织程度，推进区域性教学改革。要根据本地实际，进行战略性思考、系统性谋划、创造性操作，思路要上升，重心要下移。要大力推广教学改革成果，形成区域新优势；要大力扶持教学改革项目，形成区域新亮点；要大力推进教学协同创新，形成区域新品牌，开创江苏课堂教学改革的新局面。把深化教学改革与贯彻落实全国教育大会精神结合起来，将基础教育教学改革引向深入，为加快推进教育现代化、建设教育强省、办人民满意的教育作出应有贡献。

实施普通高中新课程[①]

普通高中教育是在义务教育基础上进一步提高国民素质、面向大众的基础教育。普通高中教育的任务是促进学生全面而有个性的发展，为学生适应社会生活、高等教育和职业发展作准备，为学生的终身发展奠定基础。普通高中课程承载着党的教育方针和教育思想，规定了教育目标和教育内容，是国家意志在教育领域的直接体现，在立德树人中发挥着关键作用。新修订的高中课程方案已经公布，我们的任务是实施好普通高中新课程。

一、实施普通高中新课程面临的问题

（一）全省普通高中事业发展面临巨大的结构性挑战

从一个全国课题组研究的基本数据看，为落实新课程的要求，普通高中教师数量需要增加 20%左右，才能基本保证学生的课程选择性，应对学科教师的结构性波动；需要改扩建教室 30%左右，才能基本满足学生走班的需要。全省普通高中教育仍然面临资源严重不足的挑战。在生源反弹、群众期待更多普高资源等多重因素影响下，普通高中资源短缺的问题显得十分紧迫，高中资源建设离省委省政府要求和人民群众满意还有一定的差距。

（二）课程教学改革的深化对普通高中发展生态提出了巨大的挑战

不论是江苏，还是全国，普通高中的教育生态已经到了必须变革的阶段。首先是外部环境堪忧。全社会对教育功利价值的追求热情不减，很多地区不正确的质量观与扭曲了的政绩观相互叠加，依然以高考成绩和升学率为主衡量高中

① 本文根据 2018 年在全省实施高中新课程培训班上的讲话改编而成。

教育质量，明里暗里给学校下达升学指标。其次是内部生态没有根本好转。在大环境的影响下，部分地区和学校也未能真正确立德育为先、能力为重、全面发展的育人观，没有把提高学生的综合素质、促进学生健康成长作为衡量普通高中教育质量的根本标准。有的教育部门运用越来越先进的数据技术，对高考成绩进行快速、细致、精准的统计、分析、排名，给学校造成了巨大压力。有的学校不再利用传统媒体宣传所谓状元、夸耀高考成绩，而是改头换面、背后操纵，利用自媒体开展宣传。从这些在自媒体上广泛传播的信息，我们看到的不是这些地方和学校的所谓辉煌，恰恰是这些地区和学校不正确的人才观、质量观，以及被破坏的教育生态。生态的修复，绝非一日之功，既需要全社会的共同努力，更需要教育部门和学校首先行动、主动作为，担负起重塑基础教育生态的重任。

（三）开始面临多重改革带来的前所未有的挑战

按照国家新一轮普通高中课程改革和高考综合改革总体部署，普通高中陆续迎来新的课程方案、课程标准、各科教材和考试评价制度等一系列改革。最近三年，我们面临着新旧课程、新旧标准、新旧教材、新旧高考方案的过渡。这对全省普通高中学校的课程教学秩序的持续稳定发展，带来了巨大的挑战。多种因素交织在一起使得改革进程中面临的挑战成倍增加，原有按部就班的教育教学秩序必将面临很大冲击。这样的冲击必须引起我们高度的重视。

二、普通高中课程改革的基本精神

2017 版普通高中课程方案和各学科课程标准的颁布，标志着高中课程改革正式进入一个深化推进阶段。深刻领会普通高中课程改革的基本精神，是我们提高新课程实施质量的关键，也是塑造今后普通高中课程教学新常态的基础。

（一）深化课程改革的根本目标，在于解决“为什么而教”的问题

全国的义务教育课程改革从 2001 年开始，普通高中课程改革从 2004 年开始，江苏从 2005 年开始。以高中课程方案和课程标准的修订为标志，国家为课程改革设定了新的改革目标，提出了新的要求，就是说，课程改革进入了深化阶段。深化课程改革的重要任务就是要解决“为什么而教”的问题。新方案新标准

的一个重要变化就是提出了“核心素养”概念，各学科课程标准的研制也首先是凝练学科层面的“核心素养”。近两年，“核心素养”这个概念在实践层面，给广大教师的理解和认识带了一定程度的困惑。这个现状说明，我们对“核心素养”这个概念的理解和宣传，还没有达到深化课程改革基本精神这个层面。

什么是“核心素养”？为什么要提出“核心素养”这个概念？这是两个不同性质的问题。什么是“核心素养”，这是一个学理问题；为什么要提出“核心素养”这个概念，才是改革的基本精神问题。我们把太多对“核心素养”的注意放在了学理和操作层面，以至让老师们产生了普遍的困惑。学理和操作层面的理解当然是必须的，但是，如果我们能更多关注为什么要提出“核心素养”，就能充分认识到问题的本质是要解决“为什么而教”的问题。能不能关注、能不能解决“为什么而教”，才是课程改革能不能走向深化的根本。

“核心素养”，它所要解决的是“培养什么人”，是教育的目标规格。**课程改革把目标规格作为新课程设计的逻辑起点，就是要明确地宣示，课程教学的目的是“人”，是“学生”。学生才是课程教学的目的，才是课程教学的中心。“为学生而教”，这是新课程最根本的精神实质**。与此相对应的是“以学生为中心”。知识可以是外在于人的存在。教育的展开可能以知识为中心，也可能以人为中心。两种展开方式构成了两种不同的教育形态。过于偏向知识中心，这是中国传统也是当前教育的主要特质。可以说，课程改革有没有走向深化，根本的标志就是有没有坚定不移地从极端的知识中心走向学生中心。为知识而教，还是为学生而教，这是区分新旧课程的分水岭，也是判断课程改革是浅化还是深化的根本标志。

（二）深化课程改革的基本路径，在于提高学生的自主选择性

深化课程改革的根本目标是实现以学生为中心，解决“为什么而教”的问题。从课程教学层面看，如何实现以学生为中心？或者说，学生的中心地位如何落实？基本的路径，就是增强学生在课程教学当中的选择性。

在课程层面，为了增强学生的选择性，修订的新方案做出了非常大的调整，最突出的地方就是减少高中学生必修学分的比例，增加选修学分的比例。这个必修学分从 116 分调整到了 88 分，减少了 28 个学分，调整幅度很大。为什么要做这么大幅度的调整？改革的信号非常强烈，就是要把课程的选择空间留给学生。如果对这个信号不敏感、不重视，就很难坚定地确认课程改革深化推进的基

本路径，实践中就很难准确地体现改革的基本要求。有的学校一看到必修要求降低了，就感觉机会来了，因为他们可以用更多的时间组织学生应试了。这种做法将是对新课程的最大伤害，也是新课程方案在推进阶段必须防止的一种偏向。课程空间的调整目的在于学生，在于让学生有选择地对自己的学习和人生做出主动的规划。反过来说，学生在课程选择空间的利用方面的实际表现，将是判断一所学校和一个地区新课程实施质量和学校教育品质的根本标志。为此，要保持基本的认识，要形成教育进步的理想和情怀。

在教学组织层面，为了增强学生的选择性，新课程实施以后，将要出现的一个基本变化是学生走班上课的比例的增加。学生根据不同的课程选择、根据自己的兴趣爱好、根据自己现有的学业水平，在同一个学科当中进入不同的班级和小组进行学习，这是走班制的特征。客观上，普通高中学校在根据学生需要灵活地安排学生学习方面，确实存在现实的困难，因为过去的课程教学，在统一性方面要求得更多，在灵活性和个别化方面缺乏相应的能力。这是课程改革深化推进提出的最重要的能力挑战。能不能很好地应对这个挑战，是判断一所学校办学水平的重要标志。江苏正在推进高品质高中建设，如果学校在根据学生需要灵活地组织教学方面没有很好的表现，这样的学校就谈不上有多高的品质。同时，灵活地组织学生的学习不是对少数学校的要求，而是新课程深化推进对每一所学校的要求。从这个意义上说，提高办学品质是对所有高中的要求。

走班走课关注的还是班级教学组织方式。学生的学习总是个别化的，总是具有个性特征的，因此，在新一轮课程改革过程中，江苏能有一批甚至有一大批学校，能以教学组织方式的改革、以网络化数字化教学环境的建设、以新型学校教学制度的建设为基础，在满足学生个性化学习方面，迈出崭新的一步，让学生有机会实现多种方式的学习，引领江苏普通高中教育在内涵发展方面的风气，推动高中从传统教学走向现代教学。

（三）深化课程改革的一般方法，就是把学生的学习变成一个经验的过程

学生的学习是一个经验的过程，还是一个灌输的过程，这是从方法层面判断新课程有没有走向深化的根本标志。

学生的学习包含练习、记忆等要素，但是，中国传统教育以及当代教育，最普遍、最深刻、最让人产生切肤之痛的地方，就是机械灌输和反复练习、简单记忆已经走向了极端。在这种学习方式中，学生个人的因素、个性的因素、能动的因素、创新的因素很难表现出来，很难得到培育和生成。一个民族一代又一代的孩子，如果在个人的主观能动性方面，在个性化的表现和创造方面得不到足够的机会，这将是一件十分可怕的事情。长此以往，它的结果和危害都不难想象。

作为基础教育，真正重要的，是学生怎样度过三年以至十五年的基础教育时光，真正重要的，是学生在日常的学习生活中，有没有表现自己的机会。知识学习当然重要，但是，更加重要的是知识在每一个学生的精神世界当中实际诞生的过程。我们不但要关注知识，更要关注知识的诞生过程。知识诞生的过程就是学生经验的过程。所谓经验，就是让学生去经历、去体验、去感知、去操作、去探索、去实践。我们下功夫建设课程基地，就是要让学生有更多的机会去经历、体验、感知、操作和探索、实践，增加学生经验的比例，改变传统的育人方式，培养新一代的合格人才，让年轻一代有跟我们不一样的成长模式。

修订以后的课程方案和课程标准，在增加学生经验机会方面进行了明确的设计。比如，高中语文课程标准中，有一个非常重要的新概念，就是学生学习的“任务群”。提出任务群的概念，就是要按学生学习的活动方式、完成活动任务的方式组织学科内容，就是要把学生学习的过程变成一个活动的过程、经验的过程。过去都是按照知识的门类编排课程，比如按散文、小说、诗歌、现代文学、古代文学等知识门类组织课程，现在，要按学生学习的任务群组织课程，让学生在完成一类活动、一定主题的过程中去学习。不仅语文如此，所有学科在组织和设计学生学习的时候，如果缺少了对学生学习方式、活动方式、经验方式的配套设计，这样的教学仍然只是传统教学，以这样的方式组织教学，新课程就毫无新意可言。在方法层面，拿什么判断一个老师或者一个学校的教学是传统教学还是现代教学？标准就是学生经验机会的多少。对此，我们必须形成明确的、统一的认识。只有这样，新课程的新意才能真正体现出来，课程改革才能真正走向深化，江苏基础教育的基本形态才能发生真正的变化。

老师在传授知识方面有着良好的基础，但是在组织学生活动、设计学生的经验过程方面，还存在着明显的、普遍的能力不足。对此，我们必须予以高度的重视。很多校长都在寻找提升学校办学品质的方法，任何一所学校，只要在这方面向前迈出一步，哪怕是迈出一小步，办学品质就在提升，教师队伍就在发展，育人方式就在转变。

三、实施高中新课程的任务和对策

实施新的高中课程方案和标准，不同于我省 2005 年推进的课程改革，这一次方案、标准的实施，性质上是新课程的深化，因此，我们在工作安排、总体部署和改革推进上，应当形成不同的思路，统筹谋划，提前介入。

（一）在课程教学中体现改革精神

修订方案和标准包含很多具体的操作性要求，但是，改革的基本精神集中体现在解决为什么而教的改革目标方面，体现在增强学生自主选择性的路径方面，体现在把教学变成一个经验过程的方法方面。这些改革精神既是修订方案和标准的要求，也是普通高中教育以至整个基础教育课程教学改革的基本主线，是一以贯之的方向。可以说，任何时候都应当在学校教育中体现这些改革精神。另一方面，体现这些改革精神，不能只是停留在理解和认识层面。需要认识清楚、把握准确，更要关注实践、改变现实。学校可以在谋划学校内涵发展的时候，通过设立专门项目、提出改革主题等方式，把围绕这些基本精神的改革，变成推进学校发展的重心和突破口。

（二）为改革做好充分的条件保障

做好新方案、新标准的实施必须有基本条件作保障。新一轮的课程改革推进对普通高中提出了挑战，也为全省普通高中新一轮的发展带来了特殊的机遇。抓住这个机遇，普通高中教育在整个基础教育以至整个社会结构当中的地位就会得到增强。办好教育不仅是教育系统的事情，也是整个社会的事情。在教师编制、基础建设、专用设施设备等方面，如果能抓住机遇，就可以向社会特别是地方政府争取更大的发展空间。争取发展空间，既是全省、地市、县区教育行政部门的事情，也是所有学校的事情。但是，要向社会、向政府争取更大的发展空间，必须有严格的论证、严密的计划。因此，如何以课程改革新一轮推进为契机，提前做好论证和规划，是全省地方和学校面临的突出任务。

（三）及早做好培训宣传工作

高中新一轮课程改革，仍然坚持以市级统筹的原则。各市教育行政部门要协调基教、教研、师资等部门的力量，及早做好改革的准备工作。要有计划地组织行政、教科研和学校管理者、学科教师，与上海、浙江等高考改革的先行试验地区取得联系，学习观摩，加强交流研讨，在学生选择性的体现、多样化教学组织的实施等方面，解决实际操作方法问题，并根据本地本校的实际，形成基本的改革思路。

普通高中学校要把学习新修订的课程方案、课程标准作为教师校本研修的中心内容，组织教师对改革过程当中可能出现的主要问题进行集中研讨论证，提前一步，做好新课程方案和标准实施的准备。组织校本培训要坚持全员参与的原则。保证课程教学秩序的稳定是所有学校最突出的任务。要在学校层面，有计划地组织不同年级、不同学科教师对不同的课程教学形态进行研讨交流，加强培训和宣传，消除困惑甚至误解，防止出现畏惧甚至抵触的情绪。

中小学生课业负担的理性思考[①]

新中国成立以来，我国基础教育事业在七十年间不断发展和进步，取得了诸多令人鼓舞的成绩。但与此同时，基础教育中的一些“顽疾”依旧存在，比如中小学生课业负担过重的现象长期存在，减负之路仍然任重而道远。因此，如何正确深刻理解课业负担的基本内涵，揭示和解释这一教育痼疾背后的深层原因，厘清课业负担过重对学生、家庭、学校乃至社会的危害，探寻减轻中小学生课业负担过重的建议和对策，直接关乎教育能否实现人的全面发展，关系到新时代如何办人民满意的教育，对我国教育事业水平提高和社会稳定发展有极为重大的意义。

一、课业负担的基本内涵

尽管中小学生减负频繁见诸报端，成为社会大众广泛关注的基础教育热词，但是关于课业负担的基本内涵却并未完全厘清，学术界对此也有不同的看法，主要的争论集中于三部分。

第一，课业负担中的“课业”的组成问题，即课业负担是单指学校课业负担，还是包含着由家庭、课外培训机构施加的课业负担。学生课业研究的资深教授库珀最近将“课业”定义为“由学校老师布置的需要在非教学时间完成的工作”，据此可认为，课业负担是由学校教师布置的课外作业所产生的负担。我国部分学者在进行课业负担概念界定时，也将关注点聚焦于学校内的课业负担，比如艾兴认为课业负担指“中小学生达成学校教育目标所要承担的学习任务及由此带

---

① 原载于《教育发展研究》，2019 年第 12 期。

来的生命消耗”。与此相对，不少学者认为课业负担不只是学校内的课业负担，还应包含家庭作业、课外培训产生的负担，课业负担由学校内课业负担和学校外课业负担共同组成。胡惠闵等人认为，需要以广义理解为基础来界定课业负担的外延，把当前社会、家长和教育者所关注的各个负担维度容纳进来。更多的学者并未直接说明课业负担的组成，但在论述过程中，他们经常会提及父母布置家庭作业、参加课外培训机构导致学生课业负担过重，实际上已经将课业负担概念外延至家庭、社会等更多维度。

第二，课业负担的主客观性问题，即课业负担是一系列客观指标还是学生的主观感受？不少学者认为负担是心理学中常见的概念，基本等同于“压力”“心理承重”等概念，既然称之为负担，那么课业负担自然是学生对课业的一种主观感受，对课业负担的认识要聚焦于个体的主观体验。谢维和就认为，减负不能仅仅局限于学业，更关键的是减轻学生对课业的心理负担。当然，主观的心理感受会随着个体的年级升高、学习能力、个性特征的变化而变化，不同的学生面对同一份试卷的感受千差万别，即使同一个学生在不同情绪状态下对同一份作业的感知也会截然不同，课业负担也因此具有强烈的情境性，难以十分准确客观地评估学生的主观课业负担。因此，部分学者在进行课业负担的调查、模型建构时，倾向于将课业负担理解为外部施加的客观物。比如有学者在建构课业负担监测预报模型时，将课业负担操作化为写作业时间、体育活动时间、睡眠时间、考试次数及教辅本数等共 12 个因子。更多的学者认为课业负担兼具主观性和客观性，课业负担由客观因素和主观因素相互作用形成，在调研中同时包含学习时间、课时数、考试次数、学习的心理感受等多个指标。

第三，课业负担概念的感情色彩问题，即课业负担是一个中性词还是贬义词？有一些学者指出，课业负担本身是中性词，任何学生为了达成学习目标都要承受一定的压力，课业负担是合理且无法避免的。比如娄立志将课业负担界定为“学生在学业方面应该担任的责任、履行的任务和承受的压力”。这些学者认为试图通过教学优化、考试制度改革彻底消解课业负担，这既无可能更没有必要，合理的课业负担对于学生的身心发展是必需的。但是，由于当下中小学生课业负担过重问题仍未完全得到解决，加之各种报纸媒体对课业负担的负面报道，不少人往往自发将课业负担视为一个贬义词。有学者通过对国内 500 篇代表性文献的文本进行分析发现，有近 60%的学者倾向于课业负担概念带有贬义色彩。比如杨兆山认为学习负担是指“学生在学习过程中，因教育者提出的要求超出学生的身心承受能力或违背学生意愿需求以及学生对学习后果的担心等所造成的疲劳性身心体验”。这些学者认为，负担就意味着课业超出了学生的能力和承受范围，本身就具有“不合理”“过量”的意味。

我们认为，课业负担不仅指学校教师布置作业产生的负担，更应包含由父母、校外培训机构施加的负担，这有助于全面把握课业负担的组成和内涵。同时，课业负担是一个内涵极为丰富的概念，我们既要从课时数、学习时间和考试数等客观指标测量课业负担，更要关注学生对课业负担的主观心理感受。最后，需要认识到课业负担是正常的，合理的课业负担有助于学生学习目标的达成，我们反对的是过重的课业负担，即对学生身心发展造成伤害的课业负担。

在理解课业负担内涵时，差异化视角十分必要，这有助于我们更深刻全面地把握课业负担的基本内涵。首先，课业负担过重并不意味所有学科课业负担过重，即存在着学科的差异性。当前，中小学生课业负担过重的科目主要集中于语数外等考试科目，它们的课时数、作业量、考试次数严重超过了学生的承受范围。而与考试关联不大的音乐课、美术课、体育课、德育课、劳动技术课被边缘化，它们在学校、家长中无法得到足够的重视，这些科目也就不存在负担过重的现象，而是存在负担过轻、被边缘化处理的问题。因此，我们所言的课业负担过重更确切的是考试科目负担过重，更进一步讲，则是该科目中容易成为考试内容知识点的学习负担过重。其次，除了科目的差异，我国中小学生在学习过程中还存在记忆负担重，想象、逻辑、创造性思维负担轻的问题，即学习心理活动负担的差异性。个体的学习过程中必然伴随着记忆、想象等多种心理活动，多种心理活动并行且均衡的学习过程最有利于个体的发展，但不少中小学生习惯于死记硬背，造成机械记忆负担过重、更高级的心理活动训练不够的问题，反而不利于个人的全面发展。最后，虽然减负政策是针对我国所有中小学生，但课业负担在不同群体中并不均质，即存在群体的差异性。以不少农村留守儿童为例，由于父母的缺失和祖辈的溺爱，在成长过程中缺乏有效的帮扶和监护，他们在校内外习惯于被动学习、敷衍了事，连基本的课业学习任务都不能高质量完成。对于这些留守儿童群体，他们可能需要的并不是减负，而是合理适当的增负，这对于他们的知识学习、人格发展才更有益处。

二、政策执行视角下课业负担过重的原因探析

党和国家高度重视中小学生课业负担过重问题，自1955年7月，教育部发出中华人民共和国第一个“减负令”起，中央政府就多次颁发关于减负的政策意见，各地方政府也出台了相应的政策文本。但现实中减负的效果往往大打折扣，无法满足人民对美好教育的期待。美国著名政策学者艾利森认为，政策目标能否最终得到实现，仅有10%取决于政策方案的确定，而其余的90%则依赖于政策的有效执行。可以推测，中小学生课业负担过重与减负政策的执行偏差密切相关，具体表现为以下几点：

（一）选择性执行

在减负政策颁布后，部分基层教育行政部门和学校会对政策文本进行裁剪，选择容易做、有利于自身利益的政策内容加以执行，刻意回避部分政策要求。比如说，2013年教育部颁发《小学生减负十条规定》，对小学考试次数和评价内容做出了规定，要求小学“一至三年级不举行任何形式的统一考试；从四年级开始，除语文、数学、外语每学期可举行1次全校统一考试外，不得安排其他任何统考。……实行‘等级加评语’的评价方式，采取‘优秀、良好、合格、待合格’等分级评价”。对学校而言，对学生考试成绩采取等级评价方式容易执行，但不少老师无法接受对考试次数的规定，尤其是一到三年级不举行考试测验，部分小学仍然采用各种方式对学生进行频繁的考试测验。另外，减负政策文本中鼓励性内容由于缺乏强制性往往被中小学有意无意忽视、回避，比如《小学生减负十条规定》中的“因地制宜地安排学生参观博物馆、图书馆、文化馆等社会设施”，不少学校管理者常以安全考虑、校外资源匮乏为由不执行相关政策内容。

（二）象征性执行

减负的象征性执行即政策执行主体也会有些许举措，但往往只表现为政策宣传、口头传达、书面文本发放等形式，缺乏真正落实减负政策的实际行动和监督机制。在2013年《小学生减负十条规定》和2018年《中小学生减负措施》中，均要求县级教育行政部门进行减负督察工作。但现实中，部分教育主管部门并未高度关注减负工作，只是通过书面文件的形式向中小学发放减负通知，并未严格落实督学责任区制度，对减负工作不力、群众反映强烈的中小学也缺乏问责惩

罚机制。除了基层教育行政部门，在中小学内部也存在着象征性执行减负政策的问题，比如国家和地方减负政策规定学校不得分重点班和非重点班，但一些学校只是从名称上消除了重点班，但在资源分配、教学进度和学习任务上仍然存在明显的班级差异。

（三）替代性执行

如果说象征性执行是政策执行力度不够的问题，那么替代性执行则是政策执行方向的扭曲，政策执行者实际行为与减负精神背道而驰，导致中小学生课业负担越来越沉重。一方面，减负政策的替代性执行体现于学校内部，部分中小学管理者依然以考试成绩为中心，他们担心减负政策会降低学生考试成绩，损害学校的升学率和社会声誉。因此，学校的日常实际工作均为实现"提分"效果而展开，上课时间长、考试频繁、家庭作业多、教师施加压力大是学校的常态，且学生课业负担随着年级升高不断增大。另一方面，各级减负政策对中小学生家长也提出了要求，比如《中小学生减负措施》呼吁家长"把培养孩子的好思想、好品行、好习惯作为家庭教育的首要目标"。但现实中，不少家长受到传统文化和社会竞争的影响，丝毫不敢在子女学业上有一丝懈怠，请家教或者将子女送进校外培训机构是最"安全"的做法，校外教育培训机构的火爆映射出减负政策执行的困境。在某种程度上，许多家长也是减负政策替代性执行的主体，这导致"学校减负，家长增负"现象较为普遍的存在。

三、课业负担过重的多重危害

从微观层面上看，课业负担过重直接作用于个体，对中小学生身心发展造成了诸多不利的影响。但是，当课业负担过重已经成为中小学生群体的普遍问题，且长期得不到有效缓解时，个人、家庭乃至整个教育系统都会受到消极影响，课业负担过重的危害主要有以下三方面：

（一）影响学生个体的身心健康，削弱学习和探究的兴趣

中小学生是课业负担过重的直接受害者，为了完成繁重的课业任务，他们不得不放弃体育锻炼、兴趣爱好和社会实践活动，甚至连基本的睡眠时间都要牺牲。中小学生正处在身体快速生长发育的阶段，过重的课业负担会危害他们的发育，造成身体上不可逆的伤害。过重的课业负担还会严重危害中小学生的心

理健康，巨大的课业压力会造成焦虑、烦躁和抑郁情绪，长期不良情绪下的学生甚至会患上严重的心理疾病。过重课业负担对中小学生更普遍的影响是削弱了学习和探究的兴趣，在经历了长期课业负担的折磨之后，不少进入高校的大学生学习态度、动机和兴趣都出现了较大问题，这也是课业负担过重的一个长期恶果。

（二）造成家庭活动内容单一化，使得家长陷入巨大的焦虑之中

过重的课业负担使得家庭活动以子女学习为中心，任何影响学业的家庭活动都可能被放置一旁，本该属于亲子情感交流、共同劳动的时间被用于完成作业，本该丰富多彩、充满温情的家庭活动变得紧张且单一。更关键的是，不少父母因子女课业负担陷入巨大的焦虑之中，感受到难以承受之重。美国学者米尔斯曾指出，在西方中产阶层有强烈的焦虑情绪，其中子女的教育就是中产焦虑的原因之一。**课业负担过重给我国许多家长造成了巨大的焦虑，且这种焦虑甚至跨越了阶层差异。不少家长也深知课业负担对子女的不利作用，但却无法放弃对短期考试成绩的功利追求，这使得他们处于严重的矛盾和张力之中，导致自身被巨大的焦虑感包围。**还有部分家长的焦虑来自课业竞争带来的经济压力，校外培训机构高昂的收费对不少家庭是一笔沉重的负担，但不让子女接受课外补习又让家长陷入自责和担忧之中。

（三）窄化教育的育人功能，导致教育生态环境的恶化

2018年全国教育大会上，习近平总书记提出“五育并举”，要努力构建德智体美劳全面培养的教育体系，形成更高水平的人才培养体系。再次为我国教育事业的发展指明了根本方向。课业负担过重反映出我国中小学教育疏于德、弱于体和美、缺于劳的问题，学校的日常工作围绕着考试展开，教育对人全面发展的促进功能被严重窄化。课业负担过重也影响了人民对教育的满意度，使得我国中小学教育被贴上了“应试教育”的标签，严重损害了我国基础教育的声誉。部分家庭的父母为了让子女免于承受课业之重，过早让子女在国外接受基础教育，一定程度上催生了我国出国留学生的低龄化现象。同时，一个良性的教育生态系统应该由家庭教育、学校教育和社会教育共同组成，三者之间应该协同发展、信息互通、合作育人。但是，过重的课业负担使得家庭教育沦为学校教育的附庸，社会教育简单异化为课业辅导、考试培训，家庭、学校和社会的互动也以课业学习为主要内容，无法发挥各主体在育人中的独特功能，整个教育生态环境也

因此而恶化。

四、减轻课业负担过重的建议对策

造成中小学生课业负担过重的主体因素纷繁复杂，减负需要学生、家庭、学校和政府的多方协同、综合治理，学者们也反复从多个主体对减负提出了建议。我认为，中小学减负是基础教育中一项长期的重点工作，在实践工作中依旧存在诸多难点，政府应该在其中发挥主导作用，具体建议对策有以下几点：

（一）建立终身学习的教育生态系统

可以说，当下我们正处于“文凭社会”，拥有名牌大学的研究生学历对个人职业获得发展十分关键，这也是中小学生课业负担过重的社会原因之一。但是，随着社会的不断发展，未来职业对人的知识、能力的要求会愈加提高，远非接受几年高等教育所能完全提供，它需要个体终身的不断学习，大多数政府机构、市场组织也将更看重个人的实际能力而非只看文凭。因此，政府需要建立适合终身学习的教育生态系统，使得个体有除了高等教育之外的学习场所和机会，在一生中有不断提升自我的可能性，进而持续增强自我的职业技能水平，获得职业的升迁和社会阶层的流动。通过终身学习拉长教育生态系统的纵向维度，分散集中于中小学阶段的教育竞争压力，保障个体即使中高考失败也不用付出过高的机会成本，从而减轻中小学生过重的课业负担。

（二）提供更多均衡且优质的教育资源

中华人民共和国成立七十年来，我国教育事业取得了举世瞩目的成就，但也要承认优质的教育资源还是相对稀缺且不均衡的。教育是个体保持阶层优势、实现向上流动的重要途径，每个家长都希望子女能享受到优质的教育资源，课业负担过重就是优质教育资源争夺战的具体表征之一。从这个角度出发，政府如果能提供更多均衡的优质教育资源，势必能降低竞争的激烈程度，缓解学校、家长和学生的焦虑情绪，从而减轻中小学生的课业负担。具体来讲，政府首先要努力扩大优质教育资源的总量，从学校数量、学校硬件设施、信息化建设等方面提高经费投入，通过各层级、多途径方式培育和提升教师的水平，提高优质教育资源“量”的供给。同时，还要注意到优质教育资源的均衡，在不同区域、不同学校、不同班级之间公平分配，让每个中小学生都能享受到适合自身的优质教育资源，自身的潜能通过教育得以最大发挥。

（三）建立多轨贯通的升学评价体系

必须承认，“千军万马过独木桥”的现象仍然存在，中小学生期望通过学术轨道进入名牌大学的心态极为普遍，这也是中小学课业负担过重的直接原因。因此，要有效减轻课业负担，必须建立多轨道贯通的升学评价体系，加强职业教育、自主招生等渠道在升学评价体系中的权重，且各轨道之间要紧密联系、相互贯通。比如近些年不少地方实施的“中本贯通”制度，将传统相互隔阂的中等职业学校与普通本科高校置于同一人才培养框架之下，使学生读职业教育也有机会获得本科学历，有效缓解了中考升学带来的繁重课业负担。通过建立多轨贯通升学评价体系，给中小学生的成长发展更多元灵活的途径，家长也有更多自主选择的意愿和机会，还能倒逼中小学日常评价体系变革，将学生的道德发展、审美能力和劳动素质等内容纳入学生评价中，充分发挥学校促进个体全面发展的功能。

（四）贯彻落实学生发展指导制度

当前，我国高中生对名牌大学和所谓热门专业有盲目的追求，缺乏对自身兴趣、性格和学习特点的理性分析，在题海战术带来的课业负担中苦苦挣扎，造成了个人片面、单一、不健康的身心发展状况，亟需学校加强对个人发展的全面指导。《国家中长期教育改革和发展规划纲要（2010—2020年）》中明确指出：“建立学生发展指导制度，加强对学生的理想、心理、学业等多方面指导”。学校需要针对个体的差异，对学生进行学习、生活、心理、升学和社会全方面的指导，帮助他们更好地应对压力、了解自我和认知社会，建立积极的自我评价和人生价值观，探索适合自己的未来人生发展方向。必须承认，我国学生发展指导还存在着重视程度不够、专业性较弱和缺乏外部政策保障等问题，需要政府统筹加以规划、指导和支持。近期，国务院办公厅颁发的《关于新时代推进普通高中育人方式改革的指导意见》中再次强调，要注重学生发展指导的实效，健全指导机制。未来，政府要督促学校更好地贯彻落实学生发展指导制度，满足学生多样化健康发展的需求，帮助学校和学生走出应试教育的泥潭，让整个社会回归教育的初心。

深化课堂教学改革

2014年5月，江苏省政府印发了《省政府关于深化教育领域综合改革的实施意见》，对基础教育明确提出了“创新人才培养模式”的改革任务，要求全省地方和学校，适应青少年儿童身心特点和成长规律，从课程教材、课堂教学、考试评价等方面，全方位推进教育教学系统的综合改革，建立健全有利于实施素质教育的体制机制，切实增强学生的社会责任感、创新精神、实践能力。人才培养模式的创新说到底是一个教学改革问题。教学是基础教育的中心工作，优化和改革教学过程，提高教学质量，直接关系到“培养什么人、怎样培养人”这个基础教育的核心问题，关系到江苏基础教育的内涵建设和转型发展。课堂是实施素质教育的主阵地，是深化教学改革的主战场。深化课堂教学改革，已成为深入推进基础教育课程改革的重要任务，成为大力推动基础教育内涵建设和转型发展的迫切要求。

一、深化课堂教学改革要着眼于重塑教学文化

近年来，江苏基础教育的课堂教学改革取得了丰硕的成果，概括起来，主要有三条。

第一是观念统一。自21世纪推进课程改革以来，全省基础教育在教学领域的重要变化，就是教师的教学观念发生了重大改变，大家在基本方向和主要观念上越来越趋向于统一。大家普遍认识到，推进教学改革最终是要提高教学质量，促进学生的发展。即使是一些目前还没有多少改革行动的教师和学校，也都十分认同这两点。方向的变化、观念的统一是改革取得的重要成就，也是今后进一步改进课堂教学的重要基础，不论今后如何改革，我们都要用新型的价值和目的

进行指导。

第二是名师辈出。江苏教育最值得骄傲、最具有优势的是人才济济、名师辈出。历史上，陶行知的“生活教育”，黄炎培的“职业教育”，陈鹤琴的“活教育”，这些植根于江苏本土的教育改革在中国教育史上都有着举足轻重的影响，钱穆、朱自清、叶圣陶、朱光潜、阮真、王森然等名家也都曾经在江苏教育史上留下浓墨重彩的一笔。中华人民共和国成立以来，从陈鹤琴、斯霞，到李吉林、李庾南、邱学华、于永正，再到新生代名师薛法根、孙双金、芮火才，江苏基础教育名家更是层出不穷。纵观历史，所有的名师都是从课堂做起，从教学改革入手，经年累月，终有所成。可以说，课堂教学改革成就了一批名师，名师辈出又引领着课堂教学改革的不断深化。江苏名师既是全省 66 万教师的榜样，也是提升江苏教育实力的宝贵财富。

第三是实践多样。江苏基础教育课堂教学改革呈现出多样化实践的生动局面。从区域改革看，连云港市从推行“三案六环节”教学模式、实施“六模块建构式课堂”到推广“建构式生态课堂”，走过了近十年时间。徐州市“学讲计划”的推进，苏州市“苏式教学”的探索，南通市“限时讲授、合作学习、踊跃展示”课堂基本要求的落实，淮安市的十大改革模式的研究，泰州市生态课堂的实践，扬州、镇江等市高效课堂的改革，等等，都是目前正在进行的生动的改革实践。从教师个人的教学改革看，李吉林的情境教学、李庾南的“自学・议论・引导教学法”、邱学华的尝试教学、于永正的五重教学、薛法根的组块教学、孙双金的情智教学等等，不仅对学科教学产生了引领作用，而且引发了基础教育的整体性变革。2012 年，省教育厅组织编写出版了全省著名特级教师教学思想录。2015 年 3 月又组织出版了江苏人民教育家培养工程丛书，这些都集中展示了多样化改革实践的成果。

观念统一、名师辈出、实践多样的教学改革成就，为江苏基础教育走向内涵发展奠定了十分重要的基础。今后，我们要在这个基础上，深入挖掘，充分提炼，努力推广，形成具有本土特点的、独特的思想体系和实践模式。

但是，我们也必须看到，基础教育的教学形态总体上仍然没有摆脱传统教学的束缚。新的课程教学观念仍然没有完全转化成教学管理和课堂教学的实践；以教师为中心、以知识为中心的状况仍然没有得到根本性的改观；学生课业负担过重的现象、教学方式简单化的现象仍然较为普遍；学生自主、合作、探究式的学习仍然需要进一步加强；城乡学校之间的教学现状和教学质量存在较大差异，教育的过程化公平水平仍需进一步提高；课程教学管理规范化仍然存在一些突出问题，以教学工作为中心的支持、服务和保障体系仍需进一步完善。

所有这些现实都清楚地告诉我们，改革的任务仍然十分艰巨，基础教育的教学文化需要得到彻底改造。教育理论的研究表明，中西方的课程教学文化存在着方向上的根本区别。中国的教学文化是"传授—接受"型的，西方的教学文化是"建构—探究"型的。"传授—接受"型的教学注重的是外在的知识，为提高教学效率，倾向于采用"课程压缩"的策略，按照这种策略，**"教学"被压缩为"知识的教学"，"知识的教学"被压缩为"书本知识的教学"，"书本知识的教学"被进一步压缩为"书本上可考试的知识的教学"，层层压缩的结果，就是教学的内涵严重缩水，学生的发展走向片面**。相反，"建构—探究"型的教学注重的是个人的经验，为提高教学效率，它会倾向于采用"课程延展"的策略：要让学生获得知识，就需要让学生获得与知识相关的经验，为了让学生获得这些经验，教学就需要走向实践、体验、操作，走向综合，走向活动，走向生活，教学的内涵会表现得越来越宽。我们应当看到，中西方教学的文化差异是总体性的，不同的文化将会造就不同的公民。我们不能否定中国教学文化的合理方面，但不可否认西方教学文化的先进一面。因此，要在整体上改变传统的育人模式，培养一代新人，仅仅只是在局部、细节、技术上进行改革，还远远不够。要着眼于走向内涵发展，就要改变传统的教学文化，坚持不懈地推进教学文化的整体转型，塑造更符合教学规律、更具有时代特点、更顺应世界潮流的教学文化。

二、深化课堂教学改革要拓展学习的深度和宽度

基础教育是学生终身学习、终身发展的初始阶段，基础教育阶段的学生具有巨大的多样化发展的可能性。**保护儿童发展多样化的可能性，就是要在基础教育中，摒弃单一、机械、线性化的教学方式，使学生的学习活动成为一个更加饱满、立体的过程，其基本的途径就是在对教学方式进行设计时，充分拓展学生学习的深度和宽度**。

拓展学生学习的深度不是要加深学习内容的难度、加重学习的负担。正好相反，深度学习是一个学习方式的概念，而不是一个学习内容的概念，它是与浅

层学习方式相对应的一种学习方式。大量的教学实践证明，在相同难度的学习中，学生可能会采用浅层学习方式，也可能采用深度学习方式，但是他们的学习效果却有很大的差异。

美国的学习专家埃德加·戴尔1946年就曾经提出过一个学习方式的金字塔模型。他认为，学生的学习方式由表层至深层，可以分为七层。在用相同的时间对相同的内容进行学习时，处在塔尖的第一层的学习方式就是“听讲”，教师在上面说，学生在下面听，这是我们最熟悉最常用的学习方式，学习效果最低，两周以后，学习的内容只能留下5%；第二层的学习方式是通过“阅读”来学习，两周以后，可以保留10%；第三层是用“声音、图片”的方式学习，可以记住20%；第四层是采用“示范”的方式学习，可以记住30%；第五层是“小组讨论”的学习方式，可以记住50%的内容；第六层学习方式是“做中学”或“实际演练”，记忆率可以达到75%；第七层也就是最深层的、处在金字塔底部位置的学习方式，是“教别人”或者“马上应用”，可以记住90%的学习内容。

我们可以看到，学习效果在30%以下的几种学习方式，基本都是传统教学方式中最常用的个人学习、简单记忆，而学习效果在50%以上的，是团队学习、主动学习、参与式学习、实践性学习。由此可见，学习方式不同，学习效果大不一样。研究者认为，采用表层方式学习的学生学到的是零散的、孤立的、肤浅的、无意义的知识材料，而采用深度学习方式学习的学生学到的是结构化的、有意义的知识内容。

组织学生进行更加有效的学习，就是要让学生更多采用深度学习的方式。美国新媒体联盟在《2015年地平线报告》的基础教育部分明确提出，教育改革的短期趋势是“越来越多地使用混合式学习”，中期趋势是“越来越多地使用合作学习方式”，长期趋势是“向深度学习方式转变”。深度学习的有效性，来自学生内在的动机和好奇，来自学生主动探究和尝试的兴趣的满足。而表层学习的学习动机只是来自外部，来自对教师要求的表面应付。让学生进行简单化、表面化的机械记忆和练习，不仅不能让学生学得轻松，反而会因为需要不断重复而无限增加学生的学习压力和学习负担。

拓展学生学习的宽度不是要增加书本知识的内容，不是要超出标准组织教学，而是要对学生的学习过程进行丰富的、多样化的设计，让学生有更多的机会探索自然，理解社会，发展自我。学生的学习是一个发展的过程。近百年前，杜威就说过,“教育即生长”。人的发展、人的生长包含多种方向和维度。如果只让学生单一地学习书本知识,只让学生机械重复地练习书本上的习题,学生的生命空间就无法被打开,他们的发展之路就只能越走越窄。

彭明辉教授认为,学校教育的最大问题,就是在小学阶段,我们就急着想看到孩子在功课上的成绩表现,希望由此确定他未来在社会上有优势的竞争力。于是,小学阶段,许多关乎孩子一生幸福的成长空间被严重挤压了,关乎孩子未来的能力被荒废了,学生在情感教育、对大自然的欣赏、在艺术方面自由表现等方面的机会被剥夺了;相反,没有必要的繁琐内容被过度地强调,很多没有必要的细节性的知识被反复地练习。结果,许多人都能发现,现在的学生,除了别人要他做的事之外,从来都想不出自己要做什么;除了应付功课的能力之外,其他的情感能力和人格素养都严重地缺少开发。彭教授形象地比喻说,许多孩子都变成了“草莓族”——就是看起来鲜红可爱,随便捏一下就稀烂;而所谓的“高材生”,虽然熟练地掌握了一些知识技能,可是对人生的理解与想象,却空洞得可怕。因此,拓展学习的宽度,就是要给学生一个人性化的成长空间,让他们做一个自然的学生,谨慎地保护他们在未来才会表现出来的多样化的可能性。

三、深化课堂教学改革要着力加强规范化建设

教学规范是教师在教学过程中必须共同遵守的规则和要求。应当肯定,我们已经有了一整套的教学规范,比如,在备课、上课、批改作业等环节,已经建立了完整的常规要求,每个学校也都有自己的教学纪律。这些规范确实都是非常明确的,但是,大家也应当注意到,我们的很多规范都是口号式、原则性的,都很抽象,难以成为教师约束自己教学行为的准则。

没有规矩,就会出现大面积的行为“失范”现象。有了规矩没有执行同样无益于提高质量。目标不等于现实,口号不等于行动,个别不代表普遍。比如,在公开教学当中,教师们的课堂表现非常完美,但是,在日常教学情况下,很多教师的教学行为就值得推敲,甚至存在很多随意、不负责任以至放纵的现象。我们常说,教学是教育的中心工作,离开教学,教育就成了抽象的东西。教育是通过分分秒秒、实实在在的教学完成的。教育的质量怎么样,完全取决于每一个教师在每一节课中的实际表现。这些表现是否符合基本的规范要求,决定着基础教育

的实际水平和质量。

教师们在课堂教学中的规范化水平究竟怎样,需要我们实实在在地"沉"到课堂里才能发现。把教学规范挂到墙上,就认为规范问题已经解决,实际上就回避了教学中存在的现实问题,回避了教学过程的改进问题。教学是实实在在的事情,教学改革不是提出一些响亮的口号。我们要切实加强规范化建设,通过规范化,引导教师把日常的、基本的工作做好,这是提高教学质量更加基本、更加重要的因素。

在推进课堂教学规范化建设方面,今后要做好三个方面的工作:第一,教育行政部门特别是教学研究部门要组织多方面的力量,对现有的课堂教学规范进行深入研究,在历史比较、国际比较的基础上,切实解决现有的规范体系中存在的空洞、抽象问题,让教师们明确知道应当怎样、不应当怎样。希望江苏的基础教育能在教学规范的现代化建设方面,走出一条自己的道路。第二,要加强新的教学规范的宣传,让所有的教师、学生、家长和其他社会成员都了解教学行为准则,对每一种教学行为进行监督,使我们的课堂教学更加健康,更经得起社会的评价。第三,在对教师的教学进行评价的时候,要把教学规范化水平作为主要的评价内容,而不是只看他们所教班级学生的成绩。在学生的学习评价方面,要加强过程性评价;对教师的评价,也同样应当是一种过程性评价。只有关注过程,才能优化过程。

四、深化课堂教学改革要积极应对新技术的挑战

最近一二十年,技术进步对我们的生产生活以及教育产生了深刻的影响,信息技术、网络技术正在以不可逆转的方式改变着教育的基本形态。二十年前,信息技术还只是教学的辅助手段,二十年后的今天,技术已经成为教育固有的环境和生活的基本形态。在2015年5月召开的"国际教育信息化大会"上,刘延东副总理指出,互联网"从1969年诞生至今,已渗透到人类生活的方方面面,深刻改变了人们的思维和生产生活方式"。"特别是信息技术在教育领域的广泛应用,对教育理念、模式和走向都产生了革命性影响。……教育信息化突破了'时空限制',是缩小教育差距、促进教育公平的有效途径。……教育信息化推动了教与学的'双重革命',是共享优质资源、提高教育质量的重要手段。……教育信息化

打造了'没有围墙的学校'，是实现全民学习、终身学习的必然选择。……教育信息化汇聚了'海量知识资源'，是人类文明传承创新的重要平台。"我们看到，当代的教育变革首先采取的就是一种技术思维、互联网思维，教育中的人际关系、教学方式甚至基本的教育价值取向，都已充分表现出技术的因素。

前文所述的《2015年地平线报告》，也明确提出了当代的技术发展给教育带来的六项挑战：一是要创建实景的学习机会；二是要在教师培训中融入科技；三是要实现个性化学习；四是要重新思考教师的角色；五是要在规模化教学方面不断创新；六是要向学生教授复杂思维。

最近几年，我省在通过信息技术高端引领教学方式变革方面，走出了一条具有本省特点的成功之路。2012年，省教育厅启动了基础教育数字化学习试点工作。数字化学习项目的实施，在新型学习平台建设、学习资源建设和教学模式创新方面，已经取得了丰硕的成果。像苏州市的未来教室计划、泰州市的"泰微课"、常州市天宁区的教学方式多样化发展等等，都正在使我省的课程教学迅速融入当代世界的发展，在全新意义上变革教育教学的过程，改变教与学的内涵。同时，2011年启动的课程基地建设项目，以转变学生学习方式、教师教学方式为根本目标，使课程内容获得新的呈现形态，使学生学习能够在经验化、可操作、实践性的环境当中进行，已经成为江苏深化课程改革、转变育人模式的引领力量，受到广泛关注。

面对新技术的挑战，我们要多维度认真研究未来课堂教学问题。比如，课堂教学中的知识量与结构问题，要研究知识量的传授如何更多地依靠新技术，课堂教学如何更多地注重知识结构的设计。比如，关于课堂教学时间与空间问题，讲多少时间、学多少时间，如何安排时间，教室空间如何布局等，都值得研究和探索。再比如，关于课堂教学工具与手段问题，要研究如何借助"互联网＋"平台，充分利用新技术改造课堂，提高效率。面对新技术的挑战，我们需要重新定义"教学"的内涵。用"45分钟的时间、45平方的空间、45人的教学对象"对教学进行限定，已经完全不能适应当代环境下的教学变革。教学的时空正在改变，教学中的人际关系也在改变。"翻转课堂"翻转的是教师与学生的关系，翻转的是教与学的地位。"小班课堂"使学生成为课堂主人有了可能。这些基于新技术条件下的课堂改革必然会对教学进行重新定义。美国麻省理工学院附近有一所叫作"诺福"(NuVu)的创新学校，这是一所"五无学校"：无课程、无科目、无教室、无课时、无年级。学生只在自选的主题之下进行项目学习。这样的教学已经完全超越了传统的含义。我们并不要求立即建设一批“五无学校”，但希望全省能有一批学校，在课堂教学改革方面，确立新的改革思路，立意更加高远，行动更加稳健，先行先试，引领风气。

五、深化课堂教学改革要提高区域组织程度

与教师个人的教学改革不同，组织发动区域性的教学改革具有独特的功能。其一，借助改革，能在较短的时间里，迅速提高全体教师课堂教学的规范化水平；其二，改革本身就是一个锻炼的过程，区域教学改革的组织能促进所有教师提高自己的教学专业能力；其三，区域性教学改革可以把更多的教师组织起来，形成一个相互支持的专业共同体；其四，区域性教学改革在提高改革的效益、形成地方化的改革特色方面，发挥着重要的作用。近年来，我省各市、县（市、区）组织的多样化的地方性教学改革，对促进全省基础教育内涵发展、教育质量整体提升，产生了十分重要的影响。

2015 年 6 月，省教育厅印发了《江苏省基础教育教学改革行动计划》，目的是进一步激发教学改革创新活力，深化基础教育课程教学改革，加快推进基础教育内涵发展，通过“分层实施、典型引领、项目推进、分步落实”，争取用五年左右时间，“建立全省基础教育教学新常态，培育一批有影响的教学改革新项目，培养一批教育教学领军人才，推广基础教育教学改革成果，切实解决教学中存在的实际问题，加强实践性直观教学改革，建设江苏基础教育思想高地”。

根据行动计划，省教育厅已经设立了“基础教育前瞻性教学改革实验项目”和“基于测试分析的跟进式改革重大研究项目”。通过申报评审，已确定了省级的前瞻性项目 42 项、跟进式改革项目 29 项。“十三五”期间，全省层面的教学改革将主要依据行动计划确立的主要精神来推进。我们相信，经过全省上下的共同努力，行动计划的实施一定能在新时期进一步增强我省基础教育的总体实力，形成具有江苏特点的基础教育内涵发展模式，进一步确立我省基础教育在全国的领先地位，为 2020 年基本实现教育现代化作出重要贡献。

基础教育教学改革的主战场在课堂，主力军是教师。各地要加强统筹力度，提高组织程度，推进区域性教学改革。要根据本地实际，进行战略性思考、系统

性谋划、创造性操作，思路要上升，重心要下移。要大力推广教学改革成果，形成区域新优势；要大力扶持教学改革项目，形成区域新亮点；要大力推进教学协同创新，形成区域新品牌。各市、县（市、区）和学校在具体落实行动计划的同时，要参照省里的做法和思路，形成本地区、本学校的改革规划，加强对教学改革的组织和领导，以内涵发展为中心，建立新型保障机制，真正确立课堂教学和教学改革的中心地位，开创全省课堂教学改革的新局面。

以课程基地建设改革育人方式

党的十九大报告强调要优先发展教育事业，并进一步着重强调了立德树人与关键能力的培养。江苏省进行高中课程基地建设，正是推进立德树人与关键能力培养的重要生长点，是促进高中学校变革的孵化器。解决好教育领域发展不平衡不充分的问题，需要课程基地形成规模效应；培养学生的创新能力，需要建设高品质的课程基地；着眼未来教育发展，需要建设特色鲜明的课程基地群体。

一、推进基地建设，创新育人模式

课程基地建设是江苏教育原创，是我国基础教育改革具有创新意义的实践。其目的在于改变传统育人模式。自 2011 年实施以来，江苏省教育厅和相关部门以及各基地学校在基地建设的目标定位、内涵拓展、建设方式、培训组织、活动交流、联盟组建、资金保障等方面做了大量卓有成效的工作，推进育人模式转型取得阶段性成绩。

（一）课程基地走向普及，建设质量强劲提升

经过几年的努力，江苏省的课程基地建设已经从试点走向全面和普及，为进一步推进建设提供了实践基础；课程基地涌现不少亮点项目和育人模式转型的典型案例，为全省基地建设提供了良好的示范。比如，淮阴中学的航空航天课程基地在育人模式转型、课程教学创新方面做了积极探索；南京市第九中学建立的音乐课程基地，创设了新型学习环境，增强了音乐实践认知，促进了学生在自主、合作、探究中学习音乐的效能，发掘音乐特长潜能，提高学生综合素质。

（二）课程改革持续推进，学习方式明显改进

许多学校依托基地持续推进课程改革，实现国家课程校本化，校本课程多样

化，对学科内容进行了创造性开发，不断增加学术性、社会性课程拓展内容，充分吸纳社会资源，不断满足学生多样化、个性化的需要，对江苏教育更加平衡充分发展起到了十分积极的推进作用。大部分课程基地学校充分发挥自身的创造性，积极改进教学方式，为学生学习方式的变革提供了新的平台与机会，引导学生用多样化的学习方式进行学习，取得了一系列可资借鉴推广的实践经验。

（三）基地建设形成范式，发展特色得以彰显

课程基地强调从教学环境、教学内容模型、人机互动平台、课程资源开发、教师专业成长、学生实践创新途径等六大要素出发，通过省级资助、地方配套、学校自主建设等多种途径，形成单科性、多科性、综合性等多种类型的课程基地，为基础教育特色优质发展提供基本经验。各校课程领导意识得到了强化，对课程基地建设进行积极的实践探索，促进了学校的特色发展。

（四）理论实践趋向融合，基本模型初步建成

课程基地拉近了课程理论与实践的距离，推动了课程理论和实践之间的互动转化。在行政推动之下，由专业引领、实践参与，几年多方协同共建之后，初步构建了普通高中课程基地建设的理论模型与实践模式，为今后深入推进基地建设提供了良好的样态。

（五）活动组织有序推进，活动实效比较突出

在江苏省教育厅的领导下，江苏省课程基地建设指导中心重视对基地建设的整体部署推进，依托九大领域课程基地联盟组织，二十所牵头学校共同发动，每年都有计划地至少组织四次大型研讨交流活动，从方案申报前的培训，到立项后的实施方案论证，一年后的中期评估以及下一年底的现场视导评优，每次活动都有明确又恰当的主题，活动主题前后呼应、不断推进，促进各校课程基地良性发展，为江苏教育改革与发展打下了较好的基础。同时，九大领域联盟每年至少开展一次以上联盟内外的交流研讨活动，带动全体同类型课程基地相互借鉴，共同提高建设与运用水平。

（六）认识水平不断提升，建设内涵不断充实

以课程基地建设为抓手推进教育教学改革，是促进江苏教育优质多样发展的重要举措，是促进人的全面而有个性发展的有力探索，是解决基础教育改革发展中突出问题的现实需要，是国际上基础教育改革发展的共同行动，在一定程度上已经找到了破解基础教育难题的对策，开创了江苏教育改革发展的新局面。

二、发挥基地作用，培养创新能力

江苏省课程基地建设始终以育人模式转型为目标，主要在六个方面进行了实践探索，即以课程实施方式的变革落实素质教育，以课程全面建设促进学生的全面发展，以专业规范的课程提升学生综合素养，以直观教学方式促进抽象思维的形成，以课程基地开放共享培养学生社会智能，以真实生活融合教育促进学生幸福人生。这六个方面改革的重心是培养学生的创新能力。学生创新能力的高低，是衡量课程基地建设质量的重要标尺。

（一）树立坚定的创新能力培养信念

党的十九大报告明确指出，要加快建设创新型国家。创新是引领发展的第一动力，是建设现代化经济体系的战略支撑。要加强国家创新体系建设，强化战略科技力量。要培养造就一大批具有国际水平的战略科技人才、科技领军人才、青年科技人才和高水平创新团队。这些都对高中的创新教育提出了战略要求。正因为如此，江苏的课程基地建设首先选择在全省高中学校全面铺开。

普通高中，尤其是优质高中以及技术类课程基地高中学校对创新人才的培养要能担当历史使命。从学生角度看，高中学生的生理、心理和人格发展趋向成熟，其世界观、人生观和价值观也逐步走向自觉，其个性需求、生活准则、精神特质、创造意识以及实践能力等基本素养也逐步形成。很多国家都十分重视工程技术，比如，美国《新一代科学教育标准》中就把它与跨学科及学科核心观念等作为最重要的三个维度推进教育改革，技术类的课程基地建设，以通用技术与信息技术为统领发挥好课程的多学科、跨学科、超学科整合作用，这契合高中学生成长发展的关键需求，可以激发学生浓厚兴趣，引导高远追求，培养科学精神，培育创造思维和创新能力。基地学校要从激发学生发展的内生动力角度出发，提高创新意识，增强创新动机，搭建创新平台，形成创新机制，提升学生积极创新的主观能动性。

（二）确立科学的创新能力培养理念

首先，创新要面向全体学生成长需求。创新能力往往容易被人理解为少数人的成长专利。要破除这种思想认识，培养学生创新能力，必须面向全体学生。教师应通过科学的、有效的培养途径，把创新教育贯穿于教育教学活动的每个环节，充分开发全体学生的创新潜能，坚持把创新教育的基本理念、原则、方法等贯穿到每一节课、每一项活动中。

其次，创新要尊重学生个性特长发展。没有个性就没有创造，教育要促进学生的个性发展，要发展每一位学生的优势潜能，对他们正当的兴趣和爱好给予必要的引导和支持。

再次，要着力培养学生的创新基础素质。高中阶段要重视培养学生的创新意识、创新思维、创新品格、创新方法和创新能力，为他们将来成为创新人才奠定基础。

另外，培养学生创新能力，不能急功近利、急于求成，要注意保护学生创新的种子，保护学生好奇心和创新热情，鼓励学生批判质疑，教给学生基本的创新方法，引导学生不畏挫折、反复实践。要全面培养学生的认知能力、合作能力、创新能力和职业能力等人的终身发展的关键能力，使创新能力成为有源之水、有本之木。

（三）设立多样的创新能力培养课程

课程基地具有丰富的育人资源，要努力实现基地使用正常化，增强项目的开放性与互动性，激发更多的学生到基地参加活动，鼓励更多的课堂教学在基地实施，鼓励更多的教研活动在基地开展。要以基地为载体，加强整体规划，开发、开设各类课程，充分发挥基地资源优势，努力为学生全面充分发展提供“适合的教育”，培养他们的创新能力和个性特长。

开发体验性课程，可以有计划、有组织、有目的地开展参观、操作和交流活动，对广大学生进行普适性教育，培养他们的爱好特长和创新意识，激发他们发展的内驱力。

开发探究性课程，可以突出科学技术与高中基础学科之间的内在联系，引导教师改革教学方式，拓宽教学思路，引导学生重视学业基础，引导学生合作创新，发展全面素质、个性特长和创新能力。

开发活动性课程，以班级或社团为单位开展系列实践性活动，由校内外专业教师进行日常活动指导，对深入开展研究性学习，拓展科技知识，开展科技创新活动，进行科学探究与创新实践大有裨益。

开发前瞻性课程，可以有针对性地根据特长突出学生的兴趣及方向，以大学生的培养要求和专业发展的需求进行超前培养，为他们进入大学之后的可持续发展奠基。

（四）建立常态的创新能力培养平台

常态课堂教学是学生能力培养的主阵地。依托特色课程基地建设，有助于进一步优化学生观、人才观和创新观，不断推进课堂教学改革。突出小组合作、批判质疑和探究性学习，努力促进创新能力的培养和学生的自主发展。引导学生多角度、多层面分析问题，关注学科之间的内在联系和边缘结合，激发创新思维，培养学生分析与综合能力、批判思维和创新思维能力。

（五）创立崭新的创新能力培养方式

学校需要开拓办学思路，充分利用校内外各种资源，为学生创新能力培养提供更多的力量支持。比如，重视建设具有创新素质的教师团队，为创新能力培养提供智力支持；大力建设学生社团，给学生提供自主研究和实践的平台，增强他们的创新意识，提高他们的创新能力；还可以与专门机构、高等院校进行深度合作，加强对学生创新能力的联合培养。

三、完善基地建设，把握创新方法

课程基地建设已激发出人才培养模式转型的新活力，基地学校要乘势而上，充分利用已经取得的建设成果，深入研究探索，提升人才培养模式转型的实效性。比如，要提升基地建设整体设计水平，既要重硬件质量，更要重内涵提升；要提高课程基地使用效益，实现基地使用正常化，不让它沦为摆设或者建成了景观；要激发课程基地建设动力，推动学校的特色发展，助力教师的专业成长，实现学生的充分发展；要促进课程基地间的深度交流，形成全面推进、全面提升、多样交流的良好态势，促使课程基地建设水平跃上新台阶；要落实课程基地建设保障措施，确保课程基地高质量建成；要加强课程基地建设理论研究，以理论研究推进实践创新；要建立健全课程基地评价体系，持续加强对课程基地建设项目的检查、指导和绩效评估。同时，还要善于研究分析国内外教育形势的新发展，与时俱进，做好前瞻性研究，为特色课程基地建设注入新动力。

（一）准确把握课程基地建设核心内涵，保证课程基地规范、有序、科学地发展

江苏省教育厅关于课程基地建设的基本要求是，以创设新型学习环境为特

征，以改进课程内容实施方式为重点，以增强实践认知和学习能力为主线，以提高综合素质为目标，努力促进学生在自主、合作、探究中提高学习效能，使之成为发掘潜能特长的综合性教学平台。课程基地要按照这样的要求和方向，回归教育本真，遵循青少年身心发展规律和人才成长规律，促进学生自主选择和自主发展，尊重学生的需求，培养学生的兴趣，发展学生的特长，引导学生探寻知识的本源，促进学生基础素质的全面发展和可持续发展。

要坚持课程建设与基地建设相统一的原则，加强课程建构和有效实践相结合，坚持因材施教、学思结合、知行统一，在知识性、实践性、互促性和实效性等方面下功夫。要围绕如何破解教学难点与载体创新，以学生为主体，面向全体学生，紧扣课程内容、手段运用、方法创新，形成开放、创新、互动的活动载体。以课程建设为载体，加强学科融合，使基地建设和学生学科学习之间产生互动、促进的效应，促进学生形成扎实的全面基础素质和个性特长。

（二）准确把握国家教育政策要求，明确课程基地建设的行动指南

国家对教育改革发展的大政方针，是我们特色课程基地建设的行动指南。中共中央办公厅、国务院办公厅印发的《关于深化教育体制机制改革的意见》和十九大报告中的教育部分内容，就是我们当前和今后一段时间内的行动指南。这些文件强调建立立德树人德育体系，培养学生的关键能力。立德树人要求针对不同年龄段学生，科学定位德育目标，合理设计德育内容、途径、方法，使德育层层深入、有机衔接，推进社会主义核心价值观内化于心、外化于行。注重理念创新、内容创新与方法创新，建立长效机制，形成社会合力的育人体系。这样的育人要求，既是我们“十二五”以来课程基地建设的既定目标，也是我们今后的努力方向。

（三）准确把握教育改革发展的国际前沿动态，丰富课程基地建设的新内涵

当前，虽然江苏教育取得了长足的进步，但发展不平衡不充分的问题仍然不容忽视。许多发达国家或地区的教育理念、方法、技术等很多方面仍然值得我们思考、学习和借鉴。如联合国教科文组织提出的教育是“全球共同利益”的理念，强调要以尊重生命和人类尊严、权利平等、社会正义、文化多样性、国际团结和为创造可持续的未来承担共同责任为基础，对我们办好教育就有很好的借鉴性价值。因此，课程基地建设还要努力拓宽国际视野，加强对国际教育政策动态、国际重大教育规则的关注与研究，深化多边教育合作，培养符合 21 世纪要求的新型创新人才，探索和提出教育的中国主张、中国方案和中国表达，促进中国教育事业的发展。

中国特色社会主义进入新时代，我国教育的改革发展也站在了新的起点上。课程基地建设是新时代江苏教育发展的新路径，要坚定不移地把课程基地建设作为优化教育供给的龙头，提升课程基地品质，打造特色课程基地，努力解决好江苏教育发展不平衡不充分的问题，满足人民日益增长的美好生活需要。

第五篇

探讨高考综合改革

中国社会对教育关注度最高的莫过于高考，高考是“指挥棒”，指挥着千千万万学生、家长和社会人员的学习和生活。我们的教育理想应当是建立科学的高考运行机制、高考综合评价制度，扩大高校招生自主权，使高考更好地适应高中课程改革，引导基础教育特色发展，促进学生健康成长，成才、成人。

高考是一项系统工程，涉及考生、高校、考试机构、政府、社会“五大主体”，我们贯彻落实党的十八届三中全会精神，推进高考制度改革，就是要进一步明确“五大主体”的权利和义务，探索“五位一体”的高考运行机制。

观点摘录

★ 高考是一项系统工程，涉及考生、高校、考试机构、政府、社会“五大主体”，我们贯彻落实党的十八届三中全会精神，推进高考制度改革，就是要进一步明确“五大主体”的权利和义务，探索“五位一体”的高考运行机制。

★ 从公平理念出发，相同评价标准的考试应当实行相同内容的考试，多次考试应当基于多种评价标准，可以选择多次录取机会。

★ 高考是和平年代一次性动用人力、物力最大规模的活动，高考期间，全国数千万人为之工作，必须强化政府的组织协调，才能保证其顺利进行。

★ 考风考纪反映党风、政风和社会风气，只有良好的考风考纪，才能维护高考的公平公正。

★ 高考综合评价的完整意义不仅体现在评价主体多元、评价形式多样、评价内容综合等方面，而且必须体现在对评价结果的运用上，探索建立高等院校多元的招生和录取综合评价体系。

★ 这就不禁让人思考：既然选择了高考，为何还要再重复地进行文化考试？是对自身题目的可靠程度不自信，需要高考再进行检测？还是对高考区分度的不满意，学校要多加考察？如果说是对高考生疑，那何必再劳心劳力地重复考察文化知识？如果是不放心高考的说服力，那最后录取又何必依赖高考成绩以此为门槛？不管是哪一种，都是存有矛盾之处的。

★ 对高校而言，要革新评价依据，不拘泥于选拔高分生，转而选拔具有特殊才能、专业特长的考生，使联考成为一些特长生进入理想大学的渠道。不单一用分数的尺子量人，而用综合评价的眼光选学生，改进当前唯分数高的人才选拔方式，深层次地发掘数据背后所蕴含的考生个性化信息，实现对考生个性、特长、专业倾向等多方面的考察。

探索“五位一体”的高考运行机制①

党的十八届三中全会提出，要“推进考试招生制度改革，探索招生和考试相对分离、学生考试多次选择、学校依法自主招生、专业机构组织实施、政府宏观管理、社会参与监督的运行机制，从根本上解决一考定终身的弊端”。这为高考制度改革进一步指明了方向。**高考是一项系统工程，涉及考生、高校、考试机构、政府、社会“五大主体”，我们贯彻落实党的十八届三中全会精神，推进高考制度改革，就是要进一步明确“五大主体”的权利和义务，探索“五位一体”的高考运行机制。**

一、学生考试多次选择

学生是考试的主体、招生的对象，在“五位一体”运行机制中处于重要地位。我们要全面、正确理解“学生考试多次选择”的含义，积极探索操作方法，不断完善高考制度。我们认为，学生考试多次选择可以包括三种形式：

（一）一门学科，选择多次考试，取最好成绩参与录取

这种形式在世界上有许多国家的高校入学考试中都采用，但通常只是作为资格性考试，如“托福”、“雅思”考试。学生可以多次考试，达到高校提出的起点要求，就具备入学资格。这种考试通常需要基于题库命题、基于标准化试题、基于网络考试，以提高考试科学性，降低考试风险与成本。今后，我国可以在两方面进行探索。一是探索英语科目多次考试，二是探索学业水平考试科目多次考试，学生选择多次考试，取最好成绩参与录取。高校对英语或者学业水平考试各

① 原载于《江苏高教》，2014 年第 2 期。

类科目提出总体资格要求，或者分专业、分科目提出资格要求。

（二）一次考试，选择多次录取机会

虽然一次考试有偶然性的弱点，但一次考试有公平性的优点。如果一次考试结果能提供多次录取机会，那么，其弱点将会被大大削弱。在现行高考制度下，一次考试，选择多次录取机会是通过学生填报不同志愿、参加多种录取批次来实现的。今后，应当更多发挥高考成绩的作用，如把高考成绩提供给成人高校录取时使用，甚至替代自学考试相关学科的成绩，更好地发挥考试效益。

（三）多次考试，选择多次录取机会

从公平理念出发，相同评价标准的考试应当实行相同内容的考试，多次考试应当基于多种评价标准，可以选择多次录取机会。同时，作为取得某种资格的考试应当实行多次考试，直到考生取得某种资格为止。因此，高考中的学生考试多次选择可以理解为：一是作为合格性、资格性的高中学业水平考试要让学生考试多次选择；二是高考制度要设计多种评价标准，让学生考试多次选择，选择多次录取机会。比如，本科高校统一招生、高校自主招生、高职院校招生可以采取多种评价、多次考试、为学生提供选择多次录取机会。

二、学校依法自主招生

高校是招生的主体，在“五位一体”运行机制中发挥着主导作用。党的十八届三中全会提出“学校依法自主招生”，其核心是“依法”和“自主”，重点是确立高校依法自主招生的地位，关键是扩大高校招生自主权。针对我国已实现高等教育大众化的现状，要赋予高层次高校更多招生自主权，本科高校可基本稳定现有招生办法，高职院校可以适当放开政策，进行多形式招生。具体可以采用五种形式。

（一）按分排序招生录取

就是根据学生高考成绩、报考志愿，结合高校招生人数，按一定比例确定高校投档分，从高分到低分依次进行录取。这是目前通用的录取方式，它的好处是统一简单、方便操作，公平公正、公众认可。但它的不足是招生过于依赖高考分数，学校没有多少招生自主权，甚至安排专业都只能依据分数，容易导致分分计较、应试教育、一张试卷定终身等弊端。为保持高考的稳定性、公平性，目前一般本科院校招生的主体仍然要采用这种录取形式，并不断总结经验，不断加以完善。

（二）优惠分数招生录取

就是高校可以在统一高考的基础上对考生进行自主考核和评价，根据考核评价结果给考生相应优惠分数，高考录取时以此降分录取或加分选专业。这种形式是在统一高考大平台下设置的小平台，把统一高考以外的评价作为高考的补充，可以引导中学生除文化知识外其他方面的能力发展。但是，高校进行自主考核和评价不宜进行与高考科目相同的文化考试，避免重复考试增加学生负担。目前，应当扩大试点高校，鼓励高校进行自主考核和评价，提高科学性，增强公平性。

（三）综合加权招生录取

就是把统一高考成绩和统一高考以外的评价结果各设定一定的权重，形成综合成绩，并据此进行录取。这种形式可以打破单一依据高考成绩录取的格局，破除“一次考试定终身”的弊端，进一步强化综合评价，引导中学生全面发展。目前，应当赋予高校这方面的自主权，鼓励高校大胆探索，形成经验，逐步推行。

（四）独立自主招生录取

就是选择“双一流”等重点高校，允许其在规定程序、规定比例内，自主组织考试，并依据自主考试结果独立录取，考生不用再参加高考。这种形式是在统一高考之外另设立的高校入学考试，可以先行试点，招收文化有基础、学科有特长、发展有潜力的学生，引导中学生朝着合格加特长的方向发展。这种形式的关键是保障公平公正，在操作上可以在招收保送生的基础上，进一步规范化、公开化，并使更多考生具有这种机会。

（五）注册入学招生录取

就是指具备一定资格的学生经过规范的程序到特定的学校进行报名、注册、入学的升学制度。“一定资格的学生”包括参加当年高考的学生、取得学业水平考试成绩的学生和具有高中毕业证书的学生。“特定学校”主要指经批准的高职院校。注册入学是在高等教育大众化条件下对录取方式的改革，实行高校与学生“双向选择”，招生专业机构负责信息服务，政府负责监督。目前，要按照党的十八届三中全会“加快推进职业院校分类招考或注册入学”的精神，鼓励有条件地区和高校进行试点，不断积累经验，加快推进和完善。

三、专业机构组织实施

在我国，承担考试任务的专业机构主要指各级教育考试机构，它是高考的组织者，在“五位一体”运行机制中起组织考试和招生及其协调、服务作用。教育考试特别是高考是一项科学性、政策性、专业性很强的工作，必须由专业机构来组织实施，这是高考运行机制的重要组成部分，也是保障高考公平公正的制度性安排。

（一）切实加强各级教育考试机构建设

理论上有能力承担教育考试任务的专业机构都可以组织实施高考工作；从国际上看，承担教育考试任务的专业机构大多为非政府机构。但我们认为，我国今后相当长时期组织实施高考工作仍然需要由各级教育考试机构来承担。原因有三：一是我国实行统一高考制度，高考体现国家意志，以公平公正为核心价值，由具有政府背景的各级教育考试机构承担才能得到保障。二是组织高考需要协调众多部门、调用许多资源，目前没有一家非政府专业机构能够承担这一任务。三是我国非政府专业机构发育完善还需要相当长时期，体制机制探索还需要相当长的过程。鉴于此，当前和今后一段时期，要切实加强各级教育考试机构建设，发挥其组织实施专业考试的主体作用。

（二）充分发挥专业考试机构的考试职能

考试职能包括考试报名，采集信息；组织命题，建立题库；组织考试，考务管理；组织评卷，发布、提供考试成绩信息等。充分发挥专业考试机构的考试职能，首先要充分认识考试是一项科学性、专业性很强的工作，需要由专业机构组织实施；其次要区分高校自主招生和自主考试职能，实行招考分离，高校可充分利用专业机构组织考试进行招生，而非一定要自主考试；第三要不断提高考试机构的信度和效度，在此基础上，按照政事分开、招考分离的思路，培育和发展非政府专业考试机构，实行考试机构专业化。

（三）切实承担招生信息服务的任务

目前，各级教育考试机构除承担组织考试职能外，还承担招生服务工作，主要包括组织学生填报志愿，发布、提供招生信息，组织招生录取，以及承担招生监督管理等任务。今后要进一步扩大高校招生自主权，进一步转变教育考试机构的职能。教育考试机构要搭建信息服务平台，为高校和学生提供更多信息服务，帮助高校招到需要的学生，帮助学生选择理想的高校。

四、政府宏观管理

政府是高考政策的制定者、高考工作的指挥者、高考重大问题的决策者，在“五位一体”运行机制中发挥着决定性作用。政府宏观管理要以公平公正为前提，以以人为本为核心，以政策规范为导向，以基本条件为保障，以维护秩序为己任。政府宏观管理应当强化三方面工作。

（一）强化高考政策制定

政府制定高考政策要服务国家发展战略，有利于高校选拔和培养适应经济社会发展的各类人才；有利于引导基础教育实施素质教育，促进学生全面而有个性地发展；有利于权力在阳光下运行，为学生提供公平公正的制度环境。首先要制定科学的高考方案。党的十八届三中全会提出：“加快推进职业院校分类招考或注册入学。逐步推行普通高校基于统一高考和高中学业水平考试成绩的综合评价多元录取机制。探索全国统考减少科目、不分文理科、外语等科目社会化考试一年多考。”要根据这些原则要求，制定科学的新一轮高考方案。在认真梳理已有政策的基础上，进一步规范诸如自主招生政策、加分政策、照顾政策等，维护政策的公平性，发挥政策的导向性。

（二）强化高考工作组织协调

高考是和平年代一次性动用人力、物力最大规模的活动，高考期间，全国数千万人为之工作，必须强化政府的组织协调，才能保证其顺利进行。这既是我国国情所致，也是我国的制度优势。各级政府要组织协调有关部门为高考提供交通、卫生、保密、安全保卫等服务，为学生提供良好的考试环境。各级政府要提供必要的考试条件，切实维护良好的考试秩序，妥善处理突发事件。

（三）强化监督管理

政府监督管理与社会参与监督在性质、内容、重点等方面有所不同。政府监督管理是政府行使行政职能的重要体现，是政府决策、执行、监督等管理环节中的重要一环，也是宏观管理的重要内容。政府对高考的监督管理主要包括：监督下级政府组织协调高考的条件保障和服务工作，监督各级教育考试机构执行高考方案、组织考试和录取工作等，监督高校执行招生政策、保障公平公正，监督各普通高中和社会教育机构规范办学、组织教学应考等。高考是一项系统工程，必须加强领导，强化政府的监督管理，提高政府的行政执行力。

五、社会参与监督

社会是高考的监督者，社会参与监督在“五位一体”运行机制中起着不可或缺的作用。社会参与监督主要包括：纪检监察部门的专业监督，人大、政协的代表、委员监督，社会团体、群众组织、社会人员、考生家长的监督以及媒体舆论监督等。社会参与监督要突出以下两方面内容。

（一）监督考风考纪

考风考纪反映党风、政风和社会风气，只有良好的考风考纪，才能维护高考的公平公正。政府、社会、考生都有责任维护考风考纪。社会参与监督考风考纪，首先，在考前要监督对考生的诚信教育，监督全社会诚信体系的建设，监督标准化考点的建设，监督监考队伍的建设，监督考试环境的综合治理等。其次，在考中要监督各级教育考试机构组织管理考试情况，监督对高科技作弊所采取的措施，监督突发事件或者典型案件的处理情况等。再次，在考后要监督考试信息的公开，及时反映和举报违规、违纪的人和事，等等。总之，社会参与监督考风考纪应当是全方位、全过程的监督，要通过社会监督，逐步建立诚信考试体系和不敢作弊、不能作弊、不想作弊的有效机制。

（二）监督招生录取

招生录取是高考中社会关注程度最高的环节，应当成为社会监督的重点内容。要根据“阳光招生”的要求，监督“十公开”执行情况，即招生政策公开，高校招生资格公开，高校招生章程公开，监督高校招生计划公开，考生资格公开（特别是加分照顾考生资格，保送生、自主选拔录取学生、高水平运动员、艺术特长生等特殊类型考试招生入选考生资格），录取程序公开，录取结果公开，咨询及申诉渠道公开，重大违规事件及处理结果公开，录取新生复查结果公开等。总之，凡是要求公开的招生录取工作内容均应置于社会监督之下。

“五位一体”高考运行机制是一种整体运行机制，是学生选择权、高校招生权、专业机构实施权、政府管理权和社会监督权的有机统一。我们要按照党的十八届三中全会精神，积极探索“五位一体”高考运行机制，建立起具有中国特色的高考制度。

高考综合评价改革研究

高等教育在国民教育系统乃至社会系统中都占有重要的地位，高考评价作为选拔高等教育对象的一种方式，在很大程度上决定了高等教育的发展。高考评价的目的在于全面、准确、有效并且客观地评价高考考生。从方法上来看，高考评价历经了从一元化的考试选拔向多元化综合评价的发展过程，其实是高考制度改革和高考从考试评价到综合评价的一次探索，同时高考综合评价的最终结果很大程度上影响了高等教育的成败与得失。因此，研究和实践高考综合评价对于贯彻落实教育改革发展规划纲要，建立具有中国特色的高校考试招生制度，建立健全公平公正的人才选拔制度，都具有十分深远的意义。

一、高考综合评价的基本内涵

《国家中长期教育改革和发展规划纲要（2010—2020 年）》（以下简称《教育规划纲要》）提出："以考试招生制度改革为突破口，克服一考定终身的弊端，推进素质教育实施和创新人才培养。按照有利于科学选拔人才、促进学生健康发展、维护社会公平的原则，探索招生与考试相对分离的办法，政府宏观管理，专业机构组织实施，学校依法自主招生，学生多次选择，逐步形成分类考试、综合评价、多元录取的考试招生制度。"《教育规划纲要》把综合评价作为考试招生制度的重要内容，其前提是分类考试，结果是用于多元录取。因此，高考综合评价作为一种评价制度，其目的在于采取多种形式和方法，通过多种手段和评价指标，贯穿高考不同的阶段，即考试与招生过程，录取高等教育所需求的、具备相应素质的考生。

在探讨高考综合评价时，有必要进一步探讨高考评价与教育评价、教学评价等的相关关系。高考在我国是普通高校考试招生的简称，包括考试和招生两个环节。考试是招生的前提和依据，高考考试不同于其他考试，它是专门为高校招生服务的考试，是目标指向明确、性质作用清楚的选拔性考试。招生是考试结果的应用，是实现考试目的的终极形式。高考考试与招生相互分工、合为一体，构成高考制度的主要内容。高考考试是高考评价的重要形式，从评价角度去考察，它与教育评价、教学评价、质量评价、考试评价等密切相关。

（一）高考评价是教育评价的形式之一

现代教育评价自 20 世纪 30 年代兴起以来，逐渐由价值判断的宏观目的转变为强调微观教育活动过程对个体发展的构建作用。理解高考评价首先应当理解评价。评价是根据一定的目的，在信息搜集的基础上，对评价对象进行价值判断的过程。教育评价则是根据一定的教育价值观或教育目标，运用可行的科学手段，通过系统收集信息资料并分析整理，对教育活动、教育过程和教育结果进行价值判断，为提高教育质量和教育决策提供依据的过程。在教育评价中，由于评价基准不同，解释也就不同，常将它们分为目标参照评价和常模参照评价。目标参照评价又称绝对评价，它是指以预先设定的、期待的教育目标为评价基准，来衡量评价对象达到完满程度的一种评价，有人也称它为标准参照评价、达成度评价。学校以学生为教育对象，其测定关心的是每一个学生的发展，学校中教学评价多属于此类。常模参照评价又称相对评价，它是指在某一个集团中（班级、学校、地区、国家），以这个集团的平均状况为基准，评价每个被评对象在这个集团中所处的相对位置的一种教育评价。它的客观性很强，并已经经过近百年的发展，有一套测量和统计方法，它适用于选拔性考试。它以正态分布的理论为基础，所表示的是学生之间的比较，而与教育目标无很大直接的关系。一般大型的标准化考试、升学考试、心理测试以及各种竞赛性考试等属于此类评价。很显然，高考评价也是根据教育目标对教育活动作出的价值判断，在教育评价中属于常模参照评价。

（二）高考评价与教学评价具有相关性

教学评价是以教学目标为依据，按照科学的标准，运用一切有效的技术手段，对教学过程及结果进行测量，并给予价值判断的过程。教学评价是对教学工作质量所作的测量、分析和评定。在教学评价实践中，教学评价主要是对学生学业成绩的评价、对教师教学质量的评价和对课程的评价。其中，对学生学业成绩的评价主要通过考试和测验来实现。中小学教学评价是教学工作的重要组成部分，与高考评价没有直接关系。但是，高考评价客观上反映了中小学教育教学质量的综合情况，因而事实上与中小学教学评价特别是与学生学业成绩评价存在相关性。随着高考改革的不断深化，中学生的学业水平考试成绩、平时成绩等将与高考密切相关，高考评价与中小学教学评价的相关性将越来越紧密。

（三）高考评价主要是考试评价

考试评价是依据既定的目标，采用相关资料、器具或者行为方式等媒介，测量应考者的知识状况、身心素质状况的活动。高考评价是以选拔人才为目标，通过笔试、面试以及其他方式，测量应考者的知识状况、身心素质状况的活动。从这个意义上说，高考评价主要是考试评价。

综上所述，高考评价主要是测量应考者的知识状况、身心素质状况的一种教育教学评价，它以学生（应考者）为评价对象，以终结评价为主要形式，以选拔人才为主要目标。高考评价不同于教学评价，但是，与教学评价存在相关性，并且随着高考改革的深入推进，这种相关性将越来越紧密。

在阐述高考综合评价的内涵方面，部分学者从教育评价出发，以高考评价为着力点，从一元的、单维度的考试和学业测评到多元的、多维度的综合素质评价逐步深入探讨。有学者认为："高考综合评价的内涵包括狭义的学业综合评价和广义的素质综合评价。"也有学者认为："综合评价除了包括智育，还应包括德、体。"我们认为，高考综合评价是指在高考中运用多种方式和形式测试、评价学生的素质，并在招生时采用多种指标录取学生的一种评价制度。从严格意义上来看，高考综合评价可以贯穿高等教育招生考试的整个过程，即高考前的高中学业水平考试以及综合素质评价、高考中的报名条件以及学业成绩测试和高考后的高等院校综合招生录取工作。高考综合评价不仅仅看重考生的高考成绩和高中学业成绩，也重视考生的平时表现和综合素质。

同时，高考综合评价的科学性还在于强调了评价对象的参与程度。一方面，评价对象可以主动参与高考评价，即根据高等院校的高考评价条件主动选择报考，而不再局限于被动地接受高考；另一方面，把评价对象作为高考评价的主体，引导评价对象从重视定量的高考评价结果转变为重视取得评价结果的全过程，这更有利于增强评价对象乃至社会对高考评价的认同感。

二、高考综合评价的改革探索

自恢复高考以来，伴随着高考改革的不断深化，高考综合评价改革的探索也在不断深入。1999年《中共中央国务院关于深化教育改革全面推进素质教育的决定》指出："改革高考制度是推进中小学全面实施素质教育的重要措施，按照有助于高等学校选拔人才、中小学实施素质教育和扩大高等学校办学自主权的原则，积极推进高考制度改革。"这不仅是在中央决策层面为高考改革指明了方向，也在实践层面为探索高考综合评价制度提供了政策依据。进入21世纪之后，高考综合评价改革探索步伐明显加快，评价方法不断发展和完善，大致进行了四个方面的探索。

（一）评价主体的多元

高考综合评价改革首先要推动评价主体的多元化，改变由政府组织一次考试进行评价、一张试卷进行评价、一个科目进行评价的格局。江苏省依据国家的统一政策，积极探索由国家、省级、高校、中学为主的多元高考评价主体。例如，在国家统一考试评价的基础上，由全省统一组织高中学业水平考试，作为高考评价的重要内容。确定了一批国家和省级示范性高职院校进行提前单独考试招生试点，学校可以根据自身办学定位和专业特点，自己确定考试科目，提前单独组织录取。再如，确定一批高考综合评价试点学校，由学校根据自身办学定位和专业特点，组织某些学科的笔试和面试，并依据学生综合成绩进行录取。

（二）评价形式的多样

人本身是多样的，同时社会需求也是多样的，因此，"评价一个学生不能仅仅看他做对多少道题，还要看他是否有胆量质疑、评判，能否依据自己的体验发现问题。不能只看眼下的状况，还要看他是否坚韧，是否具有好奇心、求知欲，是否具有创新精神"。高考评价作为我国最具影响力的考试评价，必须突破单一统一考试、单一文化考试的形式，代之以多种形式的评价。江苏省在高考综合评价试点学校中采用"多位一体"的评价形式。例如，江苏省规定试点高校要积极探索建立符合高校自身培养目标和要求的人才选拔标准，建立健全多位一体的人才选拔综合评价体系。试点高校可以根据考生报考科类，结合考生高考成绩、高校组织的面试成绩、高中学业水平考试成绩、高中教育阶段的平时成绩以及中学和个人的推荐材料等，采取多元综合加权评价的方法，对高考成绩达到所属科类本二批次省控线的考生择优录取。

（三）评价内容的综合化

高考综合评价的主要特点是评价内容的综合性，既能够评价学生德智体美全面发展的综合素质，又能够评价学生学业成绩的全面性。江苏省实施"3＋学业水平考试＋综合素质评价"的高考方案，其目标指向就在于探索高考评价内容的综合性。"3"指语文、数学、外语三门专业科目。"学业水平考试"包括除语文、数学、外语之外高中课程中的主干科目。"综合素质评价"包括道德品质、公民素养、学习能力、交流与合作、运动与健康、审美与表现等六个方面。这在制度上基本保证了高考评价内容的综合性。再结合示范性高职院校提前单独考试招生、试点高校综合评价改革，高校可以根据实际需要进一步拓展评价内容，可以选择不同的评价内容，并与学生自主选择相契合，探索成效十分明显。

（四）评价结果的运用

评价是手段，评价的目的在于对结果的运用。**高考综合评价的完整意义不仅体现在评价主体多元、评价形式多样、评价内容综合等方面，而且必须体现在对评价结果的运用上，探索建立高等院校多元的招生和录取综合评价体系**。江苏省综合改革试点高校的招生和录取既以一定比例的高考成绩作为依据，又参考了高中学业水平和综合素质评价，较好地将综合评价结果运用到录取之中。例如，一些高校将高考成绩的权重确定为50％—60％，高中学业水平考试成绩的权重为10％—15％，综合素质评价的权重为23％—30％，面试和学生特长也占一定权重，实行综合加权形成综合成绩，从高分到低分择优录取。各高校对高考综合评价的考察项目所占的权重或者比例不尽相同，这正是不同高校办学特色和招生特色的体现，也使高考综合评价这项制度为高校和社会所认同。

三、国外高考综合评价的主要做法

各国高校入学考试与招生录取模式不尽相同，其评价制度一般都与其现实的国情有关。但综观世界上经济、文化发达国家高校招生考试评价制度，有以下一些基本特点可供我们吸取和借鉴。

（一）把统一水平考试作为基本评价制度，并以此作为大学入学的基本资格

20 世纪以来，世界各国普遍实行水平性统一考试，作为对高中学生学业水平的基本评价，作为考生进入大学的基本资格。如美国的学术性向测验（Scholastic Aptitudetest，简称 SAT）和美国大学入学考试（American College Test，简称 ACT），法国的高中毕业会考（Baccalauréat，简称 Bac），英国的高级水平普通教育证书考试（简称 GCE A-Level 考试）和高级补充水平普通教育证书考试（AS-Level 考试），澳大利亚的中学毕业考试，日本的共同学力第一次考试（或叫共同初试），韩国的大学修学能力考试，等等。统一考试是对基础教育办学水平和高中生学业水平的测量，也是 21 世纪世界大学入学基本资格鉴定的一个趋势。

（二）实行综合评价、多样录取制度

主要做法有四种：一是依据统一水平考试成绩入学，统一水平考试类似我国的高中会考或者学业水平考试，我国高职院校的入学资格基本依据统一水平考试成绩。二是参考统一水平考试成绩，如美国在决定学生能否被录取时，统一水平考试成绩比例占 1/4 左右。三是增加可选择性考试科目，如美国的 SAT－Ⅱ主要测试学生特定学科的基本知识和技能，以及应用学科知识解决问题的能力，它包括各种选考科目，如自然科学、历史与社会科学、数学（微积分）、各种外国语（如中文）。一般学生根据自己的兴趣及申请大学的要求，至少选考两到三科。四是考察学生平时情况，主要内容包括：学生在中学内的排名、学生在高中阶段选修的课程、学校校长或教师的推荐信、学生自己撰写的论文、参加各类校内活动和社区活动情况、面试情况等。与综合评价相配套，录取途径也呈现多样化。如美国的社区学院既录取居住在学院所在地区持有高中毕业证书的学生，同时也向所有具备高中毕业水平的成年人开放。英国的“开放大学”、法国的“大学专门入学考试”（解决没有高中毕业会考文凭，但有同等学力的人上大学的问题）、德国的“第二教育渠道”“第三教育渠道”等。

（三）依据综合评价实行开放入学与竞争入学相结合

凡通过考试具备了入学基本资格的考生，都有资格进入高校学习。对于供大于求的一般高等学校，实行开放式申请入学，对于供不应求的优质高等学校，实行竞争入学，如法国大学不设入学考试，实行开放式招生。按照国家法律规定，凡获得高中毕业会考文凭的法国中学生，可直接到大学注册，成为该校学生，

无须经过高考选拔。尽管大学入学比较容易，但是学习过程中淘汰率很高，尤其是大学一、二年级，平均淘汰率为50%左右，且法律、医学等学科的淘汰率更高，这就是所谓的“宽进严出”。而法国的“大学校”是指综合技术学校、高等师范学校、国立行政学校、国立道路桥梁学校等一类十分独特的高等学校，被视为“大学中的大学”，它实行“高中毕业会考文凭＋大学校预备班制度＋入学竞争考试”的招生制度。大学校的入学竞争考试是一种“竞争”性的选拔考试，难度大，淘汰率高，竞争性强，很多学校的录取率为10%，有的仅达4%。比如加拿大，凡合格的高中毕业生都可就近直接向大学申请入学，但报考少数几所名牌大学，必须参加激烈的考试竞争。

（四）考生和大学相互评价，双向自主选择

尽管各国设置统一的入学考试作为基本评价制度，但高校录取与否，还需要考生提供哪些方面的材料供学校参考，完全由大学根据其评价要求自主决定；考试结果和其他各方面的材料在录取中的权重也完全由各大学来决定。这确保了大学自主评价、自主录取的地位，保证大学可以招收到合适的学生。另一方面，各国也充分保障考生接受优质高等教育的权利，允许考生同时报考多所不同大学，允许不同大学同时录取某一考生，由考生自主选择就读大学。

（五）发挥考试和招生评价机构的中介作用

国外的大学入学考试一般都由考试和招生评价服务机构来承担。考试机构如美国的教育考试服务中心、日本的大学入学考试中心、英国的地方考试局等；招生中介机构如澳大利亚的大学招生中心、英国的大学招生工作委员会等。这些专业的考试、招生中介机构会集了一大批专业的考试和招生研究人员和工作人员，他们长期致力于考试、评价、招生理论和技术研究以及实际的命题管理、招生工作，可以确保考试的效度和结果的信度，保证招生工作高效、有序、公平、公正。

四、高考综合评价存在的主要问题

尽管我国对高考评价制度进行了不断探索，但与现实需求相比，与国外的普遍做法相比，我国高考评价是十分单一的，也存在着一些突出的问题，主要有：

（一）单一的高考评价方式不利于创新人才的选拔

加德纳的多元智能理论不仅关注智能的多重性以及相关教学策略的发展，

同时也关注对传统教育评价的改造。加德纳在批判标准化考试与评价的基础上建立起了多元智能观的评价理论,更加引起我们对单一评价方式的反思。我国长期采取的一元评价模式,学生的兴趣、爱好、个性、特长得不到彰显和发扬,学生的智能水平在现有的评价体系中不能得到很好地评价。传统上,学校一直只强调学生在数学和语文(主要是读和写)两方面的发展。但这并不是人类智能的全部,在一元评价的模式下学生的其他智能被压制,创新能力就难以得到发挥,高校就会面临着想要的人招不进来,不想要的人无法拒绝的尴尬境地。究其原因,主要是高考评价观念陈旧、评价指标单一、评价方法简单,综合评价制度没有真正建立起来。这些都不利于创新人才的选拔与培养。

(二) 片面追求升学率导致学生课业负担过重

社会把升学率作为评价一个地区、一所学校教育质量的唯一标准,人们普遍认为考上大学甚至名牌大学的才是成功者,考不上的就是失败者;在管理上,政府、教育行政部门、学校、教师层层下达升学指标,并以此进行考核奖惩;家庭把孩子升学作为最大的希望,因而不满足于学校教育,增加大量“家教”,不满足于教科书,增加大量复习试题。这些像重重的山压在学生头上,学生只能日复一日、年复一年、机械被动地去完成永远也完成不了的作业。我们的下一代没有自己可支配的时间,没有自己可保障的健康,没有自己可培养的兴趣。

(三) 单纯以考试成绩作评价标准不利于引导学生全面发展

在现行评价制度下,文化成绩成为评价学生优劣的唯一标准,考试成为学校的法宝,分数成为学生的命根。学生成为做题和考试的机器,他们的天性受到严重压抑,发展兴趣爱好、个性特长、能力潜质等的时间受到严重挤占。在这种评价导向下,分数高掩盖了能力弱,眼前成绩好掩盖了实际能力弱,少数人成绩好掩盖了多数人成绩差,面向全体学生、面向全面发展、面向终身发展等教育理念得不到落实,不利于引导学生全面发展和创新人才的培养。

五、高考综合评价改革的价值追求

(一) 高考综合评价推动教育理论和实践发展

高考综合评价制度作为一种教育评价制度,是在国家或者地区层面关于教育评价系统的一项社会政治和社会管理活动。健全的高考综合评价体系对高考实践活动起诊断、反馈和激励作用。建立健全高考评价制度和体系，对于教育事业的健康发展和教育功能的切实发挥起到多方面的积极作用，具体表现在如下两个方面。一是有利于推动现代教育管理的发展。中华人民共和国成立以后，在辩证唯物主义指导下，社会主义的教育管理和高等院校选拔人才的需求形成了许多优良的传统和有效的管理成果。如何吸收其优良的方面，抛弃不合时宜的做法，成为研究教育现代化、科学化的重要课题。因此，建立符合时代潮流的高考综合评价制度，有利于科学地评价教育成果，规范教育活动，从而推动并丰富高考评价体系。二是有利于丰富马克思主义关于人的全面发展学说。马克思主义关于人的全面发展学说是教育培养选拔人才的理论基础和指导思想，高考综合评价是高校选拔人才的重要方法，也是引导基础教育培养人才的重要“指挥棒”。因此，研究高考综合评价对于实践马克思主义关于人的全面发展学说，培养和选拔全面发展的人才，具有十分重要的实践意义。

（二）高考综合评价有利于推进教育管理和社会公平

高考综合评价制度作为一种高考评价制度，由最初的目标性评价模式发展到过程控制和目标评价相结合，由终结性评价发展到终结性与形成性相结合，由量化方法发展到量化方法与质性方法相结合，由把高考大纲作为绝对参照标准发展到参照标准与相对个体差异评价相结合，由最初采用的简单测量方法发展到引进系统分析、曲线拟合、加权综合等方法，再到借助社会学、心理学、人类学、文化学等学科方法，经历了由简单到复杂、由低级到高级、由单项到综合、由个别到系统、由传统到现代、由经验到科学的发展过程。毋庸讳言，高考综合评价在底层设计上体现的社会和现实意义已经深入人心。

第一，高考综合评价体现了社会科学管理水平。教育评价和高考评价结果的可靠性是以评价过程的规范、科学、实事求是为前提的，传统的、单一的评价指标却与上述原则相悖。比如，仅仅以学生高考分数作为高等院校招生录取的唯一指标，必然导致社会教育重结果轻过程、教育教学重智力轻全面发展、评价方式重考试轻评价、评价标准重分数轻价值等问题。高考综合评价制度的建立，有利于规范高考评价活动，为高考评价活动指明方向，提供有效的科学管理方法和手段，更科学地把握评价对象，更客观准确地符合高等教育选拔人才的实际。高考综合评价在教育教学管理方面，既注重评价的鉴定功能、判断功能，还重视客观分析、反馈功能。区别于评价指标统一化、忽视个性、片面求全的做法，高考综合评价制度重视评价对象的差异、评价指标的内容、评价整体水平与内在素质的统一，并且积极推动了被评价者的主动性和自我完善意识。

第二，高考综合评价体现了社会公正性。教育评价和高考评价要求对高中教育过程评价和教育行为结果评价进行有效的统一，主要体现在学生的学业成绩和发展水平上，传统的高考评价制度在完成两者统一的质量上存在很大程度的制约。落后的高考评价方法所重视的高考分数，提供给高等院校招生录取的参考依据是不全面、不系统的，必然影响评价的有效性和准确性；不恰当和不符合时代特色的高考评价内容，所提供的信息是失真的、歪曲的，必然影响评价的客观性和公正性。

（三）评价结果反映地区、学校的教育质量水平

教育质量是教育活动存在和发展的意义所在，教育质量最终的结果反映的是教育活动的终极意义和归因意义。教育活动的归因意义是指教育质量归结于教育环境和教育行为。之所以说高考综合评价结果反映地区、学校的教育质量水平，正是从教育环境和教育行为出发：高考综合评价结果能体现教育环境因素中教育的导向功能。教育环境诸多因素集中体现了国家层面的教育方针和政策，渗透着社会主流的世界观和价值观，具有相当强烈的价值导向作用。高考综合评价结果反映的是教育主体和教育受体互动的双边性活动。高考综合评价方法从根本上要求保证教育主体的结果质量，促进主体教育的目的性、规律性、有效性，从而推动教育科学研究深入化、精细化。

（四）评价过程体现学生综合素质发展的过程

高考综合评价过程是依据高考目标及高考评价标准对整个教育过程及其结果作出价值判断的过程。因此，高考综合评价不是纯主观的臆断，而是需要建立在教育活动和教育事实判断的基础上。高考综合评价的对象是学生，内容是学生的综合素质，评价的过程是对评价对象作出评价结论的活动，其过程性主要体现在以下四个方面。一是高考综合评价过程是教育评价主体和高考评价主体制定评价标准的过程，即高校制定综合素质评价标准的价值导向和动机激励过程。二是高考综合评价过程是教育评价主体和高考评价主体与评价客体相互作用的过程，即社会或者高校依据综合素质评价标准对学生进行评价，同时学生参照标准对评价过程进行自觉、主动、积极的反应。三是高考综合评价过程是教育评价主体和高考评价主体对评价客体进行教育测量和评定的过程，即综合评价的判断过程包括对学生高考成绩、高中学业成绩的测量过程和对学生德、智、体、美、劳等综合素质的评定过程。四是高考综合评价过程是绩效评价和过程评价统一的过程。高考综合评价过程一方面关注教育评价结果的绩效,另一方面也重视如何取得这一教育评价结果绩效的过程。即高考综合评价过程本身是一次过程评价,根据评价过程及时调控教育活动可以更客观地保证达成教育目标。

（五）高考综合评价可以作为高校选拔人才的方法和依据

高考综合评价作为一种由多因素、多环节组成的复杂体系,经过有效的手段不断调控,逐步完善。通过不断改进高中教学,提高教学质量,构建良好的教育环境,最终综合评价体系和综合评价方法得以确立,并成为高校选拔人才的重要方法和依据。高考综合评价作为高考评价方法的科学应用以及作为教育评价的一项重要课题,本身就是一项严肃、规范、权威的教育管理活动。同时,具有科学的规程和相对统一的行动准则。

高考综合评价通过对高考考生的综合素质结合学业水平进行价值判断,旨在规范高考评价行为,克服局限性,端正教育评价和高考评价的指挥方向。教育评价具有导向功能,高考综合评价制度在社会人才选拔和甄别过程中,指引着学生的学习努力方向、指挥着高中教学方向、指挥着学校和社会的管理方向,很大程度上,这些都是保证教育资源公平、社会制度公正的重要因素。

六、高考实现综合评价的对策

高考实现综合评价是一种必然趋势。在我国,高考实现综合评价要统一认识、整体设计、分步推进、逐步完善。在认识、设计、推进、完善高考综合评价的过程中,要处理好科学性与现实性的矛盾、公平性与多元性的矛盾、超前性与传统性的矛盾、统一录取与自主招生的矛盾。通过改革建立起有利于促进教育公平、有利于学生全面发展、有利于人才选拔和促进社会和谐发展的现代高考评价制度。

（一）把统一文化考试作为综合评价的基础

把统一文化考试作为高考评价的基础,既保障学生的基本文化素质,又保障高考评价的公平公正。统一文化考试可分为两类:一是建立统一的高中学业水平考试制度,以此作为大学入学的基本资格认证;二是以统一高考为主,辅之以其他考试。这两类考试都作为国家考试，重点在考查学生的基础知识、基本理论、基本技能和综合运用能力。在此基础上，高校依据培养各类创新人才的需求，考查学生的相关能力。

（二）把综合评价作为高考评价的基本方式和发展方向

把综合评价作为高考评价的基本方式和发展方向，改变高校仅凭一次高考成绩、“唯分选人”的现象。探索建立在高中学业水平考试基础上，同时参考学生综合素质评价和个性特长，部分中学校长、教授推荐，各类高校自主考核等因素的综合评价选拔人才制度。综合评价要坚持公平、科学和规范，树立评价的公信力。要建立健全综合评价的规范制度，评价内容能反映学生的能力，评价形式能发挥学生的能力，评价程序对所有学生公平公正，评价结果向社会公开。通过综合评价，真正把有创新能力、发展潜能的学生选拔出来。

（三）把综合评价结果作为高校多样录取和自主招生的依据

把综合评价结果作为多样录取的基本依据，变集中单一的招生考试模式为若干个供考生和高校双向选择的招考模式。把自主招生作为高校自主运用综合评价的突破口，改变高度集中统一的招生录取体制，调整、规范政府和学校的关系，明确高校在自主运用综合评价结果、自主招生录取中的主体地位。在对学生进行全面考试评价的基础上，各高校依据社会需求，制定自己的综合评价的多样化选拔录取方案，满足社会对人才的各种需求。根据高校分层分类发展的需要，不断探索多样化的招生录取方式，不同层次、不同类别高校可以依据不同评价结果进行录取，以适应高等教育大众化时代需要多样化人才的选拔规律，以体现不同高校选拔人才、培养人才的不同理念，以形成不同高校不同的办学特色，同时满足广大考生接受适应自身要求的多样化教育，并获得更多自主选择的发展空间的需求。

（四）把宏观管理作为综合评价的保障

政府及教育行政部门是保障综合评价有效性和公平性的基础。加强宏观管理，首先，要加强立法，尽快制定和出台考试法来规范相关考试行为，为综合评价提供法律保障是根本。其次，要理顺招生考试评价管理体制，明确教育行政部门、教育招生考试评价机构和高等学校各自的职责。文化考试等普遍性评价由教育招生考试评价机构负责，面试等特殊性评价由高校负责。高校要组织专业人员开展特殊性评价，实行评价人员与招生部门相分离。第三，要健全监督和协调机制，形成在政府的宏观调控和监督下，高校依据综合评价结果面向社会依法自主招生，教育招生考试评价机构提供考试和招生信息服务的管理新格局。

总之，实行综合评价要确保公平公正，通过综合评价引导社会各界力量来遏制学校对升学率的片面追求，减轻学生过重的课业负担，促进学生全面发展。在方法上可以实行“面上引导，鼓励试验，重点突破，分类指导，分区试验，分步实施”，逐步建立起新的人才选拔制度。

高校自主招生十年回顾与反思

2001年,我国部分高校进行了自主招生的改革试点,到2011年已有10年光阴。自主招生已由原先的高校招生的补充形式变为现在招生制度的重要组成部分。作为一种高校招生形式、人才选拔制度,自主招生已经大踏步地走进了公众的视野,成为我国现阶段乃至未来的研讨焦点。本文试从其内涵、利弊进行分析,结合新时期的焦点问题,提出对未来发展模式的几点建议。

一、我国自主招生现状

2001年,自主招生模式开始试点并迅速展开。经教育部批准,东南大学、南京理工大学和南京航空航天大学3所学校首先进行自主招生改革尝试,之后试点院校不断增加。

(一) 自主招生模式

随着高等教育进入大众化阶段,全国至2011年已有80多所高校开展了自主招生改革试点,招生名额控制在当年本科招生计划的5%以内。试点院校根据本校实际情况,制定自主录取选拔方案。纵观2011年的各自主招生院校简章,报名手段上主要采取个人自荐与中学推荐相结合的方式;在考试方式上基本采用笔试加面试;在录取上,除了上海的个别高校在江浙沪地区只是把高考成绩作为参考以外,其他的高校基本上都要求通过自主招生选拔的考生达到一本线;优惠政策基本呈现一种趋势,就是把通过自主选拔的学生分类,一类是加分选专业,优惠分值5—10分,另一类是加分录取,分值优惠20—30分不等。

(二) 自主招生特点

10年来自主招生主要发展状况可概括为四点:一是试点范围越来越广,从江苏一个省发展到全国各地，从江苏自行试点发展到由教育部在全国推行试点；二是试点高校越来越多，从当初的3所发展到80多所；三是报考条件越来越宽，从几年前对考生分数或其他条件严格控制到现在宽松报考，高校不拘一格选人才的意图已明确；四是自主录取新生人数越来越多，自主录取改革为高校选拔了一批又一批的优秀人才和特殊人才。

从总体上看，自主招生的改革是积极的，实施步骤是谨慎的，基本上都维持了"笔试＋面试＋高考"的模式，并且几乎都要求达到高考一本线。相对而言，上海地区个别高校自主招生改革步伐较大，高考成绩（限江浙沪地区）只是作为一种参考，上海交大和复旦大学对本地生源只采用面试考核，特色较为鲜明。

自主招生本身就是高考改革的一部分，总体上是坚持积极、稳妥、有序的改革原则，选拔具有创新素质、实践能力的人才，选拔具备特长同时综合素质达标的考生。

二、自主招生利弊分析

纵观近10年的文献资料，专家学者对于自主招生的分析大都把焦点放在了自主招生的利弊、改革完善等方面的探讨上。

（一）自主招生的优点

从宏观上说，自主招生促进了中小学素质教育的发展；扩大了高校办学自主权，推进了高等教育事业的改革和发展，有利于高等教育适应市场经济发展、科技发展和社会进步。

从微观上说，自主招生有利于弥补高考的不足、改革人才培养模式，提供了多样化人才的选拔途径；有利于高校科学选才，多元选拔人才于教、于学、于科研都有利。

从制度上说，创造了以"统一高考为主，自主招生为辅"的招生体系，深化了招考模式的改革，推动了现代大学制度的建设，促进了高教体制的转轨，发展和建立了全面评审的选拔和选才机制。

从理念上说，转变了旧的教育观念，对于择优的"优"有了新的诠释，不以高分论英雄，不凭高考论成败，评价方式从一次评价、终结性评价开始向过程性评价、发展性评价转变。

（二）自主招生的不足

从公平公正的角度来说，自主招生的“本地化”倾向影响了机会公平，对于乡镇、农村生源不公；自主招考重在考察学生知识面、思维能力和人文素养等综合素质，对于城乡和区域性发展不均衡的教育弱势区域和群体也造成了新的不公。

从经济的角度来说，投入和产出的不均衡，招生成本的过高和成效过低的不和谐。

从程序上来说，人才选拔的标准和手段的不完善，监管的不到位和不健全，对正常高中教学秩序造成了冲击。部分院校透明度不高，监督制度和诚信体系也是当前亟须完善的。

从考试内容上说，考试的具体时间安排，部分试题的设计，笔试、面试的科学性和有效性尚不完善，容易演变成学科竞赛，增加考生学业负担。

三、当前自主招生焦点问题

（一）自主招生的理念与定位

自主招生的理念决定了自主招生的目标与目的。目标是方向性的问题，如果目标不明确，势必达不到自主招生的真正目的，所以在对自主招生的认识和定位上一定要厘清。如果认为自主招生的招生目的是在招“高分生”“特优生”，则显然是对自主招生内涵的一种误解；如果只是把自主招生作为提前争取生源的一种途径，即会造成目标不明，特色也不明显，学生和学校不能双赢。因此必须明确高校各自的自主招生理念，从而准确定位。

鉴于此，各高校的首要任务是明确理念，准确定位，转变观念，研究检测符合标准和要求的学生的能力、特点和潜质的方法，达到一定的信度和效度。同时，及时更正对自主招生定位的偏差，不推崇高分，不以分数取人，从而选拔出综合素质高、发展潜力大的学生。

（二）高校联盟效应

随着自主招生的运作与深入，一种新的形式应运而生，就是“联合招考”。联盟高校大多采用通用测试、高校个性测试和高校面试的模式进行自主选拔。测试笔试成绩彼此间互认，个性化测试彼此参考，面试时间尽量协调。

1. 联盟的优势

第一，联考有利于各个高校节约经济成本，提升效率，增加规模效应。第二，方便考生报考，节省精力，以免疲于应考，也降低了考生的考试成本。第三，参加一次考试，可以获得申请多所大学面试的机会，联考给了考生更多的选择机会。第四，联盟的高校间形成资源共享、优势互补的良性互动，同时，对于弄虚作假之类的信息也能及时共享，可以在很大程度上杜绝舞弊现象，维护高校自主招生的公正与安全。

2. 联盟的不足

第一，联合出题覆盖面广，不同院校层次不同，侧重点不一，可能给考生增加额外的负担。第二，联合招考演变成联盟团体间、高校间争抢优质生源的手段，而非选拔合适人才的途径。第三，联盟的扩张，从"一考定终身"到"多考定终身"，容易造成"小高考""第二次高考"的质疑。第四，对没有自主招生权的院校的不公。联盟院校本身办学能力和优势就非常明显，如果再借助抱团联考的威力，对没有招生自主权的学校来说，无疑是一次重创。

3. 联盟效应

首先，联盟的规模效益是显而易见的，所以对于现在剩下的拥有自主招生权但暂未加入任何联盟的高校而言，为了防止被边缘化，很可能在将来，要么加入联盟，联合招生，要么自己另起山头，重新举旗联盟。而其联盟的形式，可能会以院校性质为主线，也可能以地区组织联盟额。

其次，生源的新一轮抢夺。生源是办学质量得到保证的前提和基础，尤其在当前高等教育大众化情况下，不少港台和国外院校也加入招生的队伍，生源的竞争从某种程度上来说也是不可避免的。而且在全国大学的地位比较体系中，招生和就业一样，也是非常重要的指标之一。抱团联盟，客观上也拓宽了获取优质生源的途径。

最后，联盟的实质是引入高校的竞争机制。只有引进高校间的竞争机制，才能促进高校调整和发挥自己的优势，才能促进高校间深层次合作机制的形成。值得注意的是，高校对生源的竞争一直存在，并不是因为高校联盟了才出现的，只是在目前全球化背景下，在全球和国内顶尖名校的压力下，才显得更加明显而已。

高校要正确对待现在愈演愈烈的竞争，相互理解，而不是恶意抢夺，相互诋毁，重要的是形成自己院校的“拳头”专业和特色，提高整体效益，真正发挥其作为高考之外另一条选拔人才渠道的功能。

（三）公平公正问题

“不患寡而患不均，不患苦而患不公”。自主招生作为高校选拔人才的重要手段，不只是高校的单方面行为，它涉及考生、家庭和社会多方面的利益，维护教育公平和社会公平，是高校自主招生的一项基本要求。

1. 地域不公

较为突出的是名额投放扩大了地区差异。各高校自主招生政策把选拔对象基本上都圈定在城市及重点中学上，明显降低了受教育的公平性，在给予少部分考生优惠政策的同时，缺少对一些教育不发达地区相应的政策扶持。

2. 可比性问题

自主招生打破了分数面前人人平等这一人们固有的观念，各高校都要求高中学校提供学生在高中就读的表现、排名等材料，而不同高校选取的考试内容不同、方式不同，并且不同高中所出具的评价材料是否等值，也抹杀了招生中的可比性。

3. 成本增加会造成新的不公

考试也是一种社会消费，同样涉及成本问题，如何使考试本身做到高效经济，简便易行且省时、省事、省力，是一个值得思考的问题。对低收入阶层子女、贫困学生，报名费、往返的食宿路费，经济、心理负担不是每个学生都能承受得起的。过高的费用实际上也降低了低收入阶层子女从高等教育获益的可能性。

教育公平是社会公平的重要基础。当然，公平的问题是可以通过不断完善制度来解决的。国家应该加快城乡教育资源均衡配置的步伐，尽快让城乡学生享有平等的教育资源，而不是为了“公平”去保护落后的教育。现阶段，有限的优质高等教育资源只能达到相对有限的教育公平，一味地求全责备只会因噎废食，给予宽容，相信教育的发展，招考制度的设计在将来会更加完善、公正。

（四）自主招生与自主考试的关系

自主考试的前提是具备自主命题的能力。考试本身就是一门科学，并不是所有大学教授都懂得试题命制的，而制订测试学生特长的自主招生试题，选拔具有创新、实践潜质的高素质学生更非易事。而且现阶段，在高校自主命题经验尚不足的情况下，题目的信度与效度也是有待探索的。如果用不科学的考试试题进行所谓的特长测量，这样的试题是难以测量出学生的特长的。

自主招生不等于自主考试。现在很多人一提到高校自主招生就认为是要自行命题、自主举办考试，而现行的自主招生实际上是赋予高校自主选拔考生的权力。诚然，选择自主命题、自主考试也非不可，但是两者并非是必然的关系。

从国外和我国自主招考的经验中可知，高校自行举办考试的缺点是非常突出的。事务性工作量大、效率低，各大学的考试成绩只对本校有效，学生为了上大学要参加多场考试，负担较重；各大学举办的入学考试内容、标准、时间各有不同，入学考试过程繁杂；各大学各自为政的考试形式导致高中正常教学秩序的混乱等。

将自主招生与自主考试区别开来，不能仅凭一腔热情而将二者混为一谈。招考分离，未尝不是高校自主招生改革的必然选择。“招”主要由各高校自行制定录取标准，即高校自行决定如何招生，各高校把心思放在如何用最合适的方式，选取适合的学生，进入切合的专业，做最适当的发展上。“考”由专业性的考试机构根据不同高校的需求组织考试。招考分离能更好地加强高校的招生自主权。

（五）高校与政府的关系

目前一方面高校呼吁政府继续放权，扩大高校自主招生权，而另一方面政府却时刻警惕高校权力的放大。之所以会有这样的情况出现，正是因为学校自主招生与政府的关系没有厘清。

高度的自主招生容易造成高校“各自为政”、寻私舞弊现象的出现，并不利于高等教育的整体发展，这就需要政府进行统一宏观调控和管理。

建立和健全必要的政府宏观管理，可防止我国在经济体制改革时常出现的怪圈：一管就“死”，一“死”就放，一放就乱，一乱就收。其实放和管，两者是辩证的统一，矛盾对立的统一，矛盾的主要方面在政府。政府应当勇于放权、敢于放权、善于放权。同时，必要的、适度的、及时的政府行政管理不仅不会妨碍高校自主招生，而且有利于各地各校更好地自主招生。毕竟，在对基础教育的指引，评价系统的构建，宏观规划优质生源的走向，预估就业趋势，以及国家特需专业的设立和发展等方面，都离不开政府层面的指导和管控。

（六）悖论现象

1. 推荐制进退维谷

自主招生的校长推荐制一直为大众所诟病，如果推荐了一名非常优异的学生，公众会认为就算不推荐，该学生也能通过自主招生资格审定，反倒浪费一个名额；可如果推荐一名不是公认优秀的，但在某些方面有特长的学生，却也可能得不到认可，认为其是关系户或者通过特殊途径选上的。进退两难的境况使得校长推荐制陷入了尴尬的境地。

2. 投入与产出的不均衡

目前的自主招生录取凭据为，通过院校的自主招生考试，取得资格，参加高考，并且要达到一本线甚至一本线以上。一般来说，能达到省控一本线以上几十分的学生基本上是能够录取的，加分意义不大。而真正在某一方面具有特长的学生如果没有达到一本线，就算获得了自主招生的优惠分数，也还是会与之失之交臂。更有一些学生，为了筹备这历时三四个月的自主招生考试，疲于迎考而导致分数降低。对于试点高校而言，付出了大量的物力、人力、财力，招收的却是可能参加统一考试也能考取的学生，成本与效率的不均衡，不禁让人深思自主招生的鸡肋。

3. 内容的设计

纵观当下的招生简章，在对题目的设置方面，基本上都是笔试加面试，而笔试的内容分为文理两类，文科生为语数外史地，理科生为语数外物化，科目上基本是和高考一样的。自主招生的目的是招收符合各自高校学科特色、专业优势的具有创新和实践能力的考生，但是考试科目内容和高考存在一定的重复性，而真正体现高校个性化和学科特点的要求并不明显。可是如果试题的内容脱离高中教学，其必然会对基础教学产生不良导向，导致教学秩序的混乱。所以，试题的设计怎样既联系高中教学又不是高考内容的重复，更能体现高校特色，是需要在今后花大力气思考的。

4. 对推进素质教育的影响力有限

自主招生的优惠分数有限，招生数量总体来看比较少，其影响力是否能撼动高中阶段以应试教育为主的现状，是否能促进素质教育，引导基础教育，还需要打上一个问号。可能对于大多数中学来说仍然会继续把主要精力放在对付统考、拿高分上，而忽视分数以外的教育，由此，对素质教育的推动作用依然有限。

四、可供研究的自主招生改革思路

（一）强化监管体制

1. 依法招考

自主招生绝不是自由招生，要进一步加强相关规章制度建设，出台具有可操作性的法律法规。目前国家正在积极制定考试法，相信会有更加完善的法律来构建和保障自主招生的平台，真正使试点工作做到依法治招、依法治考、有法可依、执法必严、违法必究。

2. 加强监督

由政府组织对高校自主招生工作进行督导，试点院校也要制定各自自主招生的规章，制定自律措施，自觉接受社会监督，将高校招生阳光工程制度化，确保自主招生公平、公正、公开和择优录取。

3. 高校自律

高校自律是高校自主招生的立身之本，从院校的实质性自治看，高校的任何行为都应该是负责任的行为，也就是各项任务都有一套自我约束机制。还要健全校内民主集中制，避免出现个人领导取代集体领导的现象，提高高校自身的自律性。

4. 社会参与

接受社会舆论、媒体监督，开设常年的举报专线等，以确保自主招生程序和过程的公平。同时建立相应的制度，通过报纸、电视、电台、网络媒体等途径及时发布信息，将各种招生录取程序公之于众，接受社会的监督和批评，通过层层严格的监督制约机制，真正做到依招生规范办事，防止徇私舞弊和不正之风的产生。

（二）推进招考分离

1. 成立校内招考委员会

在目前的情况下，由高校完全承担招考的任务，制定标准、构建题库、开发专门的测试工具和技术、组织考试等，局限性比较大。首先，在命题上高校很难兼顾到高中的教学，一旦命题走向发生偏差，背离高中教学，不仅会影响高中教学秩序，而且也会对基础教育产生错误的导向。其次，成本较高。高校在出题、面试、组织管理、公众监督等方面都是需要资金投入的，应计入成本。不少高校组织招考后都在感叹经费的高昂。最后，考试安全的保障方面。招考程序包括了一连串的命题、组织、批改等环节，每个环节的安全保密都必须确保万无一失。

2. 委托社会上成熟的中介机构

成熟的中介机构具有专业性、公正性特点。我国目前还缺少像学术性向测验的组织者这样成熟的中介机构，现有的中介机构也难以担负起这样承载着万千考生命运的大型考试。因此，成熟的中介机构需要较长时间的培育。

3. 政府专业考试机构负责

针对我国的国情，由政府的专业机构承担高校自主招生的命题招考工作，具有较高可行性和有效性。首先，标准的建立、题库的设计、专业工具的开发、专门测试的组织，需要大量的人力、物力、财力做保障，由政府机构承担可以有较高保障。其次，政府专业机构，具有多年实际命题、招考经验，在考试安全、公平公正方面，有着完善的、具体的规范要求。最后，通过专业机构的第三方参与测评，可以提高招考的专业性、公平性，更可减少成本，就目前情况来说，综合最优。

（三）优化考试内容

从世界各国的高等教育入学来看，考试仍被人们认为是现有条件下相对公正公平的竞争手段之一，其试题的客观性、评分的公正性为社会所信任。因此，考试并非不能体现自主招生的目的，关键在于考试内容，基本要求应当是基于高中学科课程标准，考察学生的能力和素养。

1. 内容的导向性

从许多高校的笔试内容可以看出，覆盖的学科广、内容多，有的已大大超过高中教学大纲和课程标准，这在客观上增加了学生的课业负担，同时也对基础教育形成不良导向。

2. 内容的科学性

公众对于一些考试内容也颇有争议，例如，蛋炒饭怎么炒等，是否准确、科学还需要时间进行摸索。同时，现在试点高校为了使自主招生工作更加易于运作和开展，部分采取了对考生所获荣誉和奖项的明确等级规定，千篇一律的硬件要求是否符合招生院校的专业特色和学科特点，是否能科学有效地选拔出适合的人才，都是有待商榷的。

3. 内容的甄别性

采取什么样的测试方法，举办什么类型的选拔考试，更加有利于考生彰显自身的潜能和特长，这是招考院校必须加以思考和解决的难题。因为特长的测试相较科学文化知识的考察要难得多，同时，这也是体现自主招生这一特殊招考路径是否具有价值的关键。

4. 内容的对接性

现在各个高校的招生对象、测试内容、录取标准等趋同化，形成了对优秀生源的抢夺性竞争，高校虽然取得了人才，却没有取得真正适合自己的人才。所以在内容上不仅需要将自主招生与高中教育成功对接，更要使选拔学生的特长与高校学科优势成功对接。高校自身具有什么特色，需要什么素质的学生，采取的测试方法是否能把渴求的人才给吸收过来，这是试点院校面临的挑战。

（四）改革录取方式

1. 自主招生时间可放到高考后组织

近两年，各高校为了争取优秀人才，自主招生的工作不断提前，从公布招生简章到面试，前后约四五个月时间，这在某种程度上不仅会影响中学的教学秩序，也可能会影响考生的高考成绩。放到高考后组织，既可以帮助有特长学生通过另外一种途径上理想的大学，也不妨碍高校自主举办的选拔考试的进行，同时也可防止获得资格的考生由于达不到高考成绩基本要求而造成资格与资源的浪费。

2. 改自主考试为自主录取，根据高考成绩来自主决定录取

由于目前自主招生的经验尚且不足，弊端较多，高校招生基本上都还是要依据高考成绩，如果改为自主录取，虽然没有直接组织考试，但是高校可以通过方案的制定，科目的选取等环节实现高校行使自主权。高校可以更好地把注意力放在如何甄选适合自己高校的学生和提高办学质量上。例如，高校自主招生可以放在各校录取分数线划定之后进行，按照一定的比例在低于本校分数线的考生中甄别挑选可造之才，或者，可以对各门科目的高考成绩，各校根据自身的专业特色设立不同的权重，选拔人才。

（五）加强配套建设

1. 中学综合评价体系的构建

高中可以建立学生 3 年的成长经历档案，用量化的描述替代评语式的结论。现在的推荐中对于学生德智体这一块的评价缺少健全的综合机制，这就会导致

在自主招生源头上出现偏差。为了保证把最优秀的人才推荐给高校，中学应当建立健全学生的综合素质评价考核体系，客观全面地记录学生的素质，为自主招生的选拔创造一个良好的前提。

2. 高校甄别系统的构建

高校自主招生要招到有创新潜力的人才，就需要具备完整的甄别系统，包括专业的人员、完善的题库、可测量分析的数据库等要素。甄别系统的构建可以提升高校自主招生在笔试上命题的专业性和有效性，在面试上程序的合理性和科学性，能够真正测量出每个考生的内在潜质和特色。

3. 学生跟踪培养记录系统的构建

高校在选取的优秀人才入校后，要对他们的潜质和特长进行有针对性的培养，对他们的发展情况要有科学的管理记载，防止这些特长生进入高校后趋向于普通化、同质化，从而失去最初选拔的意义。高校自主招生作为我国高等学生招生制度的一项改革，不仅是高等教育抓好人才入口关的关键，也是基础教育的指挥棒。在新生事物改革发展的途中，必然有许多不足，我们要沉下心来，不急不躁，有勇气地、坚定地、负责任地解决其在前进途中一系列宏观和微观、战略和战术、方式和方法的问题，逐步建立起科学合理的自主招生体系。全社会也应以更加包容的态度来面对当下自主招生改革的各种尝试，不能寄希望于通过一种考试模式来解决高考招生制度中的所有问题，更宽容些、更信任些，这一破冰之旅才能更加稳妥地走下去，拥有不竭动力推动我国高校招生制度不断深化。

自主招生联盟的探讨[①]

随着高校自主招生改革的不断深入，一种新的招生形式应运而生，那就是“高校自主招生联盟”，如俗称“华约”“北约”“卓越”等联合招生的团体。联盟高校大多采用通用测试、高校个性测试和高校面试的模式进行自主选拔。笔试成绩彼此间互认，个性化测试彼此参考，面试时间尽量协调。面对林林总总的考试招生方式，有必要探讨高校自主招生联盟与高考的关系，其利弊得失以及未来如何发展。

一、如何看待高校自主招生联盟现象

我国自 2001 年开始实行自主招生改革试点。随着自主招生规模的不断扩大，报考学生数量的急剧增加，日益增加的成本让自主招生高校不堪重负，于是，清华大学向同行提出了联考的想法，几所高校一拍即合。在 2009 年 10 月，联考的雏形初现，清华大学与上海交通大学、中国科技大学、南京大学和西安交通大学协议结成“五校联考”，并在 2010 年 1 月 16 日进行了自主招生选拔联合笔试，即后来俗称的“华约”。2009 年 11 月 22 日，北京大学联合复旦大学等六所学校在招生官网上发布公告，七校举行自主招生联考，并以联考的成绩作为招生标准。至此，“北约”诞生。以后又出现了“卓越”等高校自主招生联盟。这一“新生事物”的出现，已引起业内人士的关注，至少有两点应当得到充分肯定。

（一）“联考”是高考的有益补充

首先，自主招生选拔制度的出现给一些拥有创新才能和学科特长的学生创

---

① 原载于《国家教育行政学院学报》，2012 年第 12 期。

造了高考外的一个绿色通道，给学生提供了根据自己兴趣爱好和发展定位选择适合自己大学的机会。联考是将自主招生进行了整合化、合作化、高效化。但是联考只是高考的一种补充方式，就历年开展的情况可知，联考所涉及的考生，以及最后通过联考录取的考生数量在总体上是极少的。从录取学生的总数上看，联考也只是高考的补充形式，而非招生考试制度的主体。

其次，我国的人口数量大，教育资源尤其是优质教育资源的发展和分配不均衡。在这种情况下，自主招生不能替代高考在社会大众心目中的地位以及实际效用，高考的科学性、权威性、公正性以及严密性是目前任何一种选拔形式所无法比拟的。

最后，高校应把联考的改革与高考区分开来，联考不等于高考，联考需要改革、完善，高考同样也需要改进和推动。高校联合招考只是高考的有益补充，而非招生考试制度的主体。

（二）“联考”是深化高校自主招生的有益探索

自自主招生拉开帷幕进行试点以来，随着社会关注度的增加，招生规模不断扩大，报考数量也在迅速攀升。各高校自主选拔模式基本上采用了笔试和面试相结合的考察办法。笔试的环节涉及出题专家的选聘、试题的研究与命题、试卷安全的保卫、考场的布置、监考阅卷等一系列考务人员的安排。面试同样需要一定比例和层次的专家教授，且由于面试的特殊性，不能大批量、同时间段进行，众多的考生需要多场次的调控。同时，每一个环节必须做到严谨公正、程序合理、高效紧凑，这就必然需要每一所高校付出巨大的人力、物力和财力，其背后高昂的经济成本也着实让高校备感沉重。尽管低效、成本高，但对于获得自主招生权力的高校来说，自主招生对其生源、招生质量、个性人才的录取，乃至就业、辐射出的广告效应等，都是不容小觑的。因此，联考无疑是一种资源共享、互助共担的新型选拔模式，较之各校单独组织考试是改革的有益探索。

二、高校自主招生联考的利与弊

客观分析联考现象，其既有利，又有弊，总体利大于弊。

从有利方面看，联考是高校自主招生改革的又一“破冰”点，推动着高考改革的深入前行。从整个评价体系的完善来说，考生将会有更多的选择权和自主权。

同时,联考的形成有助于推动质量较高、社会认可度较高的联考组织机构的形成。这个机构可以是社会性的组织,也可以是政府的单位。久而久之,这一考试形式有可能会被越来越多的高校选择,受到越来越多的考生欢迎,最终成为一种全国性的联考组织机构,从而加快社会考试机构的建立,促进考试社会化途径的发展。联考有利于高校节约经济成本,提高效率,增强规模效益。有利于信息和资源共享,可以形成优势互补的良性互动,在很大程度上能防止舞弊现象的发生,能有效地干预弄虚作假,维护自主招生的公正和安全。联考也有助于竞争机制的形成,促进高校充分调整和发挥自身特色和优势,形成"拳头"专业吸引考生报考。同时,联考也能加强高校间深层次合作机制的形成。多年来自主招生的高校间为了争夺高分尖子生,明抢暗夺,甚至相互毁谤屡见报端。联考格局的形成对高校间的良性竞争有进步意义。多所高校联合招考,降低了考试的成本,方便了考生的报考,为考生节省了精力,以免考生疲于应考。各所高校的招生简章各异、程序不一、测试方法不同,给考生在资料的准备和收集上也带来了难度。加之,高三末学生临考压力繁重,很难抽出足够的时间来备战自主招生,联考则将其备考简化,减轻了考生和家长的负担。另外,考生参加一次申请或笔试,可以获得多所高校面试的机会,增加了考生选择和录取的机率。过去各自为政的自主招生,看似名校林立、热热闹闹,但考生的选择权并没有真正增加多少,最后也只得提前做出唯一的选择,集中精力准备赴考。

从弊端方面看,一是影响未入盟高校的生源。毋庸置疑,生源是高校的生命线。目前联盟中的高校都是中国一流的学校,不论在资金拨款上还是政策优惠上,都比其他高校有更多的资源,从中央到地方都获得了重点扶持。一些省属的高校和没有招生自主权的高校或许担心,联盟的高校成群结队先于高考争取优秀的生源,经过联盟的筛选,无疑会对普通院校的招生质量产生影响。这是否在变相地操纵生源走向、绑架高考市场。如果真的如此,那么联盟就成为名校抢夺生源的壁垒。二是文化考试增加学生学习负担。目前的联考笔试内容和高考科目差不多,仍然是传统的文化考试。语数外、物化生、史地政面面俱到,有的题目甚至偏、怪、难,给考生的准备增加了负担。同时,考生大多参加了高校笔试后,仍然要达到高考成绩的要求。**这就不禁让人思考:既然选择了高考,为何还要再重复地进行文化考试?是对自身题目的可靠程度不自信,需要高考再进行检测?还是对高考区分度的不满意,学校要多加考察?如果说是对高考生疑,那何必再**

劳心劳力地重复考察文化知识？如果是不放心高考的说服力，那最后录取又何必依赖高考成绩以此为门槛？不管是哪一种，都是存有矛盾之处的。客观地说，多一次重复的类似的笔试，就必将会产生一系列的问题。三是政策多变、稳定性差。联盟的稳定性一直为人诟病，近期更是扑朔迷离。一些高校刚刚高调加入联盟，又选择离开联盟，单独招考，反映了盟校的构成确实存在偶然性，比如校领导的喜好，或者当下的风潮等。联盟结构的松散和飘忽，是缘于当初建立的仓促和缺乏规划的系统，高校的进进出出，也对考生的准备产生了影响。加上每年招生简章的迥异，考核方式和优惠条件的变幻莫测，政策的随意性较大，往往一受到公众的质疑就会摇摆不定。断裂的改革其实是对考生的一种不公平，考生们不敢放心参与，临时起意的报考也可能是不愿放弃一些机会。随众的心态，投机的报考态度，也会间接导致选拔成效甚微，不仅影响联考公信力的构建，更有违招生考试制度的严肃性和严谨性。

三、完善高校自主招生联盟考试方法

高校自主招生包括自主考试和自主录取，高校应把重点放在自主录取上。对目前高校自主招生联盟的考试方法，可以在以下几个方面进一步完善。

（一）转变评价理念，逐步推进招生改革

对高校而言，要革新评价依据，不拘泥于选拔高分生，转而选拔具有特殊才能、专业特长的考生，使联考成为一些特长生进入理想大学的渠道。不单一用分数的尺子量人，而用综合评价的眼光选学生，改进当前唯分数高的人才选拔方式，深层次地发掘数据背后所蕴含的考生个性化信息，实现对考生个性、特长、专业倾向等多方面的考察。除了成绩之外，人文素养、探究能力、思辨精神等都应是高校招生关注的重点。

对高校而言，应在政府的领导下逐步推进改革。现在一谈起自主招生，有些高校就抱怨放权不够。固然，目前的高考改革是在探索逐步扩大高校的自主权，但是我国有特殊的国情。在维护教育公平公正、评价体系的构建、优质生源走向的宏观规划、就业形势的指导，以及国家特需专业的设立和发展等方面，离不开政府的指导和管控。政府适度、及时的管理不仅不会妨碍自主招生，反而能更好地保障联考的公正和平稳。当然随着改革的深入，政府的职能也要转向宏观调

控和监督，所以，联盟高校现阶段也要沉下心来，把心思真正放在选拔特殊人才上，而非在制度和权力上。

（二）严谨设计，科学制定联考方案

在联考制度的改革上，需要保持正常的连续性，对改革和学生负责。高校在进行招考改革时，应该提前做好后面几年的打算，给考生留出准备期和缓冲期。在发达国家，一项教育政策会经过反复的论证和审议，一旦通过会维持较长时间。当然，这并不是说我们也要耗时十年去构思，联考的改革方案不能一蹴而就，也不能寄希望于一次改革就尽善尽美，只是尽可能地在制定方案的时候做到系统设计、周密布置、科学论证、公民听证、开门决策，尽可能地想得更全面些，做得更公平些，让考生少折腾些。

（三）不考或者少考文化，加大能力考察力度

今后联考的测试可以选择考察高考之外的内容，不考或者少考文化，加大能力考察力度。比如考生的学习能力、逻辑思维、专业倾向测试等等，使联考可以真正把潜力大、综合素质高的学生选拔出来。能力考察可考察学生在汲取知识方面的潜能，运用素材材料的思维以及思考问题的深度、广度等结果，出具一份分析考生各方面能力的报告书。这样，考生即使没有获得录取优惠资格，也可以通过这份报告清晰地明白自身的优劣、在文理方面的倾向，并为今后选报专业、学校提供参考，不至于最后一无所得。

另外，如果联考成为一种能力考试，则可由其他专业机构组织承担，如考试院或其他社会考试机构。一方面可促进社会机构的竞争，使其有高度公信力，使被高校认可的考试产品成为主流，另一方面更有利于探索考试社会化的途径，并为今后社会机构的培育、成熟提供适宜的土壤。

四、积极探索高校自主招生录取方式

高校自主招生的目的是选拔有学科特长和发展潜能的学生，关键是扩大高校招生自主权。本文以为未来高校自主招生录取方式有三种模式可供选择。

（一）优惠模式

把联考的结果作为给考生不同优惠分数的依据，高考录取时可以此降分录取或加分选专业，这是现在大多数联盟所采用的方式。长久以来，高考是我国高

校选拔人才的唯一途径，肩负着选拔人才的重任，其鲜明的选拔属性不言而喻。但随着联考可以给予考生在高考中的优惠条件，使得联考成为高考的补充，对考生也多了一份评价依据，高考的属性也随之变为了综合评价。综合评价是高考改革的必然选择，通过综合评价改革高考招生制度，用综合评价的理念去选拔学生，深刻探析不同考试数据背后所反映的考生特色，不同学科领域考生体现的个性化信息，从而准确考察考生的特长、潜能以及专业发展等方面，实现对考生的综合评价。继而选择适合的学生，进入适合的专业，到适合的学校进行学习。人的才能是多元的，对人才的评价也应该是多元的。我国现在的高考只有一把标尺，而学生特长、个性各不相同，一把尺子是测量不出多元的潜能和特色的。统考加自主招生的高考招生制度，可以弥补我国考生评价标准上单一的缺陷。

现在的大多数联盟，虽然可以给予考生优惠的条件，减免部分分数，降低标准录取，但最终还是要达到高考一本线甚至更高的门槛，使得一些具有特殊专长的偏才、怪才，就算通过了联考的测试，仍需经过高考的检验，优惠条件才能生效。总体而言，对考生的要求比较高。既要有特长，有潜能，又要综合素质高，而这样全面发展的学生或许不参加联考，也能被心仪的高校录取，那又何必费心费力地去参加联盟考试。联考的出现，是旨在开通一条高考之外的通道，使考生进入梦想的大学深造，可实际情况却是：先联考，再高考，通过高考，才有优惠。显然联考是建立在高考的评价之后的，那么，将联考放在高考之前，不仅浪费了资源，成效也低下。联盟考试给予优惠，是作为高考的一种补充，是高考之外的另一条评价渠道，要发挥其价值，大可将其放在高考之后。待高考成绩出来后，没有达到理想院校分数线的考生可以向该高校申请参加联考测试，高校在这部分群体中进行自主选拔，降低一定标准录取。从逻辑性和结果上来看，这样的方式可能成效更高，更有价值。

（二）权重模式

联考和高考各设定一定的权重，综合录取，即联盟成为高考的组成部分。此途径的核心是“公平公正”。

第一，联考和高考各占比例，有利于平和过渡改革适应期。我国人口众多，资源相对缺乏，就注定了考试是需具有选拔性的。高考历经半个多世纪的风雨，有较高的权威性，如果没有高考，考生和家长会担心存在权力寻租或招生腐败。所以，联考和高考各占比例，有联考的参与，更有高考的坐镇，既可满足对自主招生联考的探索,也可在这特殊的高考招生制度改革时期,缓和改革的冲击力,让高考的公平公正稀释改革的不健全不完善,让高考的科学有效调和公众对联考改革的排斥和怀疑,以高考的权威来为自主招生联考的探索更好地保驾护航,使其平稳渡过这一特殊阶段。

第二,联考和高考各占比例,可以取长补短。高考是考察学生是否具备学科基本素质的普通型测试,终究是无法满足多样化的高校的个性需求,也无法体现特色各异考生的不同潜能的。而联考的出现,恰好可以弥补高考在个性化和专业化方面的缺点,帮助高校定向地选拔适合的人才。高考的较高权威性,也是源于其科学的命题、严密的组织管理和严格的考纪规则,在社会上享有极高的公信力,可以说是一种公众信任的公平之秤。新时期的联考尚属新生之物,其信度和效度还有待商榷。联考和高考的组合,既可以用高考的权威性来弥补联考制度可能存在的不健全,也可以用联考的个性化来弥补大一统的高考所考察不到的维度,两者相得益彰,使需求和公正得到有机的结合。

第三,联考和高考各占比例,高校也可充分发挥自身的选择权,体现自己的个性。联考和高考的组合,并不会妨碍高校选拔适合的考生。如:对理工科要求较高的专业或学校,可以相应地提高高考成绩中数学、物理所占的比例;对个性化比较看重的院校,可提高联盟测试中个性化测验成绩的权重;对潜能、综合素质要求较高的院校,可以提高面试成绩的比例等。分别赋予各考察项目不同的权重,可以满足高校对人才专业性的需求,同时又有高考在基础学科知识上予以把关,同样可以筛选出符合高校特色的、适合的人才。

(三)独立录取模式

联考以后,高校依据考试成绩独立去录取,考生不用再参加高考,联考成为高考的另一种形式。

第一,联考的独立录取,有利于推动高考改革的大步前进。高校独立行使招生自主权,从教育法的角度来讲,是高校依据教育法的规定而享有的法定权利,在性质上是一种公权力。从政府的角度来看,赋予高校自主招生的权力是一种特殊的行政管理行为,只要高校合法正当地行使,可不受政府公权的干预。而一直以来,高校办学受行政干预过多,特别是在自主招生方面,行政干预尤为突出。如果联盟可以直接决定考生的录取,那么大刀阔斧的改革动作就非常明显,这不仅仅是替代各校自主测试,而是意味着自主招生与集中录取的相分离,根本改变了自主招生的操作程序，更改变了高考的模式，联考将会成为高考的另外一种形式。参加联考的同学，可以凭借联考的成绩去申请多所高校，也可获得多所高校的录取通知书，之后不再参加高考。学生有充分的选择权，高校也有高度的自主权，这样，不仅推动自主招生的改革达到一个新的高度，更打开了高校招生考试制度一个新的局面。

第二，联考的独立录取，有利于联考组织的规范和发展，促进考试社会化途径的构建。如果联考可以单独拍板，那么联盟考试的地位将迅速提升。相应地，对其笔试或面试程序的科学性、操作的规范性、评价标准的公正性的要求都将进一步完善和加强。从某种程度来说，随着其影响力的扩大，承担组织联考测试的单位或机构也会相应地受到刺激，从而促进这一行业的快速竞争和发展。经过市场的检验和大众的认可，慢慢衍生出权威的组织机构，即一个具有专业化、市场化、社会化属性的第三方中介机构，一个类似于美国学术性向测验组织者的机构，但又不是完全相同，而是符合我国国情和实际的联考组织。从另一层面上看，专业的社会化考试机构的建立，也利于我国探索招考分离，形成政府宏观管理、专业机构组织实施、学校依法自主招生的新格局。

第三，联考的独立录取，前提是必须树立考试公信力和权威性，建立健全社会诚信体系。高校独立选拔，脱离了长久以来依靠的高考，公众会有担忧，毕竟高考是我国现阶段最为公正的考试之一，承载了千万家庭的希望和嘱托。联考权力的扩大，是否会成为权力寻租、招生腐败的庇荫处，成为公众心中对联考最大的疑虑。毕竟我国人口众多，高考是保证绝大多数人公平竞争的重要途径。当然也并不是说不能进行独立录取的尝试，独立录取有着革命性的意义，可以尝试小范围的探索，人数也需要严格控制，过程中必须有健全的监督机制。同时，加快我国诚信体系的构建也刻不容缓，公开透明、阳光运行，才是保障高考公平公正的重要前提。

今后的联考或者自主招生的方向大致为上述三种模式，这三种改革方向虽然看似相近，其蕴含的本质却截然不同。不同的改革方向，代表着不同的改革态度、思路和力度。现在的联考从改革方向上看，只是高考制度改革的一个中间过渡模式，是一个中点，而非终点。三种不同的模式，是其衍生出的产品，三种产品的属性不同，功效不一，没有对与错，只有哪种更适合。值得注意的是，这三种产品并非相互排斥，可以针对不同层次的院校，优化组合，分层分类同步推进。联考的试点不是心血来潮，而是为了探索出一条丰富我国高考评价的路子，是为了将成功的联考试点经验推开推行。

新时期的联盟现象对于我国而言是新生事物，没有过去的历史可复制，也没有国外现成的案例来临摹。我国人口基数大，有人情观念重的文化烙印，有中国特色的政治，一味生搬硬套，只会东施效颦。在今后的联考改革发展中，我们要以科学发展观为指导，从实践层面上提炼升华，大胆地、细心地、负责任地逐步完善，公众也应包容地、耐心地、信任地对待改革，共同架构起政府宏观管理、专业机构组织实施、分类考试、多元评价、综合录取、具有中国特色的联考招生体制。

高考改革要与高中课程改革相适应[①]

从2005年开始，江苏实施新一轮普通高中课程改革，同时启动新一轮高考方案的研制工作。高考改革必须与高中课程改革相适应。江苏研制了“3＋学业水平考试＋综合素质评价”的高考方案，并于2008年实施，故简称2008年高考方案。

一、统考科目为语文、数学、外语

把语文、数学、外语作为统考科目，一是突出了基础学科的地位。目前，国家统一高考和各省份都把这三门作为必考科目，语数外三门学科在高等教育和学生终身发展中的基础性作用，已经被社会广泛认同。同时，考虑到学生不同的发展倾向，语文、数学设计了附加题，这与新课程标准和学生修习的实际情况也相一致。这样的设计，既满足了高校不同学科专业有不同选拔人才标准的要求，也为学生进一步发挥潜能提供了机会。二是体现了统一性和选择性相互结合。语文、数学、外语考试与全国高考时间上同步，但我省考生只要求考三门，切实减轻了学生高考与备考期间的负担。语文、数学每门160分，外语120分，总分440分。另外，语文、数学各设40分附加题，分别对选修历史和物理的考生进行测试。以440分为总分划定每个录取批次的最低控制分数线，上线后再按考生报考的不同专业方向加上附加分投档。既考虑到报考志愿的不同倾向，又能够避

① 2017年国家公布新修订的高中课程方案，江苏等8个省（市）作为第三批高考试点省份，研制了“3＋1＋2”高考改革方案，并于2021年起实施，成为多数省份选用的高考方案。业内普遍认为，新高考方案吸收了江苏2008年高考方案的思路和方法。

免不同学科附加分简单进入总分而引起的学科分数不等值问题。目前，对语数外三门统考科目，主要争论有三点。

（一）认为语言类科目权重过大

通过近年来江苏高考成绩的统计分析来看，外语与数学的相关系数高于与语文的相关系数，这三门分数与总分的相关系数中，数学最高，外语次之，语文最低。因此可以推测，外语和语文虽然同属语言类科目，但反映的并不是相同的能力倾向。此外，江苏省教育考试院经过模拟统计分析，按语数外三门计算总分划线录取相比，与按五门划线录取相比，文理两类倾向的考生比例并无明显变化。

（二）认为新方案难以体现学生特长

这应该是一种误解。首先，高考新方案不是只考语数外，而是由“3＋学业水平考试＋综合素质评价”构成的完整的考试方案，实际上设计了两个层面给学生一定的选择机会，展示个人的特长。一是学业水平考试，学生可根据自己的爱好和学业特长选择选修科目的考试，除指定在物理和历史中选择一门外，其他一门可在化学、生物、思想政治和地理中选择，应该说，选择余地还是比较大的。二是在招生工作中，高校可根据学科、专业的特点指定选修科目，并提出相应的等级要求，学生亦可根据自身的学业特长选择心仪的高校和理想的学科、专业。

其次，综合素质评价是高考新方案的重要组成部分，综合素质评价表较为详细地记录了学生高中阶段学业修习和成长的过程情况，可以比较全面地反映学生的特点。综合素质评价表将以电子档案的形式提供给高校，以便高校录取时参考。特别是规定“道德品质和公民素质合格才有填报志愿的资格”，“考生学习能力、运动与健康、审美与表现均为D级的，高校可以不录取”，这对促进中学全面实施素质教育，促进学生全面发展都有积极的作用。

（三）认为物理、化学不作为高考统考科目会影响学生的科学素质

实际上，新课程标准的实施是中央推行素质教育的重要组成部分，是国家意志。高考新方案的制定正是在新课程方案实施的背景下进行的，是以进入新课程学习的学生为对象设计的，因此，新高考方案设计在理念和形式上应与新课程一致。在新课程标准中，每个领域与科目的编排都是精心选择的，都是学生成长与发展所需要的。各科目在学时安排上并无厚此薄彼，因此，如果在高考科目上进行硬性取舍，势必造成科目的不平衡。时政国情、历史文化、基础哲学、天文地理、生命科学、环境保护等等，都是当代迫切需要掌握的基本知识，不能对任何科

目厚此薄彼，但如果所有科目都计入总分，学生的负担和压力就太重了。那么，高考新方案在学业水平考试等级成绩基础上，按语数外总分划线录取，是不是就弱化了其他科目的作用呢？结果可能也未必。首先，新方案中学业水平考试按新课程的理念分为必修科目和选修科目，学生需达到一定的等级要求才能报考相应批次的高校，尤其是选修科目按一定的百分位划定等级线，2 门 B 级或 B 级以上才能够填报本科层次高校的志愿。其次，在选修科目中指定了物理或历史，不仅使其成为无法回避的科目，同时，也使应试物理和历史的考生成为数量庞大的群体，而在这个群体中争取一定的位次并不容易。第三，不同的高校也可根据学科、专业要求，在资格线上再提出更高的等级要求，换句话说，学生要选报某一所高校，不仅需要达到资格线，还需达到这所高校的等级要求，也就是要争取更前的百分位。因此，相对于过去单纯按科目原始成绩计入总分，某一科失误还可由其他科目弥补的做法，方案大大强化了这些科目的作用，任何考生都不能轻易忽视。

二、关于普通高中学业水平考试

根据江苏省 2008 年普通高考方案的统一部署，从 2007 年开始，江苏省取消了原有的高中会考、高考综合考试，实行全省普通高中学业水平考试。根据江苏省教育考试院关于做好普通高中学业水平考试工作的通知内容，学业水平考试的基本政策有六个方面。

(一) 学业水平考试的基本政策

1. 关于科目设置

普通高中学业水平考试科目共有 7 门：政治、历史、地理、物理、化学、生物、技术(含信息技术、通用技术)。这 7 门科目又分必修科目和选修科目，其中必修科目 5 门，选修科目 2 门。选修科目由考生在历史、物理 2 门中选择 1 门，在政治、地理、化学、生物 4 门中选择 1 门，2 门选修科目之外的 5 门为必修科目。艺术类、体育类考生兼报普通类专业时，必须按普通类考生要求参加相应科目的学业水平考试；如不兼报普通类专业，可选择 7 门均为必修科目，也可以将 2 门选修科目测考试等级视为相应科目的必修科目考试等级。

2. 关于时间安排

必修科目考试安排在高二下学期、高三下学期进行，学生在校学习期间可报考 2 次，具体时间为每年的 4 月 8 日和 9 日上午，考试时间为每科 75 分钟；选修科目考试安排在高三下学期和高考同时进行，学生在校学习期间只报考 1 次，具体时间为每年的 6 月 9 日，考试时间为每科 100 分钟。

3. 关于计分办法

普通高中学业水平考试实行等级计分，分为 4 个等级，用 A、B、C、D 表示。技术科目考试等级为合格和不合格。必修科目各科原始分满分为 100 分，90—100 分为 A 级，75—89 分为 B 级，60—74 分为 C 级，59 分及其以下为 D 级，单科 C 级及其以上的比例一般控制在 95％以上。必修科目考试成绩从应届高考之年起算，3 年有效，即 2007 年必修科目考试成绩可用至 2010 年高考。选修科目各科原始分满分为 120 分，根据考生成绩分布划出等级。A 级为前 20％的考生，其中前 5％的考生为 A＋；B 级为前 20％—50％的考生，其中前 20％—30％的考生为 B＋；C 级为前 50％—90％的考生，D 级为 90％以后的考生。选修科目考试成绩当年有效。

4. 关于加分政策

2008 年及以后的应届高中毕业生参加江苏省普通高中学业水平考试，第一次报名参加 4 门必修科目和 2 门选修科目考试，6 门科目成绩均达 A 级且技术科目考试合格，可享受在语数外 3 门总成绩上加 10 分的奖励政策。高二学生在 2007 年参加完必修科目考试后，也可以在 2008 年再次参加必修科目考试，取 2 次考试成绩中最好的成绩计算等级，但此类考生不能享受加 10 分的政策。社会考生亦可报名参加 2 次考试，并取最好成绩计算等级，但也不享受加 10 分的政策。

5. 关于成绩转换

(1) 凡取得 2006、2007 年度高考综合考试成绩的社会考生，先将文科和理科综合考试成绩分别按满分 100 分进行折算（即用考试成绩除以系数 1.5)，再按学业水平考试方案中必修科目等级计分方法进行转换，理科综合转换后的等级将同时对应物理、化学、生物 3 门必修科目等级，文科综合等级将同时对应政治、历史、地理 3 门必修科目等级。

(2) 在外省借读的江苏籍考生，如持有外省省级高中会考部门出具的 2006、2007 年度省级会考成绩证明，江苏省予以认可，并按同样方法进行等级转换。

(3) 持有2006、2007年江苏省高考综合考试成绩单的考生，其成绩如果仍在3年有效期内，这批考生既可以用综合考试成绩直接转换成等级，也可以参加必修科目考试获取相应等级，取最好等级计算成绩。综合考试成绩转换等级后为D级的考生，也可以参加普通高考。

6. 关于技术考试

已参加2006年江苏省中小学信息技术等级考试的学生，如果必修部分加选修部分的成绩之和达到120分的，视为合格，在2008年高考报名时一并采集记入考生电子档案；如未取得合格成绩，必须再次参加2007年江苏省中小学信息技术等级考试，取得合格成绩后方可参加2008年普通高考。

(二) 学业水平考试的主要特点和作用

1. 体现了基础性，增加了选择性

普通高中学业水平考试是对高中生在校学习情况的全面检测，考虑到语数外3门另外组织考试，艺术、体育、研究性学习等列入综合素质评价，因此，学业水平考试设计了7个科目，分为2个阶段，其中选修科目2门，由考生在历史、物理2门中选择1门，在政治、地理、化学、生物4门中选择1门。这样的设计突出了历史、物理分别在高校文科类、理工类中的基础作用；2门选修科目之外的5门为必修科目。学生可根据个人能力倾向和发展需求，在一定范围内自主选择，体现了基础性与选择性相结合的原则，这与新课程开设的要求也是一致的。

2. 切实减轻了学生负担

普通高中学业水平考试按单科进行，必修科目考试时间只有75分钟，选修科目考试时间也只有100分钟，总量并不大；而且，由于选修科目都是在相应必修科目基础上的延伸，因此，学业水平考试采用了选修科目覆盖必修内容的做法，减少了学生考试的科目和次数；另外，必修科目考试安排在每年的4月份进行，既与新课程的教学安排要求相一致，也便于命题、考试、阅卷的安排，更是出于人性化考虑，和高考错开时间进行，有利于学生复习迎考，减轻了学生的课业负担和心理负担。

3. 改变了"一考定终身"的弊端

学生在校期间有2次参加学业水平必修科目考试的机会，取最好的1次成绩计算等级，成绩3年有效。学生既可以根据自身情况分散考试科目，安排在2年内完成，也可以1个学科考试2次，选择自己满意的成绩。这对于避免"一次考试定终身"的弊端具有积极的探索价值和现实意义。

4. 减轻了“分分计较”的竞争压力

普通高中学业水平考试成绩以等级表示，既体现了区分度，也给中学和高校实施综合素质评价和选拔体系创造了有利条件。必修和选修科目实行不同的等级划分方法是考虑到两种不同考试的性质和功能。必修科目等级按大家习惯的原始分数段转换，体现了目标参照考试的性质，主要考查学生对于教学目标的达成情况；选修科目等级则按学生考试成绩分布的一定比例来转换，这个比例主要是参照江苏省近年来以及未来高校录取不同批次的人数比例确定，主要是为了较好地体现选修科目的区分功能，同时，也能较好地避免学科之间、几次考试之间可能出现的分数不等值问题。

普通高中学业水平考试作为对高中生在校期间学习情况的全面检测，与语数外科目考试、综合素质评价共同构成完整的高中学生综合评价体系，在整个高考和高校招生中起着非常重要的作用。

（三）学业水平考试对高考和高校招生的作用

1. 普通高中学业水平考试成绩是考生报考高校的必要条件

考生如报考普通类高校，必修科目考试等级必须达到C级或C级以上等级，同时技术考试必须合格；考生如报考普通类本科院校，除了必修科目考试等级达到C级或C级以上外，选修科目考试等级还需达到B级或B级以上；考生如报考艺术、体育类院校或专业，必修科目考试等级中的D级不能超过3门，其中技术科目考试不合格也视为D级。学业水平考试等级作为进入相应层次、相应专业的门槛，看起来不如分数的区分度大，实际上有时候发挥的作用比分数还要大。同时，高校也有提出等级要求的自主权。这样应用学业水平考试结果，体现了学业水平考试在高校招生录取中的重要作用，而且也是适度的。

2. 考试成绩是高校录取新生的重要依据

从2008年开始，普通高校的招生章程中将明确对普通高中学业水平考试科目的等级要求，高校在录取时也将依据考生志愿，按统考成绩、普通高中学业水平考试等级和综合素质评价情况综合衡量，择优录取。

3. 考试成绩是考生参加自主录取的主要依据

经批准实行自主招生试点的高校，可以依据统考科目成绩、普通高中学业水平测试等级、综合素质评价和面试成绩，自主择优录取。从长远来看，部分专科院校经批准，也可以依据考生统考科目成绩、普通高中学业水平测试等级和综合素质评价的一项或几项成绩，试行注册入学。

4. 6门全优在高考中享有加分奖励政策

对第一次参加必修科目和选修科目考试，6门科目成绩均达到A级且技术科目考试合格的考生，可以加10分计入统考成绩，再参加高校录取，这对于提升综合文化素质比较全面的考生在全省考生中的排名具有重要作用。

三、关于普通高中综合素质评价

普通高级中学学生综合素质评价是贯彻国家的教育方针、全面实施素质教育的基本要求，主要内容包括道德品质、公民素养、学习能力、交流与合作、运动与健康、审美与表现六个方面。

道德品质评价主要体现在爱祖国、爱人民、爱劳动、爱科学、爱社会主义，遵纪守法、诚实守信、维护公德、关心集体、保护环境等方面。公民素养评价主要体现在自信、自尊、自强、自律、勤奋，对个人的行为负责，积极参加公益活动，具有社会责任感等方面。学习能力评价主要体现在有学习的愿望与兴趣，能运用各种学习方式来提高学习水平，有对自己的学习过程和学习结果进行反思的习惯；能够完成规定的物理、化学、生物等学科的实验操作；能够结合所学不同学科的知识，运用已有的经验和技能，独立分析并解决问题；具有初步的研究与创新能力等方面。交流与合作评价主要体现在能与他人一起确立目标并努力去实现目标，尊重并理解他人的观点与处境，能评价和约束自己的行为，能综合运用各种交流和沟通的方法进行合作等方面。运动与健康评价主要体现在热爱体育运动，养成体育锻炼的习惯，具备锻炼健身的能力、一定的运动技能和强健的体魄，形成健康的生活方式等方面。审美与表现评价主要体现在能感受并欣赏生活、自然、艺术和科学中的美，具有健康的审美情趣，积极参加艺术活动，用多种方式进行艺术表现等方面。

综合素质评价采用"合格加等级"的指标体系。道德品质、公民素养、交流与合作三方面的评定主要看是否合格，学习能力、运动与健康、审美与表现三方面的评定等级分A、B、C、D四级。既有利于反映学生综合素质的真实情况，操作起来又比较明确、简便。

综合素质评价在高校招生中发挥的作用定位比较准确，突出了综合素质评价的“有用性”。综合素质评价中的“道德品质”和“公民素养”合格，作为考生填报志愿的必要条件。同时还规定，考生“学习能力”“运动与健康”“审美与表现”单项达到A级且其他三项均为合格的，高校在同等条件下可以优先录取；均为D级的，高校可以不录取。

普通高中学生综合素质评价工作由学校具体负责组织实施。学校成立普通高中学生综合素质评价工作领导小组，校长任领导小组组长，成员名单报教育行政主管部门备案。学校领导小组负责制订本校学生综合素质评价实施细则，具体组织实施评价工作，审定评价结果，受理咨询、申诉和复议申请。全省学生使用统一格式的“普通高中学生综合素质评价表”。每个学生每学期一张，并在六张学期表的基础上形成高中三年的总表。评价表进入江苏省普通高中新课程教务管理信息系统。各学校每学期通过全省统一的教务管理软件进行信息输入和输出。综合素质评价既有对学生统一的综合素质要求，又充分考虑学生个性发展的突出表现，有利于促进学生全面而有个性的发展。综合素质评价以学生的成长记录袋为基础，通过对成长记录的归纳与总结，形成直观的表格，体现了评价的过程与结果的有机统一，并且将电子档案与文字档案统一起来，既便于资料的收集、整理、使用和全省统一管理，也有利于高校招生及录取后使用。

为了保障综合素质评价落到实处，江苏省教育厅制定了严格的保障制度。一是校长诚信承诺制度。各市(县)教育主管部门组织所在区域校长签订诚信承诺责任状。校长必须在“普通高中学生综合素质评价表”上签字。二是评价项目抽测制度。省教育厅不定期组织对学生的理化生实验操作能力和音乐、美术、体育等项目A等级的学生进行抽测。一旦发现有弄虚作假、违反规定评价程序操作的，一律取消其相应的等级，并将抽测学生和学校的有关情况记录在案。三是年度非诚信学校公示制度。对在实施学生综合素质评价过程中存在非诚信现象的学校，省教育厅采取适当的形式向社会公示。四是责任追究制度。在普通高中学生综合素质评价过程中，凡提供虚假材料或不按照规定程序操作的，要追究有关当事人和校长的责任；对在普通高中学生综合素质评价过程中涉嫌弄虚作假的学生，一经查实，取消其当年被高校录取的资格；已被高等学校录取的，建议取消该生学籍。

江苏省2008年普通高考方案是一项具有重大探索意义的高考改革，可以相信，通过江苏省教育部门和招考部门的不断努力，新一轮高考方案改革必将迎来美好的明天，国家大力推进的新课程改革和素质教育也将迈进崭新的阶段。

用多样化高中升学考试引导基础教育特色发展

改革开放以来，我国基础教育改革发展取得了举世瞩目的成绩，这是不争的事实。但基础教育客观上存在着“择校热”“负担重”等现象，这也是不争的事实。对此，各级政府反复调查研究、分析原因、采取对策，学术界也反复研究，提出许多对策建议。但要从根本上解决这一问题还需要统一思想、找准对策、共同努力、狠下功夫。造成这一现象的原因是多方面的，许多人把主要原因归结为现行高考制度，认为“高考指挥棒”效应导致了基础教育的“择校热”“负担重”等现象。本文试图客观、全面分析包括高考在内的高中升学考试现状，沿着发挥“指挥棒”作用的思路，探讨引导基础教育特色发展的路径和方法。

一、有引导，“导”在哪里?

我国高中升学考试的种类很多，它们在实现选拔功能的同时，也以不同形式引导着基础教育的发展。其中，影响最大的是全国普通高校统一招生考试，简称“高考”。不同的高中升学考试，其引导对象、引导作用是有所不同的，主要有以下几种：

（一）普通高校统一招生考试

这一考试的对象是高级中等教育学校毕业的或具有同等学力的考生。由于我国高考实行分省命题制，高考方案由各省制定，因此考试内容也有所不同。大部分省、区、市实行“3＋文综、理综”模式。“3”为语文、数学、外语，“文综”为政治、历史、地理综合卷，“理综”为物理、化学、生物综合卷，考试科目基本涵盖普通高中主干课程。

综合分析我国各种高考模式，在对基础教育引导作用上，具有这样一些特点。一是都把引导基础教育实施素质教育作为指导思想；二是考试科目以不同方式涵盖普通高中主干课程；三是考试试卷分值力求与普通高中新课标规定的学分相匹配；四是试卷命题注重能力立意，强化考察学生的综合分析和应用能力；五是对体育、艺术类考生单独进行专业考试，引导中学生特长发展；六是允许和鼓励扩大高校招生自主权，引导中学生在合格的基础上发挥特长；七是招生考试政策试图引导高中既开足、开齐、开好规定的课程，又尽量减轻学生过重的课业负担。

应当肯定，这些设计、规定、措施的出发点在一定程度上起到了积极的导向作用。但也毋庸讳言，社会公众对现行高考制度的质疑也是屡见不鲜，其中不乏认为现行高考制度导致了基础教育的“择校热”和“负担重”。

（二）普通高校对口单独招生考试

简称“对口单招”，是指普通高等学校从中等职业学校的应届毕业生中选拔新生的招生考试。中等职业学校应届毕业生，包括普通中专、职业中专、职业高中、电视中专、技工学校及成人中专招收应届初中毕业生的部分。考试内容一般为文化课和专业理论课。

这种考试也是高中升学考试的一种形式，招生计划纳入普通高校招生计划之中，毕业生待遇与其他高校毕业生没有什么区别。这种考试存在的意义在于在制度设计上，给中等职业学校毕业生开辟了一条可以继续深造的通道，使高中升学考试制度更加完善，有利于构建“升学立交桥”和“人才培养立交桥”，也有利于引导初中教育后的分流。在考试形式上，对中等职业学校加强文化和专业理论教学、进行专业技能培养等方面起到了积极的引导作用。由于这一考试面向中等职业学校毕业生，招生人数不多，以及文化观念、教育观念等方面的因素，因此社会关注程度不高，赞扬者和质疑者都寥寥无几。

（三）示范性高职院提前单独招生考试

这种考试实质是统一高考之外的另一种高考，考试招生对象主要为普通高中毕业生，考试内容为文化课，笔试后招生院校再进行面试，并综合评定成绩择优录取。

这种考试是贯彻落实《国家中长期教育改革和发展规划纲要（2010—2020年）》精神，促进现代职业教育体系建设的一种尝试，也是进一步完善高职院多元化选拔录取机制，提升高职院生源质量和办学水平的一种举措。由于考试招生在统一高考前结束，因而能够使一部分无望升入本科院校或者选择进入高职院的学生从统一高考中解放出来；也由于考试试卷的难度系数大大降低，因而有利于减轻这部分学生的负担。这种考试对普通高中尤其是非重点普通高中具有很现实的导向作用。这类高中面对选择进入高职院的学生，无需为提高升学率而加班加点，让学生重复做题，可以根据学生的爱好、特长进行因材施教，认真实施素质教育。

二、引导难，“难”在哪里？

应当认为，高中升学考试是多样性、多渠道的考试，为高中毕业生进入高校学习开辟了多条通道。如果把高考理解为高校招生考试，那么，高中升学考试的具体形式都应理解为是高考的一部分，其中国家统一高考只是高考的主体而已。高考对基础教育的引导作用不令人满意，有高考自身存在的缺陷，也有非高考的因素。引导难，究竟难在哪里？

（一）破除传统观念难度大

在一些传统观念影响下，普通百姓在人才观念上根深蒂固地存在着“科学家比工程师强，干部比工人强，脑力劳动者比体力劳动者强”等观念，因此，一些人上大学的出发点是未来做科学家、当干部，至少也要做一个脑力劳动者。老百姓的普遍期望与社会分工的客观需求形成巨大矛盾，即使是不适合进入“象牙塔”的人也不愿意轻易放弃对进入“象牙塔”的努力，而高考事实上是进入“象牙塔”的“敲门砖”。于是，普通高中就成为高考竞争的前沿阵地。普通百姓在教育观念上根深蒂固地存在着学校教育比社会教育强，职前教育比职后教育强，文化知识教育比德育体育强等观念，因此，上中小学的目标是参加高考，最终上个好大学。在这种传统观念指导下，仅仅依靠高考改革很难改变基础教育的竞争状态，而要改变这种观念也绝非一朝一夕之事。

（二）破除错误的政绩观念难度大

中国人很重视政绩，“为官一任，造福一方”是一般地方领导的座右铭。这种政绩观落实到教育领域，很重要的指标就是高考升学率。为了这种政绩，一些地方每年把高考升学指标压到中学，学校又压到班级，形成一级压一级的状况，最终使学生的压力增大。更有甚者，一些地方把升入北大、清华，升入“985 工程”

“211工程”高校，升入本科高校作为指标压到中学，定到学生人头。在这种政绩观的引导下，即使到普及高等教育阶段，也很难减轻中学生的课业负担。或者说仅仅依靠高考改革很难改变这种局面。因为，无论如何进行高考改革，都不能改变高考的选拔功能，而选拔到高端高校的毕竟是少数人。假如地方领导把高考进入高端学校的人数作为“为官一任，造福一方”的政绩，并且明目张胆下指标，大张旗鼓做宣传，那么，最终受害者必将是学生。令人担忧的是，这种错误的政绩观由来已久、根深蒂固、相当普遍，要破除这种错误的政绩观非一日之功能见效，也非教育部门一家努力能奏效，这需要大家共同努力。

（三）破除应试教育模式难度大

基础教育的主要任务应当是培育学生良好的品德，完善学生良好的人格和心理，传授知识、开启学生的智慧，促进学生具有良好的体魄和审美情趣等。学校和教师应当按照课程计划、课程标准、教学大纲，采用科学的方法完成上述任务，使每个学生都能合格。这也是国家一直提倡的实施素质教育。而现实情况是相当一部分中学仍然存在着应试教育倾向，主要表现在教育目标简化为提高高考升学率而非促进学生全面发展；教学内容缩减为高考内容而非规定课程内容；教学方法简化为提高学生应试能力而非开启学生智慧。一些教师也习惯于应试教育下的教学，一些家长误认为教育就是应试教育，社会公众关注“不能让孩子输在起跑线上”，却不太关注“不能让孩子伤在起跑线上”。所有这些都说明，破除应试教育模式涉及面广，涉及许多深层次问题，需要下大功夫或许才能见效。

三、需引导，“导”向何方？

基础教育“择校热”、“负担重”、应试教育等问题的解决，需要高中升学考试特别是高考的正确引导，关键是如何引导，导向何方。《国家中长期教育改革和发展规划纲要（2010—2020年）》已经指出了方向，关键是如何组织实施。

（一）以“分类考试”进行分类引导

“分类考试”是指不同类型的高校可以采用不同的高中升学考试方式，面向不同层次、类型的学生可以采用不同的高中升学考试方式。在高等教育大众化条件下，再用同一张试卷进行考试、同一把尺子进行衡量已经不合时宜。目前的统一高考、对口单独招生考试、示范性高职院提前单独招生考试已经在一定程度上体现了分类考试，也在一定程度上起到了分类引导的作用。但是，由于统一高考“指挥棒”作用强大，其他考试招生比例过小等原因，“分类考试”所起到的分类引导作用十分有限。今后应当根据《教育规划纲要》精神，变集中单一的招生考试模式为若干个供考生和高校双向选择的招考模式，实行“高端自主、中端稳定、低端放开、分类引导”。“高端自主”就是进一步扩大自主招生高校自主招生的比例和权限，允许其把高考成绩和学校考核成绩按一定比例综合加权后进行录取，或者直接依据学校考核成绩或联合考试成绩进行录取。这种方式可以打破单一依靠高考引导基础教育的弊端，但必须保证考试的科学性、公平性。“中端稳定”就是一般本科院校可以继续沿用现行的高考模式，同时对一些特殊专业可以适当增加面试等环节。这种方式可以保持统一高考总体稳定，合理地发挥统一高考对基础教育主要是基础文化教育的导向作用。“低端放开”就是高职院招生考试不再依据统一高考，而是依据高中学业水平考试成绩，或实行提前单独招生考试，或实行“注册入学”。这种方式可以使一部分考生从统一高考中解放出来，让他们提前进行职业规划和接受职业技术教育，从而形成对基础教育的另一种导向。

（二）以“综合评价”促进全面发展

考试是评价的一种方法，但不是唯一的方法。“综合评价”就是要用多种评价方法来测量学生的综合素质，引导学生全面发展。高中升学考试中可采用的“综合评价”包括：一是建立统一的高中学业水平考试制度，以此作为高中毕业生升学的基本资格认证；二是以统一高考为主，辅之以其他考试；三是参考学生平时成绩和表现，部分中学校长、教授推荐等；四是各类高校自主考核、面试等形式的评价。“综合评价”要坚持公平、科学和规范，树立评价的公信力。要建立健全“综合评价”的规范制度，评价内容能反映学生的能力，评价形式能发挥学生的能力，评价程序对所有学生公平公正，评价结果向社会公开。通过“综合评价”，真正把有创新能力、发展潜能的学生选拔出来。

要实现“综合评价”对基础教育的引导作用，必须发挥“双一流”等高端高校的带动作用，进一步扩大这批高校的招生自主权，扩大自主招生比例，放大自主招生权限，允许这批高校在综合评价的基础上，采用多种形式录取学生。一是优惠模式。把统一高考以外的评价结果作为给考生不同优惠分数的依据，高考录取时可以此降分录取或加分选专业。这种模式是把统一高考以外的评价作为高考的补充，可以引导中学生除文化知识外其他方面的能力发展。二是权重模式。统一高考和统一高考以外的评价各设定一定的权重，形成综合成绩，并据此进行录取。这种模式是把统一高考以外的评价作为高考的组成部分，可以进一步强化综合评价，引导中学生全面发展。三是独立录取模式。高校依据自主评价结果独立去录取，考生不用再参加高考。这种模式是在统一高考之外另设立的高校入学考试，可以先行试点，招收文化有基础、学科有特长、发展有潜力的学生，引导中学生朝着合格加特长的方向发展。

当前，要在理清思路的基础上加快改革试点步伐，加快"定型"，只有"定型"了的高中升学考试制度，才能更好地发挥对基础教育的导向作用。以期用"考什么"引导基础教育"教什么"，用"教什么"引导中小学特色发展和中小学生特长发展。

第六篇

一切为了学生

大学生是“天之骄子”，是国家和民族的未来。让大学生更有德性、诚信，更加安全、健康，更好地就业、创业，这是高校和社会的共同理想。高校教师要付出更多爱心、良心和责任心，一切为了学生。

教育工作是无形的，教师对学生的影响是无形的，学生的进步成长也是在无形之中发生的。教育工作不同于现代企业经营的运作，不能完全量化考核考评，教育工作的好坏在很大程度上不能不打上“良心”的烙印。

观点摘录

★ 实践证明，江苏在20世纪末期到21世纪初期实施的高等教育跨越式发展战略是完全正确的，取得的成效也是十分明显的。通过跨越式发展战略的实施，江苏高等教育事业实现了质的飞跃，人才培养力度大大增加，人民群众接受高等教育的需求满足度不断提高。不仅改变了“千军万马过独木桥”的状况，而且初步建立起人才培养的“立交桥”；不仅走出了资源短缺的境地，而且积累和扩大了优质教育资源；不仅有力地推动了江苏地方经济的发展，而且对全国高等教育事业的发展和改革都起到了较大的影响和推动作用。

★ 我们必须扎根中国大地办教育，同时把开放看作是高等教育发展的重要动力，跳出教育看教育，将教育放在全球化的大背景下去考量，运用教育国际化战略，谋求更大的教育资源和市场空间。

★ 中国的高等教育从诞生至今，一直非常重视对大学生进行思想品德教育，而大学生作为社会公民中的高素质群体，他们的诚信意识直接关系到良好社会风尚的形成和社会主义和谐社会的构建，因此大学生诚信教育问题不容忽视。

★ 教育工作是无形的，教师对学生的影响是无形的，学生的进步成长也是在无形之中发生的，教育工作不同于现代企业经营的运作，不能完全量化考核考评，教育工作的好坏在很大程度上不能不打上“良心”的烙印。

★ 实践是最好的学习，经历是最好的财富，多一点实践经历就多一点综合素质，早一点实践经历就早一点成长成才。

★ 教育是培养人的社会活动，教育活动离不开人，人既是教育的出发点，也是教育的归宿，以人为本是教育的题中应有之义。

★ 家长让一些学生失去了实践机会需要学校来补课；社会让一些学生失去了承担责任机会需要教育来补课；传统的教育方法让一些学生失去了创新机会需要现在来补课。

江苏高等教育的战略转变①

一、从跨越式发展转向渐进式发展

“八五”“九五”期间经济的快速发展，为高等教育实施跨越式发展创造了良好的环境和条件，许多高校紧紧抓住机遇，大力发展，高等教育事业进入史无前例的“黄金发展期”。一是普通高校数、年招生数和在校生数实现了跨越式发展。截至2004年，江苏省的普通高校数、年招生数和在校生数均位居全国第一，高考录取率连续几年在70%以上，高等教育毛入学率已超过20%，高等教育大众化的进程不断加快，高等教育资源短缺与人民对高等教育日益增长的需求之间的矛盾不断得到缓解。二是培养人才的数量实现了跨越式发展。三是办学条件得到了显著改善。四是江苏省各类成人高等教育、高等教育自学考试和远程教育也同步实现跨越式发展。

实践证明，江苏在20世纪末期到21世纪初期实施的高等教育跨越式发展战略是完全正确的，取得的成效也是十分明显的。通过跨越式发展战略的实施，江苏高等教育事业实现了质的飞跃，人才培养力度大大增加，人民群众接受高等教育的需求满足度不断提高。不仅改变了“千军万马过独木桥”的状况，而且初步建立起人才培养的“立交桥”；不仅走出了资源短缺的境地，而且积累和扩大了优质教育资源；不仅有力地推动了江苏地方经济的发展，而且对全国高等教育事业的发展和改革都起到了较大的影响和推动作用。

这之后，江苏高等教育发展战略要由跨越式发展转向渐进式发展，高等教育

---

① 原载于《江苏高教》，2004年第1期。

发展要把握节奏，逐步减缓发展速度和规模，进入正常发展轨道。其原因如下：

（一）渐进式发展符合经济社会发展规律

江苏今后经济社会发展速度大致为年增10%，而实际运行值为12%—13%。高等教育发展必须以经济社会发展为基础，有一定的经济基础作支撑。有专家认为，正常情况下，高等教育发展速度为经济发展速度的70%左右。因此，今后江苏高等教育发展速度把握在年增10%以内为宜。

（二）渐进式发展更加符合高等教育发展规律

从高等学校在校生的绝对数来看，江苏省已成为一个高等教育大省。尽管教育资源总量大大增加，但大规模的高等教育系统和投入不足带来生均办学条件较差、教学科研设备不足、公用经费紧缺、图书资料陈旧等问题。根据高等教育的一般发展规律，高速发展后需要"休整期"，高强度扩张规模后需要办学条件的"补充期"。所以，在目前高等教育投入水平较低的条件下，我省高等教育的规模如果继续以较快的速度或较大的幅度发展，则可能有低质量相伴随。

（三）高等教育要与中等教育、初等教育协调发展

社会对教育的支撑能力是一个常量，在整个教育投入中，对高等教育的投入比例增加，对其他教育的投入比例就会相对减少。应该说，江苏目前在基本完成普及九年义务教育、基本扫除青壮年文盲等方面，还需要有较大的投入，尤其在江苏的苏北地区任务比较艰巨。今后，江苏省高等教育与中等教育及初等教育要协调发展。

（四）渐进式发展不影响人民群众接受高等教育的机会

由于江苏高等教育的各项指标基数都较大，即使采取渐进式发展战略，高等教育事业发展也能适应经济社会发展的需要，获得较快的发展，而不会影响高等教育大众化发展目标的进程，不会影响建立高等教育强省目标的实现。

二、从封闭式发展转向开放式发展

改革开放以来，江苏高等教育逐步由封闭式发展转向开放式发展，教育对外交流与合作空前活跃，取得了一系列突破性的进展，教育体制改革不断深入，教育市场不断放开。但总体上来看，教育观念、运行机制、管理体制、教学内容和方法等仍然比较陈旧。因此，江苏高等教育从封闭式发展转向开放式发展，是发展

的必然。伴随社会开放程度的不断提高，江苏高等教育的发展与竞争必将进一步融入国际化、全球化的进程，高等教育事业的发展将有更大的扩张力，高等教育资源的引入将有更大的优势。

（一）进一步开放教育观念

开放的教育观念是实施开放式发展战略的前提。在世界经济日益全球化的今天，每个国家都无法单纯依靠本国现存的资源来发展自己，而是要在开放的条件下利用世界上一切可以利用的资源，高等教育的发展也同样如此。当代各国先进的办学理念、优质的办学资源、开放的人才培养模式、现代化的教学手段、针对性强的专业设置、灵活实用的教学计划和教学内容等，对我国传统的办学模式和人才培养模式形成了强大冲击，促使我国高等教育必须加大改革力度，步入更加开放的轨道。实践证明，在维护教育主权的前提下，只有坚持教育的对外开放，才能吸取国际上先进的办学经验，才能使教育更好地为我国改革开放和社会主义现代化建设服务。如今以民族或国家为基本单位的高等教育体系正在跨越民族文化和国家的边界，各国高等教育间的相互交流与合作越来越成为一个国家高等教育健康发展所必不可少的条件，积极推动并参与国际交流与合作，已成为一种新的办学理念。**我们必须扎根中国大地办教育，同时把开放看作是高等教育发展的重要动力，跳出教育看教育，将教育放在全球化的大背景下去考量，运用教育国际化战略，谋求更大的教育资源和市场空间**。要进一步打开省门，引进国外先进的教育理念与教育方法，提高教育系统的运行能力。

（二）进一步扩大教育国际合作与交流

江苏高校应坚持“以我为主，因势利导，趋利避害，为我所用”的方针，进一步加强国际高等学校间的交流合作，积极参与国际教育市场的竞争，进一步加大对国外优质教育资源的引进力度，如品牌、课程体系、教师、教学方法、教学手段、管理模式、评估体系等，积极借鉴海外先进教育体制和机制，推动我省教育改革的深化。教育的对外交流形式要进一步多样化，要不断拓宽合作领域，提高教育国际交流的层次。此外，要特别注重加强科研多边合作，从本校实际出发，选择优势学科重点扶持，采取多种形式进行国际学术交流，包括跨国设计与组织相关科研课题的共同探讨，出资邀请国外同行参与重大科研项目的协作研究，积极争取国际组织或个人设立的各级各类科研基金，加强研究人员和研究机构与国际同类跨国公司或企业的合作等。同时，要充分发挥江苏高校的局部优势，包括区位优势、部分学科优势等，以积极的姿态去占领国外的教育市场，拓展民族教育的国际生存空间。利用开放的环境融入世界优秀文化中，促进高等教育整体水平的提高，树立江苏的品牌和形象，努力做好“引进来，走出去”这篇开放交流大文章，提升江苏教育的国际化程度。

（三）进一步开放办学体制

应该说，江苏目前已初步改变政府包揽办学的格局，逐步建立以政府办学为主、社会各界共同参与办学的新体制，高等教育开放式发展战略在办学体制方面已经取得了显著的成效。

江苏要进一步支持和扶持民办教育的发展，把它作为提高高等教育大众化程度不可缺少的一支重要力量。要统筹规划民办学校布局，优先发展空白地区和有特色的民办高校。要进一步在招生政策、办学形式等方面扶持民办学校发展，严格按照《中华人民共和国民办教育促进法》的规定，依法办学。要进一步探索股份制办学、公办学校转制等改革，探索公办学校实行形式的多样化。

三、从外延式发展转向内涵式发展

高等教育的发展通常有两种途径：一是增设新的高等学校，也称为外延式发展；二是在原有高等教育规模的基础上，以挖掘高校内部潜力为主，来扩大高等教育的容量，提高高校办学效益和质量，也称为内涵式发展。这两种发展形式本身没有孰优孰劣之分，而且在任何一个国家的高等教育发展中，都很难找到纯粹的外延式发展或内涵式发展的例子。因为一般新设置的高等学校规模都不太大，需要经过相当长一段时期，办学达到一定水平，形成了一定的学术氛围以后，才具有扩大规模的能力。国外的一些万人以上的巨型大学，都是经过了几十年甚至上百年的发展才具有如此大的规模。一般而言，一个国家的高等教育规模总是在不断扩大，但这种扩大，应该是在扩大现有高校的规模（即内涵式发展）的同时，设置新的高校（即外延式发展），为今后的高等教育发展打下基础。

走内涵式发展道路，还是走外延式发展道路，应根据经济社会发展和高等教育供求关系而定，不能绝对化。不同发展阶段，两者所起的作用是不同的。从理论上讲，内涵发展与外延发展是统一的，只是在高等教育发展的某一阶段，由于政策导向和各种因素，内涵、外延所起的作用不同，有时以内涵发展为主，有时以外延发展为主。

江苏高等教育从外延式发展转向内涵式发展，应努力从以下三个方面着手：

（一）适当控制新增高校数，努力办好现有高校，慎重对待学校升格，鼓励学校办出特色

各类不同层次高校的发展必须立足现实，给自己准确定位，充分认识自己的发展优势，拓展学校的办学特色，找准自己的发展方向，努力将自己办成同类学校中的一流学校。不能盲目在层次上攀高，导致学校发展名不副实，基础薄弱，人才培养达不到社会需求标准，使学校陷入不良发展轨道。

（二）要抓紧完成学校基建任务，集中精力、财力搞好教学工作

这几年，江苏省许多高校积极适应形势，纷纷建设新校区。根据江苏高校基本建设发展规划，经过这一轮建设，全省高校大规模建设将告一段落，改变建校历史有多长，基本建设就有多长的状况，让校领导集中精力，一心一意抓教学。高校应把有限的人力、财力集中到改善办学条件以及提高师资质量等方面，以教学工作作为学校发展的中心工作，这是学校发展的关键和根本。

（三）实现规模、结构、质量和效益的协调发展

高等教育的整体实力包含质量、规模、结构、效益四者的水平，以及四者是否协调发展。江苏高等教育规模迅速扩大，结构不断优化，效益明显提高。但在高校质量方面，少数高校由于办学条件制约等原因，亟待改进。要进一步提高师资质量，调整课程结构，拓宽人才培养途径，改革教学内容，采用先进的教学手段，建立完善合理的监督评价体系等。在保证高校办学条件方面，既要注重生均占地、校舍，更要注重生均设备、图书和师资，坚决制止盲目发展、校外办班等不利学生发展的现象。总之，高校要把高等教育质量看作是学校发展的生命线。

四、从单一式发展转向多形式发展

改革开放以来，江苏高等教育事业获得长足发展，其中一个重要体现就是高等教育办学形式日趋多样化。江苏多样化的办学形式还要进一步完善：

（一）公有公办高校

政府要进一步加大对公办高校的宏观管理和统筹协调，加大投资，加强管理体制改革力度，为公办高校创造良好的发展环境和条件，集中精力在江苏创建一定数量的在全国和国际上有较大影响的高校，推进江苏从高教大省向高教强省的转变。

（二）民有民办高校

对照世界发达国家民办高校的发展情况，江苏实施学历教育的民办高校的比例还是比较少，办学层次和办学水平都有待进一步提高。为推进江苏省民办高等教育的发展，政府应对民办教育积极鼓励，正确引导，为民办教育的发展营造一个良好的舆论氛围，为民办高校的发展提供政策保证，在招生、项目审批等方面，使它们有更加优惠的待遇，保护社会各界办学的积极性。在支持、鼓励民办学校发展的同时，教育行政部门更要加强对民办高校的规范管理，确保民办学校健康发展，特别是在审批制度、办学方向、办学性质和办学质量等方面严格把关，努力通过有效的管理和政策导向，引导民办高校克服办学上的盲目性、运行上的无序性、教学上的随意性，积极探索搞活学校的路子，逐步使之步入正常的办学轨道，真正成为“自主办学、自负盈亏、自我发展、自我约束”的教学实体，以达到宏观管理，以法治教，质量领先的目的。

（三）普通高校举办的独立学院

独立学院是指由普通本科高校按新机制、新模式与社会力量合作举办的本科层次的二级学院。独立学院是新形势下高等教育办学机制与模式的一项探索和创新，是更好更快扩大高等教育资源的一种有效途径。教育行政部门将加大对独立学院的设置统筹规划力度，综合考虑独立学院办学层次、地域分布等因素，对独立学院进行合理布局，对独立学院审批条件和程序继续坚持高标准、严要求，优先支持江苏办学质量高、办学条件好的普通本科高校联合有办学能力的机构举办独立学院，创造条件让独立学院发展成为独立设置的普通高校。

（四）中外合作办学

江苏高校在实施中外合作办学过程中，必须严格遵守国家关于中外合作办学的管理规定，认真履行全部的审核和启动程序，要特别注意合作方的资质和层次，办学中要实施严格的教学质量控制，积极吸收国际先进的教学管理模式，使学生能够真正掌握先进的、实用的课程内容，从而真正能够提高知识水平和专业能力，绝不能将中外合作办学仅仅看作是为了增加学校吸引力，为了合作而合作，这样就违背了中外合作办学的目的。

（五）股份合作制办学

高校股份制办学是解决我国高等教育发展瓶颈问题的一种有效尝试。这种办学体制把股份制这一社会化大生产的产物和现代企业的资本组织形式引进高等教育，使之和高等教育规律、人才成长规律和社会主义市场经济规律结合起来，促进现有高等教育资源的开发利用，不断扩大优质高等教育资源，是现代教育的一种教育资本组织形式，能有效调整教育资本的所有权结构，实现所有权与经营权的分离，优化教育资本配置，提高高校和教育资本的经营效率。最近，江苏少数高校正在进行教育股份合作制的试点。高校股份制办学体制改革，将拓宽高校引进社会资源和社会资金流向普通高校的渠道，成为教育领域新的增长点。高校股份制办学研究和探索的重点是，如何实现广泛吸纳社会资金，优化资源配置，盘活国有资产存量；如何建立科学合理的学校治理机构，理顺管理体制关系；如何科学制定高校股份制办学的运行机制和管理模式等。

五、从推动式发展为主转向推动式发展与拉动式发展并举

这里所讲的推动式发展是指经济发展对高等教育的推动作用，拉动式发展是指高等教育发展对经济发展的拉动作用。

江苏经济在 20 世纪 90 年代迸发的快速发展态势，急需大量人才充实到经济建设中去，需要教育尤其是江苏高等教育作出积极反应。因此，从 90 年代初江苏就加大科教兴省战略的实施力度，构筑人才新高地，把科教兴省战略作为全省发展的主体战略。从 1996 年到 2002 年，江苏高等教育事业实现了跨越式发展，这种发展得益于江苏经济发展所提供的支持和推动。

从推动式发展为主转向推动式发展与拉动式发展并举，就是要坚持社会主义建设必须依靠教育，教育必须为社会主义建设服务的方针，在继续争取经济发展对高等教育发展支持的同时，更加重视高等教育为经济建设服务，发挥科技、智力等优势，为江苏实现“两个率先”目标作出新的贡献，依靠“有为”，争取“有位”。近年来，江苏高校大力推进产学研结合，涌现出一批拥有自主知识产权、技术含量高、市场竞争力强并形成一定规模效益的高校科技产业，较好地发挥了高校在知识创新、技术创新和发展高科技产业中的作用。政府部门要制定相应的政策和完善的配套服务体系，为高校科技转化，推动经济发展创造良好的条件和

环境。高校要进一步树立科技与经济协调发展的意识，进一步探索产学研联合体的新路，推进高校高新技术产业化，加快科研生产一体化的进程。要充分利用日渐多元化的投融资体系，促进高校科技成果与社会资本的有效配置，使高校科技转化为现实的生产力。

高校后勤社会化改革是高等教育发展推动社会经济发展的一个重要方面。扩招后高校后勤社会化改革，使得社会化资金大量涌入。同时，高校后勤在为高校提供高效、优质服务的同时，推动社会经济的发展，特别是推动高校周边地区或相关行业的经济发展。今后江苏将根据国务院和省政府关于推进高校后勤社会化改革的精神，继续推进高校后勤规范分离，使全省高校后勤都按社会化要求运行，做大做强高校后勤集团，进一步规范高校后勤服务市场，推动高校后勤融入到市场经济发展大潮中，在提高高校经济发展效益的同时，拉动社会经济的发展。

大学生诚信缺失现状、原因和对策

诚信是最古老的道德规范之一，是中华民族的传统美德，是我们道德伦理的瑰宝，是社会主义核心价值观的基本内容之一。随着社会主义市场经济体制的建立、经济全球化的深入发展，我们党提出了依法治国和以德治国的基本方略，这就把诚信建设摆到了尤为突出的位置。当代大学生是社会主义事业的建设者和接班人，是人民的希望、祖国的未来，是未来社会的中流砥柱，诚信是我们大学生应该具备的基本素质。**中国的高等教育从诞生至今，一直非常重视对大学生进行思想品德教育，而大学生作为社会公民中的高素质群体，他们的诚信意识直接关系到良好社会风尚的形成和社会主义和谐社会的构建，因此大学生诚信教育问题不容忽视。**

一、大学生诚信缺失的表现

作为“天之骄子”的大学生，他们接受良好的高等教育，拥有丰富的文化知识。当代大学生普遍有着良好的道德素质，诚信状况也呈现良好的发展趋势。但随着大学生考试、就业压力的日益增加，同时又受到社会上不良风气侵袭和影响，大学生诚信道德缺失的现象也屡见不鲜，主要表现为：

（一）诚信意识的缺失

大学生在社会中属于一个特殊的群体，他们大多处于 18 岁至 22 岁，这个年龄阶段不仅仅是个体生理发育趋于成熟的时期，更是心理走向成熟的重要阶段。应当看到大部分学生崇尚诚实守信的道德原则，并且价值取向的主流呈现着健康向上的趋势，但是，不可否认部分大学生存在着诚信意识缺失的现象，主要表现在：

1. 诚信迷茫心态

由于大学生社会阅历浅，道德评判能力和自我约束能力不强，面对纷繁复杂的社会现象，常常表现出矛盾和多变的心理状态，造成了诚信信念不够坚定甚至迷茫的现象。

2. 诚信无所谓心态

有些大学生受不良社会风气影响，认为诚信不诚信根本无所谓，只有达到目的、赢取利益才是最关键、硬道理。

3. 诚信吃亏心态

有些大学生认为在不诚信现象充斥社会的情况下，别人不诚信而自己诚信就会吃亏，因而造成诚信意识的缺失。

（二）学习诚信的缺失

大学生主要的任务是学习，部分大学生在学习上的诚信同样受到社会不良风气的影响，诚信缺失。表现在：

1. 抄作业交差几乎已经成为日常现象

这些大学生认为自己终于已经成年，离开了家长的束缚，就可以为所欲为，致使作业不能按时完成，等到作业要交了才急急忙忙随便抄上一份交差，欺骗老师也欺骗自己。

2. 考试作弊现象屡屡发生

如今大学生作弊行为在大学生群体中有一定的认同感，相当一部分大学生甚至对作弊持宽容态度。

3. 毕业论文、学术成果造假

有的学生把平时时间用来打牌下棋、上网聊天、打游戏等，不好好花时间收集资料，阅读书籍，等到要交论文或成果的时候，就在网上随便下载一些资料，东拼西凑。

（三）交往诚信的缺失

大学生的交往大部分是在大学校园这一特殊的环境中进行的，大学中的朋友应当是最真诚、最纯洁的，是值得一辈子深交信任的。但是，受市场经济和拜金主义的影响，少数学生在与人交往时功利主义倾向明显。比如，有些大学生恋爱动机不诚，不是因为相互有好感才追求对方，而仅仅是因为在大学中有一个男（女）朋友很有面子才和对方交往，恋爱态度极不严肃认真。更有一些大学生抱有一种游戏的态度,逢场作戏,多角恋爱,严重缺乏交友诚信。

（四）就业诚信的缺失

随着高校教育的发展,大学生的数量急剧增加,大学生就业问题也日益凸显。少数学生为了获得一份工作挖空心思伪造优秀的简历,从成绩单到各类奖状,从校外社会兼职证明到校内社团任命聘书,统统都能"克隆"。在找工作的时候,大学生英语四六级证书、计算机证书可以称为毕业生求职的"敲门砖",但是少数学生在校期间不好好努力,毕业时直接找到制造假证的机构借助现代化高科技制造假的证书。更有大学生视劳动合同为白纸,随便毁约,遇到更好的待遇和更好的公司就跳槽,完全不讲诚信,对签署的劳动合同视若无物。

（五）经济诚信的缺失

国家助学贷款是党中央、国务院在社会主义市场经济条件下,利用金融手段完善我国普通高校资助政策体系,加大对普通高校贫困家庭学生资助力度所采取的一项重大措施。这项政策深受广大贫困学生欢迎,但有的大学生恶意拖欠贷款,或贷款不还,致使贷款银行对学生信誉存在担忧。更有甚者,少数大学生隐瞒家庭真实情况,出具虚假证明骗取助学贷款。这种骗贷逃贷的心态和做法不仅影响自身信用,还影响了学校声誉,并且将直接影响所在学校后期的困难学生申请贷款工作的正常进行,让学校和银行处于两难的尴尬境地。

二、大学生诚信缺失的原因

令人担忧的是近些年来大学生诚信道德缺失的人数越来越多,诚信缺失现象越来越严重,诚信缺失涉及的范围也在不断扩大,可以说,当代大学生面临着不可忽视的诚信危机,究其原因有很多方面。

（一）社会不良风气的影响

随着社会主义市场经济的不断发展,新的文化、思想,新的价值观正在不断传播,个人主义、拜金主义等价值取向开始抬头,有些人为了追逐利益甚至坑蒙拐骗、不择手段,加之法律体系、诚信体系的不完善,这些人非但没有受到惩罚,反而获取了不义之财,由此在社会上助长了歪风邪气的形成与发展。大学生也受到社会不良风气的影响,认为诚信不重要,只要达到目的,即使违背承诺、不讲信用也没有什么,因而少数大学生的诚信缺失行为越来越严重。

（二）学校教育的缺失

在现代社会，学校已经成为培养人才的主要阵地，道德培养的重担也大部分压在了学校的身上。大学生诚信缺失的一个重要原因就是学校诚信教育的缺失：

1. 对诚信教育的忽视

学校的教育重心主要放在文化知识的教育上，对于道德教育则能省则省，甚至把原本用来进行道德教育的课时用来补习文化或者专业知识。

2. 诚信教育形式单一

学校即使对学生进行道德教育，也是照本宣科，不讲求方法和手段，只是讲形式、走过场。对于诚信品德的教育也只是让学生掌握诸如诚信是什么、诚信的重要性等理论知识，内容十分抽象，并且完全脱离实际，诚信教育效果欠佳。

3. 诚信教育评价不力

学校对于诚信教育的效果没有完善的评价制度，只是考核学生理论方面的知识，只是考察学生死记硬背的能力，而对于学生是否真正认识到诚信的重要性，是否形成诚信的价值理念没有行之有效的评价手段，不能真正了解学生诚信品质如何，也不能了解学校诚信教育的成效如何。

（三）家庭教育的忽视

现代社会，生活节奏不断加快，人们变得愈发繁忙，对于子女的诚信教育也就更加忽视，有些家长甚至把子女的教育全权交给学校，殊不知对于孩子道德品质的培养，家庭同学校一样也承担着很大的责任。近年来大学生诚信品德的缺失也与家庭教育有很大的关系。家庭对诚信教育的忽视主要表现在两个方面：

1. 受应试教育、片面追求升学率的影响，家庭教育也是重成绩、轻品德

家长在教育子女的过程中，一切以孩子的学习成绩为中心，只要学习成绩好，其他方面都可以不管不问，忽视对孩子日常行为的规范和矫正，从而忽略对他们道德品质的培养，包括对于诚信品德的教育。

2. 家长的一言一行、一举一动会潜移默化地影响孩子

家庭教育是生活教育，家长在日常生活中的言行举止都对孩子有耳濡目染的影响作用，家长的思想、观念、兴趣、习惯及为人处世的态度都给孩子重要的示范作用。在我国社会转型过程中，受功利主义影响，有相当一部分父母认为老实人吃亏，是无能的表现，而会作假的人却被看作脑子活络、会办事。因而，孩子也

有样学样，致使不诚信行为不断出现。

（四）大学生自身的原因

唯物辩证法认为，事物的发展是内因和外因共同作用的结果。以上提到的三个原因皆属于大学生诚信缺失的外因，我们还应该在大学生自身上寻找原因。首先，自从我国实行大学扩招以来，高等教育已经从精英教育转变为大众教育，大学生的文化修养和道德品质也良莠不齐，这在一定程度上拉低了大学生的整体素质。其次，大学生虽说在生理上已经是成年人，但是心理上仍然不成熟，虽然大学生有明确的是非观念，但是面对纷繁复杂的社会不良现象，特别是面对一些人的失信行为没有受到惩罚反而获得了丰厚利益等现象，一些大学生难免会产生"诚信不重要，不需要守信"等错误的观念，导致诚信的缺失。最后，大学生即使拥有诚信的信念，但有时由于意志力薄弱，随波逐流，容易受到他人的诱惑，从而作出与自身诚信信念相违背的行为来。

三、构建大学生诚信教育体系

对大学生诚信品质的培养离不开社会、家庭、学校和大学生自身的努力，但学校教育应当成为诚信教育的主要阵地。诚信教育作为道德教育的一个重要组成部分，不仅仅需要家庭教育的配合和社会教育的感染，更加需要学校的重视。就当前高校的诚信教育现状来说，构建一个完善的诚信教育体系是加强大学生诚信教育的重要对策。

（一）构建大学生诚信教育目标体系

大学生诚信教育目标的制订对大学生诚信教育有着指导作用，决定了诚信教育的方向。构建诚信目标体系要做到以下两点：

1. 目标制订要有层次

诚信涉及大学生的方方面面，不仅仅是学习，还有经济、交往、就业等其他方面，因此诚信教育目标也不仅要关注学习诚信的目标要求，也要涉及其他方面。

2. 诚信教育的目标要明确

大学四年的时间里，每一年大学生都比前一年有明显的变化，因此大学四年间的诚信教育目标的制订也不能一成不变，要根据大学生自身发展的特点转换教育目标的重点，比如说大一、大二着重关注大学生的学习、交往诚信，大三、大四着重关注大学生的经济、就业诚信。

（二）构建大学生诚信教育教学体系

教育教学体系是大学生诚信教育的主干部分，也是诚信教育的实施过程，它直接影响诚信教育的成效。构建诚信教育教学体系要从以下四个要素着手：

1. 充实诚信教育内容

马克思主义的诚信观是诚信教育的重要内容，另外，诚信是我国的传统美德，传统诚信文化是现代高校大学生的诚信教育不可缺少的内容之一。随着历史的发展，诚信的内容也在不断地扩充，我国是一个法治国家，对于大学生来说，诚信教育也要增加法治方面的内容，让大学生认识到违背诚信不仅是道德问题，还要受到法律的制裁。

2. 改进诚信教育方法

当代高校诚信教育仍然是以正面灌输的形式进行，教师照本宣科地讲授给学生们听，师生之间很少有互动，这种教育方法使得诚信教育的效果大打折扣，因此改进教学方法要把学生的主体作用和教师的主导作用相结合，增加师生间的互动，达到诚信道德教育的知、情、意、行的统一。

3. 推进教学手段现代化

现代化的教学手段具有新颖性的特点，对学生具有一定的吸引力，学校应加大对教学工具的财力支持，让诚信教学拥有更加丰富的教学手段，比如说多媒体技术、网络技术，大力提高诚信教学的现代化和信息化水平，让诚信教学摆脱“一支粉笔一张嘴”的场面。

4. 加强师资队伍建设

教师起着言传身教的作用，因此担任高校诚信教育课程的教师不仅仅需要有关于诚信教育的丰富的理论知识，更加需要具有良好的道德品质，这样才能完美地做到“言传身教”，使学生更加信服。另外，不仅仅是担任这一课程的教师需要具备良好的诚信品质，学校里的其他学科的教师也应该具备诚信的素质，应把对诚信教学任课教师的要求纳入到学校整体教师队伍的建设中，通过规范的培训和社会实践，不断增强教师的诚信品质，增加教师的诚信修养，提高学校的整体素质水平。

（三）构建大学生诚信教育评价体系

诚信教育需要一个相当完善的评价体系来测评教育的成果，反馈学生学习的效果，只有这样，根据反馈的信息不断改善诚信教育的方法手段，才能使诚信教育更加顺利有效地进行，达到理想的目标。要构建行之有效的诚信教育评价体系，要做好以下三项工作：

1. 建立大学生诚信档案制度

只有建立起大学生诚信档案制度，对大学生的诚信状况形成全面、系统、完整的了解，才能对大学生诚信教育的结果进行比较科学、系统的评价，才能为大学生诚信教育提供大量丰富的反馈信息，进而为大学生诚信教育提供改善方向。大学生诚信档案制度的建立要坚持公开性、信息化和延续性的原则，要让不论是大学生自身还是他人都能一目了然，方便快捷地了解到在校大学生的诚信状况。

2. 形成大学生诚信奖惩制度

高校对于那些诚信表现一直良好的学生应给予奖励和表扬，不论是物质上还是精神上的，只要是奖励都会增强学生在诚信方面的自信心，增加他们的诚信意识，鼓励他们始终坚持诚信，避免失信行为的发生，最终形成稳定的诚信品质；对于那些有着不诚信行为的学生则加以批评惩罚，个别严重违反诚信要求的学生还必须用严格的纪律约束或者纪律处罚来规范，让学生认识到失信的行为必然要接受惩罚，并且自己要对自己的行为负责任，不能产生侥幸心理，要让学生真正认识到失信的危害，教导他们诚实守信，做一个诚信的人。

3. 建立大学生诚信教育质量评价制度

现代学校教育是一个整体的教育，是对学校学生整体的教育，更多的要从学生整体考虑，要以学生整体为单位对教育的成果进行考量。首先，根据大学生个人诚信档案对大学生个人的诚信素质进行考评，从而考察到每个大学生诚信素质上发生的变化，为诚信教育质量评价收集丰富的数据资料。其次，对这些数据资料进行分析整合，得到整体大学生诚信教育的效果评价，也就是从整体而言，诚信教育目标达到什么程度，以此来估量大学生诚信教育的质量水平。最后，把在考评过程中了解到的信息及时进行反馈，肯定已经取得的成绩，根据出现的问题和不足总结经验教训，适当调整教育的方式和手段，进一步改善提高诚信教育的质量水平和大学生自身的诚信素质水平。

大学生安全教育存在的问题及对策

近年来,高校安全工作出现了新情况,安全事件频发。这些事故给当事人家庭带来了沉重打击,影响了高校的稳定。

这些事件的发生固然与复杂的外部环境有关,但是当今大学生安全意识薄弱、安全防范技能差也是不能忽视的因素。在许多高校的教学安排中大学生安全教育经常被忽略,大多高校没有开设安全教育专业课,更没有形成专门的师资队伍。当下的安全教育主要是由辅导员负责,但辅导员的日常工作繁重,很少有时间对大学生进行安全教育,同时,又由于他们安全教育专业知识不足,使安全教育缺乏应有的深度,导致大学生的安全教育流于形式。因此,开设安全教育专业课,并上好安全教育课,增强大学生的安全知识,提高大学生的安全防范技能,并在校园内营造“安全无小事”的氛围,已成为摆在高校安全工作面前的一项重要任务。

一、大学生安全教育存在的问题

许多高校通过采用校园宣传栏、开安全教育知识讲座等途径开展大学生安全教育,也取得了一定成效。大学生通过学习,掌握了防火、防电等基本知识,安全防范意识也有所增强,但是依然存在不完善之处。

(一)重管理轻教育

当前,安全事件频发,高校各部门都把安全问题作为日常性工作来抓。但也一直存在着一种错误观念,即把安全教育当作管理问题,注重安全控制,通过制定各种规章制度,要求学生在此框架内活动,约束学生的行为。不可否认,这种通过规则来预防安全问题的发生可以取得一定的短期效果,但是从长远看,这种方式具有强制性，不能被大学生认同，不能内化为大学生自身的行动，所以安全隐患一直存在。

部分高校虽然设置了大学生安全教育的课程，但是只是作为辅助教育，被放在次要的位置。学校没有把大学生安全教育贯穿于日常教学之中，认为只要学校太平无事，大学生的安全教育就可有可无。只有当安全事故发生后，学校才会抓一抓，管一管，当风波过去之后，又把安全教育忽略了，安全教育并没有作为一项日常性工作常抓不懈。这种重管理轻教育、通过突击的方式来进行的大学生安全教育，缺乏安全教育的长效机制。

（二）安全教育缺乏实效性

首先，安全教育手段落后。与专业课"点、线、面"相结合的教育方式相比，安全教育更多地强调"面"的教育，局限于开展一般性讲座，局限于交通、消防和心理健康等方面的安全知识教育。当前许多高校的安全教育，通常采用校园宣传栏、黑板报和辅导员说教等形式。这种传统的教育手段过于陈旧落后，缺乏吸引力，不能引起学生的兴趣。加上传统的教育手段更多地侧重安全知识的灌输，很少涉及安全防范技能的实践，使安全教育收效甚微。因此，安全教育的手段也要与时俱进，顺应自媒体时代的发展，积极采取大学生喜闻乐见的形式，通过微信、新浪微博、QQ 等新型媒体平台进行安全教育，以引发学生的关注和兴趣。

其次，安全教育内容陈旧。当前大学生安全教育的内容依然停留在防火、防电和交通安全等方面，内容枯燥和重复，严重影响安全教育的效果。高校常通过制定各种规章制度，并将此作为安全教育的内容，没有提及新型的犯罪方式和犯罪行为，更忽略了安全防范技能和能力的培养，使得安全教育缺乏实效性。随着互联网的发展，网络犯罪成为一种新型的犯罪方式，所以网络安全教育应该作为重点的教学内容。要教会学生文明上网，遵守网络制度，同时警惕各种网络陷阱，尤其是网络交友陷阱。但是目前学校在安全手册和安全须知等方面很少涉及网络安全问题，相反，传统的安全教育在内容上占据了很大篇幅。因此，大学生安全教育的内容必须紧跟时代发展，安全教育要具有时代性，少进行道理的说教，多采用案例分析的方式，并积极开辟第二课堂，进行安全演练和实践操作的学习，使得安全教育的内容具体贴切，这样才能使学生警觉和重视。

（三）安全教育不够系统

首先，安全教育教学体系不健全。目前，大学生的安全教育缺乏专业性和系统性，未能实现制度化和规范化。第一，大学生手中没有专门讲解安全教育的课本，大学生不能系统完整地学习安全知识理论及实践操作技能，只能从网络上学习安全教育的零星知识，以至于在遇到危险时不知所措。第二，高校普遍把专业课置于优先发展的位置，这一点无可非议。但是，许多高校仅仅把安全教育停留在宣传阶段，没有开设安全教育专业课，没有把安全教育真正纳入日常教学体系，没有达到规范化和系统化的教育层次。

其次，师资队伍素质有待提高。当前许多高校没有安全教育课的专任教师，安全教育课主要是由辅导员、学校保卫部门工作人员进行简单的讲解，师资素质有待提高。我们知道，辅导员和大学生接触最多，对学生了解最深，是目前高校进行安全教育的中坚力量。但是由于辅导员的工作过于琐碎，整天忙于应付繁杂的日常事务，很少有时间进行系统的安全教育学习。从辅导员自身看，他们对安全教育的认识不深，而其他任课老师对安全教育只停留在了解层次，课堂上主要讲解自己擅长的专业课知识，不能将安全教育穿插其中。负责安全教育实践层次的专任教师更是缺乏，好多大学生从来没有进行过安全教育实践演练。因此，高校应该配备具有扎实的安全知识和具有丰富的安全演练经验的师资担任安全课教师，以提高大学生安全教育的质量。

二、大学生安全教育要实行“六课并举”

大学生安全教育是一项系统工程。高校应该从大一新生入学开始，直至毕业，始终把安全教育作为一项日常性工作常抓不懈，使安全知识得到普及，安全意识得到增强，安全技能得到锻炼，从而为平安校园的构建奠定基础。

（一）开设安全教育专业课

首先，学校要建立一支既懂安全知识又具有安全防范技能的师资队伍，并定期聘请公安、消防和卫生等部门的工作人员担任任课教师，用他们的丰富经验和学识来提高大学生的安全知识水平，使学生对当前坏人的骗术和伎俩有全面的认识。同时，高校应该加强与这些部门的交流与合作，组织学生到公安消防部门观看专业的安全演练，如果条件允许的话，可以让他们对学生进行训练。第二，将安全教育纳入到教学管理中，列入教学计划，保证授课课时。同时，教务部门要对这门课程规定一定的学分，真正将安全教育落到实处。第三，在努力增强大学生安全知识的同时，要重视大学生的心理健康教育。老师可以通过谈话和走访等发现有心理问题的学生，并对他们提供帮助，及时对其进行心理干预，解决他们心理上的困惑，减少安全事故的发生。

（二）上好大一新生安全教育第一课

上好大一新生安全教育第一课，使大学生从迈入大学校门的第一天起就对安全教育有全面认识，以增强防范意识。要改进教学形式，不要采用以往的把全体新生集中在一起进行讲座的方式，而应该以专业或以班级为单位，进行小班化专业授课。作为入学的第一堂课，可以通过多媒体放映的形式，让新生了解交通、消防和心理健康等方面的安全知识，还要让他们了解网络安全、网络交友安全、防诈骗传销等新型的安全知识。大一新生安全教育取得的效果如何，直接影响从高中到大学的适应期长短，也将对以后的大学生活产生深远影响。

（三）强化安全演练实践课

以 2008 年上海商学院宿舍火灾为例。火灾发生后，4 名女大学生相继从六楼跳下，均不幸身亡，其后几分钟消防官兵就破门而入。试想如果这 4 名大学生能掌握基本的安全技能，多争取几分钟，结果或许是另外一种情形。另外，在 2008 年汶川地震中，紧邻震中心汶川的四川安县桑枣中学，全校 2200 多名师生，在地震发生后像平常演练一样秩序井然，以最快的速度冲到操场，最后无一人身亡。

通过两则案例，我们可以看到强化安全演练实践课的重要性。首先，可以联系当地的消防部门进行消防安全演练，进行火灾现场演示，并教会学生如何使用灭火器，知道常见火灾的扑救方法，在不同情况下的逃生技巧，等等。其次，应该与公安部门密切合作，组织武警官兵教会学生一些必备的防护技能，尤其是教会女大学生基本的保护技巧，并进行现场演练。再次，应以学院为单位，根据情况定期进行应急演练，并在演练的过程中不断总结规律和方法，丰富逃生的本领，以便在遇到危机时增加生存的可能性。

（四）开设案例分析课

大学生安全教育的内容包括治安安全、交通安全、消防安全和食品卫生安全，也包括新形势下的网络安全和心理健康安全等，可以选取每个方面的典型案例来进行分析，以案例现身说法，进行警示教育。在案例课的内容设计上，应根据授课的内容，制作不同的课件，采取图文并茂的形式，充分发挥演示文稿的多种功能，吸引学生的注意力；在授课的环节上，可以采用提问的方式，增强互动性，以达到理想的教学效果。此外，也可以选取网络平台进行警示教育。目前，QQ、微信和微博等新型的社交媒体已成为大学生日常交流的一部分，高校可以利用这些沟通工具，定期在校园网上发布社会近期的违法犯罪案例，并采用案例分析的方式进行警示教育，把网络建成对大学生进行安全教育的新阵地。

（五）开展安全知识竞赛

开展安全知识竞赛活动，可以夯实大学生的安全知识，增强其防范意识和自我保护能力。江苏省从2012年开始，连续三年举办了由省教育厅主办、省高教保卫学会承办的全省大学生安全知识竞赛，取得了圆满成功。举办这样的活动，大学生可以掌握必要的安全知识，可减少和避免一些安全事故。高校的宣传、学工、团委和保卫等部门可以以各学院为单位，举行校级学生安全知识竞赛，设置相应的奖项，做到全员参与，保证每位学生都能将安全知识熟记于心，从而在校园里形成一种“人人学习安全知识、人人重视安全”的文化氛围。

（六）开好毕业生就业安全教育课

随着我国高等教育进入大众化阶段，每年的高校毕业生人数持续增加，就业竞争压力日趋激烈，毕业班学生的就业安全问题也日益凸显。毕业班大部分学生即将踏入社会，成为社会的一员，但是相当一部分学生对于就业没有做好充分准备，心理上还不成熟，加上缺乏必要的社会经验，在求职过程中很茫然，有的陷入就业陷阱，造成情绪失常，甚至出现过激的行为，严重影响大学生就业安全。

加强大学生的就业安全教育，一方面，要加强心理健康教育，通过心理咨询教会他们首先要保持平和稳定的心态，对自己进行客观公正的定位和评价，正确认识自我。其次在大学生就业受挫时，应及时予以心理干预，教育引导他们不要气馁，不要怀疑自己，更不要有偏激的举动。另一方面，要加强大学生就业指导，充分发挥就业指导中心这个平台的作用，通过举办就业专题讲座和就业问题现场答疑等，帮助毕业生避免陷入就业陷阱。

阳光体育促进学生健康成长

2007 年，中共中央、国务院颁发《关于加强青少年体育增强青少年体质的意见》(以下简称“中央 7 号文件”)。2017 年，贯彻文件精神的全国学校阳光体育运动已经走过 10 年。10 年来，江苏学校体育工作坚持面向各级各类学校和全体学生，求真务实、改革创新，立足学校体育和学生体质健康实际，在总结经验、探索规律、把准政策、研判大势的基础上，把开展阳光体育，促进学生体质健康作为实施素质教育的切入点和突破口，在全国率先实施学生体质健康促进工程，并出台了与之配套的政策制度，打出了一套“政府主导、部门联合、社会参与”的学校体育综合治理“组合拳”，成效显著。

一、坚持健康第一，全面落实学校体育工作

(一) 健全政策支持体系

2008 年，《中共江苏省委江苏省人民政府关于切实加强青少年体育增强青少年体质的意见》(苏发〔2008〕3 号)印发；2009 年，江苏省人大常委会颁布《江苏省学生体质健康促进条例》，同时建立全国第一个省级跨部门合作平台——“教体结合工作联席会议”；2010 年，省政府制定《江苏省学生体质健康监测工作方案》；2011 年江苏省启动学生体质健康促进工程；2012 年，省政府出台《江苏省学生体质健康促进行动计划(2012—2015 年)》；2013 年，省政府将“学生体质健康测试合格率”纳入新一轮教育现代化指标体系；2014 年，省委、省政府将“强化学生体育锻炼”纳入《省委十二届六次全会重要改革举措实施规划(2014—2020 年)》，将“加强体育课和课外锻炼”纳入《省政府关于深化教育领域综合改革的实施意见》有关任务分解方案；2015 年，省教育厅等七部门下发《江苏省青少年校

园足球振兴行动计划纲要(2015—2020年)》;2016年,省教育厅公布了《江苏省大学生体能考核指导标准(试行)》《江苏省学生体质健康监测方案(2016—2020年)》,这一系列政策措施推动了江苏省学校体育快速发展。

(二) 加强体育课程教学改革

改进体育教学内容,将武术、体操、田径类运动项目列为小学、初中体育必修课程,培养学生的顽强毅力与合作精神。编写课程实施方案《体育教学指南》等系列辅导丛书,提升体育教学质量。实行体育课表网上公示制度,主动接受家长和社会监督,防止挤占和削减体育课时。

(三) 开展阳光体育运动

严格执行大课间体育活动制度,全省90%的中小学校均有效保证学生每天一小时体育活动。每年组织开展阳光体育节、阳光体育联赛、江苏省千万学生阳光体育冬季长跑活动、校园足球篮球联赛等活动,参赛学生达数百万人次。以南京举办青奥会为契机,组织青少年学生参加志愿者活动,培养学生对多种体育项目的兴趣,使他们养成自觉参与体育锻炼的习惯和健康的生活方式。

二、建立监测制度,倒逼学校体育改革发展

2007年开始,江苏省启动大学一年级新生身体素质测试,全面掌握高中生体质状况,并通过公告反馈倒逼学校体育工作。

(一) 构建监测体系

合理布设监测点,构建了覆盖全省13个设区市和30所高校的省级监测网络,先后建立了江苏省学生体质健康促进研究中心、江苏省学生体质健康监测与干预行动研究中心、江苏省学生心理健康运动干预研究中心。3个中心的研究成果已经直接用于改善学生体质健康和促进学校体育工作的实践,取得显著成效。

(二) 完善监测办法

制定监测实施细则和具体规定,在每年抽测1万多名大一新生的同时,对近6万名7—22岁不同年龄的学生进行体质健康监测。严明测试纪律,实现全程督查,确保数据准确可靠。认真实施《国家学生体质健康标准》,连续多年上报率达99%,2014年测试结果准确性(一致率)达77.1%,全国排名第一。

（三）形成倒逼机制

实施学生体质健康监测公告制度，江苏省每年召开新闻发布会，发布《江苏省学生体质健康蓝皮书》，将测试结果按生源地排名反馈给各地党委、政府。从多年实践来看，各市县主要领导高度重视这一"排行榜"，根据反馈结果，着力加强和改进学校体育工作。很多市县比照省里做法，在高中、初中层面相应建立监测制度，将学生体质健康促进链向下延伸，从低学段开始注意增强学生体质，引发了很好的"蝴蝶效应"。

三、注重省级统筹，切实为学校体育工作提供保障

在督促市、县落实责任的同时，省级加大统筹协调力度，努力提高学校体育工作整体保障水平。

（一）改善设施条件

按照国家有关标准，实施农村学校"四项配套"体育器材达标工程，使每一所学校都能拥有开展体育活动的器材设备。2012—2015 年，省政府共投入 4 亿元专项奖补资金，实施农村中小学运动场地塑胶化建设工程，并将其列入年度"十大重点工作、百项考核指标"予以推进，支持建成农村学校塑胶运动场地 654 片，全省学校塑胶跑道覆盖率达 85%以上，有效改善了中小学体育场地设施条件，使更多的孩子告别"晴天一身灰、雨天一身泥"的历史。省财政每年安排 4000 万元，为所有在校生和幼儿购买人身伤害事故校方责任险，保险赔款最高限额为每生 65 万元，鼓励学校积极开展体育活动。

（二）加强队伍建设

创新农村学校体育教师补充机制，通过外聘、转岗等多种途径，配齐配强专职体育教师，有效降低兼职体育教师比例。推进优秀教练员和运动员进校园，加强学校课外训练，指导中小学体育教师提高专业技能。2012 年起，组织实施"万名中小学体育教师培训工程"，对全省 2 万多名中小学体育教师进行全员轮训，同时每年选派一批中小学优秀体育教师和高校体育管理干部赴国外学习研修。开展体育教师急救培训，合格学员获省红十字会颁发的应急救护师资证书。

（三）开展督导检查

省政府教育督导委员会每年组织一次中小学体育工作专项督导，重点围绕

体育课时、体育活动时间和《国家学生体质健康标准》的落实情况进行督查。加强对高校公共体育课程实施情况的考核和体育课随机暗访检查，所有高校的检查结果均向社会公告，促进高校提升体育课程实施水平。

四、广泛开展青少年校园足球活动

近年来，江苏广泛开展青少年校园足球活动，推动青少年校园足球蓬勃发展，营造了良好的校园足球氛围，取得了可喜的成绩。

（一）工作体系逐步完善

建立多部门参与的青少年校园足球工作协调机制，成立由教育、体育主管部门主要负责同志任组长的校园足球工作领导小组，成员由省教育厅、体育局、发展改革委、财政厅、人力资源社会保障厅、新闻出版广电局和团省委等7部门职能处室负责同志组成。各设区市也成立了相应的校园足球工作机构，县(市、区)也有相关机构和人员负责校园足球工作，构建了上下联动的工作协同机制。

（二）政策措施更加有力

江苏省先后在苏州和淮安召开校园足球工作现场推进会，印发了《江苏省青少年校园足球振兴行动计划纲要(征求意见稿)》和《江苏省青少年校园足球振兴行动计划纲要(2015—2020年)》等一系列配套政策文件，工作举措切实可行、稳步推进。

（三）特色学校创建成效显著

江苏省目前有793所学校被确定为全国青少年校园足球特色学校，南京市雨花台区、江阴市、张家港市、海门市被确定为全国青少年校园足球试点县(市、区)，数量位列全国第一。省教育厅和体育局确定了13个江苏省首批青少年校园足球试点县(市、区)，努力以区域发展引领全省青少年校园足球活动普及。55所幼儿园被命名为江苏省首批足球特色幼儿园，做到大中小学、幼儿园各年龄段人口全覆盖。

（四）保障力度持续加大

全省各地加大对青少年校园足球的投入，统筹相关经费对校园足球改革发展给予倾斜，探索建立政府支持、市场参与、多方筹措支持校园足球发展的经费投入机制，优化教育投入结构，积极创造条件，因地制宜逐步提高校园足球试点县(市、区)、特色学校经费保障水平。目前,全省年度财政性经费投入已过亿元,其中2016年省级财政投入1000万元。

五、认真贯彻落实《高等学校体育工作基本标准》

为全面贯彻落实《全国普通高等学校体育课程教学指导纲要》和《高等学校体育工作基本标准》,加快推进高校公共体育课程建设,不断提高教育教学质量,促进学生全面发展,在原有江苏省高校体育教育教学指导委员会基础上,2012年又专门成立了江苏省高职高专院校体育教学指导委员会,充分整合江苏省专家统筹规划和指导高校的体育教学改革与科研工作,每2年举办1次高校体育教师教学技能比赛和微课教学比赛。对全省100多所高校开展公共体育课程考核工作,对考核优秀的高校给予奖励,对不合格高校予以全省通报并限期整改,要求每一所高校达到相应的建设标准。2012年,制定下发了《江苏省体育教师体能测试标准(试行)》,作为高校师资队伍建设和体育课程建设的重要内容之一。2014年开始,要求各高校体育课程表全部上网,依据课表每学期开展高校体育课教学质量随机督导暗访检查,并向社会公布检查结果,促进高校提升体育课程实施水平。省教育厅每2年评选1次体育工作先进高校,每次评选30所先进高校。2014年3月,省教育厅专门成立江苏高校体育教育专业联盟,联盟单位共有16家,其中本科院校10家,主要任务是服务高校体教专业的人才培养、专业建设、学术交流、科学发展。每年举办全省高校体教专业学生基本功大赛。近年来,江苏省参加全国高校体教专业学生基本功大赛,已连续7届获得一等奖。

六、着力做好阳光体育工作

江苏省阳光体育工作与全国一样仍然存在一些问题,突出表现为:应试教育观念没有得到根本转变,重文轻体现象依然存在;地区、校际体育设施条件发展不均衡;体育教学质量尚需提高,安全难题尚待破解等。今后,江苏省将进一步贯彻落实"中央7号文件"精神,着力抓好以下几项工作。

（一）以提高学生健康水平为引领

立足健康学校创建，全面开展健康促进提升行动，完善学生体质健康监测体系，建立监测指标科学、监测结果准确、监测干预高效的良性机制。将健康理念融入学校工作的各个环节，推进健康校园常态化。

（二）以创新课程教学模式为基础

开足上好体育课，确保每次体育课练习密度不低于50%，每次课50%以上时间达到中等偏上运动强度。确保体育课面向全体学生，关注个体差异和个性化运动处方指导，充分关注体质弱和运动能力差的学生，激发和调动他们参与体育运动积极性和主动性。严格执行体育与健康课程标准，制订核心教学内容准入机制，合理规划、编制与完善各学段体育课程体系，加强各年级、各学段之间的课程衔接。构建小学兴趣化、初中多样化、高中专项化、大学技能化的体育实践教学模式，分级制定学生体育核心素养和体育教学质量标准，深化体育教育专业教学改革。

（三）以强化课外锻炼活动为载体

将早锻炼、课间休息、大课间活动、体育社团、校内竞赛、体育艺术“2+1”工程、阳光体育活动、夏(冬)令营、“冬季三项”等内容纳入课外锻炼体系，确保与课程教学能够有效衔接。严格落实中小学生每天1小时体育课或体育活动，推行小学阶段每天1节体育课。加大课间操强度，确保每天不少于10分钟的中等偏上运动强度。制订体育社团实施指导意见，规范体育社团运行。引导学校开展面向全体学生的单项比赛，每年举办至少1次师生全员参加的运动会、校园嘉年华或体育吉尼斯运动竞赛，确保每名学生每年至少参加1次校内体育竞赛活动。

（四）以优化师资队伍建设为支撑

确保专职体育教师足额配比，提高体育教师专业化水准。设立柔性标准，倡导有条件的地区实行区域间教学交流和送教下乡活动，有效解决体育教师结构性缺编问题。提升高等院校体育教育专业人才培养质量，强化职业能力培养。强化兼职体育教师的专业培训。采取政府购买体育服务等方式，鼓励和引导优秀教练员、退役运动员、社会体育指导员、有体育特长的志愿人员兼任体育教学、业余训练、群体活动、运动竞赛等工作。开发专兼职体育教师在线学习的网络课程，鼓励教师在线学习，促进体育教师专业化发展。继续实施“万名中小学体育教师培训工程”，创新“体育名师培训工程”、重视特殊教育体育教师培训提高。

加强学校体育管理和研究机构建设，配齐学校体育专职管理干部。

（五）以完善工作协同机制为保障

建立健全省、市、县三级立体化、多层次、多部门参与的教体融合联席会议制度，改善学校体育设施条件，扩大学校体育资源。探索学生家庭和社会力量参与学校体育的有效形式，鼓励学校开展多种形式的亲子体育活动，倡导社会力量在学校设立各种类型的体育俱乐部，开展学校与社区的体育互动。支持高等学校牵头组建运动项目全省教学联盟和建立区域性学校体育研究基地，为中小学开展体育教改试点提供有效支持。多渠道增加对学校体育的经费投入，建立学校体育经费逐年增长的长效机制，保证生均事业费有一定比例用于体育，争取更多的社会捐赠和赞助。完善学校体育运动风险防控体制。

引导和鼓励高校毕业生面向基层就业[①]

引导和鼓励高校毕业生到基层就业是党中央、国务院从全局与战略高度作出的重大决策部署。按照2006年中共中央办公厅、国务院办公厅印发的《关于引导和鼓励高校毕业生面向基层就业的意见》要求，我省高度重视高校毕业生面向基层就业工作，2006至2009年，全省到各类基层单位就业的高校毕业生人数占当年毕业生总数的比例从62.9%上升到69.4%，总数达到104.3万人，占这4年毕业生总数的68.2%，各类基层单位已经越来越成为高校毕业生就业的主渠道和锻炼成才的广阔天地。

一、高校毕业生面向基层就业的意义作用

高校毕业生就业中的“基层”，既包括广大农村，也包括城市街道社区；既涵盖县级以下党政机关、企事业单位和社会团体组织，也包括非公有制组织和中小企业；既包含自主创业、自谋职业，也包括艰苦行业和艰苦岗位。基层人才匮乏，严重制约各项事业的发展。畅通基层就业通道，引导和鼓励高校毕业生面向基层就业，对经济社会的长远可持续发展有着重要的现实意义。

（一）是切实加强新农村建设的迫切需要

改革开放以来，我省普通高校为经济和社会发展培养了近400万本、专科毕业生，大大缓解了人才不足的矛盾。但从总体看，我省缺乏高端人才和基层缺乏人才的矛盾依然突出。要实现“两个率先”的目标，关键在基层，重点在农村。因此，按照党的十七大报告中提出的建设社会主义新农村要求，引导和鼓励高校毕

① 原载于《群众》，2010年第7期。

业生到农村施展才华、建功立业，是加强新农村建设的迫切需要，可以有效缓解农村人才紧缺的状况，为农村基层干部队伍注入新鲜血液，为农民带去新知识、新技术和新方法，为农村带去新的思想观念和精神面貌，增强农村发展的活力。

（二）是帮助青年学生成长成才的重要举措

我党历来注重在工农群众中培养锻炼干部。凡是在各种领导岗位上有所作为、成绩突出的干部，都是注重实践锻炼的。在新的历史条件下，党政机关的干部队伍来源结构发生了很大的变化，不少年轻干部从校门到机关门，缺乏基层锻炼和艰苦环境的磨练，难以具备全面的领导素质；而一些从基层成长起来的干部，缺乏现代科学文化知识的系统学习，也不利于他们走上更高层次的领导岗位。因此，引导毕业生到基层就业，符合党中央在基层一线艰苦复杂环境中培养和选拔年轻干部的工作思路，有利于形成"人才到基层去，干部从基层来"的干部培养格局，从源头上保证了党政领导机关与基层人民群众的血肉联系。

（三）有利于实现毕业生群体充分就业

近年来，我省高校毕业生人数逐年递增，就业形势严峻。随着经济体制改革的深化和经济结构的战略性调整，部分高校毕业生就业面临着一些困难，而广大基层特别是西部地区、边远地区以及广大农村还存在人才匮乏的状况，从而使得人才供需结构性矛盾日益突出。积极引导和鼓励高校毕业生面向基层就业，可以有效缓解毕业生就业的地区结构性矛盾，实现毕业生群体充分就业。

二、高校毕业生面向基层就业的途径方法

近年来，在省委省政府的正确领导下，全省教育、组织、人事劳动、税务、工商、金融、共青团等部门密切协作，各高校全力推动，高校毕业生面向基层就业工作取得了显著成效。我们的主要做法是：

（一）搭建平台，项目带动

把面向基层就业作为高校毕业生就业工作的主战场，多渠道搭建面向基层就业的平台，使基层成为毕业生就业的主要场所。特别是我省组织实施的地方基层就业 4 个主要项目，发挥了重要的带动作用。实施"一村一社区一名大学生工程"，到 2012 年实现全省每个行政村、社区至少有 1 名高校毕业生，该项目始于 2007 年，至 2009 年已招聘 7690 人；实施"选派优秀大学毕业生到农村教育工

程”，该项目始于2006年，至2009年已选派6347人；实施“大学生志愿服务苏北计划”，该项目始于2005年，至2009年已招募2688人；实施“公开招募医学类毕业生到苏北苏中乡镇卫生院工作”项目，该项目始于2008年，至2009年已招募500余人。上述项目每年合计为基层输送高校毕业生近万人。

（二）开辟通道，创业驱动

各有关部门、高校大力倡导高校毕业生发扬自强自立的精神，鼓励和支持毕业生自主创业，以创业带动就业。一是切实加强对大学生的创业意识教育和创业能力培训，提高毕业生的创业能力。二是构建大学生自主创业“绿色通道”，为毕业生自主创业提供信息咨询、资金支持、政策扶持、项目论证等“一条龙”服务。三是对到村任职高校毕业生，优先安排农业科技创新创业项目。2007年、2008年选派到村任职的2600余名村干部中，已有1195人成功创业。同时，我省积极鼓励中小型企业主动吸纳高校毕业生。2009年各类企业接收的29.81万名应届高校毕业生中，到中小企业的有27.1万人，占到企业就业总人数的90.9%。

（三）多管齐下，政策推动

近年来，我省密集出台了一系列引导和鼓励高校毕业生赴基层就业的优惠政策，极大调动了毕业生赴基层就业的积极性。一是推出了鼓励毕业生到城乡基层就业的五大优惠政策，即就业补贴政策、考研加分政策、学费返还政策、选聘招录优惠政策和重点解决实际问题政策。二是出台鼓励中小型企业主动吸纳毕业生的优惠政策。落实企业的用人自主权，对企业招用普通高校专科及以上学历毕业生，取消用人审批和落户限制，一律凭《毕业生就业报到证》和《户口迁移证》即可办理档案接转和落户手续。三是落实有利于大学生创业的税收优惠、小额担保贷款、资金补贴、场地安排等扶持政策。对高校毕业生从事个体经营的，除国家限制的行业外，自工商行政管理部门登记注册之日起3年内免交登记类、管理类和证照类的各项行政事业性收费。对高校毕业生自主创业、兴办企业需申请小额贷款的，纳入“江苏省中小企业信用担保体系建设扶持资金”和再就业人员“小额贷款省级担保基金”担保范围。将新发放的个人小额贷款额度上限提高到5—10万元。个人申请小额贷款并从事微利项目的由财政据实全额贴息，从事非微利项目的给予50%的贴息。

（四）以人为本，服务主动

全省各地各有关部门、各高校有针对性地对有志去基层的学生加强就业指导和服务。充分发挥各类市场和就业信息网的作用,及时收集和发布基层用人需求信息,举办相关招聘活动,为毕业生和基层单位牵线搭桥。主动帮助毕业生解决自主创业过程中的困难和问题,争取政策扶持。定期走访下基层的毕业生,真正做到政治上信任、工作上支持、生活上关心。

(五) 营造氛围,典型带动

注重加强思想教育,引导毕业生树立行行可建功、处处能立业、劳动最光荣的观念,形成更加理性、更趋务实的就业心态,唱响到基层建功立业的主旋律。加大优惠政策宣传解读力度,通过报刊、广播、电视、网络等媒体,深入宣传党和政府有关高校毕业生到基层就业的优惠政策。大力宣传高校毕业生在基层创业成才的先进典型,组织"全省高校毕业生基层就业巡回报告会",编印出版宣传资料,起到了很好的激励示范作用。

三、高校毕业生面向基层就业的要求措施

2010年,我省高校毕业生达53.2万人,同比增加15.90%。加上外省江苏籍毕业生、外省生源到江苏就业及往年积存尚未就业的毕业生,预计实际需要就业的高校毕业生数将达到70多万人,就业形势依然严峻。我省高校毕业生就业工作的总体要求是:按照中央和省委、省政府的要求,进一步落实各项政策,健全市场机制,广开就业门路,强化就业服务,更加注重高校毕业生到城乡基层、中小企业就业和自主创业的渠道;更加注重开展有针对性、实效性的就业服务;更加注重强化高校毕业生就业能力,转变就业观念;更加注重做好基础工作,逐步建立并完善促进高校毕业生就业的长效机制。总的目标是:高校毕业生初次就业率达70%,年终总就业率达90%。因此,引导和鼓励高校毕业生面向基层就业仍然是2010年乃至今后高校毕业生就业工作的重中之重。

(一) 进一步完善组织领导机制

必须努力形成引导和鼓励高校毕业生面向基层就业的良好工作机制。建立完善党委统一领导、政府统筹协调、部门各司其职、高校有效推动的工作格局。组织、教育、人力资源、财政、编制、公安等部门和共青团组织要加强联系沟通,密切配合,团结协作。认真开展宣传教育工作和就业指导工作,开展多种形式的社会实践活动,努力营造有利于高校毕业生面向基层就业的舆论氛围和社会环境。

适时开展专项督查，全面推动高校毕业生到基层就业工作。

（二）进一步加大政策扶持力度

高校毕业生面向基层就业，需要政策的持续引导与激励。近年来，我省出台了一系列优惠政策，但是政策的有效落实和效应的充分发挥往往有一定的滞后性。相关部门要抓紧细化配套政策，制定具体操作办法。在户口迁移、创业扶持、就业补贴、学费补偿、职称评定、社会保险、工龄计算、升学招录等事关毕业生切身利益问题上，将各项优惠政策坚决落实到位，消除制约高校毕业生面向基层就业的体制性、机制性障碍，引导高校毕业生到基层锻炼，向农村流动，到企业成长，把宝贵的高校毕业生资源尽快转化为人才资本，最大限度地发挥人才潜能，推进基层各项事业的快速发展。

（三）进一步深化高等教育改革

根据我省发展和社会需要，科学规划高等学校的区域布局和层次结构，明确不同层次高校的办学宗旨和目标。加强对高等教育发展的分析和预测，保持合理的招生规模，按照经济社会发展对人才的需求调整学科和专业设置。注重学生的技能培养和社会实践，提高毕业生适应市场和基层需求的能力。切实加强对学生的职业发展指导，开设有关职业生涯发展辅导课程，帮助他们确立面向基层的职业意向。把教育、指导和帮助学生面向基层就业作为高等学校的一项重要任务，大力整合校内资源，形成全校上下共同关心和促进学生就业的强大合力。

（四）进一步加强就业指导服务

加强对在校大学生的就业指导工作，帮助学生设计、制订职业生涯规划，完善就业指导机制。加强招聘市场和高校毕业生就业网络联盟建设力度，完善信息共享、政策发布、网上招聘、远程面试、指导咨询“五位一体”的功能，使网络成为高校毕业生就业的重要渠道。加强政策咨询服务工作，组织专家开展多种形式的政策咨询服务。加强就业指导队伍建设，对他们经常进行就业指导知识的培训，不断提高他们的就业指导能力，为高校毕业生面向基层就业做好教育引导工作。

高校办学定位与大学生就业

2013 年，全国大学毕业生总数达到 699 万人，比 2012 年增加 19 万人。据统计，2014 年全国高校毕业生人数达到 727 万，比 2013 年增加 28 万，就业难可想而知。本文以当今社会大学生就业难为研究对象，分析大学生就业难的现状及原因，探讨高校在办学定位方面存在的问题及其对大学生就业的影响，并在此基础上提出高校必须科学合理定位，坚持特色，切实解决大学生就业难问题。

一、高校办学定位与大学生就业的关系

高校定位是指高校根据国家和社会的需要、自身的条件以及未来的发展规划、学生的需求，找准自己的位置，明确在一定时期学校的目标定位、类型定位、层次定位等。高校办学定位是高校的自我评价和认识，这就要求高校必须根据国家和社会的需求，根据自身条件、职能以及学生需求，在清醒认识自己的优势和不足的基础上，准确把握自身角色，并规划出一系列具有前瞻性的战略。高校的办学定位，包含服务面向、办学类型和层次、办学特色、人才培养目标定位等，其中尤为重要的一个方面是办学层次定位。

高校的办学定位是一所学校的行动纲领。科学合理的办学定位是在综合考虑多种有关因素的基础上，确定的办学目标定位和发展方向定位。有了行动纲领，全校上下就能统一认识，凝聚力量，协调行动；高校才能从发展战略的高度去思考自身发展的长远计划，完成发展过程中的阶段性任务。此外，科学合理的办学定位，可以使高校的各项工作协调开展，有利于有限的教育资源的最大化利用。

科学的办学定位是高等教育体系良性发展的前提。高校准确的办学定位，

能确保高校找到自己的立足点和生存发展空间。随着市场经济的逐步完善，高等教育改革的发展，高等教育体系中各高校之间存在着竞争。科学的办学定位，有利于高校各司其职，持续发展。

高校科学合理的办学定位有利于解决大学生的就业问题。高校坚持科学的办学定位，能以社会实际需要为依据，改善自己的专业设置和教学理念，能使自己的“产品”更容易被社会认可和接受。高校办学定位出现偏差，造成大学生就业市场供需矛盾，是大学生就业难的主要原因之一。

大学生就业问题的解决有利于高校合理进行办学定位。我们知道，大学生就业率是一所高校办学质量的“晴雨表”。高校毕业生作为高校的“销售产品”，在就业市场上能否“适销对路”至关重要。如果一所高校的就业率很高，毕业生在市场上抢手，则在一定程度上说明该高校拥有科学的办学定位，在高等教育快速发展的背景下找到了自己的发展定位和生存空间，满足了社会对人才的需求。相反，如果一所高校的毕业生在就业市场上受到冷落，就业率偏低，则说明该校的办学定位出现了偏差，没有积极主动地适应社会的需要。在此情况下，该校应重新审视自己的办学定位，坚持以市场为导向，办出自己的特色，适应高等教育大众化的发展。

由此可见，高校办学定位与大学生就业是相互影响、相互制约的关系。解决大学生就业难问题，高校必须坚持科学合理的办学定位。

二、当前高校办学定位存在的主要问题

（一）一味追求“大而全”“升格热”

目前，许多高校普遍存在着规模上追求“大而全”和层次上“升格热”的现象。1994年，全国612所普通本科院校中，学科设置覆盖8—12个门类的学校有40所，仅占学校总数的7%；到2012年，增长到457所，比例占到40%，师范类院校向综合性发展的趋势尤为显著。具体表现在：其一，脱离现有的办学条件水平，盲目扩大校区规模，扩建新校区，增加招生数量，最终造成有限的办学资源不足的状况；其二，不顾自身历史和现实的情况，盲目兴办社会新兴专业和热门专业，追求学科专业齐全；其三，高职想变成普通高等学校，专科学校想升本科，本科学院想升成综合大学，普通大学想升为重点大学。教育部发展规划司统计数据显

示，自从 1999 年高等教育扩招后，新设普通本科院校 616 所，除 327 所独立院校外，主要是专科学校升本，其中师专升格的本科院校 113 所，行业类高专升格的本科院校 72 所，高职升格的本科院校 23 所，三者合计 208 所。与此同时，高校数量也在急剧增加。1978 年有 598 所院校，1980 年有 675 所，2000 年有 1041 所，其中本科院校有 599 所，2005 年有 1792 所，其中本科院校有 701 所，2008 年有 2263 所，其中本科院校有 1076 所。其中好多本科院校是专科院校升格的结果。

（二）专业设置雷同

许多高校不顾自身的办学条件，盲目追求学科专业完整，并热衷于开设热门专业。有些工具性学科专业，比如计算机类专业和外国语言文学类专业，计算机类专业本科招生数由 1998 年的 7.9 万人增长到 2010 年的 43.2 万人，其中本科设置学校由 315 所上升为 890 所，专科学校由 567 所上升为 1595 所，然而，随着计算机知识的普及和相关岗位人才的饱和，该类专业毕业生已呈现“供大于求”的状况。同样情况的还有英语类专业，招生人数和设置该专业的本专科院校迅速增长，造成学科结构性失业。

2012 年，1145 所普通本科院校中，94％以上学校开设管理学，所占比例比 1994 年增加 40％；89％的院校开设语言文学，比 1994 年增长了 54％；77％的院校开设艺术学，比 1994 年提高了 60％；72％的院校开设经济学，比 1994 年增长了 37％。由于许多高校只从完善自身学科专业结构布局的角度思考问题，而对整个社会发展需要和市场需求考虑较少，造成了现在这种缺乏个性、千校一面、严重趋同的办学模式，也造成了大学毕业生的供大于求问题。

（三）拨款数量不足，体制不完善

国家拨款是高校经费的主要来源，从历史的纵向比较看，我国教育经费一直在不断增长，但是从横向的世界范围内看，我国的教育经费占国内生产总值的比例远远落后于美国、日本等发达国家，甚至部分发展中国家。1993 年中国政府就曾提出，国家财政性教育经费支出占国内生产总值的比例要达到 4％，直到 2012 年国家财政性教育经费支出才达到 4.28％，同时世界平均水平是 4.5％。教育资源的匮乏，导致学校之间要为有限的资源竞争，以高校规模和高校身份为标准的拨款制度，在一定程度上助长了高校追求“大而全”“升格热”。因此，学校争上层次、要身份、扩规模的现象也就不足为奇。

对一所高校来说，积极上进原本是值得鼓励的，但是应该坚持适度的原则，要充分认识现有的资源，如果不顾主客观条件，盲目攀比，盲目扩招，就易造成高校办学定位的偏差，最后造成高校发展目标与社会需要脱节。

三、高校办学定位偏差对大学生就业的影响

当前大学生就业难，主要表现在以下三个方面：就业人群基数大，就业结构性矛盾突出，大学生就业能力不足。高校办学定位出现偏差，是造成大学生就业难的原因之一。高校每年扩大招生规模，造成大学生毕业人数猛增；为了追求专业完整，专业设置雷同，造成大学生就业结构性矛盾；高校的软件硬件更新速度跟不上学生的增长速度，加上传统教学模式的影响，造成大学生动手能力、创新能力不强。

（一）高校过分扩大规模造成学生综合素质下降

据相关报道，2001 年全国高校毕业生有 114 万，2002 年有 145 万，到了 2010 年，毕业生人数达到了 631 万，2013 年更是达到了 699 万，这些都是高校扩招的结果。由于部分院校过分追求规模效益，盲目追求学科和专业齐全，导致大学生人才培养模式如流水线生产，质量无法保证，造成人才培养质量下降，学生综合素质下降。一些本科院校为了扩大规模，同时在专科层次招生，造成其培养的人才综合素质不高。同时，一些专科院校通过联合办学来增加学校的实力，以便能在规模上扩大和层次上提高，期待在本科层次招生，但是由于办学实力的欠缺，造成了教育教学质量的滑坡、教育资源的浪费。

（二）高校专业设置的雷同造成培养目标的偏差

许多高校为了做大做强，不仅新建校区，而且在专业设置上追求学科专业的齐全，以致专业设置出现偏差，对本校的特色专业重视程度不够，本学校的传统优势逐渐弱化，甚至丧失。非优势专业、雷同的专业毕业生就业成了问题，不能专业对口，毕业生的市场供过于求，造成大学毕业生的结构性失调。

（三）趋向学术性，忽视了学生的动手能力

许多高校以发表论文数量和期刊层次作为教师科研能力的一个评价标准，这种评价使高校办学目标偏移，造成了许多教师忙于自己的科研，难以安心教书育人，对学生的实践教学指导较少。当前我国高等教育的教学方式仍然是以课

堂为主,以教师授课为主,以书本知识为主,采取填鸭式的教学方式,第二课堂也没有被采用,学生通过课堂完成了对知识的吸收,但是动手实践能力很少有机会得到系统的训练。有相关报道,应届大学生到岗工作后,其所学的专业知识实际应用率很低,而且多数学生不能将所学知识转化为适应自己岗位的实际运用能力。

四、高校科学合理进行定位的对策

高校合理的办学定位应综合考虑当前政治经济发展对高校提出的要求,发挥高校的相对优势,只有这样,高校才能找准自己的位置,才能使整个高等教育系统更加合理有序,才能更好地帮助大学生就业,解决大学生就业问题。

(一) 加强宏观调控

高等学校之间的竞争是必要的,但是高校之间的竞争又应是适度的和有序的,高校办学定位过于趋同必然导致无序竞争,最终会损害整个高等教育体系的良性健康发展。按照现代市场经济体制的要求,政府应该加强宏观调控,直接或间接引导高校办学定位,对部分高校就业率较低的专业应该及时限制招生或者停止招生,对每年招生人数都招不满的专业应当予以撤销。

同时,加强信息平台建设与预警机制建设,为学校科学合理的办学定位提供必要的信息依据。一方面,借助平台,政府、教育部门、高校、用人单位进行信息发布,包括高校在整个教育系统中的定位情况、高校的专业设置情况、培养目标的实现情况、毕业生就业情况、大学生就业市场需求情况;另一方面,发挥平台的预警功能,对高校各类人才培养的需求度、供给度、满意度进行评价,对在就业市场上毕业生就业率靠后的学校,按照既定的标准进行预警,通过核减招生计划进行调节。平台对引导高校优化学科布局,改革人才培养模式非常重要,也可为社会公众、用人单位提供信息咨询服务。

(二) 加大投入力度

政府应该适当加大对普通高校的经费支持力度,改变过去单纯以办学规模为依据的财政拨款方式,应该把高校人才培养质量作为拨款的主要依据。政府要制定科学合理的投资政策,根据每个学校的实际情况进行投资,不搞特殊化,既避免平均主义也避免过度政策倾斜,鼓励在此基础上进行竞争。随着我国经济的快速发展，对人才的需求也日益多元化，高等学校的办学类型和办学层级也应该多样化，高等教育系统中，高校之间只有类型和层次的差异，没有贵贱之分，专科学校和本科学校所属层次不同，但是都是培养社会所需的人才，只是毕业生的就业渠道和就业方向不同，没有高低之分。要完善评价指标，完善经费支持的政策，对各层次、各类型的高校同等看待，无论是在经费支持还是政策方面，平等对待各所高校，对不同层次的高校要采用不同的评价标准，对本科高校要有科研和就业方面的指标，专科院校主要是就业方面的指标，只要高校在对应的层次上办出特色，办出水平，就应该得到相应的政策优惠和物质奖励，以此促进各校安心于各自的定位，追求高质量、高水平、多样化、特色化发展。

（三）发展特色专业

回顾高等教育发展史，每所高校几乎都有自己的特色专业，然后以特色专业为核心，不断发展壮大，因此，高校应该集中力量发展特色专业。在学科专业结构的调整上，按照“厚基础”和“宽口径”的原则，在学生掌握基础之后，根据学生的特长并考虑社会需求，着重培养学生的就业能力。同时，高校应该对其所属的层次有深刻的认识和了解，明白自己的历史地位、办学环境和条件、办学基础和现有水平。在学校办学定位问题上，既不要盲目跟风，也不要脱离实际、盲目攀比，而是有区别地选择适合自己发展的办学类型、层次和人才培养规格，优先发展特色专业，以带动其他学科专业的发展，形成优势。

（四）加强就业指导

高校要加大对大学生的就业指导，把就业指导放在重要位置，开设大学生生涯规划课程和就业指导课程，设置学分，并聘请有丰富经验的教师来作讲座。在教学过程中，应该提高学生的动手和实践能力，按照社会经济发展对人才的要求，通过校企合作，安排学生到企业中实习，将课堂所学知识真正和实践结合，并在实践中巩固知识，实现从认识到实践、从实践到认识的飞跃。在就业观念方面，指导教师要帮助学生树立先就业再择业的观念，努力纠正只着眼于公务员和事业单位，从不考虑企业的就业倾向问题。同时设立心理咨询室，对在就业中受到挫折的学生提供心理安慰，帮助学生重新树立信心，对就业有新的认识，真正解决就业问题。

高职院校创业教育目标定位研究

当前，在教育部的积极推动下，创业教育日益受到重视且已经在许多高校推广，但是就当前创业教育的实践而言，还处于起步与试点阶段，尚未形成成熟的创业教育模式，尤其是高职院校创业教育的目标设计依然存在着定位模糊不清等问题。高职院校要想在激烈的竞争中取得长足发展，必须准确定位，面向社会、市场和创业对象，办出创业教育特色，而确立高职院校创业教育的目标，既是创业教育的出发点，也是创业教育总体设计的要求。

一、高职院校创业教育目标的价值取向

广义的创业应该包含在政治、经济与文化三个领域，是在以上领域内的行为创新，是创业者为开辟新的拓展空间并为他人和社会提供机遇的探索性行为。而在大学生创业教育的狭义语境下，对“创业”一词的理解则多侧重在经济或商业领域。因而在这一狭义角度下的创业是指“通过寻找和把握机遇，利用一定的物质或技术条件，创建一个能为社会提供某种产品或服务的企业、产业和职业岗位的经济行为”。发达国家的创业学家普遍认为“创业是一个创造、增长财富的动态过程，是一个发现和捕获机会并由此创造出新颖的产品或服务并实现其潜在价值的过程”。目前，我国对创业概念的理解也正在逐渐由传统广义的角度向西方狭义的经济和商业角度靠拢。根据联合国教科文组织专家科林·鲍尔的观点，所谓创业教育是指开发和提高学生创业基本素质和创业能力的教育，使学生具备从事创业实践活动所必需的知识、能力及心理品质，是继学术能力、职业能力之后的“第三本教育护照”。美国百森商学院的蒂蒙斯教授认为，学校的创业教育应该不同于社会上的以解决生存问题为目的的就业培训，更不是一种“企业

家速成教育”。真正意义上的创业教育，应该着眼于为未来的几代人设定的“创业遗传代码”，以造就最具革命性的创业一代作为其基本价值取向。这是学界较为认可的两种观点。“护照说”，强调的是培养教育对象对整个社会和经济环境的适应性，更加注重对创业者创业综合能力的培养。而“遗传代码说”则是着眼于未来，致力于培养整个创业一代的创业素质，这是一种基于素质教育理念之下的定义。

（一）“护照说”的实质是能力价值取向

美国教育家约翰·杜威的教育理论对中国教育影响深远，受杜威工具主义（又称实验主义、实用主义）教育观的影响，我国各高校的创业教育观念主要是以工具主义为取向，并且教育目标定位功利性趋势愈演愈烈。工具性、功利性的目标定位势必影响高校的创业教育定位和发展。各高校不遗余力地引导学生创办和经营小型企业和科技公司，从事技术服务、成果转让等商业实践活动，企图将学生培养成企业家。创业教育并非是一种“企业家的速成教育”，造成高校对创业教育错误定位的主要原因是对创业教育内涵认知的模糊和对“创业”概念的过分狭隘的理解。创办公司或者经营实体是大学生创业的主要渠道但并非是唯一出路。

其实长久以来，创业教育从来就不是个工具主义取向的概念，从联合国教科文组织第一次在世界范围内推动创业教育起，创业教育就被定义为“能力取向”的概念。正如前文所提及的蒂蒙斯教授所言，学校的创业教育异于社会上以解决生存问题为目标的就业培训，更不可能是一种“企业家速成教育”，是要开发受教育者的创业素质，让受教育者具备创新创业能力，是一种为培养学生的事业心、进取心、开拓精神、创新精神和创业技能的教育，无论应用于哪一层次，它都是一种“能力取向”的教育。从这个意义上讲，高职院校创业教育的定位应将“就业教育”“创业培训”和“创业教育”加以区分，摈弃工具主义取向，明确“能力主义”取向、以能力为本位的教育定位。

（二）“遗传代码说”的实质是素质价值取向

素质教育是指调动个体潜能发展、培育和全面发展的教育，它是一种在摈弃了单科性质狭隘的知识教育的基础上所推行的人的全面发展的教育，为创新创业教育提供支撑。创新教育是在素质教育基础上注重创新思维、创新能力、创新意识的培养的教育，创新是创业的思想基础，且前者对于后者有着天然的逻辑在先的优势地位，所以创业教育隶属于创新教育，是创新教育的下位概念。素质教育在内涵上包括创新、创业教育，创业教育则是全面推进素质教育的重要手段和突破口。

在人才培养过程中，素质教育强调的是要融合传授知识、培养能力与提高素质于一体，处理好知识、能力与素质的关系，促进三者协调发展是素质教育的关键。而创业需要的是具备综合的创业素质的人才，因而创业教育只是一种建立在素质教育基础上的新型人才培养模式，是对学生进行素质教育的一部分，是将素质教育深化的新形式，是素质教育的具体化。而通过创业教育，发展学生的创造性思维能力、专业能力、实践能力，培养学生自主创业的品质、创新开拓的精神和意识等，是促使我国应试教育向素质教育转变的重要措施，也是素质教育的最高体现，更是一种健全人格的教育。“能力取向”与“素质取向”并不矛盾，能力向来就是素质的一个部分，缺乏能力支撑的素质也会显得空洞，因而创业教育既是一种培养创业者创业综合能力的教育，也要着眼未来，以造就具有创新精神的革命性的创业一代为基本价值取向。

二、高职院校确立创业教育目标所应考虑的因素

根据教育学原理，教育目标是指人们根据社会发展需要和人的发展需要综合确定的质量规格与要求。创业教育作为一种现代教育思想和教育改革实践，应当确立创业教育对象的“质量规格”，即创业教育的目标定位。高职院校确立创业教育目标应当考虑“三个适应”。

（一）适应经济社会发展的需要

改革开放以来，我国经济社会获得空前长足发展。“随着经济的深入发展，必须走出一条内涵式的内循环发展道路，以创业活动为内生经济增长的重要动力，以创业型经济带动产业升级，增强我国经济在全球的可持续竞争力。”“创业型经济”发轫于20世纪70年代的美国，80年代美国率先进入创业型经济时代，当时数量众多的中小型企业日益成为美国经济发展的支柱与动力之源，每年中小企业创造了GDP的四成、销售额的五成、创新成果的七成。现代管理之父彼得·德鲁克称这种趋势为“创业型经济”。这种经济模式下，推动经济发展的主要动力不再是传统的资本和劳动者的劳动，亦非是科技，而是企业家的创新精神

和创业活动。我国目前构建创业型经济，需要大量具备创新精神和创业能力的复合型人才，这既是对高等教育，特别是占了高等教育半壁江山的高等职业教育提出的要求与挑战，同时又为创业教育的发展提供了优越的发展环境。党的十七大报告提出："实施扩大就业的发展战略，促进以创业带动就业。……完善支持自主创业、自谋职业政策，加强就业观念教育，使更多的劳动者成为创业者。"高职院校创业教育要抓住当前建构创业型经济的机遇，切合创业型经济与创业型社会的发展，确立适切的目标，寻求合适的定位。

（二）适应高等职业教育的目标

职业教育先驱黄炎培先生认为，"职业教育的目的：谋个性之发展；为个人谋生之准备；为个人服务社会之准备；为国家及世界增进生产力之准备"。教育部在1999年第一次全国高职高专教学工作会议以及2000年《教育部关于加强高职高专教育人才培养工作的意见》中，均强调职业教育要培养"适应生产、建设、管理、服务一线需要的德、智、体、美等方面全面发展的高等技术应用型专门人才"。高等职业教育不同于普通高校要求培养从事理论研究、决策、设计的学术型、理论型人才，而是要培养与我国现代化建设相适应的、掌握本专业必备基础理论和专门知识，具有从事本专业实际工作能力的高级技术应用型人才。高职教育所要培养的对象具有"技能性""技术性"和"应用实践性"，要符合企业、行业乃至国家社会对高职教育的期望。高职院校所开展的创业教育作为一种教育而言，也要服务国家、社会和市场的需要，培养的对象应该既具有一定的创业精神和创业知识，也具有一定的技术技能和创业实践能力。从这个意义上讲，高职院校创业教育的目标定位与高等职业教育的目标之间存在一定的融通性，创业教育的开展有利于更好地实现职业教育的培养目标。

跨入21世纪以来，全球经济一体化和知识经济对高等职业教育造成一定冲击，使得其创业教育实现了从原来的"选修科目"到"必修科目"的转变，创业教育已经成为高等职业教育不可或缺的一个重要内容。作为高等职业教育新的内容的创业教育，其目标应切合高等职业教育的定位，不可偏离高等职业教育方向。而高等职业教育纳入创业教育新内涵之后，应着重培养受教育对象自谋职业、创业致富的能力；应着重培养受教育对象从事创业实践活动所必须具备的知识、技能、能力和心理品质；还应着重培养具有开创性个性的社会变革参与者。

（三）适应人的全面发展的需要

坚持以人为本，就是要以实现人的全面发展为目标，从人民群众的根本利益出发谋发展、促发展，不断满足人民群众日益增长的物质文化需要，切实保障人民群众的经济、政治和文化权益，让发展的成果惠及全体人民。所谓的全面发展，就是指个性的全面发展。就培养人才来说，要考察和辨别人的个别差异，“因材施教”，如果强求一律和均等化的发展，我们培养和造就的就只能是碌碌无为、毫无个性特点、毫无创造性的庸才。个人的精力是有限的，若想让受教育者在某一方向有异于常人的突出发展，就不能在创业教育中使用平均化的教育方式，应当有所区别和偏重。大学生个体的全面发展，必然有创业的意愿和需要，而高校在开展创业教育时，应考虑到科学发展观关于人的全面发展的要求，坚持以人为本，将立足点放在大学生个体，对不同专业、行业和创业意愿的创业大学生群体制订符合其行业、专业和自身实际创业需求的具体定位。

三、高职院校创业教育应当达成的目标定位

在总结和归纳学者们研究的基础上，对创业者成功创业应当具备的创业基本素质结构作出如下梳理：具有想创敢创的精神；具有强烈的创业意愿和要求，敢于冒风险并具有一定的风险控制能力；善于捕捉创业信息、把握创业机遇，具有适时选择市场的洞察能力；具有扎实的专业技术基础知识应用能力；具有卓越的组织规划管理能力和良好的社会交往公关能力；具有创新思维能力；具有对突发异常事件作出应急决断的危机处理能力；具有良好的情绪自控力；具有不屈不挠、不达目的不罢休的意志力等。高职教育与其他层次的创业教育的共性目标就是要着力培养学生这些方面的素质和能力，着力加强对创业意识、创业能力、创业知识等方面的培养和塑造。

首先，高职院校在培养创业意识目标的过程中，应当同时注重对树立创业理想的引导和创业情感、创业使命感的激发。创业情感是创业者在创业实践活动中表现出来的对事业的兴趣、爱好和憎恶表现，是形成创业意识的重要动力。乔布斯说过：“成就一番伟业的唯一途径就是热爱自己的事业……去寻找一个能给你生命带来意义、价值和让你感觉充实的事业。拥有使命感和目标感才能给生命带来意义、价值和充实。”创业活动对社会的发展和学生个体自身发展都具有

重要的意义，创业对于个人发展的价值，主要是使他们通过创业实践将知识和才能转化为物质财富，改善个人的社会地位和生活方式。这种创业意识的形成会激励学生形成自己的创业理想，并选择合适的创业发展方向，投身创业实践并最大限度地发挥自己的特长与能力，实现人生价值。

其次，丰富和完善学生的创业知识体系。传统意义上的创业知识是由多种知识所构成的统一体，一般包括创业心理学、创业法律知识、财务知识、营销知识、税务知识、保险知识等。除此之外，创业教育还需要使学生了解国内外现代创业的发展历史和成功创业者创业的成长经历，更重要的是要使学生了解创业者应具备的全面的知识素质结构和需要积累的经验，了解如何组建创业团队，了解创业需要面对的环境和条件等，由此完善学生的创业知识结构。

再次，提升和培养综合的创业能力。创业能力作为一种高层次的综合能力，应该可以分解为专业技术能力、创新能力、情感能力、认知能力、操作能力和社会能力等。创业活动是创业者在识别创业机会的基础上，应用多种创业资源实现创业目标的过程，它要求创业者随时解决创业过程中的技术、经济和社会关系等种种问题，这就需要创业者具有较高的智力水平和心理品质。

另外，高职院校的创业教育不应当是一种平均式的教育。国外大学的创业教育根据学生的层次和类型有所分类，在本科生层次，侧重对创业精神的培养和创业意识的培育，而在研究生层次，特别是工商管理硕士的创业教育，以及职业教育和继续教育中的创业教育，则是全面的创业精神、意识和技能的培养。国外创业教育并非有教无类，而是区别对待。我们不可能对外国的创业教育方式全盘照搬，高等职业教育相对于高等教育其他办学层次也应该要有所差异和偏重。要适合我国国情和人才培养的现实状况，制定合适的教育定位。高职院校的学生不同于研究型大学的学生，在学术能力、知识结构、科技创新能力等方面都要逊于后者，但是在操作能力与技术能力等实践层面也有自己的优势，因而高职院校学生的创业应该降低在学术、科技创新等方面的要求，更加注重技术技能层面的教育，这是高等职业教育区别于高等教育其他层次的个性特征。

对于高职院校创业教育目标的确立，涉及传统高职教育和新式高职教育之间的继承、改造和融合；涉及培养目标工具主义取向和能力主义取向的取舍；涉及如何适应经济社会发展和人的全面发展的问题等。在考虑多重因素影响的基础上，高职院校的创业教育作为一种特殊的职业教育与发展型的素质教育，主要目标应是培养高职学生的创业能力和创业意识，更加注重培养特定行业、专业背景下的创业技术技能和专业知识的转化能力，并使学生能够在时机成熟之时抓住机遇成功进行创业实践；总体目标是培养具有创业基本素质和开创性个性的创业一代，并满足学生个人的发展与自我实现的需要。

四、高职院校实现创业教育目标的行为选择

高职院校实现创业教育目标的途径、方法很多，可供选择的行为也应因地制宜、因校制宜。从当前实际情况出发，至少在以下三个方面可以选择。

（一）开拓和完善创业教育课程体系

创业教育课程是实施创业教育目标的最主要工具和手段，是围绕创业教育目标而选择和设置课程内容和方式的总称，它具有指向性、综合性、活动性和多样性四大特点。日本高校为学生提供了包括创业家专门教育型、经营技能综合演习型、创业技能副专业型、企业家精神涵养型等创业教育课程体系。美国则是将学生的创业活动融入到大类课程、学科课程和活动课程，有效地促进了创业课程的发展和教学方法的革新。从我国大多数高职院校创业教育现状看，创业课程课程设置不灵活、创业课程与专业课程相脱节、课程内容单一等问题，已经成为制约高校创业教育发展的瓶颈。《教育部关于大力推进高等学校创新创业教育和大学生自主创业工作的意见》指出：将创新创业教育工作有效纳入专业教育和文化素质教育教学计划和学分体系，建立多层次、立体化的创新创业课程体系；创新创业类课程设置和专业课程体系有机融合；加强创业教育教材建设，借鉴国内外成功经验，编写适用和有特色的高质量教材。我国高职院校可以从多渠道、多角度去探索和形成独具特色的创业教育课程体系。如江苏省创业教育示范校作出了许多有益的探索，将创业教育纳入人才培养体系，开辟创业教育的各种课程；推进“第一课堂”和“第二课堂”的渗透融合；加强教材建设，编写教学大纲和教学实施意见，出版校本教材，将创业教育融入到专业教育的全过程等。

（二）借鉴国内国外经验，优化创业师资队伍

一般而言，理想的创业师资队伍应该包括创业理论教师、创业实践指导教师、创业导师、创业咨询师、创业成功者、创业者等多种类型。我国高校目前的创业教师绝大多数是没有创业经验的半专业教师，通过短期集中培训后成为学校

创业指导教师。甚至有学者认为,“一些没有创业经验的教师在教一些根本不想创业的学生”。高职院校应该从创业教育的长远发展着眼,注重培养一支兼具实践和理论知识的专业化创业教育师资队伍。要重点培养既懂创业理论又懂创业实践的“双师型”教师队伍,鼓励教师走进企业,或邀请成功创业者和成功企业家走上课堂兼职。美国斯坦福大学允许教师每周可以有一天的时间在企业兼职,因而他们对企业的运行状况有丰富的经验,这种培养模式成效十分显著。据统计,美国硅谷60%—70%的企业是由斯坦福大学的教师和学生组建的,麻省理工学院的毕业生和教师自1990年开始每年创建150个新公司,仅1994年这些公司就雇用了110万人,创造了2320亿美元的销售额。江苏省创业教育示范校优化师资队伍的举措很值得借鉴和推广,“培养与引进并举,专职与兼职并重”,通过在职培养、国内外进修、生产一线锻炼、外聘等方式,引人和引智相结合,建设素质较高、结构合理、专兼结合的创业教育师资团队。

(三)制度建设保障和助推高职院校学生创业

当前亟需在高职院校构建创业机制来引导和规范大学生的创业,实现创业教育目标,这需要综合政府和高校两个层面的作用。政府在大学生创业机制建设中占主导地位,高职院校作为创业教育的实施和管理部门,发挥着教育主体和助推器的作用。对于高职院校而言,制定创业教育的制度体系是创业教育工作有序开展和实现创业教育目标的基础。①要构建创业激励和扶持机制,具体可以开展创业计划大赛,营造和烘托良好的校园创业文化氛围,贯彻和落实相关创业优惠政策以降低创业门槛和创业成本。②要完善创业教育管理体制机制,高职院校要整合全校各部门资源以形成整体优势,制定统一的创业教育教学规划,把创业教育的实施带进良性运行轨道。③要构建校内创业教育的评估评价机制,高职院校在评估中主要考察创业教育教学效果、教师授课质量、学生创业实践能力和成效等。④构建创业环境优化机制,要积极构建形式多样的大学生创业基地、科技园、创业孵化基地等创业实践平台,完善创业融资体系,增强创业资本的可获得性等。

用良心做高校辅导员工作

辅导员是高等学校教师队伍和管理队伍的重要组成部分，具有教师和干部的双重身份。辅导员是开展大学生思想政治教育的骨干力量，是高校学生日常思想政治教育和管理工作的组织者、实施者和指导者。辅导员应当努力成为学生的人生导师和健康成长的知心朋友。做好辅导员工作的基础是良心。所谓良心就是责任心，良心属于道德范畴，辅导员的良心就是辅导员做好工作的起码准则。做事讲良心，是传统伦理对中国人的一项最基本的要求。它涉及社会公德，更多地涉及个人品德修养，甚至渗入到职业道德之中。人们常说，教师工作是良心工作，而教育的责任心就是教师的良心。教师们挂在嘴边的一句口头禅就是“教书是碗良心饭”。教书育人的好坏，教育质量的高低，很大程度上取决于教师在教育工作中良心的有无、多少。**教育工作是无形的，教师对学生的影响是无形的，学生的进步成长也是在无形之中发生的，教育工作不同于现代企业经营的运作，不能完全量化考核考评，教育工作的好坏在很大程度上不能不打上“良心”的烙印**。辅导员的良心体现在工作中，就是培养学生、引导学生、服务学生，促进大学生健康成长、成才、成人。

一、坚持德育为先，用良心培育人

在我们这样一个国家，看辅导员有没有良心，首先看其在工作中是否坚持德育为先，把培养社会主义建设者和接班人作为根本任务，把用良心培育人落实到具体工作中。

（一）弘扬主旋律是旗帜

辅导员要始终把社会主义核心价值体系作为高校学生工作的主旋律，高举这面伟大旗帜，引导学生坚定不移地走中国特色社会主义道路，坚定不移地坚持中国特色社会主义理论体系，坚定不移地学习实践科学发展观，坚定不移地高扬实现现代化的共同理想，坚定不移地弘扬以爱国主义为核心的民族精神和以改革创新为核心的时代精神，坚定不移地把提高学生的道德文明素质作为突出任务，抓紧抓好、常抓不懈、抓出成效。

（二）坚守主阵地是责任

辅导员要把日常思想政治教育作为学生思想政治教育的主阵地。要强化第一课堂，把思想政治教育与课堂教学结合起来，既教书又育人。辅导员要丰富第二课堂，把日常思想政治教育工作融入、渗透到第二课堂之中。要优化宿舍食堂环境，从文明就寝、文明就餐做起，把思想教育、行为指导、生活服务、文化熏陶融合为一体。要净化网络内容，加强思想政治教育主题网站建设，主动占领网络教育阵地。

（三）畅通主渠道是保证

辅导员要把思想政治理论课作为对学生进行思想政治教育的主渠道，这条渠道要坚持而不是取消，要强化而不是削弱，要改进而不是改变，要完善而不是"完事"。要坚持理论联系实际，用身边的事解释理论，做到以理服人，用典型的事讲解理论，做到以情动人。以此增强时代性，提高实效性。当前要特别重视改进教学方法，用中国的近代史讲授科学社会主义，用中国的改革开放和建立社会主义市场经济体制实践讲授政治经济学，用中国的和谐文化讲授哲学中的对立统一，等等。

（四）开展主活动是载体

辅导员要根据重大节日和学校的实际，开展好党团组织主题活动、高品位的校园文化活动、大学生社会实践活动、科技创新创业活动、慈善公益活动、课外体育活动等，用丰富多彩的活动净化心灵、陶冶情操、磨练意志、激励进取。尤其要强化实践活动。**实践是最好的学习，经历是最好的财富，多一点实践经历就多一点综合素质，早一点实践经历就早一点成长成才**。开展大学生实践要以活动为载体、以育人为目的、以安全为前提、以实效为追求，坚持学思结合、知行统一、因材施教，起到使大学生体验生活、立志成才、担当责任、奉献祖国的作用。

（五）丰富主文化是方式

大学应当成为文化传承和创新的策源地，每所大学不论历史长短都应有自己独特的校园文化。大学生不仅是教出来的，也是校园文化潜移默化“化”出来的。辅导员在工作中要发挥校训、校风、教风、学风作为校园文化主文化的作用，不断建设和积淀校园文化，营造浓郁的文化育人氛围。

二、坚持规范管理，用良心引导人

管理好、引导好青年学生健康成长需要辅导员付出艰苦努力，这也是衡量辅导员有没有良心和耐心的重要标志之一。

（一）承担起政治向导的责任

培养什么人，怎样培养人始终是我们面临的重大课题，当代大学生正处在世界观、人生观、价值观养成时期，高校辅导员有责任做好他们的政治向导。所谓做好政治向导，就是教育和帮助学生树立正确的世界观、人生观、价值观；教育和帮助学生树立远大理想、确立爱国主义思想；教育和帮助学生处理好成才与成人的关系，坚守社会公德、职业道德、家庭美德和个人品德。做好政治向导的方法和途径很多，辅导员要结合具体工作实际进行探索。

（二）承担起管理引导的责任

不砍小枝无以树木，不正行为无以树人。所谓管理引导，就是通过一定的组织形式，带领和指导被管理者，从而达到既定的目标。对大学生的管理引导，制度是基础。要认真贯彻落实《普通高等学校学生管理规定》，建立健全各项规章制度，用制度来规范和引导。教育是目的。要坚持以人为本，以理服人，以情动人，通过管理引导，促进大学生成长、成才、成人。生活是载体。要把管理引导贯穿于日常生活中，起到“润物细无声”的作用，精心设计有教育意义的活动，起到“好雨知时节”的作用。根据辅导员的工作职责和要求，应当重点加强以下四个方面的管理引导。

1. 加强学业上的管理引导

辅导员要关心每一位学生的学业情况，教育引导他们巩固专业思想，打好专业知识基础。对学习困难的学生，要帮助他们寻找原因，及时辅导。对无故旷课、缺课的学生要及时发现、管理和引导，帮助他们纠正错误、完成学业。

2. 加强宿舍的管理引导

宿舍是学生生活的主要场所，一个高雅、文明的宿舍，有利于学生的健康成长。辅导员应当经常深入宿舍，了解学生的思想、生活情况，教育和引导学生遵守宿舍管理制度，创造良好的宿舍环境和条件，健康、文明、安全生活。

3. 加强班级的管理引导

班级是学校的基本组织单位，也是教学活动的基本单位。辅导员要加强班级建设和管理，指导学生党支部和班委会建设，做好学生骨干培养工作，激发学生的积极性、主动性。组织开展班级活动，树立良好的班风，使学生在活动和良好班风中受到教育、健康成长。

4. 加强日常的管理引导

日常管理引导贯穿于学生学习生活全过程，加强高校的校风、学风和考风建设，建立正常的教学秩序，保证学生学习和生活的良好环境，培养学生的诚信和诚实品行，是高等学校基本任务的重要组成部分。辅导员应当加强课程考核管理，并将其作为日常管理的重要内容。

（三）承担起心理疏导的责任

大学生的心理状况如何，直接影响到他们的成长成才，因此，辅导员应当成为大学生的心理导师，切实承担起心理疏导工作。要认真贯彻落实《中共中央国务院关于进一步加强和改进大学生思想政治教育的意见》和《教育部卫生部共青团中央关于进一步加强和改进大学生心理健康教育的意见》精神，以全面推进素质教育为目标，以提高大学生的心理素质为重点，遵循思想政治教育和大学生心理发展规律，开展心理健康教育，做好心理咨询工作，提高心理调节能力，培养良好心理品质，促进大学生思想道德素质、科学文化素质和身心健康素质协调发展。在具体工作中，要做到以下四个方面。

1. 了解掌握学生的心理状况

了解掌握学生的心理状况是进行心理疏导的前提。辅导员应当积极参与大学生心理普查工作，全面掌握所管学生心理状况，经常深入学生之中了解掌握学生心理变化，有针对性地进行心理疏导工作。

2. 充分展现学生的阳光心理

展现学生的阳光心理是进行心理疏导的重点，只有经常地、充分地展现学生的阳光心理，才能主动地、有效地减少和排除学生的心理障碍。辅导员应当经常组织学生开展各种活动，在活动中发挥每个人的长处，彰显每个人的才能，展现学生的阳光心理，用阳光心理引导学生健康成长。

3. 直接承担心理咨询

直接承担心理咨询是进行心理疏导的关键。大学生的心理是经常变化的，大学生有一点心理障碍也是正常的，关键是及时对他们进行心理疏导。辅导员直接承担心理咨询既是其自身职责，也可以及时发现和化解学生的心理矛盾，避免学生的不良心理极度发展。承担心理咨询要求辅导员掌握心理健康知识，注意工作方法，力求取得良好的工作效果。

4. 及时进行危机干预

及时进行危机干预是进行心理疏导的最后保障，若不及时对心理危机进行干预，就有可能酿成严重后果。辅导员应当及时发现有心理危机的学生，配合专业人员实施有效干预，避免发生严重后果。

总之，辅导员要普遍提高对大学生心理健康教育重要性的认识，普及大学生心理健康知识，广泛开展心理咨询活动，促进学校建立起心理疾病的预防、预警、干预机制，扎实有效地开展心理疏导工作。

（四）承担起学术倡导的责任

所谓学术倡导，就是在学生中倡导科学精神，鼓励学生学好专业、参与学术，提高学生的科学素养和综合素质。在鼓励学术倡导的工作中，辅导员可以在以下四个方面发挥作用。

1. 巩固专业思想

从高中生成为大学生后，他们许多人对所学专业并不了解，存在专业意识不强，对专业背景、内容、前景等了解不多的问题。针对这种情况，辅导员要对大学新生进行专业知识教育，让他们尽快了解所学专业的背景、内容、前景等，使他们对所学从不知到知、从知之不多到热爱本专业，加快巩固专业思想。

2. 培养学术兴趣

兴趣是个体力求认识某种事物或从事某项活动的心理倾向，它表现为个体对某种事物或从事某种活动的选择性态度和积极的情绪反映。兴趣是认识和从事活动的巨大动力。培养学术兴趣不仅有利于大学生巩固专业思想，学好专业知识，而且有利于引导大学生崇尚科学、钻研技术，走学术发展道路。辅导员要通过各种活动，着力培养学生的学术兴趣，从而激发学生从事本专业活动的巨大动力。

3. 参与学术活动

鼓励学术倡导必须组织学生参与学术活动，把他们对科学的需求、动机、兴趣、信念等转化为实践。辅导员要鼓励和组织学生听取学术报告、参加课题研究、担任科研助理,通过多种形式让学生广泛参与学术活动。

4. 发挥教授、专家、学者的作用

教授、专家、学者是在大学生中进行学术倡导的主力,是大学生走上学术道路的引路人。大学生对科学的崇拜往往从崇拜专家学者开始。辅导员要为学生与学者牵线搭桥,为学习和学术搭建平台,让专家学者言传身教,使学生受益终身。要在学校营造浓厚的学术氛围,引导和鼓励学生热爱学术、参与学术。

(五) 承担起就业指导的责任

就业是民生之根本,上学之目的。帮助大学生有业就、就好业,关系到大学生们实现人生价值,关系到千万家庭的幸福未来,也关系到国家的长远利益。所谓就业指导,就是要指导学生树立正确的就业观念,指导学生进行职业生涯规划,指导学生提高就业能力,帮助学生寻找就业岗位。开展就业指导是辅导员的重要职责。根据就业实践,辅导员做好就业指导工作要突出五个"更加注重"。

1. 更加注重转变就业观念

辅导员应当了解掌握学生的就业倾向和就业观念,教育引导学生树立正确的就业观,坚持合适的才是最好的,坚持先就业后择业,克服盲目追求在大城市就业、高薪酬就业、到机关事业单位就业的倾向,鼓励学生面向中小企业、面向基层就业,鼓励学生自主创业。

2. 更加注重宣传各项政策

近年来,国家出台了一系列优惠政策,包括减免税收、优惠贷款、户口迁移、创业扶持、就业补贴、学费补偿、职称评定、社会保险、工龄计算、升学招录等等,辅导员要利用各种机会宣传就业政策,让学生全面了解、真正理解。

3. 更加注重就业服务

辅导员要帮助学生设计、制订职业生涯规划,完善就业指导机制,提供招聘市场和招聘信息,充分利用毕业生就业网络,使网络成为高校毕业生就业的重要渠道。要加强政策咨询服务工作,组织专家开展多种形式的政策咨询服务。

4. 更加注重拓宽就业渠道

指导学生就业需拓宽就业渠道,只有渠道宽,才能就业畅。辅导员在指导就业过程中,要巩固老渠道、拓展新渠道,对有特殊困难的学生要采取特殊措施,竭尽全力帮助他们解决就业困难。

5. 更加注重强化就业能力

辅导员要注重学生的技能培养和社会实践，提高毕业生适应市场和基层需求的能力，切实加强对学生的职业发展指导，开设有关职业生涯发展辅导课程，帮助他们确立面向基层的职业意向。

三、坚持以人为本，用良心服务人

教育是培养人的社会活动，教育活动离不开人，人既是教育的出发点，也是教育的归宿，以人为本是教育的题中应有之义。学生工作事无巨细，需要辅导员坚持以人为本，用良心提供优质服务。

（一）用良心服务人必须面向所有人

首先要从整体上把握大学生的现状。当代大学生是在改革开放后成长起来的，在经济社会快速发展的鼓舞下，他们精神世界的主流是积极向上的。他们热爱祖国，志向远大，团结友爱，文明礼貌，对实现中华民族伟大复兴有着美好的憧憬。他们接触新事物多，信息面广，思想活跃，思维敏捷，观念新颖，兴趣广泛，主体意识、独立意识、参与意识和担当意识强，对精神文化生活有着更加强烈的渴望，对自我发展有着更多的期待。同时也要看到，市场经济的负面影响和客观存在的社会问题，导致一部分大学生不同程度地存在理想信念迷茫、价值观念扭曲、社会责任感不强等现象，尤其是很多独生子女大学生，由于成长环境的影响，协作精神缺乏、心理素质欠佳等问题比较突出。要针对这些特点，采取更加贴近实际、贴近生活的方式方法。要确立学生在教学过程中的主体地位。辅导员工作的一切都是为了教育学生、培养学生、发展学生，所谓“为了一切学生，一切为了学生，为了学生一切”。教育和管理过程应当尊重学生的主体地位，满足学生的成长需求，调动学生学习积极性，激发学生的创造性，发挥学生的主观能动性，促进学生全面发展。

（二）用良心服务人必须满足特长人

人与人是不一样的，有的外向，有的内敛；有的擅长形象思维，有的擅长抽象思维；有的擅长读书，有的擅长动手。因此，辅导员要扬长避短、因势利导、因材施教。要引导学生成为学校的主人角色，弘扬民主气氛，改革管理模式，发挥学生党团组织、学生会的作用，让学生敢于、乐于、善于参与学校事务，增强学生的主人翁意识。要发现和发扬学生的特长，千方百计创造条件展示他们的“闪光点”，满足他们的成就感，让他们在成功感中成长。要正确对待学生的“个性”，引导学生有个性地发展，鼓励和支持学生的创造性，用良好的服务造就创新型人才。

（三）用良心服务人必须关爱特殊人

辅导员特别要关心学习困难学生、经济困难学生、心理健康欠佳学生。我们应当看到，当代大学生是在改革开放、社会转型过程中成长起来的一代，在他们身上存在的突出问题是缺实践、缺责任、缺创新。**家长让一些学生失去了实践机会需要学校来补课；社会让一些学生失去了承担责任机会需要教育来补课；传统的教育方法让一些学生失去了创新机会需要现在来补课**。特别是少部分大学生存在一些不良心理，突出表现在以下四个方面。

1. 不相信主流

在思想上，胸无大志，缺乏理想信念，缺少远大志向，没有社会责任感；在认识上，以偏概全，不看主流看支流，不看光明看黑暗，无限放大社会丑恶现象；在方法上，孤芳自赏，认为举世皆浊，惟我独清，不求“拨开乌云见太阳”，只求“出污泥而不染”；在结果上，不合主流，“你走你的阳关道，我走我的独木桥”。

2. 看不惯别人

好胜心、虚荣心、妒忌心、攀比心集于一身，成功者被认为是自我奋斗的结果，失败者被认为是生不逢时、怀才不遇。

3. 挡不住诱惑

赶时髦、迷网络、涉黄色，花花世界，难辨真伪，有的甚至道德沦丧，走上犯罪的道路。

4. 经不起挫折

经不起批评、遇不起误解、受不了情变、碰不得困难。遇到一点挫折，就会出走、轻生，不能直面艰难困苦的人生，看不到人间充满的阳光。

辅导员要了解、掌握、研究这部分大学生心理特点，付出更多爱心，有针对性地开展帮扶活动，让他们合主流、平心态、挡诱惑、耐挫折，展示他们的阳光心理，帮助和促进其健康成长。

总之，辅导员工作是引导、指导性工作，只有用良心引导学生，才能更好地适应新时期大学生教育、管理和服务工作的新需要。

第七篇

建设法治教育

教育的理想境界是使教育治理走上法治轨道,实现法治教育。建设法治教育要基于现状,从立法、普法、执法等具体法律事务做起,逐步实现依法治校、依法治教,使教育运行走向理想的彼岸。

教育法治现代化的主要内容和直接目的在于维护公民受教育权，保障学校及其他教育机构正常运行，促进行政机关在教育活动中依法行政，保证国家教育目标的实现。

观点摘录

★ 教育法治现代化的主要内容和直接目的在于维护公民受教育权，保障学校及其他教育机构正常运行，促进行政机关在教育活动中依法行政，保证国家教育目标的实现。

★ 教育法律体系的基本任务是规范教育各部门之间和教育部门与社会其他部门之间的相互关系，保证不同形式、不同类别和不同层次的教育事业以经济发展为基础取得协调发展，从而形成一个合理的、符合经济和社会发展需求的教育结构，现代化的教育法律体系应当是完备的教育法律体系的结构。

★ 教育法治现代化应当以人的现代化为基本出发点，以人的现代化为根本动力，以人的现代化为最终目的。因此，达到教育法治现代化的标准，人们必须具有人本的教育思想，尊重人的人格，发展人的个性，维护受教育者的合法权益，促进学生德、智、体、美、劳等各方面全面、和谐发展。

★ 教师是人类灵魂的工程师，教书育人，为人师表，实施素质教育，培养社会主义现代化事业的建设者和接班人，是教师的神圣职责。

★ 根据学校是教育机构的特殊性质，学校对未成年学生应当承担教育、管理、保护责任。也就是说，如果学校在教育、管理、保护方面有过错，造成学校伤害事故的发生，则学校应当承担民事法律责任，给予赔偿；如果学校没有过错，则在法律上不应当承担责任。那种只要发生学校伤害事故，就要学校给予赔偿的做法，显然有悖于法律公正性原则。

★ 学校要进行教育管理，就必然需要一些纪律约束手段，因此纪律处分权是学校天生就应当拥有的权力。

教育法治现代化探讨[①]

教育法治现代化是教育现代化的重要组成部分，研究教育法治现代化，对于建立教育法治理念和秩序，实现依法治教，推动教育改革和发展都有十分重要的意义。

一、教育法治现代化概念界定

（一）教育现代化概念探讨

界定教育法治现代化概念首先应对教育现代化概念进行探讨。教育现代化是与工业化、城市化等社会现代化进程相适应的，以现代科学技术为基础，以建立满足全民学习需要的教育体系为特征，以全面培养人的现代素质为目的，由传统教育向现代教育的转型过程，同时也是在教育发展水平和质量上达到或接近工业化国家的目标状态。教育现代化包括物质、观念、制度三个层面的内容。所谓物质层面的内容，是指教育的校舍、设备等装备条件达到现代化要求。所谓观念层面的内容，是指教育思想、教育的价值观念等符合现代化的要求。所谓制度层面的内容，是指办学体制、管理体制、学校管理制度、教育法治等方面的现代化进程。因此，教育法治现代化是教育现代化中制度层面现代化的内容之一。

（二）法治现代化概念之规定性

用马克思主义的立场、观点、方法，纵观法治现代化的过程，横观法治现代化

---

① 本文写于 1999 年，文中涉及教育法治具体情况以当时背景为准。第七篇《建设法治教育》共 6 篇文章，文中所引法律条款均以当时法律法规为依据，以便真实呈现教育法治的历史发展，在此统一说明。

的内容，法治现代化概念之规定，应当体现在下列几个方面：①法治现代化是一个历史变革的概念。法治现代化的进程是一种从传统法治向现代化法治的历史更替过程。这种历史性的跃进，导致整个法律文明价值体系的巨大创新。因此，法治现代化体现了一种不同于传统法律精神的新型法律精神。②法治现代化是一个民族性的概念。法治现代化虽然起步于西方，但由于各国的经济、政治、文化发展水平的差异，历史发展、习惯和民族个性不同，必然选择不同于“西化”的法治现代化道路。因此，法治现代化是一个共性与个性相统一的概念，是一个具有浓厚民族风格、体现特定民族精神的概念。③法治现代化是一个相对的概念。就是法治现代化是与法律传统性相对而言的，判定法治现代化的标准也具有相对性。因此，决不能把某一国家的制度安排、价值信念及其生活原则当作世界法治现代化进程的普遍准则。④法治现代化是一个整体的概念。法治现代化说到底是生产力高度发展，推动生产关系变革的产物，是经济社会现代化的反映。因此，法治现代化的概念决不能单纯从法治建设中寻找，而是政治、经济、文化、科技、教育现代化整体推进、整体发展在法治中的反映，是一个整体性概念。

（三）教育法治现代化概念意义

所谓教育法治，具有多种含义：第一种含义是指统治阶级通过国家建立的有关教育的法律和制度，即一个国家教育法律体系的整体。这是从阶级本质上揭示教育法治。第二种含义是指教育立法、执法、司法、守法和法律监督等活动。这是对教育法治内容的概括。第三种含义是指国家按照民主原则将教育事务法律化、制度化，并严格依法办事，亦即“依法治教”。这种意义的法治以民主为基础，反对专制和个人专断，是对教育法治要求的集中表述。教育法治现代化，从其阶级本质上看，是指统治阶级通过国家建立有关教育的法律和制度的过程，以及这种法律和制度的完备状态。从其内容看，是指推进教育立法、执法、司法、守法和法律监督等活动的过程，以及这些内容所达到的水平状态。从要求上看，是指依法治教的过程和水平。**教育法治现代化的主要内容和直接目的在于维护公民受教育权，保障学校及其他教育机构正常运行，促进行政机关在教育活动中依法行政，保证国家教育目标的实现**。其根本目的是维护和反映统治阶级的意志，建立现代国家的教育秩序，实现建立在该时代物质生活条件基础上的教育公平，提高教育的总体效益。

二、教育法治现代化的本质特征

教育法治现代化的本质特征，是指区别于经济、社会等其他方面现代化的，揭示教育法治现代化内在规律的属性。它不仅包含教育法治的本质属性，也包含现代化的本质属性。这种本质特征至少表现在以下几个方面。

（一）反映教育的阶级性

教育作为上层建筑领域的一个重要方面，不同阶级有其不同的教育思想、教育内容和教育方法。反映在教育法治上，统治阶级要依法规定人们在教育关系中的权利和义务，使一些重要的教育关系具有法律关系的性质，用以贯彻自己的路线、方针、政策，巩固和发展有利于统治阶级的教育关系和教育秩序。教育法治现代化作为一个动态发展过程，不同的统治阶级对其内涵有不同的理解和揭示。在我国，教育法治现代化要坚持教育的社会主义方向和马列主义、毛泽东思想的指导地位，坚持公民在教育上的权利平等，实行教育与宗教相分离，坚持教育为社会主义现代化建设服务，培养德、智、体、美、劳等方面全面发展的社会主义建设者和接班人。因此，即使我国教育赶上发达国家的教育发展水平，实现了教育现代化，在教育法治现代方面仍然应反映无产阶级的意志，坚持社会主义的教育性质。

（二）体现教育的国家意志性

社会规范多种多样，法律仅是其中的一种。在所有的社会规范中，除法律以外，没有任何一种是出自国家的。教育法出自国家，具有国家意志性。这包括两个方面：一是在形式上，教育法通过“制定”或“认可”两种方式出自国家。所谓国家制定教育法，是指国家机关按照法定权限和程序，创制具有不同法律效力的规范性文件。所谓国家认可的教育法，是指国家机关通过一定的形式赋予某些早已存在的习惯、判例等以法律效力。二是在实质上，教育法的效力出自国家。无论是“制定”教育法还是“认可”教育法的过程，都是统治阶级通过国家政权将自己的意志转化为国家意志的过程，都由国家强制力保证实施，具有强制性特点。教育法治现代化是一个国家教育法治的高度发展、高度完备、高度统一，建立起一个完整的教育法体系，并且普遍遵守、普遍有效，使教育法的国家意志性得到充分体现。

（三）突出教育的特殊性

教育法治现代化除具有一般法的现代化之特点外，应当突出教育的特殊性，使其作为独立的法律部门能区别于其他法律部门。这种特殊性主要表现为以下方面。①主体的多样性。教育活动涉及教育行政机关、其他国家机关、社会组织、学校和几乎每个家庭和公民。这些公民、法人、组织都是教育法调整的对象。②适用范围的广泛性。由于教育对象的广泛性，每个教育对象都有相应的受教育权利和义务。加之教育活动是一项复杂的社会活动，教育法要调整的范围具有广泛性。③法律关系的复杂性。教育法律关系既具有行政法律关系属性，又具有经济法律关系属性，还具有民事法律关系的属性。有些教育法律的成立不需要附加条件。教育者与受教育者的关系是一种特殊的法律关系。④法律后果的特殊性。在对违法行为进行处理时，注重保护受教育者，尤其是青少年学生；注重保护教师的特殊职业权利；注重维护学校的正当权益。

三、教育法治现代化的标准

法治现代化是经济社会现代化的重要标志之一，包括社会生活的统治形式和统治手段是法律；国家机关不仅仅运用法律，而且其本身也为法律所支配；法律是衡量国家、组织及个人行为的标准。教育法治现代化的标准很难用数据来量化，应当以定性描述为主。我们认为，教育法治现代化的标准可以从下列五个方面加以判定。

（一）高度的教育法治意识

法治意识是人们对于法和有关法律现象的思想、观点的总称。它包括人们关于法的本质和作用的理解，对现行法律规范的要求和态度，对于法律的评价，以及对于人们的行为是否合法的评价，等等。教育法治现代化所应有的教育法治意识包括：①全体社会成员明确地认识到自己是社会的真正主人，是社会的主体而非客体，因而在教育活动中是一个具有完全独立意识的人。人们的教育权或受教育权受到社会的普遍尊重。②全体社会成员能够清楚地认识到教育法定权利义务之所指，知道本人和他人正当的、合法的、可行的权利和义务，了解权利和义务所应的界限，并能维护自己的教育权利，履行自己的教育义务。③全体社会成员自觉地意识到自己与他人一样，都是社会的主体，都享有法律上的平等的权利，承担平等的义务，任何人都没有任何理由享有法律之外的教育特权，逃避法律上的义务，推卸法律上的责任，更不能以职位和职权谋取私利。④全体社会成员都具有一个坚定的信念和共识：法律是改革和发展教育的主要手段，只有法律才能充分尊重和保障人们的受教育权，才能公正地调整各种教育关系，才能健康地发展教育事业。

（二）完备的教育法律体系

教育法律体系是调整国家各种教育关系的具有法律效力的全部法律规范有机组合成的相互联系、协调一致的统一整体。**教育法律体系的基本任务是规范教育各部门之间和教育部门与社会其他部门之间的相互关系，保证不同形式、不同类别和不同层次的教育事业以经济发展为基础取得协调发展，从而形成一个合理的、符合经济和社会发展需求的教育结构，现代化的教育法律体系应当是完备的教育法律体系的结构**。这种结构包括纵向结构和横向结构。教育法律体系的纵向结构，是指以宪法中有关教育的条款为根本依据，以教育基本法为教育总法的一系列同层次的教育法律、法规所组成的等级有序的从属关系。在我国，应当在宪法中的教育条款、教育法、教育单行法、教育行政法规、教育行政规章、地方性教育法规和规章等六个基本层次上，形成完备的教育规范。教育法律体系的横向结构是指根据调整教育关系的对象和具体内容的不同，全部教育法律、法规和其他法中有关教育的法规可以组合为若干类别，各个类别构成教育法律体系的横向结构。在我国，应当形成完备的基础教育法律、高等教育法律、职业教育法律、成人教育法律等。

（三）严密的教育执法程序

教育执法是实施教育法律的一种途径。教育执法主要指教育行政执法，即国家教育行政机关依照法定职权和程序，针对特定事项和特定的教育行政管理相对人，适用教育法律规范并产生法律效力的活动。教育执法必须按法定的职权和程序进行，而严密的教育执法程序是教育法治现代化应有的标准之一。教育行政执法一般包括教育行政措施、教育行政处罚和教育行政强制执行等三种形式，每种形式都应有严密的程序。目前，我国教育行政执法程序建设刚刚起步，离现代化要求还有很大差距。作为一种规范要求或标准，教育执法程序应当包括调查、分析和确认事实，确定适用的法律规范，作出决定和执行，每一个程序都应有严密的操作规章，以保证教育行政执法的公正、正确。

（四）人本的教育法治价值取向

现代化的最终目标是实现人自身的现代化。人类社会现代化的历史，从本质上讲是人的现代化过程。正如英格尔斯所指出的那样："无论一个国家引入了多么现代的经济制度和管理方法，也无论这个国家如何仿效最现代的政治和行政管理，如果执行这些制度并使之付诸实施的那些个人，没有从心理、思想和行动方式上实现由传统人到现代人的转变，真正能顺应和推动现代经济制度与政治管理的健全发展，那么，这个国家的现代化只是徒有虚名。"因此，推进现代化建设不能只见物，不见人。**教育法治现代化应当以人的现代化为基本出发点，以人的现代化为根本动力，以人的现代化为最终目的。因此，达到教育法治现代化的标准，人们必须具有人本的教育思想，尊重人的人格，发展人的个性，维护受教育者的合法权益，促进学生德、智、体、美、劳等各方面全面、和谐发展。**

（五）巨大的教育法治效益

教育法治效益状况反映了教育法治的健全程度和权威程度，它通过立法为依法治教提供保障，通过法律实施后的社会、教育效果来确证法律自身的价值。巨大的法律效益是教育法治现代化的重要标志，表明法治在教育活动中取代人治而居主导地位，法律的权威性得到社会成员的高度认同。社会人员对教育法律高度信赖，并自觉地以法律来规范自己的教育行为。

四、教育法治现代化的模式

教育法治现代化的模式是指教育法治现代化建设中可以依照的样式或最终达到的标准形式。由于各个国家的经济、政治、文化发展水平的不同，以及历史发展、风俗习惯、民族特点等不同，教育法治现代化模式选择也各不相同。我们认为，教育法治现代化模式如同现代化模式一样，一般分为三种类型。

（一）内发型教育法治现代化

内发型教育法治现代化是指一个国家的教育法治因内部诸条件的成熟而从传统走向现代化的历史性跃进过程。内发型教育法治现代化模式的动力主要来自社会内部，是由社会自身力量产生的内部创新，是因社会内部经济因素的增长和生产方式的发展所导致的社会进步对教育法律变革的需求。这种模式是社会自身条件逐渐成熟而发展起来的自发的、渐进的法治变革过程，是以自身经济发展为根本动力的,是与国家的法治建设相伴随的。

（二）外发型教育法治现代化

外发型教育法治现代化是由较先进的教育法律系统对较落后的教育法律系统的冲击而导致的进步转型。它的推动力量主要来自社会的外部,由于一国社会内部自身的生产力等经济因素和其他条件的不足,使得外国经济、文化的进入成为主要的冲击力和压力,导致内外两种生产方式在经济和文化上的全面冲突,较为落后的国家受较为先进的法律系统的冲击和渗透,在进行法治变革的同时实现教育法治的转型。

（三）混合型教育法治现代化

混合型教育法治现代化是指由各种内外部因素互动作用的合力所推动的一国教育法治走向现代化的变革过程。这种模式的国家或社会内部存在着促使教育法治由传统向现代转型的经济政治等因素,但其因素的力量非常薄弱,无法积累到成熟而实现自我转型,因而它不同于内发型教育法治现代化模式。但这种外部因素和外来力量毕竟不是导致教育法治转型的主要动因,它要通过该社会内部经济、政治、文化、法治变革而发生作用。因而它又与外发型教育法治现代化模式有区别。

五、我国教育法治现代化建设

教育法的颁布施行,标志着我国教育法治建设开始步入新阶段,也是我国教育法治现代化的重要里程碑,为加快教育法治现代化建设奠定了坚实的基础。我国教育法治现代化建设应做好以下工作。

（一）加快教育立法

教育立法是指一定的国家机关依照法定职权、原则和程序,制定、修改和废止法律和其他规范性法律文件,将一定阶级的意志上升为国家意志的专门活动。加快教育立法是我国社会主义教育事业发展的客观要求,是教育法治现代化的基础环节。加快教育立法的目标是争取到 20 世纪末,初步建立起教育法律、法规体系的框架,再经过几十年的努力,建立起比较完备的教育法律体系。加快教育立法应当遵循的基本原则有:法治统一原则;实事求是,从实际出发原则;发扬民主,走群众路线原则;科学性原则;原则性与灵活性相结合原则;“立、改、废”相结合的原则;立足自己与借鉴经验相结合的原则。坚持这些原则,使教育立法工作更加规范,立法质量不断提高。

(二)教育公民守法

教育法律的遵守,是指国家机关及其工作人员、社会团体和公民自觉按照教育法律规范的要求,做一定的行为或不做一定的行为,从而使教育法得到实施。它是教育关系主体自己去实施法,属于法的自律性实施。守法是每个公民的义务。它是同法律规定的权利相对应的。要教育公民弄清守法的长远意义,增强守法的自觉性,明确该履行的义务、该遵守的禁令,以及正确地行政权利,做到不侵权、不越权。

(三)开展教育行政执法

教育行政机关要依照法定职权和程序,对行政管理相对人适用教育法律规范,依法采用教育行政措施,进行教育行政处罚,实施教育行政强制执行。教育行政措施是指教育行政机关根据教育法律、法规、规章,针对特定对象所采取的能直接产生法律效果的处理或决定的教育行政执法行为。教育行政处罚是指教育行政机关依法对违反教育法律规范的行政管理相对人进行惩戒、制裁的教育行政执法行为。教育行政强制执行是指教育行政机关对应履行而不自动履行教育法律义务的行政管理相对人,依法强制其履行义务的教育行政执法行为。开展教育行政执法是教育法治现代化建设的重要任务,必须下功夫积极推进。

(四)积极进行教育司法实践

教育司法是指司法机关查处教育违法案件和解决教育纠纷的专门活动。它是国家司法的重要内容。我国的教育司法处于起步阶段,还没有形成完整的体系。进行教育司法实践,可以在人民法院内部采取相应的组织形式,进一步扩大受案范围,保证大量的教育违法和纠纷案件得到及时裁决。可以试行建立教育法庭,依照刑事诉讼法、民事诉讼法和行政诉讼法的规定,积极审理同贯彻实施教育法律、法规有关的刑事、民事、经济、行政等各类案件,切实保护学校、其他教育机构及师生员工的合法权益,维护教育教学的正常秩序,促进政府有关部门依法行政,促进依法治教。

(五)加强教育法治监督

教育法治监督,是指各类国家机关、社会组织或公民依法对教育法律实施情况进行的监督。它是维护教育法治统一和尊严的重要措施,是保障教育法实施的重要制度。教育法治监督包括权力机关的监督、行政监督、司法监督、社会监督、党的监督。我认为,加强教育法治监督,要切实加强监督制度建设。一是政府向本级人民代表大会或者其常务委员会报告教育经费预、决算情况的制度。二是教育执法检查制度,即上级国家权力机关、行政机关对下级机关的教育执法活动进行检查以及权力机关对同级政府的教育执法活动进行检查的法治监督形式。三是教育督导制度,指县以上各级人民政府为保证国家有关教育的法律法规、方针政策的贯彻执行和教育目标的实现,对所辖地区的教育工作进行监督、检查、评估、指导的制度。

(六) 深化教育法治的研究

教育法治现代化既是一个实践问题,又是一个理论问题。实践呼唤着理论指导,而理论又来源于实践。由于教育法治工作起步较晚,又面临着迈向现代化的艰巨任务,因此,深入进行教育法治的理论研究尤为重要。要研究教育法治与社会主义法治现代化的关系,教育法治的丰富内涵及其实现形式,推进教育法治现代化的途径和方法等。通过研究,逐步解决教育法治建设过程中的现实问题和理论问题,使我国教育工作真正实行依法治教。

《教育法》的特点[①]

《中华人民共和国教育法》(以下简称《教育法》)业经第八届全国人民代表大会第三次会议审议通过,并将于 1995 年 9 月 1 日起施行。《教育法》的颁布施行,标志着我国进入了全面实行依法治教的新阶段,对于进一步落实教育优先发展的战略地位,推进教育改革和发展,维护教育关系主体的合法权益,促进社会主义物质文明和精神文明建设,都将产生重大而深远的影响。本文将结合自己的学习体会,着重谈谈《教育法》的特点。

一、《教育法》的地位特点

认识《教育法》的地位要把握两个基本点:一是教育与经济社会的关系点,就是从社会主义现代化建设的全局去认识《教育法》的地位;二是教育改革和发展的连结点,就是从整个教育改革发展要适应建立社会主义市场经济体制的大局去认识《教育法》的地位。从这两个基本点出发,《教育法》的地位至少反映在下列四个方面。

(一)《教育法》的社会地位

我国历来有重视教育的传统。党的十一届三中全会以来,人们对教育的地

① 1995 年 3 月 18 日,第八届全国人民代表大会第三次会议通过《中华人民共和国教育法》。根据 2009 年 8 月 27 日第十一届全国人民代表大会常务委员会第十次会议《关于修改部分法律的决定》第一次修正,根据 2015 年 12 月 27 日第十二届全国人民代表大会常务委员会第十八次会议《关于修改〈中华人民共和国教育法〉的决定》第二次修正,根据 2021 年 4 月 29 日第十三届全国人民代表大会常务委员会第二十八次会议《关于修改〈中华人民共和国教育法〉的决定》第三次修正。本文写于 1995 年 4 月,文中所引法律条款均以 1995 年《中华人民共和国教育法》为依据。

位和作用有了许多新的认识。比如:“教育必须为社会主义建设服务,社会主义建设必须依靠教育”(《中共中央关于教育体制改革的决定》);“我们必须把教育摆在优先发展的战略地位,努力提高全民族的思想道德和科学文化水平,这是实现我国现代化的根本大计”(党的十四大报告);“必须把经济建设转到依靠科技进步和提高劳动者素质的轨道上来”(《中国教育改革和发展纲要》)。我省也在1994年全省教育工作会议上确立了“科教兴省”战略。所有这些都说明,我们已经从经济社会发展的全局来认识教育优先发展的战略地位,而这种地位的最终确立要依靠法律去保障。《教育法》第四条第一款规定:“教育是社会主义现代化建设的基础,国家保障教育事业优先发展。”因此,今后确立教育优先发展的战略地位,不仅是领导重视的认识问题,而且是必须执行的法律问题。《教育法》确立了教育在社会中的地位,也就确立了自身的社会地位。

(二)《教育法》的历史地位

看一部法律的历史地位,既要向前看,又要向后看。《教育法》的历史地位表现在教育改革和发展的历史长河中。回首往事,《教育法》是我国历史上第一部全面而系统的教育专门法,是对几十年教育改革和发展经验的高度总结和法律规范;展望未来,《教育法》奠定了教育法制建设的基础,必将有力地推动教育适应社会主义市场经济体制的建设,保障教育改革和发展顺利进行。

(三)《教育法》的法律地位

《教育法》的法律地位表现在两方面:一是在我国法律体系中,《教育法》是经国家最高权力机关通过的、在宪法之下的国家基本法律,与刑法、民法、农业法、劳动法等基本法律处于同等的法律地位;二是在我国教育法规体系中,处于“母法”地位,具有最高的法律权威。在这个“母法”指导下,今后还要制定一系列教育法规,如职业教育法、高等教育法以及各种条例。这些教育法规的制定和实施,都要以《教育法》为基本依据,不得与之相违背。通过制定这些法规,最终形成以《教育法》为“母法”的完整的教育法规体系。

(四)《教育法》的国际地位

西方许多国家的教育立法较早,但早期的教育法律都不独立,依附于宪法或其他法律。以后立法较多的是教育单项法律。真正制定综合性的教育基本法的国家并不多,即使有,其法律也很简单。我国的《教育法》不管是内容、调整范围,还是法本身的严密性等都不比国外的教育法律逊色。

二、《教育法》的内容特点

《教育法》共 10 章 84 条，内容十分丰富。这些内容具有下列主要特点。

（一）规定我国教育的社会主义性质

《教育法》第三条规定："国家坚持以马克思列宁主义、毛泽东思想和建设有中国特色社会主义理论为指导，遵循宪法确定的基本原则，发展社会主义的教育事业。"这一规定清楚地表明我国教育的社会主义性质。依据这一性质，《教育法》除规定国家举办学校及其他教育机构外，还规定"国家鼓励企业事业组织、社会团体、其他社会组织及公民个人依法举办学校及其他教育机构"，同时规定"任何组织和个人不得以营利为目的举办学校及其他教育机构"（第二十五条）。这些规定把教育的所有制性质与社会主义所有制性质有机地联系起来，使社会主义所有制性质在教育中得到具体体现。按照建立社会主义市场经济体制的要求，我国坚持多种经济成分并存的发展方向，在教育上也坚持以政府办学为主体、社会各界共同办学的体制，鼓励和支持社会团体和公民依法办学。但同时又根据教育"以育人为根本"的特殊性，规定"不得以营利为目的"。这既是社会主义性质决定的，也是教育性质决定的。

（二）确立教育优先发展的战略地位

《教育法》第四条第一款规定："教育是社会主义现代化建设的基础，国家保障教育事业优先发展。"这是第一次在法律中确立了教育优先发展的战略地位。目前，一些地方在实际工作中还没有真正确立教育优先发展的战略地位。今后衡量这一问题，不仅是认识问题，而是执法问题。这要求各级领导实行"三个转变"，即从单纯重视经济工作向两个文明一起抓转变，把经济建设和社会发展向依靠科技进步和提高劳动者素质转变，从一般性重视教育向依法在实际工作中落实教育战略地位转变。

（三）提出我国教育的基本制度

《教育法》提出的教育基本制度包括八项制度。①学校教育制度；②九年制义务教育制度；③职业教育制度和成人教育制度；④国家教育考试制度；⑤学业证书制度；⑥学位制度；⑦扫盲制度；⑧教育督导制度和学校及其他教育机构教育评估制度。这是第一次在法律上突破了传统的、封闭的单一学校教育制度。

特别是把职业教育、成人教育、督导评估作为教育基本制度用法律形式加以固定，有利于推动教育的发展，建立大教育体系和终身教育体系。

（四）明确了法律关系主体的权利和义务

《教育法》规定了政府、社会、学校、教师、受教育者等法律关系主体的权利和义务。有的是明确规定。如第二十八条和第二十九条分别规定了学校及其他教育机构的权利和义务，第三十二条规定了教师的权利和义务，第四十二、四十三条分别规定受教育者的权利和义务。有的没有直接写明“权利和义务”，但实际是权利和义务。不仅如此，《教育法》还规定了保护这些主体合法权益的法律措施。值得指出的是，《教育法》第一次在法律中规定了学生及其他受教育者的权利、义务和他们的权益保障措施。

（五）确定了恰当的法律责任

法律责任是一部法的关键。一部法的刚性强不强，有没有权威性，关键看法律责任。《教育法》对如何处理教育活动中容易发生或突出存在的问题作了规定。如不按照预算核拨教育经费，挪用、克扣教育经费（第七十一条）；扰乱学校及其他教育机构教育教学秩序，破坏校舍、场地及其他财产（第七十二条）；使用危房造成人员伤亡或重大财产损失（第七十三条）等。对此都有恰当的处罚规定。这为我们运用法律武器，维护自己的合法权益提供了法律保障。

依法维护教师合法权益

《江苏省实施〈中华人民共和国教师法〉办法》(以下简称《实施办法》)已经江苏省第八届人大常委会第二十四次会议审议通过,并于1997年1月1日起正式施行。这是我省为全面贯彻《教师法》和“科教兴省”战略、落实教育优先发展的战略地位而采取的重大举措,是全省教育战线和广大教师政治生活中的一件大事。《实施办法》的颁行标志着我省教师队伍建设又向法治化、规范化道路迈出了坚实的一步。这对于保障教师的合法权益,提高教师的社会地位和待遇,加强教师队伍建设,促进我省的教育改革和发展,都具有十分重大的意义。

《实施办法》依据《教师法》的基本精神,结合我省实际,分别就加强教师队伍建设,提高教师地位、待遇,维护教师合法权益等方面作了具体规定,具有较强的操作性。《实施办法》着力突破和解决的主要问题有以下几方面:

一、注重教师职业道德建设

为了加强教师的职业道德建设,《实施办法》从两方面作了规定:一是加强了师德建设的正面引导。《实施办法》第七条规定:“教师应当模范地遵守《教师法》和其他法律、法规,忠诚于人民的教育事业,加强职业道德修养,不断提高教书育人的能力。教师应当以良好的思想品德和言行教育影响学生,关心、爱护、尊重学生,保护学生合法权益不受侵犯,促进学生在品德、智力、体质等方面全面发展。”二是通过禁止性条款,加强对教师师德方面负面行为的约束和规范。如《实施办法》第三十五条规定:“教师不履行《教师法》规定的义务,违反教师职业道德,由所在学校或者教育行政部门给予批评教育,情节严重的给予行政处分。”

二、提高教师的学历层次和教育教学能力

教育现代化对教师的素质提出了更高的要求。《实施办法》第十六条规定，"地方各级人民政府和教育行政部门应当有计划地提高教师的学历层次，逐步使教师学历超过《教师法》规定的学历标准。教师应当通过多种形式的学习提高自己的学历和教育教学能力。"

三、建立教师工资按月足额发放的保障机制

建立教师工资按月足额发放的保障机制，是解决教师工资拖欠问题的有力措施。在这方面，《实施办法》作了如下规定：首先是"各级财政部门对教师工资应当足额预算，及时拨付"。其次是在体制上，强调了县级财政在教师工资支付上的责任："贫困地区农村公办教师的工资和民办教师工资的国家补助部分，乡级财政确实无力支付的，由县级财政补助。"根据省政府《关于建立教师工资正常发放保障机制的通知》的精神，对一些财政困难较大的县不能保证支付教师工资的，不足部分可以由省、市财政给予教师工资专项补贴，同时还规定对违反《实施办法》、拖欠教师工资的直接责任人追究法律责任。以法律强制手段，确保教师工资按月足额发放。

四、采取有力措施，加快教师住房建设

《实施办法》有三条(第二十八条至第三十条)围绕教师住房建设，从规划，资金投入，土地划拨，住房出租、出售，小区配套建设等方面作出了一系列规定：一是规定地方各级人民政府应当把教师住房建设纳入城乡建设规划，加大教师住房建设的资金投入……各有关部门对教师住房建设应当在土地划拨、物质供应、资金安排、费用减免等方面按照规定给予优先、优惠"。二是进一步从法律上对教师住房和购房的优惠政策加以规范，如："教师住房建设享受国家安居工程和经济适用住房的各项优惠政策。国家安居工程住房在同等条件下以成本价优先出售给教师和离退休教师中的住房困难户。""农村教师自建住房的，有关部门应

当在土地使用、建筑材料等方面按有关规定予以照顾，有条件的地区和学校可以补贴部分建房经费。”三是根据我省城市化进程加快的发展趋势，明确规定：“住宅小区配套建设中小学校和幼儿园时，应当按照小区住房总套数的一定比例配套建设相应的教师住房，以成本价出售给教师居住。”

五、对到农村地区工作的教师实行政策激励

为了鼓励教师到农村地区工作，《实施办法》规定：“凡到建制镇以下（不含建制镇）农村中小学、成人学校从事教育教学工作的中专以上（含中专）毕业生，可以直接享受定级工资，并按照规定上浮一档职务工资，连续在乡村学校任教满八年的，可以再上浮一档职务工资。上浮的职务工资作为乡村教师岗位津贴。终身在乡村任教的，第一次上浮的一档职务工资可计入离退休金基数。”还规定：“取得中级以上职称的教师，其农村户口的配偶和未成年子女可以转为城镇户口……有关部门应当为其配偶和子女的就业提供方便。”

此外，在教师退休待遇上，规定：“教龄满三十年的教师或者教龄满二十五年实行五十五周岁退休的女教师，其退休金可以补足到本人退休前原工资的百分之百。”

六、加强师范院校建设

师范院校主要承担培养和培训教师的重任。办好师范院校，对于提高教师队伍的整体素质，推进教育事业发展具有重大的意义，所以，必须加强师范院校的建设。在这方面，《实施办法》作了如下规定：

1. 县级以上地方各级人民政府应当把师范教育放在优先发展的战略位置，继续对师范教育实行政策倾斜，“增加对师范教育的投入，改善办学条件，使其达到国家规定的办学标准”。

2. 对师范院校的办学提出了明确要求，规定：“师范院校必须坚持正确的办学方向，以培养和培训师资为主要职责，加强敬业精神和师德教育，突出师范职业素质训练，提高教育质量。”

七、突出在职教师培训

《实施办法》十分重视在职教师的培训与提高，除了明确规定“各级教育行政部门、有关部门和学校应当制定教师培训规划，有计划地组织教师培训……中小学教师应当按规定参加培训、进修并取得继续教育证书”之外，还在措施上提供了保障，如规定有关部门应在编制和经费等方面为教师培训提供保障，“教师经组织安排参加培训、进修的，其职务评聘、工资晋升、住房分配等与其他教师享受同等待遇”。

为了鼓励和扶持教师开展教学科研和出版有关教学方面的学术著作，保证教师有时间总结教学经验、开展学术交流，《实施办法》规定“地方各级人民政府教育行政部门可以设立教师教学科研专项经费”，“对中小学特级教师和高等学校教学任务较重的副教授以上的教师，实行学术休假制度”。

八、严格教师队伍管理

依据《教师法》的有关规定：

1. 进一步明确各级教育行政部门是教师工作的主管部门，主要负责教师资格认定、教师职务评聘、业务考核等方面的工作；同时加强对教师思想政治和职业道德教育。

2. 在允许教师正常流动的同时，强调教师队伍的稳定。《实施办法》规定：“未经县级以上教育行政部门批准，任何单位不得抽调中小学教师到非教育部门工作。”

3. 要求各级教育行政部门和有关部门应当合理调整学校规模和布局，严格按规定标准配备教师。

2017年，省教委依据《教师法》和《实施办法》配套制定师资队伍管理办法等一系列文件和措施，努力形成教师队伍管理的优化机制，以促进我省教师队伍建设跃上现代化的新高度。

《义务教育法》实施中的若干问题[①]

自1986年《中华人民共和国义务教育法》(以下简称《义务教育法》)施行以后,我国实施义务教育步入了法治化轨道,义务教育普及水平不断提高,取得了举世瞩目的成就。但是,在实施义务教育过程中,也遇到了一些新的问题,需要我们依据法律理论、适用法律规范、按照法律程序进行处理。本文将就此作些探讨。

一、强制性和义务性:义务教育法的基本特点

《义务教育法》是由全国人民代表大会审议通过的,代表全中国人民根本利益的,依靠国家强制力保证执行的教育专门法律。它具有明显的强制性特点,即任何组织和个人不得违反《义务教育法》,对违法行为将采取强制性措施。如《义务教育法》规定:禁止任何组织或者个人招用应当接受义务教育的适龄儿童、少年就业,对招用儿童、少年就业的组织和个人,由当地人民政府给予批评教育,责令停止招用,情节严重的,可以并处罚款、责令停止营业或者吊销营业执照。《中华人民共和国义务教育法实施细则》规定:"适龄儿童、少年的父母或者其他监护人未按规定送子女或者其他被监护人就学接受义务教育的,城市由市、市辖区人民政府或者其指定机构,农村由乡级人民政府,进行批评教育;经教育仍

① 1986年4月12日,第六届全国人民代表大会第四次会议通过《中华人民共和国义务教育法》。2006年6月29日,第十届全国人民代表大会常务委员会第二十二次会议修订,根据2015年4月24日第十二届全国人民代表大会常务委员会第十四次会议《关于修改〈中华人民共和国义务教育法〉等五部法律的决定》第一次修正,根据2018年12月29日第十三届全国人民代表大会常务委员会第七次会议《关于修改〈中华人民共和国义务教育法〉等五部法律的决定》第二次修正。

拒不送子女或者其他被监护人就学的，可视具体情况处以罚款，并采取其他措施使其子女或者其他被监护人就学。”有关执法部门正是依据强制性原则和具体的法律规范开展执法活动，推动了《义务教育法》的顺利实施，也树立了法制的权威。

《义务教育法》的另一个特点是义务性。即政府、社会、学校、家庭都应依法履行各自的义务。根据《义务教育法》规定，国家、社会、学校和家庭都应依法保障适龄儿童、少年接受义务教育的权利。地方各级人民政府必须创造条件，使适龄儿童、少年接受义务教育。全社会有支持义务教育的义务，学校有教育好学生的义务，父母或者其他监护人必须使适龄的子女或者其他被监护人按时入学，接受规定年限的义务教育。所有这些规定可以概括为政府依法保教、社会依法支教、学校依法施教、家庭依法送教。一些已经完成实施义务教育任务的地方出现了办学条件不达标、拖欠教师工资、流生等问题，这都是违法现象，是有关单位和人员没有履行法定职责而造成的，应该引起重视并依法加以解决。我们认为，各级政府应当带头履行义务，按照分级办学、分级管理的原则，明确职责。对因经济困难无力支撑义务教育的地方，上级政府应通过建立规范的财政转移支付制度和其他支援途径给予扶持。对已经宣布完成义务教育任务的地区，所在地区的最高政府应对属于政府法定的职责负完全责任。如果所在地区内的下级地方政府因经济困难无力支撑义务教育，出现办学条件不达标、拖欠教师工资等现象，本级政府有义务加以解决，以保证适龄儿童、少年接受义务教育的权利。否则，应视为没有完成义务教育任务，并应通过有关合法程序宣布取消“基本普及义务教育单位”认定。

二、拖欠教师工资：违法事实及其法律适用

拖欠教师工资是在农村部分地区实施义务教育过程中出现的突出问题。这不仅影响了广大教师的工作积极性，而且影响了党和政府的形象，也将影响整整一代人的素质。所谓拖欠教师工资是指不按时、足额发放教师工资，或未经教师同意随意扣发教师工资的现象。造成拖欠教师工资现象的原因是多方面的，有的是财政部门没有做到足额预算，有的是一些部门挪用、克扣教育经费，有的是队伍庞大、冗员过多，有的是体制不顺，地方经济无力支持教育经费。不管出于

什么原因，拖欠教师工资现象是一种违法事实，应当履行发放教师工资义务而没有发放的单位就是违法主体。按照现行的教育管理体制，农村义务教育的教师工资主要由乡镇政府解决，学校是乡镇政府的委托单位，不按时、足额发放教师工资的法律责任应当由乡镇政府承担；根据中央有关文件规定，实行县级政府统筹发放教师工资的地区，应当由县级政府承担法律责任，已经宣布实施义务教育的地区，行使宣布权利的政府同样应当承担相应的法律责任。因为，对教师来说，体制问题是政府间内部职责分工和权利分配的制度，不应成为拖欠教师工资的合法理由。

那么，教师如何通过合法途径，启动法律救济程序来维护自身的合法权益呢？我们认为可以选择两种途径或者启动两种程序。一是提出行政申诉。所谓行政申诉是指公民、法人及其他组织认为其主管部门的具体行政行为侵犯其合法权益，向主管部门的上一级行政机关申述理由、请求重新作出决定的一种法律救济制度。《教师法》第三十九条第二款规定："教师认为当地人民政府有关行政部门侵犯其根据本法规定享有的权利的，可以向同级人民政府或者上一级人民政府有关部门提出申诉，同级人民政府或者上一级人民政府有关部门应当作出处理。"申诉受理机关应当予以受理，并立案调查处理，对违反《教师法》规定，拖欠教师工资或者侵犯教师其他合法权益的，应当责令其限期改正；对违反国家财政制度、财务制度，挪用国家财政用于教育的经费，严重妨碍教育教学工作，拖欠教师工资，损害教师合法权益的，应当责令限期归还被挪用的经费，并对直接责任人员给予行政处分，情节严重，构成犯罪的，依法追究刑事责任。如果不属于本机关处理的，应依法移送到有权管辖的机关，并告知当事人。二是提出行政诉讼。教师提出申诉后，受理机关在规定的时间没有作出处理的，可以其不作为为由，向人民法院提起行政诉讼。教师也可以根据《中华人民共和国行政诉讼法》（以下简称《行政诉讼法》），认为有关部门侵犯其财产权，向人民法院直接提起行政诉讼，人民法院应当予以受理。所谓财产权是指所有人依法对自己的财产享有占用、使用、收益和处分的权利。公民的个人财产包括公民的合法收入、房屋、储蓄、生活用品、文物、图书资料、林木、牲畜和法律允许公民所有的生产资料以及其他合法财产。很显然，教师依据《教师法》"按时获取工资报酬"属于其合法收入，应是财产权的一部分。拖欠教师工资属于侵犯教师财产权的违法行为，法律应当为教师主持公正。

三、体罚和变相体罚学生：不容忽视的违法行为

教师是人类灵魂的工程师，教书育人，为人师表，实施素质教育，培养社会主义现代化事业的建设者和接班人，是教师的神圣职责。应当肯定绝大多数教师在教育教学岗位上兢兢业业、默默无闻、乐于奉献，为教育事业作出了很大贡献。但也有少数教师缺乏职业道德，甚至道德败坏，在教育教学活动中有违法行为、甚至走上犯罪道路。需要指出的是，体罚和变相体罚学生是在实施义务教育过程中出现的问题，不仅仅是一个师德问题，而是一种违法行为。由于受“师道尊严”“一日为师，终身为父”“不打不成才”等传统文化的影响，人们常常把体罚和变相体罚学生看作教师职业道德行为，予以理解、默许，甚至提倡，这严重摧残了中小学生的健康成长。根据《教师法》《中华人民共和国未成年人保护法》，教师应关心、爱护全体学生，尊重学生人格，不得对未成年人实施体罚、变相体罚或者其他侮辱人格尊严的行为。由此足以认定体罚和变相体罚学生是一种违法行为。

所谓体罚和变相体罚学生是指教师在教育教学过程中，以惩罚学生为目的，采取使学生肉体和精神遭受痛苦与摧残的违法行为。体罚和变相体罚学生的行为发生于教育教学活动中，具有易发性、难辨性等特点，因而必须引起教育行政部门、学校和教师的重视。体罚和变相体罚学生是教师侵犯学生人身权的行为，根据《教育法》规定，学生对教师侵犯其人身权，应提出申诉或者依法提起诉讼，请求法律保护。《教师法》也规定，教师“体罚学生，经教育不改的；品行不良、侮辱学生，影响恶劣的”，由所在学校、其他教育机构或者教育行政部门给予行政处分或者解聘，情节严重，构成犯罪的，依法追究刑事责任。也就是说，对实施体罚和变相体罚学生的教师，视情节轻重、是否构成犯罪进行批评教育，给予行政处分或者解聘，追究刑事责任。

四、流生：如何依法控制

依法实施义务教育是要使所有适龄儿童、少年都接受规定年限的义务教育，以普遍提高新一代公民的文化素质。除少数人可以依法免除接受义务教育外，

其他儿童、少年都不得例外。《义务教育法》规定，适龄儿童、少年因身体状况需要延缓入学或者休学的，其父母或者其他法定监护人应当提出申请，由当地人民政府批准。也就是说，没有经过批准，擅自不入学接受规定年限的义务教育的，应当认定为流生。一部分地区流生特别是初中流生现象十分严重，有的学校流生数量甚至达到了两位数，这不能不引起我们的重视。造成流生现象的原因是多方面的，有的是家庭经济困难，有的是家长急功近利，有的是家长重男轻女，有的是学生学习成绩不好产生厌学情绪，也有的是教师教育方法不当使学生厌学，等等。不管出于什么原因，流生现象都是违反《义务教育法》的，必须依法予以处理。在处理过程中要分析原因，区别情况，对症下药，切忌简单粗暴，更不能用侵犯其人身权、财产权的行为去处理。按照有关法律法规规定，如果是因招收童工引起的流生，则对招工的组织或者个人，由当地人民政府给予批评教育，责令停止招用；情节严重的，可由工商行政部门并处罚款、责令停止营业或者吊销营业执照。对不送适龄儿童、少年接受义务教育的父母或者其他监护人，由当地人民政府对其进行批评教育，并采取有效措施责令其送子女或者其他被监护人入学；经教育仍拒不送其子女或者其他被监护人就学的，可视具体情况处以罚款，并采取其他措施使其子女或者其他被监护人就学；如果处以罚款后，仍不送子女或者其他被监护人就学的，可以由当地人民政府申请人民法院强制执行，人民法院应当予以积极配合。这里的当地人民政府，城市指市、市辖区人民政府或者其指定机构，农村指乡级人民政府。

五、学校是否是监护人：一个影响实施义务教育的法律理论问题

义务教育阶段的学生都为未成年人，缺乏自我控制和自我保护的能力，因此在实施义务教育过程中难免发生学校伤害事故。所谓学校伤害事故是指在规定的教学活动和时间内发生的造成学生受伤或死亡的事故。如何处理学校伤害事故不仅是教育问题，也是法律问题。一些地方因处理不当，影响了学校正常的教学秩序。有的学校甚至因害怕发生学校伤害事故，停止组织正常的活动，这严重影响了素质教育的实施。处理学校伤害事故的基本法律依据是《民法通则》(2021 年 1 月 1 日起以《中华人民共和国民法典》为依据)，其中很重要的法律理论问题是学校是否是监护人。对此，从前看法并不一致。有的认为学校是监护

人，理由是义务教育阶段的学生都是无民事行为能力人或限制民事行为能力人。家长把孩子送到学校，事实上把监护权委托给了学校，因此学校应当承担监护责任。有的认为学校不是监护人，理由是不管是事实上还是形式上都没有把监护权交给学校，因此学校不应当也不可能承担监护责任。我们同意后一种观点，由法律依据来看，未成年人的父母是未成年人的监护人，未成年人的父母已经死亡或者没有监护能力的，由祖父母、外祖父母、兄、姐、关系密切的其他亲属愿意承担监护责任的，或者由居民委员会、村民委员会、民政部门担任监护人。监护人的确定必须具有法律依据。并且按规定程序予以接替，不能因未成年人活动空间变化而随意改变。法律没有规定学校是监护人，因此要学校承担监护责任是缺乏法律依据的。**根据学校是教育机构的特殊性质，学校对未成年学生应当承担教育、管理、保护责任。也就是说，如果学校在教育、管理、保护方面有过错，造成学校伤害事故的发生，则学校应当承担民事法律责任，给予赔偿；如果学校没有过错，则在法律上不应当承担责任。那种只要发生学校伤害事故，就要学校给予赔偿的做法，显然有悖于法律公正性原则。**

确定学校是否有过错，主要看学校在教育、管理、保护过程中有没有违反教育法律、法规、规章和规范性文件的规定，这是追究学校法律责任的前提。除此之外，追究学校法律责任还要看伤害事实、学校过错与伤害事实的因果关系，以及发生学校伤害事故后学校采取的救治措施等。在实践中，可以先进行调解，如调解无效，可以诉诸法律。总之，处理学校伤害事故，首先要明确责任，而明确责任的前提是谁有过错，如果学校有过错，那么应当承担赔偿责任。在处理过程中可以实行先调解后诉讼的原则，既要维护学生、家长的合法权益，又要维护学校的合法权益，既要合理，更要合法。只有这样，才能确保义务教育法的健康实施，保证素质教育的顺利实施。

教育行政执法探讨

依法治国是党的十五大确立的建立社会主义法治国家的治国方略。这一方略在教育领域的运用和体现就是全面推进依法治教。推进依法治教，关键之一是要切实加强教育行政执法工作。

教育行政执法，是将教育法律规范在社会中加以具体落实的实践活动，也是实现教育立法宗旨，发挥教育法律、法规作用的关键环节。

一、教育行政执法的概念

教育行政执法是指国家教育行政机关或被授权的组织依照法定职权和程序，针对特定事项和特定的教育行政管理相对人，适用教育法律规范并产生法律效果的活动。

（一）教育行政执法的主体是国家教育行政机关

教育法律、法规的适用或执行涉及诸多政府部门及其他国家机关，只有以教育行政机关（或被授权组织）为主体的执法活动才称为教育行政执法，非教育行政机关的执法行为从严格意义上讲都不是教育行政执法。比如人民法院依据教育法律、法规审理教育违法案件，显然也是适用教育法律、法规的活动，但它是以司法机关为主体的司法活动，故可称为“教育司法”；再如税务机关征收教育事业费附加的活动，亦可称为教育的税务行政执法。

（二）教育行政执法是适用教育法律规范并产生法律效果的活动

教育行政机关作出的行政管理行为是各种各样的，只有适用教育法律规范、并产生法律效果的行为，才是教育行政执法。譬如某教育局对一非法举办的学校依法作出撤销该校的处罚决定。撤销学校这一行为是行政执法行为，因为它产生了法律效力，即终止了某种法律关系，并可能因此引起行政复议或行政诉讼。教育行政机关的行政管理行为若不产生法律后果，就不属于行政执法范畴，如教育行政机关召开座谈会，收发文件，对下级的一般工作检查等。

（三）教育行政执法是教育行政机关按照法定的职权和程序进行的执法活动

首先，教育行政机关的执法活动必须在法定的职权范围内进行。任何越权的活动是违法的。其次，教育行政执法必须遵循一定的法定程序。教育行政执法若不按法定程序进行是没有法律效力的。

（四）教育行政执法是以特定的事项和特定的行政管理相对人为对象的

所谓特定的教育行政管理相对人，是指教育行政机关执法活动所涉及的具体对象，其权利义务直接受到影响的人。这个“相对人”可以是自然人，也可以是法人。教育行政执法行为总是以特定的、具体的人（行政管理相对人）和事（某一违法案件）为对象的，是一种具体行政行为。

二、开展教育行政执法的目的意义

教育执法工作是我国教育法治建设的重要环节，是实施教育法律、法规的有效保障。在当前形势下，加强教育行政执法工作，对于全面推进依法治教，落实教育优先发展的战略地位，充分发挥教育法治对教育改革和发展的规范、保障和促进作用，具有十分重大的意义。

（一）加强教育行政执法工作是实施教育法律和法规、全面推进依法治教的迫切要求

我国先后颁布了《义务教育法》《教师法》《教育法》和《中华人民共和国职业教育法》（以下简称《职业教育法》）等一系列教育法律和法规，各地在学习宣传贯彻有关教育法律、法规中做了不少工作，取得了一定的成绩。但从总体上看，教育行政执法滞后于教育立法，现实生活中“有法不依、执法不严、违法不究”的现象仍比较突出。为了坚决改变这种执法软弱、监督不力的状况，切实保证教育法律、法规在现实生活中得到执行和遵守，必须大力加强教育执法工作。这是实施教育法律、法规，全面推进依法治教的迫切要求，也是落实教育优先发展战略地位的根本性措施。

（二）加强教育行政执法工作，是实现政府转变教育管理职能的需要

在社会主义市场经济条件下，政府要转变教育管理职能，从过去的以直接管理、具体管理为主转变为以间接管理、宏观管理为主，关键是要充分发挥法律手段在教育宏观调控和管理中的作用，把执法行为作为实现政府管理职能的基本手段。如果说依法治国是一个国家管理现代化的重要指标和基本内容的话，那么，加强教育行政执法，建立教育领域依法治教的管理新秩序，就是教育管理现代化的题中应有之义。从这个意义上讲，积极推进教育行政执法工作，亦是实现教育管理现代化的需要。

（三）加强教育行政执法工作，是积极推进教育改革和发展的需要

加大教育改革力度，加快教育发展，是当前教育发展的显著特征和必然趋势。教育的改革与发展，一方面需要法律手段进行引导和规范，另一方面要通过严格执法，坚决制裁和防止违法、违规行为，确立和维护教育秩序和教育活动规则，保证各种教育活动的正常进行。随着教育改革的不断深化，改革过程中所产生的各种矛盾亦会以教育纠纷的形式反映出来，这亦需要建立健全教育纠纷处理制度，以妥善疏导、化解和处理各种矛盾，保障教育改革顺利发展。

（四）加强教育行政执法工作，既是各级政府及教育行政部门依法行政、提高管理效率的需要，也是保护公民、法人和其他社会组织合法权益的有效途径

《教育法》等教育法律、法规明确了教育行政部门的执法职责。《行政处罚法》等有关行政执法的法律、法规对行政执法，特别是对行政处罚的种类和设定、实施主体、管理和适用程序及监督等，都作了明确规定。这些规定对各级政府，特别是对教育行政部门及其公务员的行政管理行为提出了新的更高的要求。各级教育行政部门必须按照有关法律、法规的要求，积极进行教育执法的探索和实践，逐步建立依法行政的工作程序和一整套教育法律救济制度，才能真正提高行政管理效率，有效保护公民、法人和其他社会组织的合法权益。

三、教育行政执法的形式和程序

教育行政执法主要有三种基本形式：

（一）教育行政措施（亦称为“行政处理”）

它是指国家教育行政机关依据教育法律、法规，应相对人申请或依职权处理涉及特定相对人权益的教育行政执法行为。主要有两种情况：一是应相对人申请采取的措施。如教育行政机关依据教师的资格申请，依法认定教师资格。二是教育行政机关依职权主动采取的措施。如“义务教育入学通知书”，这个“通知”作为一个行政措施，是无需相对人申请而作出的。

（二）教育行政处罚

它是指国家教育行政机关对违反教育法律、法规的行政管理相对人依法作出的惩戒、制裁行为。主要有四种形式：

1. 申诫罚。警告和通报批评是其具体形式。

2. 能力罚。如撤销教育机构或吊销办学许可证；取消考试资格、录取资格、入学资格，停考等；撤销教师资格等。

3. 财产罚。主要是罚款。

4. 救济罚。如责令赔偿，限期清退、修复和没收等。

（三）教育行政强制

它是指国家教育行政机关对应履行而拒不覆行教育法律、法规规定义务的行政管理相对人，依法采取强制措施，迫使其履行义务的教育行政执法行为。可分为两种方式：

1. 间接强制执行。

2. 直接强制执行。

不同的教育法律法规，其行政执法行为的法定程序是不同的。教育行政机关应当严格按法定程序执法，其执法行为才具有法律效力。

四、教育行政执法主体及其队伍建设

（一）教育行政执法主体

教育行政机关是当然的教育行政执法主体，这是因为教育行政机关在以下三方面符合行政法学关于行政执法主体的构成条件。第一，行政执法主体必须是享有国家行政权力、实施行政执法活动的组织。根据我国宪法和组织法的有关规定，教育行政机关可以行使国家教育行政权力，因此它是教育行政执法主体。应当注意的是教育行政执法行为是有权限规定的，如教育行政处罚只能由县级以上人民政府教育行政部门作出。第二，行政执法主体是能以自己的名义实施行政管理活动的组织。教育行政机关无疑是这种具有独立行政法人资格的组织。在实际工作中,有许多教育行政执法行为,如对不履行义务教育责任的家长实施罚款处罚,是由教育行政机关内部的某一处(科)室具体操作的,但是处罚书必须以教育行政机关的名义作出,这是因为只有教育行政机关才具有行政执法主体资格。三是教育行政执法主体是能够承担其行为所产生的法律责任的组织。

除了教育行政机关之外,一些被现行教育法律、法规授权的高等学校或被委托的机构,如招办、考办、教研室等亦可代表作出授权或委托的教育行政机关从事某种公务活动。学校未经授权或委托,不能成为教育行政执法主体,但是学校可以依法进行自主管理。

(二)教育行政执法队伍建设

教育行政执法是要通过教育行政机关公务员具体实施的。一般说来,教育行政执法队伍包括三方面的人员:一是承担行政管理的公务员,如具体承办批准学校的人员;二是承担行政处罚的人员,这些人应当持证上岗;三是行政执法监督人员,如督导、监察、审计人员等。为了加强教育行政执法队伍建设,要进一步明确教育行政部门公务员的权利和义务,建立教育行政部门公务员行政执法责任制;建立行政执法专门机构,配备专门人员;建立教育行政部门公务员定期培训制度,提高执法水平。

国家教育考试舞弊行为的行政处理[①]

教育部2012年修订的《国家教育考试违规处理办法》第二条指出："本办法所称国家教育考试是指普通和成人高等学校招生考试、全国硕士研究生招生考试、高等教育自学考试等，由国务院教育行政部门确定实施，由经批准的实施教育考试的机构承办，面向社会公开、统一举行，其结果作为招收学历教育学生或者取得国家承认学历、学位证书依据的测试活动。"

国家教育考试的舞弊行为是指国家教育考试的参考人员、考试工作人员以及社会其他个人在考试过程中，为谋取不正当利益，采用欺瞒、弄虚作假等方法实施的违反法律、法规及国家教育考试规则的行为。这些行为可以发生在考试过程中的命题、报考、测试、阅卷、登分、公布成绩等各个环节，违法主体包括参考人员、考试工作人员以及伙同作弊的社会上的其他人员。国家教育考试中的舞弊行为，根据情节轻重分别构成行政违法或刑事违法。违法者主观上出于故意，其舞弊行为侵犯考试行政管理秩序，威胁和损害国家鉴定公民学识水平、分配受教育机会的公平和公正，具有社会危害性。

一、考试舞弊之行政处理的性质分类

国家教育考试舞弊行为的行政处理方式，其种类颇为繁杂。按照考试流程来分，对于各环节出现的舞弊行为，其相应的处理方式有如下十一种：①取消报考资格。②取消考试资格。③宣布考试成绩无效(取消考试成绩)。④停考。⑤行政处分。⑥取消录取资格。⑦取消入学资格。⑧取消学籍。⑨开除学籍。

---

① 原载于《江苏高教》，2013年第4期。发表时署名为陈韶峰、朱卫国。

⑩因学生受到处分拒绝授予学位。⑪宣布学历、学位证书等无效。

上述11种对于国家教育考试舞弊行为的行政处理方式，都具有行政法律效力，应被视为具体行政行为。但这些具体行政行为究竟是行政制裁，还是行政许可、行政确认，实际涉及行政行为的分类学问题。明确这些舞弊处理方式的行政行为性质，是判断某种处理方式是否合法设立，实施过程中应当适用何种程序，以及应当提供何种法律救济途径等问题的前提。

按照行政法学理论，有关国家教育考试舞弊的诸多行政处理方式，大致可归结为以下几类具体行政行为：

（一）行政制裁

行政制裁分为行政处分和行政处罚。前者是指行政主体对违反内部行政法规范，但尚未构成犯罪的内部相对人给予惩戒的行政执法行为；后者是指教育行政主体对违反教育行政法律规范，但尚未构成犯罪的外部相对人进行惩戒的教育行政执法行为。考试工作人员对国家教育考试舞弊行为负有责任，在机关、事业单位工作的考生作弊或参与、协助作弊，有关单位若给予行政处分，属于行政制裁。

在考试舞弊的行政处理方式中，可以归结为行政处罚的有三种：取消考试资格、取消各科成绩、停考。取消考试资格，是剥夺考试过程中作弊考生的继续参加本次国家教育考试的权利；停考是从下一年起，剥夺作弊考生参加国家教育考试的权利一年到三年。这两种处理都是因为考生违反考试行政管理规范而给予的惩戒，性质上可以确定为行政处罚。取消各科成绩是行政确认还是行政处罚，实践中有不同看法。应当说，取消作弊科目成绩（宣布作弊科目成绩无效），可以理解为行政主体因考生在该科目考试中作弊，导致该科成绩不真实而宣布无效，这是对事实的一种确认，因此定性为行政确认是合理的。但取消非作弊科目的考试成绩，则不再是对事实的确认而是对考生的行政违法行为给予的惩罚。事实上就高考和研究生入学考试而言，考生有一科成绩无效，则本次考试的其他科目成绩也就无意义了。唯有高等教育自学考试，假如考生同时报名参加数门课程的考试，在其中某门课程考试中作弊被处理，则取消作弊课程的考试成绩为行政确认，而取消本次所有已考课程的成绩，明显具有额外的惩罚意义，因此理解为行政处罚更为合理。

（二）行政许可

国家教育考试舞弊行为的处理方式中，取消报考资格、取消录取资格、取消入学资格应当理解为行政许可的撤销或拒绝。

承办教育考试的机构审查考生的报名资格，给考生发放准考证，应被看做行政许可行为。《中华人民共和国行政许可法》（简称《行政许可法》）第二条规定："本法所称行政许可，是指行政机关根据公民、法人或者其他组织的申请，经依法审查，准予其从事特定活动的行为。"第二十三条规定："法律、法规授权的具有管理公共事务职能的组织，在法定授权范围内，以自己的名义实施行政许可。被授权的组织适用本法有关行政机关的规定。"各类教育考试机构作为授权性行政主体（当然有待法律、法规的明确规定），可以实施行政许可。以普通高考为例，考生报考高等学校，县级招生委员会发给准考证，意味着许可公民参加国家教育考试，准考证即为许可证件，之前的报名资格审查，系行政许可的前置性行政确认。如此，则"取消报考资格"应理解为行政许可的撤销。根据《行政许可法》第六十九条第一款第（四）项，对不具备申请资格或者不符合法定条件的申请人准予行政许可的，作出行政许可决定的行政机关或者其上级行政机关，根据利害关系人的请求或者依据职权，可以撤销行政许可。

考生报考高等学校，是向该校提出入学申请，高等学校在行政机关下达的招生计划内，依据法律、法规及其他规范性文件确立的招生规则，在国家教育考试机构的监督下，依法审查考生的相关条件，决定录取与否，是对当事人的申请作出是否许可的决定。这种招生录取行为，事关公共教育资源的分配，具有行使公权力的特征，因而是行使行政管理职责的行为。取消录取资格，一般是高校将拟录取的考生名册提交省级招办审核，在此期间发现问题而作出的决定。这应当理解为许可的拒绝。

高等学校向录取新生发出的录取通知书，是准许其入学的许可证明。在新生报到之后三个月内，学校进行录取资格的复查，决定其是否能够取得学籍，若发现新生是通过考试舞弊取得入学资格，则可以取消入学资格。这种处理决定应当理解为行政许可的撤销。

（三）行政确认

国家教育考试舞弊行为的处理方式中，宣布作弊科目考试成绩无效、取消学籍、拒绝授予学位、宣布学历学位证书无效，属于行政确认及行政确认的拒绝和撤销。

如前所述，宣布作弊科目考试成绩无效是对该科目成绩不真实的确认。

高校新生(包括研究生)在经过三个月的复查期后取得学籍,意味着学校对其正式学生身份的确认。此后一直到学生毕业前,若发现学生有通过考试舞弊而入学的情节,可以取消其学籍。由于取消学籍是对考生通过公权力分配而获得受教育机会的处分,因此属于行政确认的撤销。从我国的学历、学位证书管理制度看,学历是高校对公民学习经历及完成学业情况的确认和证明,学位是高校或科研机构对公民学术水平的确认和证明,二者符合行政确认的法律特征,因而是授权性行政主体作出的具体行政行为。高校学生在国家教育考试中作弊被处分,学校拒绝授予学位,应定性为行政确认的拒绝。学生通过在国家教育考试中舞弊,最终取得学历、学位证书,颁发证书的单位宣布证书无效,应认定为行政确认的撤销。

(四) 开除学籍

开除学籍是学校对学生的最严厉的纪律处分,学术界对这一处理方式如何定性存在很大争议。我们以为,**学校要进行教育管理,就必然需要一些纪律约束手段,因此纪律处分权是学校天生就应当拥有的权力**。从事学历教育的学校因学生有严重违纪、违法行为而作出开除学籍的决定,属于依照规定剥夺学生受教育机会。由于该受教育机会是通过行政权力的分配而获得的,因此对这种受教育机会的剥夺在法律效果上已超出校内管理行为的范围,具有外部行政行为的效力。然而,开除学籍又不能归入现行行政法学中任何一种具体行政行为,它是一种独立于其他行政行为的、独特的、履行行政管理职责的行为。或许有人从剥夺权益的角度把它看成是行政处罚,但学校行使处分权,在公权力中又含有学术权力、教育权力的特质,其权力行使的内容、程序和形式都有其独特的规定,如完全适用行政处罚的法律规定则很有可能构成诸多“违法”之处,实际上它本身就不是一种行政处罚。强调学校的开除学籍处分决定是一种独特的行政行为,并不否认这种权力的行使需要正当程序,而是说它所适用的正当程序应当是专门规定的特别程序。

二、考试舞弊之行政处理的合法设定

任何具体的行政行为,都应当依法设定。国家教育考试舞弊行为的 11 种行政处理方式中,对机关、事业单位工作人员的行政处分,在《中华人民共和国公务员法》(以下简称《公务员法》)、《教育法》、《教师法》等法律中设定；高等学校对学生的学籍管理和纪律处分，由《教育法》第二十八条、《中华人民共和国高等教育法》(以下简称《高等教育法》)第四十一条授权，开除学籍作为学生纪律处分的一种，取消入学资格、取消学籍作为学籍管理行为，又由《普通高等学校学生管理规定》的有关条款予以具体化；《教育法》第二十一条、第二十二条分别规定国家实行学业证书制度、学位制度，第二十八条规定颁发学业证书是学校及其他教育机构的权利之一，《高等教育法》第二十条、第二十一条、第二十二条规定了高等教育的学历、学位制度，《中华人民共和国学位条例》则是进行学位授予的专门法律，因此拒绝授予学位，宣布学历、学位证书无效等与学历、学位制度有关的处理方式，都有明确的法律依据。上述针对国家教育考试舞弊行为的行政处理方式，皆由全国人大及其常委会制定的法律来设定，其合法性没有问题。

在处理方式的合法设定上有问题的主要有两类：一是与行政许可有关的取消报考资格和取消录取资格；二是属于行政处罚的取消考试资格、取消各科成绩和停考。

(一) 取消报考资格和录取资格的依据合法性问题

取消报考资格，涉及许可公民参加国家教育考试的行政行为；取消录取资格，涉及教育考试机构与高校共同许可公民进入高校接受高等教育的行为。根据《行政许可法》第十四条、第十五条第二款以及第十七条：法律、行政法规和国务院的决定可以设定行政许可；地方性法规和省级政府规章不得设定应当由国家统一确定的公民、法人或者其他组织的资格、资质的行政许可；除国务院决定之外，其他规范性文件一律不得设定行政许可。又依照教育部《实施教育行政许可若干规定》第三条，“国务院教育行政部门制定的规章和规范性文件、地方各级教育行政部门制定的规范性文件不得设定教育行政许可”，“国务院教育行政部门制定的规章可以对法律、行政法规和国务院决定设定的教育行政许可规定具体实施的程序、条件等”，则公民参加国家教育考试的许可应当由法律、行政法规或国务院的决定来设定，教育部规章仅可在上位法有此行政许可设定的前提下规定具体实施的程序、条件。而按照《2010 年普通高等学校招生工作规定》，申请报考高等学校的所有考生，须在其户口所在地省级高校招生委员会(以下简称省级招委会)指定地点报名；省级招委会可按照以考生户籍为主、与在本地区高中就读一定学习年限相结合的原则，结合本地区实际就报名条件、时间和有关要求作出具体补充规定;各省级招委会办公室应要求本省(区、市)各级招生考试机构认真履行考生报名资格审查工作职责,根据报名条件,严格审查考生报名资格。从中可以看出,公民参加高考的许可设定,以及实施许可的行政主体,是由教育部的行政规范性文件设定的。这与《行政许可法》和教育部《实施教育行政许可若干规定》的精神有抵触之嫌;对于这种行政许可,教育部的文件又授权省级招委会具体规定实施许可的条件,也明显不符合教育部门规章的规定。省级招委会办公室作为省级招委会的日常办公机构,其在高校发出录取通知之前审核考生录取资格。这种行政许可行为也是在教育部历年发布的高校招生工作规定和研究生招生工作规定中设定的,同样存在以行政规范性文件设立行政许可的问题。根据我国的国情,高考恢复后实施了30多年的招生管理体制在实践中肯定是不可或缺的,且在不断完善,但在依法治国的今天,这一招生管理体制必须通过立法来确立,因此,国家可以在《高等教育法》中增加有关招生的条款,或由国务院专门制定《高等学校招生工作条例》的行政法规,将招生管理制度中稳定不变的重要规则纳入,这已成当务之急。只有在法律或行政法规中将国家教育考试的报考许可与录取资格审核予以规定,才能解决这两种行政许可的合法设立问题,继而解决承办教育考试的机构作出取消报考资格、取消录取资格的依据合法性问题。

(二)取消考试资格、取消各科成绩和停考的依据合法性问题

根据《行政处罚法》第十二条第二款之规定,对违反行政管理秩序的行为,在法律、行政法规未有规定的情况下,国务院部委制定的规章可以设定警告或一定数量罚款的行政处罚。《国家教育考试违规处理办法》属于教育部门规章,该《处理办法》第九条、第十条规定,对于各种国家教育考试中的各类作弊行为和扰乱考场秩序的行为,可以作出“其当次报名参加考试的各科成绩无效”以及停考1至3年的决定。其中除了高等教育自学考试有行政法规性质的《高等教育自学考试暂行条例》作为上位法依据,教育部的规定可看成是对上位法的处罚设定进行具体化,其余都有抵触《行政处罚法》第十二条的嫌疑。对于现实中频繁出现的考试违纪、作弊行为,确有必要规定较为严厉的制裁措施,但行政处罚的设定不能违反《行政处罚法》的规定。为此,需要在效力等级较高的法律、行政法规中规定考试行政处罚措施。目前正在征求修改意见的考试法,有望彻底解决考试处罚的罚种设定以及行政主体的授权依据问题。

三、考试舞弊之行政处理的相关法律救济

现有考试法规对考试违纪现象的救济偏重于对考试参加者的制裁，而对考试组织者的违规行为或失职行为很少予以相应的惩处。要坚持惩处考试舞弊行为和保护参考者的合法权益并重。

《国家教育考试违规处理办法》第二十七条规定："考生或者考试工作人员对教育考试机构做出的违规处理决定不服的，可以在收到处理决定之日起 15 日内，向其上一级教育考试机构提出复核申请；对省级教育考试机构或者承办国家教育考试的机构做出的处理决定不服的，也可以向省级教育行政部门或者授权承担国家教育考试的主管部门提出复核申请。"第二十九条规定："申请人对复核决定或者处理决定不服的，可以依法申请行政复议或者提起行政诉讼。"这些条款概括规定了考生不服考试机构或承办机构的处理决定而寻求救济的途径。结合本文对国家教育考试舞弊之行政处理方式的性质归类，当事人不服处理决定，相应法律救济途径如下：

（一）涉及行政许可的处理争议，适用行政复议和行政诉讼

根据《中华人民共和国行政复议法》（以下简称《行政复议法》）第六条第（三）项之规定，相对人不服行政机关变更、中止、撤销有关许可证照、资格证书的，可以申请复议。这里复议的实际是行政机关对已作出的许可以及许可的前置性确认的变更、中止和撤销决定。根据《行政诉讼法》第十一条的规定，相对人有关行政许可的争议可以提起行政诉讼。因此，考生对于取消报考资格、取消录取资格和入学资格的决定不服，可以申请复议和提起行政诉讼。

（二）涉及行政处分的处理争议，适用行政申诉

考试工作人员或在机关事业单位工作的考生，因国家教育考试舞弊受到行政处分，如果不服，属于公务员的，可依据《公务员法》第九十条的规定向有关机关申请复核和提出申诉；属于事业单位工作人员的，可以向该单位的主管行政部门申诉，其中学校教师可依据《教师法》第三十九条第一款向教育行政部门提出申诉。

（三）涉及行政处罚的处理争议，适用行政复议和行政诉讼

根据《行政复议法》第六条第（一）项、《行政诉讼法》第十一条第（一）项，相对

人不服行政处罚，可申请行政复议、提起行政诉讼。对于国家教育考试的舞弊者，停考、取消各科成绩、取消考试资格属于行政处罚，如果不服，可以通过行政复议、行政诉讼的途径解决争议。

（四）涉及行政确认的处理争议，适用行政诉讼

法律对于行政确认是否属于行政诉讼的受案范围未作明确规定。但是，根据《最高人民法院关于执行〈中华人民共和国行政诉讼法〉若干问题的解释》（法释〔2000〕8号）第一条第一款："公民、法人或者其它组织对具有国家行政职权的机关和组织及其工作人员的行政行为不服，依法提起诉讼的，属于人民法院行政诉讼的受案范围。"按照行政法学界的理解，这里的"行政行为"是具有行政管理职权的组织或者个人所实施的，与行使国家行政管理职权有关的，对公民、法人或者其它组织的权利、义务发生实际影响的行为。行政确认是行政机关或法律授权组织作出的影响相对人权利、义务的行为，应当被纳入司法审查的范围。国家教育考试舞弊的处理形式中，宣布作弊科目考试成绩无效、取消学籍、拒绝授予学位、宣布学历或学位证书无效，分别属于行政确认、行政确认的拒绝和撤销，在实践中当事人提起行政诉讼，法院一般都会受理。

（五）涉及开除学籍的争议，适用行政申诉和行政诉讼

开除学籍属于学生纪律处分的一种，依照《教育法》第四十二条第（四）项、《普通高等学校学生管理规定》第六十三条的规定，高校学生如果不服，可以向学校所在地的省级教育行政部门提出行政申诉。法律没有明确规定学生不服开除学籍处分可以提起行政诉讼，但由于开除学籍系剥夺学生受教育权，其法律效果已超出学校内部管理范围，具有行使公共权力的性质，因此法院也受理此类行政诉讼案件。

参考文献

刘利民. 扎实推进基础教育现代化[N]. 中国教育报,2015-05-14(13).

陈琳. 省域教育现代化的探索与实践:以江苏省为例[J]. 中国教育学刊,2013(11):11-14.

梁海伟. 办好人民满意教育的关键点[J]. 中国教育学刊,2014(2):1-4.

劳凯声. 把学习的权利还给学生:受教育权利的历史演进及当前发展的若干新动向[J]. 北京师范大学学报(社会科学版),2015(03):31-39.

王定华. 给力学校品质提升[J]. 人民教育,2015(14):13-15.

BLANKSTEIN A. 创建优质学校的 6 个原则[M]. 林玲,译. 上海:华东师范大学出版社,2007.

李希贵. 高品质学校的 N 个习惯[J]. 人民教育,2015(14):1.

范国睿. 高品质的学校生活:一种高质量多样化可选择的教育[N]. 中国教育报,2010-11-15.

霍春辉. 梦想、责任和担当[N]. 光明日报,2015-03-18(13).

华品文. 高等教育 100 题[M]. 成都:电子科技大学出版社,1994:69.

苏霍姆林斯基. 给教师的建议[M]. 周蕖,王义高,刘启娴,等,译. 武汉:长江文艺出版社,2014:64.

王有升. 理念的力量:基于教育社会学的思考[M]. 北京:教育科学出版社,2007:69.

苏霍姆林斯基. 给教师的一百条建议[M]. 周蕖,王义高,刘启娴,等,译. 天津:天津人民出版社,1981:269.

陈霜叶,柯政. 从个人困扰到公共教育议题:在真实世界中理解中小学生课业负担[J]. 全球教育展望,2012(12):15-23.

艾兴.中小学生学业负担:概念、归因与对策:基于当前基础教育课程改革的背景[J].西南大学学报(社会科学版),2015(4):93-97.

胡惠闵,王小平.国内学界对课业负担概念的理解:基于500篇代表性文献的文本分析[J],教育发展研究,2013(6):18-24.

谢维和.重要的是减轻中小学生的心理负担[J].教育研究,2000(4):9.

杨光,武帅,张君.课业负担监测预报模型建构研究[J].中国教育学刊,2014(11):96-99.

娄立志.关于学生学业负担的理性思考[J].教育理论与实践,1999,19(9):21-26.

杨兆山,陈旭远.关于普通教育学习负担问题的理性思考[J].现代中小学教育,1996(3):2-5.

陈振明.政策科学:公共政策分析导论[M].2版.北京:中国人民大学出版社,2003:226.

戴家干.创新型人才培养与我国教育考试评价制度改革[J].中国考试(研究版),2009(1):3-8.

中国高等教育学会.改革开放30年中国高等教育发展经验专题研究[M].北京:教育科学出版社,2008:263.

刘海峰.高考改革的方案选择[J].湖北招生考试,2009(10):1.

素质教育调研组.共同的关注:素质教育系统调研[M].北京:教育科学出版社,2006:169.

郭元婕.我国高考多元评价制度建设之困境与出路[J].湖北招生考试,2006(20):11-14.

李跃进.西方国家高等教育新管理主义改革模式研究[D].苏州:苏州大学,2007.

乔丽娟,赵彤璐,李勇.当前高考改革的趋向探析[J].中国高教研究,2007(4):4-9.

张亚群.高考改革中的综合评价问题[J].湖北招生考试,2006(20):4-6.

储朝晖.于成长而言,“散步”优于“赛跑”[J].人民教育,2015(20):1.

朱卫国,刘炳贵.江苏省教育招生考试优秀科研论文集:第一辑[M].南京:江苏教育出版社,2007:17.

国家中长期教育改革和发展规划纲要工作小组办公室.国家中长期教育改革和发展规划纲要(2010—2020年)[R/OL].(2010-07-29)[2010-10-11].http://

www. gov. cn/jrzg/2010－07/29/content_1667143. htm.

张继明. 高校自主招生制度改革走向研究[J]. 教育与考试，2007(5)：7－10.

高建京，张维平. 我国高校自主招生的程序悖谬及其匡正[J]. 高校教育管理，2011(1)：53－57.

周继良. 试论高校自主招生联盟的学生选择与影响因素[J]. 高校教育管理，2012(2)：51－56.

陈玉明，雷敏，黄小希，等. 代表委员回应自主招生四大疑问[N]. 新华每日电讯，2011－03－07(6).

鲁子问. 自主招生存在三大误区[J]. 教育与职业，2009(13)：45－46.

王再恩. 首次自主招生的实践和思考[J]. 高等工程教育研究，1993(4)：21－24.

吴剑锋. 论高校自主招生的选择必然与价值意义[J]. 商丘师范学院学报，2008(8)：105－107.

李文鑫. 高校自主招生应是高考改革的方向[J]. 湖北招生考试，2006(12)：10－12.

方增泉. 试论高考招生改革与高校自主招生权[J]. 高等教育研究，2002，18(2)：41－43.

张体勤，牟思伦. 大学生诚信修养概论[M]. 济南：山东人民出版社，2009.

高媛，高路. 当代大学生诚信缺失的表现及主要原因分析[J]. 学理论，2012(7)：85－86.

晏红. 处理好家庭教育中的若干关系[J]. 中华家教，2005(10)：4－7.

张继延. 和谐校园视域下的高校安全教育的问题及对策[J]. 教育与职业，2012(2)：30－31.

杜瑛. 我国高校发展模式趋同化现象剖析[J]. 理工高教研究，2008(4)：18－20.

殷荫，林露. 全国历年参加高考人数和录取人数统计[EB/OL]. (2013－05－03)[2010－10－11]. http://edu. people. com. cn/n/2013/0503/c116076－21359059. html.

席升阳. 我国大学生创业教育的观念、理念与实践[M]. 北京：科学出版社，2008：19.

邓长青，吴芮凌，彭德忠. 大学生就业指导[M]. 武汉：华中科技大学出版社，2008：139－139.

蒂蒙斯. 战略与商业机会[M]. 周伟民，田颖枝，译. 北京：华夏出版社，2002.

南京师范大学教育系. 教育学[M]. 3 版. 北京:人民教育出版社,2005.

徐小洲,李志永. 我国高校创业教育的制度与政策选择[J]. 教育发展研究,2010(11):12-18.

别业舫,张惠兰,陈明金. 择业与创业:当代大学生就业教育的理论与实践[M]. 北京:北京大学出版社,2005:206.

李志永. 日本高校创业教育[M]. 杭州:浙江教育出版社,2010.

辜胜阻,洪群联. 对大学生以创业带动就业的思考[J]. 教育研究,2010(5):63-68.

侯锡林. 企业家精神:高校创业教育的核心[J]. 高等工程教育研究,2007(2):31-34.

叶奕乾,何存道,梁宁建. 普通心理学[M]. 3 版. 上海:华东师范大学出版社,2008.

郭延凯. 试论高校"依法治招"的实施[J]. 江苏高教,2010(4):88-90.

后 记

2019年我退休时，许多同事和朋友建议我把发表的文章整理成册、予以出版，以对自己那段时间的研究、实践和思考有所纪念，也对自己一辈子从事教育工作有所交代。彼时，我并没有出版的想法。在江苏省教育学会工作期间，我仍然行走于教育路上，不时有朋友提出相同的建议，我感觉不无道理。退休后，也许随着年龄的增长，更喜欢回忆，也更珍惜过往，于是我接受大家的好意，着手编辑这些文章。今天，我终于把这本《追寻教育的理想》奉献给大家，记录自己30多年追寻教育理想的历程，希冀更多人为理想而求索。

《追寻教育的理想》绝大部分是我发表过的文章，共分为7个篇章。第一篇《追梦教育现代化》，共5篇文章，主要包括江苏教育现代化的理论与实践研究、启动苏南教育现代化工程、加快发展淮北地区教育、开发区教育、乡镇社区教育等内容。第二篇《探寻教育体制机制》，共5篇文章，主要包括社会主义市场经济与教育改革发展、江苏教育综合改革探讨、民办中小学改革、农村职业教育管理体制改革、教育治理体系改革等内容。第三篇《追求高品质教育》，共7篇文章，主要包括高水平普及15年基础教育、办高品质高中、江苏初中教育改革发展、小学特色文化建设、学前教育普及普惠发展、特殊教育优质全面发展等内容。第四篇《探索基础教育教学改革》，共5篇文章，主要包括将教学改革引向深入、高中新课程改革、减轻中小学课业负担、课堂教学改革、课程基地建设等内容。第五篇《探讨高考综合改革》，共6篇文章，主要包括高考运行机制、综合评价、自主招生以及高考与高中课程改革相适应、引导高中特色发展等方面的探索内容。第六篇《一切为了学生》，共8篇文章，主要包括大学生诚信教育、安全教育、体育，大学生面向基层就业创业以及做好高校辅导员工作等方面的探索内容。第七篇《建设法治教育》，共6篇文章，主要包括教育法治现代化探讨，以及教育法、教师法、义务教育法、教育行政执法等方面的探讨内容。

本书涉及教育的诸多领域，跨越时间较长，引用的教育数据、分析的教育现象有些是当时的情况，若有不妥之处，敬请读者谅解。

感谢我的领导周稽裘同志，感谢我曾经的同事丁勇、魏所康、陈韶峰等同志，感谢我的研究生吉丽、周群华、张玮、潘彬、梅贞、左盼盼，有些文章是与他们合作写成的，书中没有一一注明；感谢朋友们的关心、帮助、鼓励；感谢我爱人几十年的理解、支持；感谢江苏凤凰教育出版社的鼎力支持和编辑的辛勤劳动。在此，也对所有关心我的人一并致以谢忱！

朱卫国

2023 年 2 月 18 日

感谢您使用本书。您在使用本书时如有建议或发现质量问题，请联系我们。

【内容质量】 电话：4008283622

【印装质量】 电话：4008283610

图书在版编目（CIP）数据

追寻教育的理想/朱卫国著．—南京：江苏凤凰教育出版社，2023.2

ISBN 978-7-5743-0368-3

Ⅰ.①追… Ⅱ.①朱… Ⅲ.①教育—研究—中国 Ⅳ.①G52

中国国家版本馆 CIP 数据核字（2023）第 012487 号

书　　名 追寻教育的理想
作　　者 朱卫国
责任编辑 刘　茜　俞　婷
出版发行 江苏凤凰教育出版社（南京市湖南路 1 号 A 楼　邮编 210009）
苏教网址 http://www.1088.com.cn
照　　排 南京私书坊文化传播有限公司
印　　刷 南京顺和印刷有限责任公司（电话：025-83682876）
厂　　址 南京市江宁区麒麟街道天和路 78 号
开　　本 787 毫米×1092 毫米　1/16
印　　张 23
版　　次 2023 年 2 月第 1 版
2023 年 2 月第 1 次印刷
书　　号 ISBN 978-7-5743-0368-3
定　　价 66.00 元
网店地址 http://jsfhjycbs.tmall.com
公 众 号 苏教服务（微信号：jsfhjyfw）
邮购电话 025-85406265，025-85400774，短信 02585420909
盗版举报 025-83658579